# 한양의 삼군영

훈련도감 | 어영청 | 금위영

서울역사박물관
SEOUL MUSEUM OF HISTORY

## 저자소개

**고 동 환** KAIST 인문사회과학부 교수
『한국 전근대교통사』(들녘, 2015), 『조선시대 시전상업연구』(지식산업사, 2013)
『조선시대 서울도시사』(태학사, 2007), 『조선후기 서울상업발달사연구』(지식산업사, 1998) 등

**노 영 구** 국방대학교 군사전략학부 교수
『조선후기 도성방어체계와 경기도』(경기문화재단, 2018)
『연병지남-북방의 기병을 막을 조선의 비책』(아카넷, 2017), 『조선후기의 전술』(그물, 2016) 등

**이 왕 무** 경기대학교 인문대학 사학과 교수
『조선왕실의 군사의례』(세창, 2019), 『국왕 리더십의 유형과 실제』(역사산책, 2019)
『조선후기 국왕의 능행 연구』(민속원, 2016), 『조선의 세자로 살아가기』(돌베개, 2013) 등

## 일러두기

- 『한양의 삼군영 : 훈련도감·어영청·금위영』은 서울역사박물관이 추진하는 서울기획연구 사업의 일환으로 (사)한국역사연구회에서 2019년 5월 8일~12월 15일까지 수행한 연구의 결과물이다.
- 본서의 3장은 노영구가 책임 집필자이지만, 2절의 4. 다양한 군사의례 부분은 이왕무가 집필했음을 밝혀둔다.
- 원고 서술에 있어 옛 사람은 각 장마다 처음 등장할 때 한자를 병기하고, 이후에는 가독성을 위해 가급적 한자 병기를 생략했다.
- 주석은 미주로 하고, 각 장별로 번호를 다시 매겨 정리했다.
- 인용 그림과 사진은 최대한 소장처와 출처를 밝히고 저작권자의 허락을 얻었으나, 일부 저작권자를 찾지 못하여 게재를 허가받지 못한 그림과 사진은 확인되는 대로 통상 기준에 따른 허가절차를 밟기로 한다.

# 한양의 삼군영

## 훈련도감 | 어영청 | 금위영

고 동 환

노 영 구

이 왕 무

서울역사박물관
SEOUL MUSEUM OF HISTORY

발간사

# 한양의 삼군영: 훈련도감·어영청·금위영

서울역사박물관은 서울의 장소와 시대와 기억을 저장하는 도시역사박물관으로서 서울학 연구의 기틀을 마련하고 외연을 확대하기 위해 서울생활문화조사, 발굴조사, 해외소재 서울학 자료조사 등 다양한 조사연구 사업을 수행해 왔습니다. 이 가운데 서울기획연구는 서울의 공간과 그 안에서 살아온 사람들을 대상으로 시대와 주제를 선정하고 이를 학제적 접근을 통해 입체적이며 심층적으로 서울을 들여다보는 연구입니다. 그동안 서울기획연구를 통해 조선 후기 경제와 유통의 공간으로서 경강과 강민의 삶을 조명한 '경강, 광나루에서 양화진까지', 올림픽 개최를 계기로 이뤄낸 서울의 성장과 변화를 담은 '88서울올림픽, 서울을 어떻게 변화시켰는가', 100주년을 맞은 3·1운동을 사람과 도시공간이라는 관점에서 재조명해본 '경성과 평양의 3·1운동', 그리고 소설 속에 담긴 1950~60년대 서울의 모습을 읽은 '서울은 소설의 주인공이다'를 출간하였습니다.

2019년 서울기획연구의 주제는 '한양의 삼군영'입니다. 조선 후기 도성공간과 도성민의 삶의 한 축을 형성했던 세 개의 군영, 즉 훈련도감과 어영청, 금위영을 한양이라는 도시의 성장과 변화와 관련지어 살펴보았습니다. 삼군영은 조선 후기 도성방어체제 정비 과정에서 형성된 중앙 군영으로 한양에 상주하며 왕의 호위와 궁궐수비, 도성방어와 치안유지 등에 있어 핵심적인 역할을 담당하였습니다. 궁궐 주변을 비롯하여 도성 곳곳에 군영과 창고, 화약고, 훈련장 등 군사시설이 설치, 운영되었으며 집값이 저렴한 도성 밖은 삼군영 소속 군병들이 모여 사는 거주지가 되었습니다. 군병들은 군사 활동 외에도 도성의 축성과 수리, 준천(濬川), 금송(禁松) 등 도시 유지를 위한 역(役)에 동원되었고, 급여만으로는 생활하기 어려웠기에 수공업과 상업 활동에 참여하거나 날품팔이로 살아가는 도성민의 일부가 되었습니다.

이번 서울기획연구를 통하여 조선왕조의 수도이자 상업도시 한양에서 삼군영이 갖는 정치, 군사적 의미를 통합적으로 기술하고 군병들의 일상과 삶을 사회, 경제, 문화사적 측면에서 미시적으로 묘사함으로써 조선 후기 군대와 도시 한양의 관계를 입체적으로 조명하는 서울학연구성과를 얻었습니다. 이번 연구를 위해 각고의 노력을 해주신 한국과학기술원의 고동환 교수, 국방대학교 노영구 교수, 경기대학교 이왕무 교수께 감사의 말씀을 드립니다.

2019. 12. 서울역사박물관장

# Three Commands of Hanyang:

Military Training Command(Hullyeondogam),
Royal Guards Command(Eoyeongcheong) and
Forbidden Guard Command(Geumwiyeong)

As an urban history museum established to store collective memories of the places and times of Seoul, the Seoul Museum of History has been committed to conducting a wide array of research on the cultures of everyday life in Seoul, the archaeological heritage, and overseas materials of Seoul studies as an effort to lay a foundation for, and enlarge the boundary of, the studies of Seoul, the capital of Korea. The museum has recently launched a special research project for Seoul to have a more comprehensive, three-dimensional interdisciplinary understanding of the city by focusing on historic places and residents. The achievements made through the project resulted in exhibitions and publications including *Hangang River in Seoul, From Gwangnaru Port to Yanghwajin Port* which dealt with the riverside districts of Gyeonggang River and it's the inhabitants that played an important role in the economy and logistics of the capital during late Joseon, *How did the Seoul 1988 Olympics Transform Seoul* focusing on the growth and changes of Seoul after hosting the historic cultural event, *The March First Independence Movement in Gyeongseong (Seoul) and Pyeongyang* where the great historic movement now celebrating its centennial is discussed from the viewpoint of the citizens of Seoul and the urban space they live in, and *Seoul as a the Main character in Novels: 1950s-60s Seoul in Novels* dealing with the city in the 1950s and 1960s as depicted in literature.

The subject of Seoul Research Series in 2019 is the "three commands of Hanyang" established for the defense of Hanyang (Seoul) during the late Joseon period. Three military commands (samgunyeong)–Military Training Command (Hullyeondogam), Royal Guards Command (Eoyeongcheong) and Forbidden Guard Command (Geumwiyeong)– functioned as key factors for the spatial organization of the fortified city and the daily activities of people living in it, and thus were closely related with the city's growth and changes in the period. These three commands, formed as part of the comprehensive defense plan for the capital city of Joseon in its later phase, were responsible for guarding the king and his palace, defending the fortress of the capital, and maintaining public order and security. The headquarters of the commands were located around the royal palace with their associated facilities, storages, arsenals and drill grounds while their lodges were typically outside the fortress walls where housing expenses were significantly lower. The main task of the soldiers belonging to the commands were, of course, military activities of guarding the palace and the city, but they were also mobilized for construction and repair work of fortifications, dredging work for the rivers crossing the city, protection of pine woods and other tasks required for the maintenance of the city. They were also required to be engaged in various commercial and manufacturing activities to get wages as their salary was not enough to meet their needs.

The latest researches conducted as part of the special research project on Seoul resulted in more comprehensive understanding of the significant political and defense-related role the three commands played in Hanyang, the capital of Joseon and the dynasty's major commercial engine. The researches also detailed the daily activities of the soldiers in these commands as well as the impact they had upon the social, economic and cultural aspects of the city as a whole, thus improving our understanding of the organic relationship between the military and urban life in the capital city of late Joseon.

I would like to take this opportunity to express my sincere gratitude to the researchers, Professor Ko Dong-hwan of the Korea Advanced Institute of Science and Technology, Professor Roh Young-koo of the Korea National Defense University and Professor Lee Wang-moo of Kyonggi University, for their devoted participation and outstanding research.

December 2019

**Song In-ho**, Director of the Seoul Museum of History

목 차

# 총론

고동환

1. 수도 한양과 국방체제의 변화
2. 상업도시 한양의 상비군(常備軍) 삼군영 군인들
3. 본서의 장별 구성
4. 한양의 삼군영 연구의 의의

1.

## 1. 수도 한양과 국방체제의 변화

조선왕조의 국방전략은 국방력의 무게중심을 어디에 두느냐에 따라 국경 중심의 방위전략, 수도권 중심의 방위전략 등으로 구분되고, 수도권 중심의 방위전략은 다시 보장처 중심과 도성 중심으로 나뉜다. 이러한 국방전략은 조선왕조 전 시기에 변함없이 적용된 것이 아니라 군사 전술과 무기 개발 등 군사적 측면의 변화와 조선왕조의 사회 발전에 따라 그 내용이 달라졌다.

조선 전기 국방전략은 국방력의 핵심을 국경에 두는 국경 중심 방위전략이었다. 왕조 초기 중앙 권력이 안정되기 이전 군사력의 중점은 국토 보전과 외적 침입에 대비한 국방보다는 왕실의 보전과 호위에 있었다. 건국 직후 태조는 의흥친군위(義興親軍衛)와 궁궐 숙위를 담당한 갑사(甲士) 등의 정예병을 수도에 상주시켜 왕실을 호위하게 하였다. 그러나 수도에 군사력을 집중시키는 것은 집권 세력의 권력 기반 강화에는 도움이 되었지만, 다른 한편에서는 집권 세력 내 갈등을 군사적 대결로 비화시킬 위험성도 큰 것이었다. 그러므로 1차, 2차 왕자의 난을 통해 집권 세력 내 군사적 충돌을 경험한 태종은 수도에 집중된 군사력을 분산시키는 국방체제의 개혁을 추진했다. 태종은 사병(私兵)을 혁파하고 전국 각지의 군사를 오위(五衛)에 분속시키고, 서울에 주둔하는 소수의 금군(禁軍)을 제외한 모든 병종에 대한 번상제(番上制)를 실시하였다. 또한 군사훈련도 국왕이 직접 관할하는 체제를 만들었다.

태종 이후 문종, 세조 대를 거치면서 조선 전기의 국방체제는 확립되었고, 이는 『경국대전(經國大典)』에 수록되었다. 『경국대전』에 반영된 국방체제는 중앙의 오위제도를 통해 전국의 군대를 통할하고, 수도 방위를 체계화하는 한편, 진관체제(鎭管體制)를 통해 각 지방군을 통할함으로써 국경 방어에 대비하는 것이었다.

조선 전기 국방체제의 핵심은 진관체제로서 국경 중심의 국방체제를 상징한다. 진관체제는 병마절도사나 수군절도사의 주진(主鎭) 아래에 몇 개의 거진(巨鎭)을 두고 거진의 첨절제사(僉節制使)가 여러 진을 통할하도록 이루어졌다. 각 진관의 정병(正兵)은 평상시 거주지의 방위력을 이루고 있다가 번차(番次)에 따라 상경, 숙위(宿衛)하는 동시에, 다른 한편으로는 요새지에 상주하는 유방병력(留防兵力)으로 활용되었다. 진관체제 하에서는 전국의 각 지역을 일률적인 편제로 묶었기 때문에 국방체제와 병력이 일원화되는 장점이 있었다. 그러나 전국적 방위망으로서의 진관체제는 성립기반이 너무 광범위해, 실제 외적의 침입시 효율적인 방어에 많은 어려움이 있었다. 특히 진관에 속해 있던 정병은 모두가 번상하는 농민들로서 16세기에 이르면 번상 대신 군포를 납부하는 방군수포군(放軍收布軍)으로 변모하였다.

그러므로 방군수포제도가 일반화되면서 진관체제의 군사력은 매우 취약할 수밖에 없었다. 이에 조정에서는 1555년(명종 10)의 을묘왜변(乙卯倭變)을 전후하여 국방전략을 제승방략체제(制勝方略體制)로 전환하였다. 제승방략체제는 각 도내에 있는 군사를 총동원하여 방어할 핵심지역에 집중시키는 전략이었다. 제승방략체제는 병력을 집중적으로 운용할 수 있는 장점이 있었지만, 병력을 지휘할 지휘관이 중앙에서 현지에 도착해야 비로소 부대 운용이 가능하였다. 만약 지휘관이 제때에 도착하지 못한다면 이러한 병력은 전혀 쓸모가 없어지는 것이다.[1]

임진왜란 당시 건국 초의 오위도총부와 진관체제는 물론 제승방략체제도 제대로 대응하지 못했다. 그러므로 조정에서는 『기효신서(紀效新書)』의 절강병법(浙江兵法)을 적극 수용하여 포수(砲手), 사수(射手), 살수(殺手)의 삼수병(三手兵)을 급료병으로 고용하는 훈련도감을 창설하였다. 훈련도감의 창설로 진관체제에 의존한 국경 중심의 방어전략은 약화되었고 수도 중심의 방어전략이 강화되었다.

수도 중심의 방어전략이 국방전략의 중심으로 대두된 결정적인 계기는 1624년(인조 2)에 발발한 이괄(李适, 1587-1624)의 난이었다. 인조는 난을 피해 공주까지 피난을 가야 했다. 이괄의 난을 진압한 조정에서는 외침뿐만 아니라 내란에 대비한 수도 방어가 중요하다는 점을 인식하고, 수도 방위력을 강화하는 정책을 강력하게 추진하였다. 국왕호위 병력인 어영청을 1,000명 규모의 군영으로 대폭 강화했으며, 경기도를 방어하는 총융청도 크게 성장하였다.[2]

주지하듯이 임진왜란 당시 선조는 한양을 버리고 평양, 의주로 파천하였다. 1627년(인조 5) 정묘호란으로 후금군이 황해도 황주까지 진출하자 인조는 강화도로 피신하였고, 소현세자는 전주로 피신하였다. 1636년(인조 14) 병자호란 때 세자는 강화도로 피난하였고, 인조는 남한산성으로 피난하였다. 이처럼 외적의 침입으로 한양이 위협을 받을 때 국왕은 도성을 버리고 다른 지역으로 피신하는 것이 일반적이었다. 한양 도성은 소수의 중앙 군사력으로 외적을 방어하기에는 너무 넓었기 때문이다.

다른 한편, 병자호란 당시 청군은 국경의 주요 요새인 안주, 정주 등을 공략하지 않고 기동력을 지닌 기병 부대를 선두로 바로 한양으로 진격하였다. 그러므로 국경의 요새지에 산성을 쌓고 외적 침입에 대비하는 국경 중심의 국방체제는 국방전략으로서 큰 효과를 보지 못하였다. 이에 조정에서는 국방전략을 국경 중심에서 수도 중심의 국방전략으로 전환하였다.

수도 중심의 국방전략에서 제일 먼저 추진된 것은 도성 주변의 피난처로서 보장처를 여러 곳 축성하고 건설하는 것이었다. 1626년(인조 4)에는 남한산성을 축성하였으며, 1628년(인조 6)에는 광주 읍치를 남한산성 안으로 옮겼다. 또한 1676년(숙종 2) 개성에 있는 대흥산성(大興山城)을 훈련대장 류혁연(柳赫然, 1616-1680)이 중심이 되어 축성하였으며, 그 이듬해인 1677년(숙종 3)에는 병자호란 당시 청군에 의해 파괴된 강화산성을 고려 때의 내성 규모로 크게 고쳐 쌓았고, 1709년(숙종 35)에는 강화유수 박권(朴權, 1658-1715)이 강화성을 다시 중수하였다. 이와 함께 1711년(숙종 37)에는 북한산성을 쌓고 산성 안에 행궁을 건설하여 유사시 왕의 피난처로 삼았으며, 도성과 북한산성 사이의 보장처로 1715년(숙종 41) 탕춘대성을 축성하였다.

이처럼 17세기 후반에서 18세기 초까지 국방전략은 수도 중심의 국방전략 중에서도 보장처 중심의 국방전략이었다. 이에 따라 도성을 수비하는 군영으로 훈련도감, 어영청, 금위영이 창설되었고, 남한산성에는 수어청, 북한산성에는 총융청이 자리 잡음으로써 5군영 체제를 중심으로 한 국방전략이 확립되었다.

숙종 대 보장처 중심의 국방전략은 영조 대인 18세기 중엽 도성 중심의 국방전략으로 전환되었다. 도성 중심의 국방전략은 1751년(영조 27) 영조가 「수성윤음(守城綸音)」을 반포함으로써 확립되었다. 이른바 도성 삼군영을 핵심으로 한 도성수비체제가 확립된 것이다. 도성수비체제는 한성부 5부의 백성들을 수도 방위를 맡고 있는 훈련도감, 어영청, 금위영의 삼군영에 소속시켜 평시에는 훈련을 받고, 유사시에는 조총이 있는 사람은 조총을 가지고 총이 없는 사람은 활이나 돌을 가지고 도성의 지정된 위치에 올라가서 수도를 방어하도록 하는 체제인 것이다.

앞서 살폈듯이 외적의 침입이나 내란이 발발했을 때 왕들은 예외 없이 한양 도성을 버리고 파천하였다. 그 까닭은 한양 도성이 너무 넓어 방어가 불가능하기 때문이었다. 영조 때에도 도성방어의 어려움은 변함이 없었음에도 왜 영조는 평양, 의주나 강화, 남한산성의 보장처로 피신하는 전략을 포기하고 도성 사수를 천명한 것일까? 이에 대해 영조는 「수성윤음」에서 다음과 같이 말하고 있다.

> 옛적에 촉한(蜀漢)의 소열황제(昭烈皇帝)는 조그마한 성(城)의 백성도 버리지 않고 함께 피신하였다. 지금 한양 도성의 수십만에 달하는 사서(士庶)들은 바로 옛날에 애휼(愛恤)하던 백성이니, 어찌 차마 버리고 홀로 피난갈 수 있는가? 이로써 생각한다면 모든 백성과 더불어 마

음을 같이 해야 할 것이다. 이번 하교의 의도는 백성을 위한 것이다. 지금 비록 원기(元氣)와 정신이 피곤하지만 도성(都城)을 지키려는 뜻은 저 푸른 하늘에 질정할 수 있으니, 설혹 외적의 침략이 있다면 내가 먼저 기운을 내서 성 위의 담에 올라가 백성과 함께할 것이다. 만일 근거 없는 논의로 수성(守城)하려는 의지가 흔들린다면 이는 우리 백성들을 속이는 것일 뿐만 아니라 내 마음을 속이는 것이니, 어찌 차마 이런 짓을 할 수 있겠는가.[3]

영조는 도성에 거주하는 수십만 백성과 더불어 임금이 있을 때 비로소 왕조도 보존될 수 있다고 천명하는 것이다. 수십만에 달하는 백성들을 버리고 종묘의 위패만을 보존하는 것만으로는 왕조를 유지할 수 없다는 자각인 것이다. 이는 보장처를 피난처로 설정하여 여러 산성을 축성했던 17세기 후반, 18세기 초와는 한양 도성의 현실이 크게 변모했음을 의미하는 것이기도 했다. 요컨대 한양 도성의 주민 집단이 급증하고, 경제사회적 역량이 모두 한양 도성에 집중되었기 때문에 한양을 포기해서는 왕조의 실질을 유지하기 힘들다는 현실인식이 도성 사수를 천명한 「수성윤음」의 배경인 것이다. 다시 말하자면 18세기 이후 한양의 상업도시화가 18세기 중엽 도성수비체제 확립의 사회경제적 배경이었던 것이다.[4]

상업도시로 성장한 18세기 이후의 한양은 주변 도시와 군사적, 상업적 연계가 강화되어 갔다. 종전 보장처로 수축되었던 개성, 광주, 강화와 더불어 18세기 말 화성(華城)이 축조되어 수원이 유수부로 승격되면서 한양을 중심으로 네 곳의 유수부가 정립되었다. 이러한 체제를 경도-사도체제(京都-四都體制)라고 부른다. 도성방어체제가 개성, 광주, 강화, 수원 등 동, 서, 남, 북 네 방위로 확산되어 도성 중심의 국방체제가 수도권 중심의 국방체제로 확대된 것이다. 이는 상업도시 한양의 경제적 연결망의 확대를 배경으로 한 것이기도 하다.[5]

## 2. 상업도시 한양의 상비군(常備軍) 삼군영 군인들

한양은 10만 명의 주민이 거주할 수 있도록 새로운 왕조의 수도로 건설된 계획도시였다. 한양은 17세기 후반 이후 상업이 발달하면서 크게 변모하였다. 한양의 변화는 우선 인구의 급속한 증가에서부터 찾아진다. 한성부의 인구통계에 의하면, 한성부의 인구는 1657년(효종 8) 8만 572명에서 1669년(현종 10) 19만 4,030명으로 급증하였다. 매

3년마다 집계되는 통계상의 인구는 실제 인구보다 훨씬 저평가된 것이다. 18세기 이후 한양의 실제 거주 인구는 30만 명 이상으로 추산된다. 10만 명의 거주 인구를 예상하고 건설된 도시에 그 3배에 달하는 인구가 집중됨으로써 도시공간도 도성 밖으로 확대되었다. 그 결과 도성 밖 인구의 비중이 대폭 증가하여, 18세기 후반에는 전체 호의 49.7%, 인구는 40.6%가 도성 밖에 거주하였다. 세종 대 한양 인구 중 90%가 도성 안 인구였다는 점과 비교하면, 그 이후 증가된 인구 대부분은 도성 밖에 거주한 것임을 알 수 있다.

18세기에는 인구의 증가에 따라 한양도 왕도(王都)에서 상업도시로 전환되었다. 조선 전기 한양의 상가는 종루(鐘樓) 주변의 시전행랑이 유일한 상가였지만, 17세기 후반 남대문 밖과 서소문 밖에 칠패(七牌)시장이 창설되었고, 1760년(영조 36)에는 경모궁 근처인 이현(梨峴, 배오개)에 상가가 조성되었다. 18세기 후반에 이르면 종로와 이현, 칠패 상가는 한양의 삼대시(三大市)로 불리게 된다. 종루 주변 상가는 시전상업의 중심이었지만, 칠패와 이현시장은 난전 상업이 활발하게 전개된 시장이었다.

인구의 증가와 상업 발달은 인구 구성도 변화시켰다. 1638년(인조 16) 한양 주민은 종실(宗室), 부마(駙馬), 사대부, 의관, 역관, 서리와 시전상인들로 구성되었다고 한다. 왕도의 주민에 걸맞는 인구 구성인 셈이다. 그러나 19세기 초에는 직임자(職任者), 서리, 공인, 시전상인, 군병, 상인, 수공업자, 한잡지류(閑雜之類)로 구성되고 있었다. 이 중에 농업이나 수공업에 종사하지 않으면서 장사해서 먹고사는 한잡지류가 수십만 명으로 가장 많았다. 상업도시화는 상가 확대라는 도시 외관의 변화에만 그치는 것이 아니라 도시민의 성격에 질적 변화를 초래하였다. 봉건적 구속에서 벗어난 상인, 수공업자와 임노동자층 등이 한양 주민의 대다수를 차지함으로써 왕도로서의 한양의 성격을 변모시켰던 것이다.[6]

삼군영 군병들은 이러한 상업도시 한양의 도시 주민으로서 생활하였다. 훈련도감 군병들은 한 달에 쌀 9두(斗)와 보인(保人) 3명으로부터 1년에 군포 9필(疋)을 지급받았다. 이들은 지방에서 승호군(陞戶軍)으로 뽑혀 올라온 자들이 대부분이었다. 승호군들은 서울에 가족들과 함께 정착하면서 점차 그들의 후손들이 다시 군병으로 입대하였다. 어영청, 금위영의 번상병 체제도 점차 대립제가 일반화되면서 삼군영 소속 군인들은 대부분 한양에 거주하는 상비군(standing army)의 성격을 가지게 되었다.

상비군은 국가가 긴급 유사시에 대비하여 지속적으로 보존하는 군대로서 두 가지 형태가 있다고 한다. 하나는 전문 군인으로서 왕의 호위 업무를 담당하는 군대였다. 이 형태의 상비군은 고대 이래 대부분의 사회에 존재하였다. 또 다른 형태는 군 복무의 대가로 금전을 받는 용병인데, 대부분 정규군이 해체되는 시기에 나타난다. 유럽의 경우 절대왕정이 형성되면서 용병으로 편성되는 상비군이 발달하였다. 이 용병군단은 점차 국왕 직속의 상비군으로 개편되고 자국 내의 하층민을 용병으로 고용하였다. 여기서 이른바 용병적 상비군이 출현하게 되는 것이다. 조선 후기 훈련도감의 급료병들은 용병적 상비군으로서 유럽 절대 왕정기의 국왕 직속의 상비군과 같은 특성을 나타내고 있는 것이다.[7]

훈련도감 군병은 상비군으로서 도시 하층민을 대상으로 모집한 직업 군인이었다. 정부가 부역 체제에 바탕을 둔 급보제(給保制)에 의존하지 않고 직접 재원을 마련하여 군병의 급료는 물론 그 밖의 모든 필요 경비를 책임지는 형태로 이것은 병농일치적 성격을 포기하고 '병(兵)'과 '농(農)'을 분리시켜 전문적인 직업군인 중심의 군대를 유지하는 새로운 방향의 군사제도인 것이다. 그런 점에서 용병적 상비군 제도는 고립제(雇立制)와 비교해 볼 때 일보 전진한 것이었다. 삼군영 군병들은 중세 도시의 전형적인 시민들과는 다른 특성을 갖는 새로운 의미의 시민이었다. 이들은 농촌으로부터 도시로 흘러들어와 정착한 도시 하층민들로서 상업도시 한양의 도시 발전에도 중요한 역할을 하였다.[8]

삼군영 군병들은 병농일치제 아래서 지방에서 농사짓던 농민들이 일정 기간 동안 차례에 따라 한양에 올라와 군인 노릇을 하다 기한이 차면 다시 자신의 고향으로 돌아가는 농민들이 아니었다. 삼군영 군병들은 가족과 함께 한양에서 삶을 영위하기 위해 고용된 사람이었다. 이들 군병들은 한양 도시민의 주요 부분을 구성하였는데, 30만 명의 한양 인구 중 군병의 인구는 1만 명 내외로 전체 인구의 3~5%에 달하였다.

삼군영 군병들은 평화시에는 군사훈련을 받았으며, 외적의 침입이나 내란이 발생했을 경우 반란을 진압하는 최정예부대로 활약하였다. 병자호란, 이인좌(李麟佐, 1695-1728)의 난, 홍경래(洪景來, 1771-1812)의 난 등에서 삼군영 군병들은 매우 뛰어난 활약을 보여주고 있다. 군대생활 외에도 이들은 상업도시의 도시 주민으로서 상업 활동, 수공업제품 제조·판매 등 다양한 생업에 종사하기도 했으며, 나아가 도시민의 여가 활동으로 유흥과 행락, 도박 등에 매우 적극적으로 참여하기도 했다.

## 3. 본서의 장별 구성

본 연구는 조선 후기 한양에 상비군으로 주둔한 삼군영의 역사적 변천과 18세기 도성수비체제, 각종 군사훈련과 군사의례, 재정과 군정의 운영 실태, 그리고 군대에 소속된 군사들의 일상생활 — 군사훈련, 전쟁수행, 상벌, 휴가, 생업 — 등을 총체적으로 다루고 있다.

2장에서는 삼군영의 역사적 변천과 18세기 중엽 도성수비체제의 운영 양상을 서술하고 있다. 임진왜란 중에 창설된 훈련도감은 급료병으로 도성 상주 군영이었다. 선조 이후 광해군 대까지 훈련도감은 도성의 거의 유일한 군사력이었으나 인조반정을 계기로 새로운 중앙 군영이 차례로 창설되었다. 국왕 호위 군영인 어영청과 경기 지역 방어를 위한 총융청, 그리고 정묘호란 이후 도성 주위 방어거점으로 부각된 남한산성 방어를 위해 설립된 수어청 등이 그것이다. 효종은 북벌정책을 강력하게 추진하면서 중앙 군영의 군사력을 크게 강화하였다. 이중에서도 북벌의 핵심 군영인 어영청의 규모가 크게 확대되었는데, 효종 사후 현종 대에는 북벌정책이 주춤하면서 어영청을 비롯한 중앙 군영의 군사 규모가 점차 축소되었다. 숙종 초에는 국왕 호위와 국왕권 강화 차원에서 금위영이 창설되었다. 이로써 훈련도감, 어영청, 금위영은 도성수비, 총융청과 수어청은 도성 외곽의 북한산성, 남한산성의 보장처 수비를 담당하는 군영으로 자리 잡음으로써 도성을 수비하는 5군영 체제가 성립하였다.

17세기 말, 18세기 초 남한산성, 북한산성의 보장처 중심의 수도방어전략은 1751년(영조 27) 「수성윤음」 반포를 계기로 도성 중심의 방어전략으로 전환하였다. 「수성윤음」에 기반한 도성수비체제는 도성 주민을 삼군영에 소속시켜 도성방어에 참여하게 하는 체제였다. 군사와 일반 백성이 연합하여 도성을 방어하는 체제인 것이다. 이른바 군민일체의 도성수비전략인 셈이다. 삼군영 중심의 도성수비체제가 마련되면서 삼군영에서는 도성 치안 및 궁성 숙위에서도 핵심적 역할을 담당하게 되었다. 삼군영 군병들은 포도청과 함께 도성 내외의 순찰을 담당하였고, 삼군영에서는 궁성 주위에 본영과 분영을 두고 궁궐 내외의 호위를 담당하였다. 삼군영은 도성과 궁성 방어를 위한 군영 이외에도 군수 등을 위한 창고와 무기제조창 등을 위한 주둔지도 확보하였다.

한편 18세기 중반 도성수비체제의 확립과 더불어 도성 주위의 주요 거점인 개성, 광주, 강화도, 수원에 차례로 유수부를 설치하고 이곳에도 군사력을 확대하여 도성의 방어를 강화하였다. 18세기 말 수원 유수부의 설치를 계기로 경도-사도체제가 확립됨으로써 도성 중심의 국방체제가 비로소 완성되었다.

3장에서는 삼군영에서 실시된 군사훈련과 군사의례의 실제를 살핀다. 군사들의 훈련은 크게 사습(私習), 사강(射講), 습진(習陣)으로 구분된다. 사습은 군영의 단위 부대별로 시행하는 훈련으로 매월 3회씩 실시하였고, 사강은 장수들에 대한 시험으로서 궁술과 강서(講書)를 시험하는 것이었다. 습진은 진법 훈련으로 매월 3차례 실시하였다. 습진에는 『병학지남(兵學指南)』, 『병학통(兵學通)』 등에 수록된 다양한 진법을 훈련했다. 사각형의 방진(方陣)을 기본으로 하는 기병 진법인 봉둔진(蜂屯陣)과 학익진(鶴翼陣), 현무진(玄武陣) 그리고 중국 전통의 진법인 육화진(六花陣), 구군진(九軍陣), 팔진(八陣) 등을 훈련하였다. 조선 후기에는 화약 무기가 많이 사용되었으므로 시각적 신호 수단인 깃발이 부대 통솔에 필수적으로 요구되었다. 삼군영에서는 인기(認旗) 등 부대 단위 깃발, 진법용 깃발, 신호용 깃발, 기타 깃발 등 10여 종의 깃발을 사용하여 부대를 효율적으로 지휘하였다. 또한 3장에서는 융복(戎服)과 군복(軍服), 갑주(甲胄) 등 군사들의 복식과 군대 행렬시 동원된 각종 군기(軍旗)와 악대(樂隊), 국왕과 왕실에 동원된 각종 군사의례인 대열의(大閱儀), 강무의(講武儀), 구일식의(救日食儀), 계동대나의(季冬大儺儀), 대사례(大射禮), 선노포의(宣露布儀) 등의 의례도 소개하고 있다.

4장에서는 삼군영의 군정(軍政)과 재정(財政)의 운영 실제와 삼군영에서 운용된 군수 조달과 무기 제조 수공업의 실태를 살피고 있다. 병조가 관할하던 지휘계통과는 상이하게 운영된 삼군영의 군정체제는 군색(軍色)체제로 특징지워진다. 군색은 담당 업무에 따라 군기색(軍器色), 군향색(軍餉色) 등으로 구분되었다. 훈련도감은 군포(軍布)와 보미(保米)를 거두어 상번(上番)과 부방(赴防)하는 군사에게 급료로 지급함으로써 재정아문의 성격도 지니고 있었다. 금위영과 어영청은 군역의 의무에 따라 복무하는 상번군인 향군(鄕軍)이 주축을 이루었고, 급료를 받는 병력은 소수였다.

삼군영의 군사 재정은 군인, 군기, 시설, 병참 등에 관련된 예산이다. 조선 후기 중앙재정의 세입은 쌀 193만 석(石) 정도이며 군사 재정으로 지출된 부분은 쌀 50여만 석으로 전체 재정의 26%에 해당된다. 왕조 국가 재정의 1/4이 군사 재정인 셈이다. 군영의 수입 항목은 대부분 지출과 연결되어 있었다. 즉 군영에서는 각종 수입을 특정 지출에 할당함으로써 총수입과 총지출을 파악하지 않고서도 재정 수지를 유지할 수 있었다.

삼군영은 독자적인 재원의 개발도 병행하였다. 둔전의 경영, 화폐의 주조, 인쇄 출판 등이 대표적 사례이다. 둔전은 임진왜란기 국가 재정의 타개를 위한 새로운 재원 발굴 및 군량의 확보라는 차원에서 설치되었다. 군영에서는 동전을 주조하여 군량미를 구입하거나 재원의 하나로 사용하였다. 군영에서는 상평통보를 주조하여 돈 400문(文)을 은(銀) 1냥(兩)의 값으로 정하여 시중(市中)에 유통하게 하였다. 18세기에 삼군영은 10만 냥 이상의 동전을 주조하였다. 그중 금위영은 22만 3,000냥을 주전하였다. 동전 주조에 투입된 비용이 14만 5,000냥으로 7만 8,000냥의 이익을 보았다. 훈련도감에서는 활자를 제작하여 서적을 간행했다. 훈련도감은 유휴 병력을 이용하여 나무 활자를 만들어 책을 간행하여 경비를 조달했다. 군영의 교육에 필요한 군사 서적에서부터 유교 경전에 이르기까지 다양한 서적을 간행하여 판매하였다.

삼군영 재용이 주로 사용되는 부분은 군인과 군영의 유지 및 관리를 위한 비용이었다. 군인에 대한 비용은 주로 요미(料米)와 요포(料布)라고 할 수 있는 군료(軍料)였다. 1650년 이후 매년 12만 석 이상의 쌀과 면포가 군인들에게 급료 및 경비로 지급되었다. 군인들은 매달 9두에서 12두의 요미와 1년에 9필의 면포를 지급받기도 하였다. 군포는 1필당 2냥으로 시기별 시세 차이는 있겠으나 쌀 1석의 1/2에 달하는 가격이었다. 18세기에 도성을 수비하는 군영에 수용되는 군포가 46만여 필에 달했으므로 이를 돈으로 환산하면 92만 냥, 쌀로는 45만 석에 해당하는 양이었다.

한편 삼군영의 군기 제조는 도성을 중심으로 구축되었다. 원래 무기 생산의 핵심 기관은 군기시(軍器寺)였다. 군기시는 국가의 군기가 모두 이곳으로부터 나온다고 하여 무고(武庫)라고도 하였다. 그러나 임진왜란 이후 각 군영에서 자체적으로 무기를 제작 및 수리하게 되어 군기시의 무기 제조 독점 체제는 해체되었다. 군영은 군기 제조에 필요한 자체적인 재원 및 기술 요원들을 확보하고 있었다. 대동법 실시 이후 월과화기(月課火器)가 본격적으로 실시되면서 군영에서는 월과로 확보된 재원을 바탕으로 조총과 각종 화기들을 안정적으로 제조하였다. 무기 제조를 담당하던 군영의 공장들은 일정한 기간 신역을 제공하고 교대로 번을 서는 형태로 귀가한 후에는 사적인 생산에 종사할 수 있었다. 이들을 보조하는 조역군(助役軍)들은 모립(募立)된 자들로 공장(工匠)과 같이 매월 급료를 받으며 생산에 종사하였다.

5장에서는 삼군영 군병들의 생활을 다루고 있다. 18세기 한양에서 삼군영의 군사들은 상비군으로서 도시민으로 생활하였다. 18세기 후반 한양은 인구 30만 이상의 상업도시로 성장하였고, 1만 명에 달하는 삼군영 군병들은 훈련이나 전쟁수행, 각종 입역 등 군인으로서의 생활뿐만 아니라 상업도시 한양의 도시민으로서 삶을 영위하였다. 한양의 전체 인구 중 군병은 3~5% 정도를 차지하고 있었다.

군병들의 군대생활은 한 달에 6일은 사습 훈련을 받았으며, 한 달에 3일은 습진 훈련을 받았다. 이러한 군사훈련을 바탕으로 외적의 침입이나 내란 등이 발발했을 때 군병들은 전쟁에 동원되었다. 대표적인 전쟁수행은 1636년(인조 14) 병자호란 당시의 남한산성 전투, 1728년(영조 4)의 이인좌의 난, 1811년(순조 11) 홍경래의 난을 진압하기 위한 출정이었다. 이들 전쟁 때 삼군영 군병의 활약은 병자호란에 대한 기록인 석지형(石之珩, 1610-?)의 『남한해위록(南漢解圍錄)』, 이인좌의 난을 진압하기 위해 출정한 훈련도감 마병(馬兵)의 일기 기록인 「난리가」, 그리고 홍경래의 난의 진압 과정을 기록한 『서정일기(西征日記)』에 자세히 서술되어 있다. 이 중에서도 「난리가」는 군대를 지휘한 장교의 관점이 아닌 일반 사병의 관점에서 그들의 고충과 애환이 잘 담긴 기록으로 매우 주목되는 것이다. 삼군영 군병들은 평화시에는 국왕의 호위와 궁궐 숙위(宿衛), 한양 도성의 수축과 북한산성 축성, 노성의 방어, 치안을 위한 노성 내외의 순라(巡邏), 준천(濬川), 금송(禁松) 등 한양 도시를 유지하기 위한 각종 입역에 동원되었으며, 군병들은 자신들에게 부과된 과도한 역에 대해 집단 저항을 하기도 했다.

삼군영 군병들은 신분적으로 양인이 대부분이었으나 천민들도 없지 않았다. 그들은 한 달에 쌀 9두와 3명의 보인으로부터 1년에 군포 9필을 받아 생활하였다. 이러한 요포는 군병 가족을 먹여 살리기에는 크게 부족하였다. 그러므로 그들의 사회적 처지는 도시빈민과 다를 바 없었다.

지방에서 상경한 승호군의 경우 한양에서 거주할 집을 마련하는 것도 매우 어려운 일이었다. 군병들은 집값이 헐한 경강 변이나 만리동고개, 동대문 밖 왕십리 등지에 집단 거주하였고, 집을 마련하지 못한 군병들은 전세를 살거나 그렇지 못한 경우에는 만리동고개, 아현고개, 남산 기슭 등지를 불법적으로 개간하여 움막 같은 곳에 거주하는 경우가 많았다. 이처럼 하층민으로서 근근이 살아가는 일반 군병과 달리 경제적 여유가 있는 장교층들은 도시민으로서 유흥과 풍류, 행락 문화의 주역이었고, 나아가 도박에 빠져 집안을 돌보지 않는 경우도 적지 않았다.

급료병인 훈련도감 군병들은 요포만으로 가족을 부양할 수 없었기 때문에 조정에서는 훈련도감 창설 초기부터 상업 활동을 허가하였다. 이러한 군병들의 상업 활동은 시전상인들의 강력한 반발을 불러와 17세기 후반 군병들도 모두 평시서 시안에 등록하여 시역(市役)을 부담해야만 상업 활동을 할 수 있었다. 다만 군병들이 직접 제조한 물건이나 또는 손에 들고 다닐 수 있는 소소한 물건에 한해서는 자유롭게 판매를 허용했다. 군병들은 이러한 수지물(手持物)과 수조지물(手造之物) 판매 허용을 빌미로 사상 난전 세력과 결탁하여 난전 활동을 전개하기도 했다.

삼군영 군병들은 상업 활동 외에도 짚신, 전립(氈笠), 담배, 담뱃대, 망건, 갓끈 등 소소한 수공업 제품을 직접 제조하여 판매하기도 했다. 수공업 기술이 없는 군병들은 각종 토목공사의 날품팔이 노동이나 한강 변에서 배에 실린 물품을 지게로 하역하는 부두노동자로서 생계를 이어가기도 했다.

## 4. 한양의 삼군영 연구의 의의

조선 후기 한양의 삼군영은 도성을 수비하는 군사적인 역할뿐 아니라 도성의 사회, 경제, 문화의 다양한 분야에 영향을 끼치며 존재하였다. 삼군영이 설치되고 그 규모가 성장함에 따라 삼군영 군병의 도성 유입이 늘었고, 이에 따라 도성 인구가 증가하였으며, 이는 다시 도성수비의 중요성을 높였던 것이다. 이렇듯 한양 도성과 삼군영은 서로 밀접한 관계 속에서 함께 성장하였다. 도성에 상주하는 군병들은 도성 외곽의 경강 변이나 산지(山地) 등지에 집단 거주하면서 상업, 수공업 생산, 품팔이 노동 등으로 생계를 유지하였다. 군병들은 다양한 생업을 가지고 가족을 부양했던 새로운 형태의 도시민이기도 했다. 이들의 다양한 생업 활동을 통해 한양 도성의 상업계가 활성화될 수 있었다.

본 연구에서는 조선 후기 삼군영과 군병들의 존재 양상을 구조(역사적 변천과 도성수비체제), 운영(군사의례, 군정, 재정의 운영), 사람(군병의 군대 및 일상생활)이라는 세 가지 차원으로 분석하였다. 이러한 연구는 그동안 군제사의 차원에서만 머물렀던 삼군영 연구를 한양 도시사와 결합하여 총체적으로 이해하는 시각을 제공하는 것으로, 삼군영에 대한 군제사, 도시사, 사회사, 생활사 등을 모두 통합하는 다각적 이해의 틀을 제공하는 의미를 지닌다고 하겠다.

또한 조선시대 한양의 도시공간에 대해서는 그동안 궁궐과 관청, 제사 공간, 상업 공간만이 강조되었을 뿐 군사적 중요성을 띤 공간에 대해서는 거의 주목하지 않았다. 오늘날 서울의 곳곳에는 삼군영의 자취가 여전히 남아있다. 훈련도감, 어영청, 금위영의 본청을 비롯하여 각 군영의 분청 및 창고, 훈련장 등을 두고 있었고, 이들 각각의 장소에서는 무기의 제조, 화포 방사 훈련, 대규모의 진법 훈련 등이 정기적으로 시행되었다. 오늘날 남아있는 삼군영의 자취를 부각시킴으로써 서울 공간에 대한 이해의 폭을 훨씬 다양화할 수 있을 것이다.

본 연구는 조선 후기 도성과 그 일대를 공간적 범위로 하고, 내용에 있어서는 훈련도감, 어영청, 금위영의 역사적 변천과 도성수비체제의 운영 실제, 그리고 삼군영 군정과 재정의 운영 구조, 군병들의 군대생활, 일상생활, 생업 등을 총체적으로 다루었다. 이를 위해서 본 연구는 군제사, 도시사 연구자들의 참여와 협력하에 연구를 진행하였다. 이러한 학제적인 협업을 통해 조선 후기 한양의 군대와 도시사에 대한 입체적 조명이 가능하였으며, 이를 토대로 현대 서울의 역사적 발전 과정에 대한 종합적 이해의 토대를 마련할 수 있을 것이다.

# 삼군영과 도성수비체제

노영구

## 1절. 조선 후기 도성 삼군영의 창설과 변천

1. 임진왜란 이후 중앙 군영의 정비
2. 17세기 후반~18세기 중엽 삼군영의 확립
3. 18세기 후반~19세기 삼군영의 변화

## 2절. 도성수비체제의 확립과 삼군영

1. 17세기 도성 중심 방위전략과 도성수비론의 대두
2. 18세기 초 도성의 수축과 북한산성 축조
3. 18세기 중엽 도성수비체제 정비와 「수성윤음」의 반포
4. 도성수비체제의 운용과 실제
5. 18세기 후반 경도·사도(京都·四都)체제와 도성수비체제의 확립

2.

# 1절. 조선 후기 도성 삼군영의 창설과 변천

## 1. 임진왜란 이후 중앙 군영의 정비

### 1) 훈련도감의 창설

1592년(선조 25) 4월 중순 일본의 조선 침공으로 발발한 임진왜란 초기 도성인 한양이 20일 만인 5월 초 일본군에 함락된 것은 일본군의 군사적 우위와 함께 조선의 국방체제 전반의 문제점이 드러난 것이었다. 이듬해 1월 초 평양성 전투를 계기로 평안도, 황해도, 함경도에 진출한 일본군이 전면적으로 철수하고 4월에는 한양에서마저 철수하자 조선은 일본군의 전술에 대응하고 아울러 도성 방위를 강화하기 위한 노력에 착수하였다. 평양성 전투에서 조선은 명군이 각종 화기(火器, 화약무기)를 다량으로 운용하여 일본군의 기세를 꺾고 여러 단병기(短兵器)를 가진 중국 남방의 군사인 남병(南兵)을 운용하여 일본군과의 근접전에서 우위를 보이는 것을 목격하였다. 이에 조선은 전투에서 화기의 중요성을 적극적으로 인식하였고 일본군의 조총에 대항하기 위해 조총을 다루는 포수(砲手)의 양성에 힘을 기울이게 된다. 아울러 새로운 근접전 전술이 이른바 척계광(戚繼光, 1528-1588)의 절강병법(浙江兵法)이라는 것을 확인한 조선은 명나라 군영에서 절강병법을 도입하고자 시도하였다.

[그림 2-1]《평양성탈환도》에 보이는 명군의 화포, 멸로포(滅虜砲) (《평양성탈환도(平壤城奪還圖)》 부분, 국립중앙박물관 소장)

포수의 양성과 아울러 절강병법의 단병 전술을 바탕으로 한 전술 체계의 보급을 위해 새로운 군영 창설이 필요했다. 도체찰사 류성룡(柳成龍, 1542-1607)은 1593년 6월 장계를 올려 정예한 군졸을 뽑아 훈련을 시키고 절강지역의 무기를 모방하여 화포와 여러 무기를 제조하여 전투에 사용할 수 있도록 할 것을 건의하였다. 아울러 류성룡은 조선의 장정 70여 명을 선발하여 명군의 남병 장수 낙상지(駱尙志, ?-?)에게 보내어 화포, 낭선(狼筅), 창검 등의 기술과 새로운 진법을 배우도록 하였다. 류성룡의 이러한 조치는 곧 훈련도감 설치의 주요 계기가 되었다.[1] 훈련도감이 공식적으로 창설된 것은 그해 10월 선조가 한양으로 환도한 직후였다. 선조는 류성룡을 도제조로 임명하고, 무반 재신[武宰臣]인 조경(趙儆, 1541-1609)을 훈련대장으로, 병조판서 이덕형(李德馨, 1561-1613)을 유사당상(有司堂上)으로, 그리고 문신인 신경진(辛慶晉, 1554-1619), 이홍주(李弘胄, 1562-1638)를 낭속(郎屬)으로 삼아 조직을 갖추었다. 그리고 한양에 모인 굶주린 백성들을 모집하여 군대를 편성하고 이들에게는 하루 2승(升)의 급료를 지급하였다.[2] 이때 모집한 군사의 수효는 약 500명 정도로[3] 처음에는 두 개의 영(營)으로 나누어 이일(李鎰, 1538-1601)과 조경이 각각 맡아 조총 사격과 함께 말달리며 활을 쏘는 무예인 기사(騎射)를 가르치도록 하였다.[4]

훈련도감 창설은 조선의 군사제도에 큰 변화를 가져온 사건이었다. 첫째는 이전까지의 병농일치라는 원칙이 바뀌어 국가 재원에서 급료를 지급하고 이를 바탕으로 양성되는 전문적 직업 군인이 등장하게 된 것이다. 다음으로 임진왜란을 계기로 기존의 궁시 중심에서 조총 등 화약 무기와 단병 무기 위주의 무기를 중심으로 하는 전술체계로 변하게 되었는데, 훈련도감은 이러한 변화된 전술 체계를 수행하기 위한 조선 군사제도의 변화라고 할 수 있다.[5] 셋째로 훈련도감은 상비병인 이른바 장번(長番) 군병으로 편성된 도성 상주 군영의 시초로 이후 도성수비의 핵심적인 역할을 담당하는 5군영제의 시원이 되었다. 대규모 도성 상주 군영의 창설은 이후 한양의 도시 성격을 변화시키는 하나의 원인이 되었다.

창설 당시 포수를 중심으로 좌영과 우영의 2개 영 체제로 편성되었던 훈련도감은 곧 근접전 전문 군사인 살수(殺手)가 합류하면서 절강병법에 입각한 군영으로서 면모를 갖추기 시작하였다. 1594년(선조 27) 초 세자인 광해군의 호위군대인 의용대(義勇隊)가 훈련도감의 살수로 편입되었다.[6] 의용대는 1593년(선조 26) 정월 광해군을 호위하기 위하여 대장(隊長) 1인이 각각 사수(射手) 2명, 창군(槍軍) 3명을 거느린 총 40대(隊), 240여 명으로 구성된 부대로서 금군(禁軍)과 함께 돌아가며[輪番] 입직하던 부대였다.[7] 의용대가 훈련도감의 살수로 편입되면서 훈련도감의 지휘체계와 조직이 정비되기 시작하였다. 1594년 4월 이전 훈련도감의 편제와 지휘체계는 포수 2개 초(哨), 살수 4개 초로 구성된 2개의 사(司)를 기준으로 구성되었고, 4월에는 포수 3개 초가 추가되어 훈련에 참여하였다.[8] 최초 500명가량의 소규모 군영에서 출발한 훈련도감은 의용대의 합류와 포수의 지속적 확대 등으로 인하여 1594년 4월 무렵에는 모두 9개 초, 1,000여 명에 달하는 군병을 가진 상당한 규모의 군영으로 확대되었다. 포수와 살수에 이어 6월에는 궁시를 전문적으로 다루는 사수가 훈련도감에 편입되었다. 사수의 훈련도감 편입 이후 수개월이 지난 그해 11월이 되면 훈련도감은 포수 7초, 살수 4초, 사수 2초 등 모두 13초로 이전의 9초에 비해 4초 약 500명가량 확대되었다.[9] 이후에도 훈련도감의 군병을 확대하기 위해 적극적으로 군사를 모집하였다.

훈련도감의 규모가 커지면서 1595년(선조 28) 6월 한강 서안의 방어를 위한 새로운 군영으로 훈련도감에 준한 군영인 훈련분도감(訓鍊分都監)의 창설이 시도되기도 하였다.[10] 그리고 훈련도감의 역할이 국왕 숙위에 국한되었던 것에서 탈피하여 도성 방위를 전담하는 군영으로 역할이 확대되었을 뿐만 아니라 지방군에 대한 포술, 창검술 등의 조련을 담당하기도 하였다. 기존 훈련도감의 군사를 각각 초관(哨官)에 따라 전, 좌, 중의 3개 영에 나누어 예속시키고, 우, 후의 2개 영은 훈련도감의 군사 모집을 기다려서 확대 편성하도록 하였다. 경기, 충청, 황해, 강원도 등의 훈련시킬 군사는 훈련도감에서 명부를 조사하여 군적을 만들어 5영이나 각 도의 본영(本營)에 소속시키도록 하였다.[11]

선조 대 훈련도감에는 이상의 병종 이외에 교사대(敎師隊), 별무사(別武士), 아동대(兒童隊)라는 새로운 병종도 차츰 창설되었다. 교사대는 지방군 훈련을 담당하는 병종으로서 지방군에게 새로이 도입한 포술과 전술을 교육하기 위해 무예가 우수한 훈련도감군을 교사대로 편성하여 전국 각지에 파견하였다. 별무사는 보병 중심의 훈련도감에서 편성된 마병이고, 아동대는 어린 훈련도감군을 중심으로 편성하여 중국이나 일본의 검법을 익히게 한 병종이었다. 훈련도감은 계속 확대되어 선조 후반인 1601년(선조 34)이 되면 2,650명에 달하였고, 선조 말기에 이르면 훈련도감은 훈련대장과 중군, 천총 아래에 전, 좌, 중, 우, 후의 5개 사와 각 사에 전, 좌, 중, 우, 후의 5개 초가 편성되었다. 이외에도 기병으로 짐작되는 좌, 우 별초(別哨)가 있어 모두 27개 초, 총 3,000여 명에 달하는 대규모 군영으로 확대되었다.[12] 훈련도감은 광해군 대 들어서도 꾸준히 증가하여 1616년(광해군 8)에는 4,000여 명에 달하였다. 규모가 확대된 훈련도감은 절강병법을 보급하는 임시 군영의 성격을 완전히 탈피하고 조선 전기 도성방어의 중심이었던 병조 소속의 시위군을 대신하여 도성방어의 핵심적인 군사력으로 자리매김할 수 있었다.

1616년(광해군 8) 8월에 훈련도감의 마병 설치 필요성이 제기되었다. 이는 심상치 않았던 북방 건주여진(建州女眞)의 동향과 관련이 있다. 임진왜란 직전 세력을 확대하기 시작한 누르하치의 건주여진은 전쟁 중인 1593년 해서여진(海西女眞) 연합체인 호륜(扈倫) 4부 연합군을 격파하고 이어 백두산과 두만강 지역으로 세력을 확대하였다. 광해군 초기인 1609년(광해군 1)에는 건주여진과 경쟁하던 홀온(忽溫) 세력을 함경도 종성 북방의 문암(門巖) 전투에서 승리하여 완전 복속하였다. 이에 건주여진은 여진 대부분을 통합하고 명나라와 조선에 직접적인 위협이 되었다.

조선은 여진의 강력한 기병에 대응하기 위해 성곽을 수축하고 각종 화기를 사용한다는 방어전략을 채택하였다.[13] 아울러 야전에서 대응하기 위해 기병의 강화에도 노력하였는데, 훈련도감에서도 기병 창설이 도모되었다. 선조 말기인 1604년(선조 37) 무렵 훈련도감의 일부 군사에게 말을 지급하여 마병을 편성하고 별무사라 칭하였으나 성과를 거두지 못하였다.[14] 이에 훈련도감의 군병인 별대, 별무사, 초군(哨軍) 중 마병 50명을 새로이 선발하여 '기병(騎兵)'이라 호칭하고 말 위에서 하는 재주를 부리는 마상재(馬上才)와 검술 등을 익히도록 하였다. 훈련도감에 기병을 창설한 것은 여진 기병의 돌격에 직접 대응하고자 하는 측면도 있지만 동시에 적 기병의 행동을 제약하여 이들이 조선군 좌우로 돌아와 포위하거나 특정 지점으로 돌격하는 것을 방해하고 조선의 주력인 포수가 집중적으로 사격하기 용이한 지점으로 유도하는 역할도 있었던 것으로 보인다.

## 2) 인조 대 중앙 군영의 추가 창설

### (1) 인조 초 중앙 군영 창설

1623년(인조 1) 3월 인조반정의 성공은 당시 광해군 및 대북정권의 정치적 취약점이 드러난 결과이지만 동시에 궁성 및 도성수비체제가 지닌 문제점과도 관련이 있다. 인조반정 당시 1,000여 명의 반정군이 도성 안으로 들어와 창덕궁에 도착할 때까지 이들을 막아야 할 훈련대장 이흥립(李興立, ?-1624)이 반정군과 내통하여 아무런 조치도 하지 않아 쉽게 반정에 성공할 수 있었다. 당시 한양에는 훈련도감 이외에 병조 소속 군사들도 숙위를 담당하고 있었지만 긴급한 사태가 발생할 때 체계적으로 군사를 동원할 수 있는 것은 훈련도감 군사밖에 없었으므로 훈련도감의 군권 향배에 따라 정권의 명운이 갈릴 수 있었다. 이에 집권 서인 세력은 궁성 숙위와 국왕 호위를 담당할 새로운 군영 창설을 모색하였다. 인조반정 직후 창설된 호위청(扈衛廳)과 어영청이 대표적이다.

호위청은 인조반정에 동원된 장단과 이천의 관군과 함께 반정 주도자들이 각자 모집한 이른바 사모군(私募軍)이 모체였다. 이 사모군 중 500여 명은 수개월 동안 반정공신의 군사력으로 남아 궁성 숙위 등을 담당하고 있었다. 1623년 7월 이 사모군을 모체로 일부 병력을 확충하여 한양 상주 군영인 호위청을 창설하여 도성 호위군으로 편성하였다. 호위청은 대장 4인과 당상관 2인을 정하여, 대장은 사모군 각 100명, 당상관은 각 50명씩 뽑아 군관으로 삼아 국왕 호위를 담당하도록 하였다. 최초 군관 500명으로 편성된 호위청은 이후 재정 상황으로 인해 400명으로 조정하고 번을 나누어 궁궐 내에서 근무하며 궁성을 숙위하도록 하였다.[15] 정원은 400명이었지만 교대 근무 형태를 띠고 있었으므로 각 대장이나 당상관들이 지방의 무사들을 적극적으로 모집하여 호위청 군관의 수효는 이듬해 3월에는 1,000명에 달할 정도로 확대되었다.[16]

인조반정 이듬해 초 일어난 대규모 내란인 이괄(李适, 1587-1624)의 난으로 도성이 함락되고 평안도 일대의 군병 다수가 흩어지거나 전사하여 이전에 준비한 대후금 방어체계는 제대로 작동되기 어려웠다. 따라서 기존의 국경 또는 평안도 중심의 방어전략에서 도성 중심의 방어전략으로의 전환이 불가피하였다. 인조반정 직후부터 반정세력은 정치적 안정을 도모하기 위해 북방 방어에 못지않게 도성 방위를 중시하는 입장이었다. 이를 위해 중앙 군영의 강화에 착수하였는데, 또 다른 호위 군영인 어영청 창설은 인조 초기 조선의 군사전략 변화와 관련이 있다. 인조는 즉위 직후부터 후금의 조선 침공이 있을 경우 직접 전쟁에 나아가겠다는 친정(親征) 의지를 보였고 아울러 명과 연합하여 요동의 후금에 대한 반격을 여러 차례 공언하였다. 인조는 전쟁이 발발할 경우 군사를 거느리고 개성에 나아가 전 조선군을 지휘하고자 하였다. 개성으로 진출한 국왕 호위를 위해 인조반정 주역인 이귀(李貴, 1557-1633)를 개성유수로 임명하고 국왕 호위군을 모집하도록 하였다. 이귀는 1623년 연말까지 개성의 속오군과 별개로 개성 일대의 정예병 260여 명을 모집하여 국왕이 개성으로 주필(駐蹕)할 때의 호위군으로 편성하고 어영군이라 칭하였다.

개성의 국왕 호위군으로 창설되었던 어영청은 이괄의 난을 계기로 급속히 확상되기 시작하였다. 반란군이 한양으로 다가오자 어영군은 훈련도감군과 함께 인조를 호위하여 공주까지 내려갔다. 호위병력 강화를 위해 공주 인근 산군(山郡)의 산척(山尺) 중 조총 사격이 우수한 자를 뽑아 어영군에 소속시켰다. 이때 큰 고을인 대읍(大邑)에서는 7명, 중읍(中邑)에서는 4명, 소읍(小邑)에서는 2명씩 뽑아 600여 명의 군사가 어영군에 증원되었다.[17] 공주 피난 중 규모가 커진 어영군은 환도 이후에도 계속 증강되어 군영으로서 면모를 갖추기 시작하였다. 국왕 호위의 핵심 군사력으로서 그 규모도 커진 어영군은 1624년(인조 2) 8월 국왕 호위의 주요 군영으로 승격됨에 따라 이제 훈련도감과 함께 도성의 좌, 우영으로 짝을 이루었다.

이괄의 난 이후 도성방어를 강화하기 위해 도성의 방어체제 정비와 함께 도성을 둘러싼 경기 일대 방어체제의 점검과 경기군의 강화, 통일적 지휘체계의 확립 필요성이 제기되었다. 이괄의 난 당시 경기 일대의 통일적인 지휘체계의 미비로 도성이 함락되는 등 문제점이 나타났지만 경기군은 매우 유용한 군사력임이 확인되었다. 이괄의 난 이후 곧바로 경기 일대의 방어체계 정비와 경기군 재편에 착수하였다. 이와 함께 도성 근처의 방어거점으로서 강화도와 남한산성의 방어체계를 강화하고자 하였다. 당시 도성은 지나치게 넓어 방어에 적지 않은 어려움이 있었으므로 이괄의 난 이후 수도권 방어

계획의 일환으로 강화도와 남한산성을 서울을 중심으로 한 기각지세(掎角之勢)를 이루도록 하였다. 이 방어 계획에 따라 국왕은 유사시 강화도로 이동하도록 하였으나 이곳은 전국을 호령하기에 너무 외졌으므로 남한산성에 세자를 두어 통제하는 방어 계획을 강구하였다. 이에 따라 1624년 3월부터 우선 강화도 방비를 강화하기 위해 경기수영을 강화로 옮겨 강화도의 방어체계를 정비하였다. 이어 남한산성 수축이 논의되었다.[18] 다음으로 수도권 방어체계의 강화와 경기군의 통일적 지휘를 위한 새로운 군영을 창설하도록 하였다. 이를 위해 1624년 5월 경기감사 이서(李曙, 1580-1637)를 경기제읍군병차지당상(京畿諸邑軍兵次知堂上)으로 임명하여 경기군의 조직과 훈련을 담당하도록 하였다.[19]

인조 대 초반 경기군을 통솔할 군영으로서 총융청이 정확히 언제 창설되었는지에 대해서는 명확하지 않다. 총융청이 최초 설립될 시기에는 독립된 군영으로 창설된 것이 아니라 1624년 6월 10일 도체찰사부[體府]에 소속된 부대의 하나로 출발하였고[20] 그 3일 후 이서에게 기보총융사(畿輔摠戎使)라는 직함을 주어 경기도 군병의 편성을 담당하도록 하였다.[21] 이서는 곧바로 경기군의 통일적인 정비와 재편성에 착수하여 7월 하순부터 경기의 정군(正軍) 등 각종 명목의 군병을 8번으로 나누어 편성하였다.[22] 이 시기 총융군 편성이 이루어진 지역은 통진 등 경기우도의 여덟 군현으로서, 이들 고을에는 군현의 총융군을 지휘할 군관으로 천총(千摠)을 각각 두었다.[23] 경기군 정비의 구체적인 성과는 그해 11월 나타나게 된다. 정비된 경기군의 양상은 장단에 소속된 6개 군현과 양주에 소속된 7개 군현 등 모두 13개 군현의 군병의 병종과 수효는 다음의 [표 2-1]과 같다.

**[표 2-1] 인조 초 총융청 소속 경기 13개 군현의 군병과 규모**

| | 속오군 | 정군 | 별대마군 | 합계 |
|---|---|---|---|---|
| 장단(長湍) 소속 6읍 | 1,541명 | 566명 | 315명 | 2,422명 |
| 양주(楊州) 소속 7읍 | 1,293명 | 308명 | 184명 | 1,785명 |

이서는 경기의 4,000여 군병을 4개 부(部)로 나누어 편성하고, 각 부에 지휘관인 천총을 두었다. 부 아래에는 사를 편성하고 지휘관인 파총(把摠)을 두었다. 이를 통해 각 부는 약 1,000명 정도였고, 500명으로 이루어진 2개 사로 이루어졌으며, 총융청 군병은 경기 각 고을의 속오군과 정군, 그리고 별대마군(別隊馬軍)으로 편성되었음을 알 수 있다. 특히 기병이 주력인 후금과의 전투에서 절대적으로 필요한 마군(馬軍)의 정비에 각

별히 힘을 기울였음을 짐작할 수 있다. 이서의 노력에 따라 1624년 5월 경기군 정비에 착수한 지 수개월이 지나지 않은 11월 말에는 총융군의 전체 병력이 2만 명에 달하여 수도권 방어의 중심 군영으로 자리 매김할 수 있었다.[24] 총융청은 이듬해인 1625년(인조 3) 군사조직의 체계적 정비에 본격적으로 나서게 된다. 창설 초기 총융군은 경기 내 4개 진관(鎭管) 소속 각 고을의 군병을 다섯 영(수원, 광주, 양주, 장단, 남양)으로 편성하고 각 영에는 3개 부, 한 부에 3개 사, 한 사에 3초를 두는 편제를 갖추었다.[25]

### (2) 정묘호란 이후 중앙 군영의 정비

1627년(인조 5) 1월 후금의 홍타이지(皇太極, 1592-1643)는 대패륵(大貝勒) 아민(阿敏, ?-1640)을 총사령관으로 하는 총 6군, 기병 3만 6,000명을 동원하여 조선을 공격하였다. 의주를 함락시킨 후금군은 신속히 남하하여 안주~평양을 지나 황해도 평산에 이르렀다. 총융청은 정묘호란 초기 수도권 방어에 핵심적인 역할을 담당하였다. 한강 방어를 위해 총융사 이서의 지휘하에 남한산성을 본영으로 하고 총융청 군사와 남쪽 3도의 군사를 통합하여 한강을 방어하도록 하였다. 이서는 총융군으로 남한산성을 지켜 강화도를 응원하는 한편 하삼도에서 올라온 병력을 집결시켜 한강 방어를 맡도록 하였다.[26] 한강 방어가 안정을 찾게 되자 2월 하순에는 한강에 전개하였던 방어군 2만 중 수천 명을 차출하여 임진강 방어에 투입하는 등[27] 정묘호란 중 총융군은 중요한 역할을 맡았다.

정묘호란을 통해 경기 일대의 방어의 중요성과 경기 군사의 역할이 다시 확인되면서 전쟁 이후 경기 지역 군사력 증강이 두드러졌다. 가장 큰 군사적 변화는 수어청의 창설을 들 수 있다. 정묘호란 이전 총융청 지휘하에 있던 남한산성에는 독자적인 군영이 설치되지 않았고 이에 전적으로 소속된 군사도 없었다. 다만 강화도와 기각지세를 이루는 수도권 방어거점의 하나로서 위급할 때 남쪽 지방에서 동원되어 올라오는 하삼도 군사들이 집결하여 반격하는 거점 역할이 남한산성에 부여되었을 따름이었다.[28] 정묘호란 이후 수도권 방어 강화를 위해 남한산성의 방어체제를 개편하기 시작했다.

먼저 남한산성 일대의 지휘체계 개편이 이루어졌다. 1632년(인조 10) 무렵 남한산성 방어사를 수어사(守禦使)로 호칭을 바꾸어 독립시켰으며,[29] 이듬해 정월에는 총융사 이서의 건의로 산성별장(山城別將)을 별도로 두고 전직 병사(兵使)인 문희성(文希聖, 1576-1643)을 임명하였다.[30] 이때부터 남한산성 관리에 있어서 수어사-별장 체제가 갖추어졌으나 남한산성 전담 군영이 독립된 것은 아니었다. 아직 남한산성은 총융군 일부인 광주목 군사들이 남한산성에 전속된 것에 불과하였다. 1634년(인조 12) 2월 남한산성의 군무를 수어사 심기원(沈器遠, ?-1644)이 전담하여 맡도록 하면서[31] 이를 계기로 총융사와 수어사가 분리되어 수어사의 독자권이 인정되었다.

수어사 독립을 계기로 수어사의 군영인 수어청이 독립되면서 수어청 중심의 남한산성 방어 체제가 갖추어졌다. 남한산성에 소속된 경기 다섯 고을(여주, 이천, 양주, 광주, 죽산)의 군병을 동원한 성곽 방어 훈련이 이루어지기 시작하였다.[32] 이후 경기의 다섯 고을 이외에 남한산성 방어를 맡은 원주, 안동, 대구 등 세 고을의 군병을 포함하여 1만 2,700명의 방어군을 확보할 수 있었다.[33] 이를 계기로 수어청은 독립된 군영으로서 면모를 완연히 갖추었다.

수어청 강화와 함께 도성에 주둔하는 군영인 어영청과 훈련도감의 강화도 나타났다. 1628년(인조 6) 말 한양과 지방의 날래고 용맹한 장정을 추가로 뽑아 어영군으로 편성하고 이서가 어영군을 맡도록 하였다. 이서는 어영청을 경덕궁 서편 담장 밖에다 설치하고 어영군으로 하여금 교대하여 번을 서게 하고 여러 군사 기예를 익히도록 하는 등 어영군의 규모와 체제를 일신하였다. 이를 계기로 정묘호란 이전 1,000명에 불과하던 어영군은 1여 년이 지난 1630년(인조 8) 정월에는 3,600명으로 대폭 증가되었다.[34] 이후에도 어영군의 규모는 계속 증가하여 병자호란이 일어나기 전해인 1635년 10월 무렵 어영군 규모는 어영청이 모집한 군사 5,250여 명, 체부아병(體府衙兵) 920여 명 등 모두 6,170여 명에 달하였다.[35]

훈련도감은 기병 강화가 두드러졌다. 이는 이괄의 난과 정묘호란을 거치면서 기병의 돌격이 매우 위협적이었음을 경험한 결과였다. 이에 보병인 삼수병(三手兵) 위주의 훈련도감 군사 편제에 마병의 추가 설치를 적극 모색하였다. 인조 대 훈련도감 마병의 정확한 증강 양상은 확인하기 어려우나 정묘호란 직후인 1627년(인조 5) 10월 이전 이미 훈련도감 마병은 100명 이상으로 확대되었다.[36] 곧이어 훈련도감 마병은 1632년(인조 10) 이전에는 좌령(左領)과 우령(右領) 200명으로 확대 재편되었다.[37] 후금과의 긴장이 높아지자 1632년 정월 훈련도감의 마병 확대를 결정하고 제주에서 우수한 전마를 구입하도록 하였다.[38] 그리고 군역이 없었던 자와 기존 훈련도감 군사 중 포술(砲術, 조총 사격술)과 살수의 무예가 우수하지 않은 자 300명을 모집하여 마병으로 편성하였다. 1634년 5월 무렵에는 훈련도감 마병이 기존의 200명에서 500명으로 크게 증가하였다. 마병이 급격히 증가함에 따라 기존 1원의 별무사장(別武士將)만으로는 원활하게 지휘하기 어려웠으므로 지휘관을 증원하였다.[39] 마병 확대와 함께 1633년(인조 11)에는 한양의 포보(砲保) 450여 명을 승호(陞戶)하여 포수를 증원하였다. 1632~1633년에 걸친 마병과 포수의 증원 조치로 훈련도감은 기존 마병 2초, 보군 25초 체제에서 마병 5초, 보군 30초 등 35초, 4,000여 명 규모로 증강되었다.[40]

어영청과 훈련도감의 규모가 커지면서 두 군영의 도성 및 궁성 호위에서의 역할이 크게 강화되었다. 정묘호란 이후 혼란스러운 상황에서 국왕 호위를 강화하기 위해 훈련도감과 어영청의 궁궐 외곽 순라(巡邏)가 정례화되었다. 훈련도감의 경우 정묘호란 직후인 1628년(인조 6) 제정된 규정에 따르면 초경에는 남영(南營)의 초관이 입직 군사 20명을 거느리고 궁궐 외곽을 두 바퀴 순행하였고, 이어 3경에는 광지영(廣智營)의 초관이 입직 군사 20명을 거느리고 순행하도록 하였다. 어영청의 궁성 외곽 순라도 1628년 제정되었는데, 4경에 집춘영(集春營)의 초관이, 5경에는 동영(東營)의 초관이 각각 입직 군사 20명을 거느리고 궁궐 외곽을 두 바퀴 순행하도록 하였다.[41]

### 3) 효종 대 북벌 추진과 중앙 군영 강화

1644년(인조 22) 명의 북경 함락 이후 명 관료를 중심으로 5월 중순 남경에서 명 신종의 손자 복왕(福王)을 홍광제(弘光帝)로 추대하여 남명(南明) 정권을 수립하였다. 이후 남명 정권은 15년 동안 청군과 대치하며 세력을 유지하였다.[42] 남명 정권이 청과 대치하고 있던 시기 중국의 동남부 해안 지역에서는 정성공(鄭成功, 1624-1662)이 반청 투쟁을 계속하고 있었다. 정성공은 1659년(효종 10) 청군이 남명 정권은 공격한 틈을 타서 남경까지 진격하여 이 일대 24개 현을 점령하는 등 세력을 떨쳤다. 17세기 중엽 나타난 조선의 북벌 움직임은 이러한 유동적인 동아시아 국제관계를 배경으로 하였다.

인조의 뒤를 이어 1649년 5월 즉위한 효종은 즉위 직후 장기 군사전략으로 북벌 추진과 함께 청의 현존하는 위협에 대비한 단기 군사전략으로 남한산성 등 수도권의 보장처 정비에 우선 착수하였다. 효종은 그 일환으로 즉위 직후 일본 위협을 구실로 남한산성 정비에 착수하였다. 이에 총융청 소속의 죽산영(竹山營)을 남한산성에 소속시키고 충주와 청주의 군사는 충청도로 환속시켰다.[43] 이 조치로 남한산성은 경기의 2개 영(광주, 죽산영), 강원도의 3개 영(원주, 회양, 강릉), 그리고 충주영 등 모두 6개 영 체제로 강화, 재편되었다. 1655년(효종 6)에는 강원도 강릉영이 남한산성에서 너무 멀어 군사들이 입성하기 어렵다는 의견이 제시되어 이듬해 강릉영 군사를 경기의 양주영 군사로 바꾸었다. 따라서 남한산성 소속 진영은 광주 인근의 다섯 고을(광주, 여주, 이천, 양근, 지평) 군사와 죽산진, 양주진 등 경기군, 강원도 원주진과 회양진, 그리고 충청도 충주진의 군사

등 총 1만 6,000명으로 편제되었다. 남한산성 소속 군사를 가까운 경기, 강원, 충주 등 지역의 군사로 재편함으로써 병력 동원 시간이 단축되어 남한산성의 보장처로서의 기능이 향상되었다.

효종 대 북벌을 추진하면서 도성 주둔 중앙 군영의 정비와 증강도 적극적이었다. 1651년(효종 2) 말 김자점(金自點, 1588-1651) 등 친청(親淸) 세력의 숙청과 함께 본격적인 군영 정비와 확장에 착수하였다. 우선 어영청의 정비에 본격적으로 착수하였다. 병자호란 직전 이미 6,000명에 달하였던 어영군은 전쟁 이후 그 역할과 중요성을 인정받아 1639년(인조 17)에는 7,000여 명으로 약간의 인원이 증가되었고 6번으로 나누어 1번에 1,100명씩 번상하도록 하였다.[44] 1651년 무렵 이미 어영청 군병 원호(元戶)가 1만 6,000천에 달하고 있는 것을 보면 어영군 규모는 인조 대 후반부터 꾸준히 증가하고 있었음을 알 수 있다.[45] 1652년(효종 3) 6월의 어영청 개편에 따라 어영군의 정액을 2만 1,000여 명으로 크게 증원하고 이들에게 각각 보인 3명씩 지급하도록 하였다. 아울러 번상체제도 1년에 2개월씩 6번으로 나누어 한 차례 1,000명씩 번상하게 함으로써 도성에 어영군이 항상 상주하도록 하였다. 21번으로 편성된 어영청 군사는 3년 반 만에 2달씩 근무하게 된다. 이 개편으로 어영청은 도성 상주 군병 1,000명을 확보하여 훈련도감과 함께 국왕 호위와 도성방어의 핵심 군영이 되었다. 다음으로 국왕의 호위병인 금군의 강화에 착수하였다. 1652년 600여 명의 금군을 전원 기병으로 바꾸었고, 1658년(효종 9) 4월에는 1,000명으로 증가시켰다.

어영청과 금군의 강화에 이어 효종은 훈련도감의 증강에도 착수하였다. 1658년 노비추쇄사업(奴婢推刷事業)을 통해 확보된 신공을 바탕으로 훈련도감에 보군 10초, 1,000여 명 증액을 추진하였다.[46] 이렇게 확보된 보군 10초는 전부(前部)로 편성되어 기존의 보군 좌부와 우부 2부 체제에서 3부 체제로 훈련도감 편제가 변화되었다.[47] 이에 훈련도감 전체 군액은 그 이전 5,650여 명에서 6,350여 명으로 급증하였다. 효종 대의 강력한 북벌 추진으로 한양의 군사력은 크게 증강되었을 뿐만 아니라 다수의 기병이 창설되는 등 정예화되었다.

한편 어영청에는 대포를 다루는 병종인 별파진(別破陣)이 창설되었다. 이는 당시 화포의 제조와 포차의 개량으로 인해 야전에서 화포의 운용이 보다 용이해짐에 따른 것으로 1658년 어영청에 설치된 별파진 511명이 편성되었다.[48] 별파진은 화약장과 어영청 아병(牙兵) 중 대포를 다룰 줄 아는 자를 중심으로 전투병을 편성하고 여기에 보조 인원을 둔 것이었다. 구체적으로 경안잡색 중의 화약장 470명, 아병 114명과 함께 개성부의 차비군 160명과 황주의 태졸(馱卒) 223명을 두어 화포 및 화약, 포환 등의 운송을 담당하도록 하였다.

## 2. 17세기 후반~18세기 중엽 삼군영의 확립

### 1) 현종 대 군영 조정

북벌을 염두에 두고 추진된 효종 대 군사력 강화는 매우 광범위하고 급격하게 이루어졌다. 그러나 1654, 1655년(효종 5, 6) 이후 연이은 흉년과 어려워진 재정 상황으로 인해 훈련도감과 같이 급료를 지급하는 군사를 대규모로 유지하기 어려웠다. 이러한 상황에서 1659년(효종 10) 효종이 갑작스럽게 서거하자 국왕 주도하에 추진되던 북벌은 급격히 힘을 잃게 되었다. 효종 대 과도하게 확대된 중앙 군영의 조정은 불가피한 것이었다. 현종 대 전반 중앙 군영의 정비는 군사적 의미가 줄어든 병조 소속의 번상 기병의 역할과 규모를 축소하고 중앙 군영을 정비하고 군영의 일부 군사를 증강하여 적절한 규모의 군사력을 유지하는 목적을 가진 것이었다.

현종 대 중앙 군영 정비에서 가장 쟁점이 된 것은 훈련도감 군액의 감축 문제였다. 효종 대 후반기 훈련도감은 1만 명을 목표로 우선 마병 1초와 보군 10초 등을 추가하여 약 6,350명의 군병을 확보하였다. 급료병으로 이루어진 훈련도감의 특성상 재정적인 뒷받침이 어려운 현종 초 상황에서 추가 증강은 이루지 못하였다. 1662년(현종 3) 6월경 흉년과 질병으로 사망한 훈련도감 군병이 1,100여 명에 이르러 식년(式年)마다 이루어지는 정기적인 승호만으로는 일시에 이를 보충하기 어렵게 되자 군인을 모집하도록 하였다.[49] 이에 따라 9월 식년 승호로 200명, 서울에서의 모집으로 220명 등 모두 420명의 훈련도감 군병을 충원하였다. 이를 통해 훈련도감 군병의 결원을 모두 보충한 것은 아니었으므로 자연스럽게 훈련도감 정원은 상당히 감소하였다.

훈련도감의 축소와 함께 1664년(현종 5)부터 국왕 호위 군영의 감축에도 착수하였다. 우선 국왕 호위군인 금군의 감축이 이루어졌다. 효종 대 1,000명으로 확대되어 좌, 우별장이 지휘하던 금군을 1664년 300명을 감축하여 700명으로 재편하여 한 명의 별장이 지휘하도록 하였다. 그리고 7번으로 편성하여 한 번에 100명씩 돌아가면서 입번하도록 하였다. 아울러 금군을 편성하던 내금위, 우림위, 겸사복 등 세 병종의 관아인 내삼청(內三廳)을 금군청(禁軍廳)으로 통합하여 지휘계통을 단일화하였다.[50] 또 다른 국왕 호위 군영인 호위청도 12월 기존 4개청에서 3개청으로 감축하고 그 입속 대상자는 한양 이외의 한량은 금지하고 한양의 업무자(業武者)로 한정하였다.[51]

1668년(현종 9) 이후 중앙 군영에 대한 본격적인 개편이 이루어지기 시작하였다. 현종 초부터 번상급료병으로 유지되던 어영청 군제를 모델로 하여 훈련도감의 체제를 근본적으로 전환할 것을 주장[52]하던 송시열(宋時烈, 1607-1689)은 1669년(현종 10) 정월 훈련도감 규모를 축소하는 방안을 제시하였다. 즉 훈련도감을 존속시키되 정원을 5,000명으로 제한하고 이후 궐액이 생기면 보충하지 않는 방향으로 훈련도감이 자연스럽게 도태되도록 하였다. 대신 어영청과 같이 번상급료병으로 이루어진 군영으로 개편하도록 할 것을 주장하였다.[53] 송시열의 제안에 대해 조정에서는 다양한 의견이 제시되었다. 좌의정 허적(許積, 1610-1680)은 훈련도감의 공백을 메우고 경군(京軍)의 적절한 숫자를 유지하기 위해 호조에서 군량을 추가로 지원받는 새로운 번상 경군의 창설을 제안하였다.[54] 허적의 주장에 따라 2월에 새로운 군영인 훈련별대(訓鍊別隊) 창설이 추진되었다.[55]

현종은 먼저 각 도의 감영, 병영, 수영과 영장(營將)에 임시로 소속된 한정(閑丁) 5만 4,000여 명을 확인하였다. 그중 직역이 있는 자와 공, 사천을 제외한 한정 1만 158명 중 또 서북 2개도를 제외한 6,658명의 한정을 확보하였다. 이들로 훈련별대를 편성하여 어영청의 예에 의하여 13번으로 나누고 매번 512명씩 편성하여 상번 근무하도록 하였다.[56] 훈련별대를 바탕으로 효종 대 확대된 훈련도감 군액의 감축에 착수할 수 있었다. 1671년(현종 12) 7월 훈련도감 전부(前部)의 10초를 없애고 표하군(標下軍)으로 개편하였다. 이 무렵 훈련별대의 군병 수효는 창설 초기 약 7,000명에서 1만 3,700명으로 크게 증가하였다. 류혁연(柳赫然, 1616-1680)은 이 1만 3,700명을 4개 부로 나누어 편성하고 겨울과 봄에 교대로 번을 서도록 하였다. 이때에는 10초, 1,370여 명씩 번상하게 한 것을 보면 훈련별대는 10번으로 편성되었음을 알 수 있다. 어영청의 체제를 본떠 창설된 훈련별대는 1670년(현종 11) 3월 류혁연이 5월 「유민단속사목(流民團束事目)」을 마련하여 유민들을 훈련별대로 편입하면서 크게 증강되었다.[57]

훈련도감의 부분 감축과 훈련별대의 증강과 함께 현종 대 정초군(精抄軍)의 증강은 중앙 군사제도 개편에서 중요한 변화의 하나였다. 정초군은 병자호란 직후 청나라의 파병 요구로 어영군이 파견됨에 따라 약해진 도성 방위를 위해 경기의 속오군 중 우수한 자를 골라 장초군(壯抄軍) 혹은 정초군으로 부른 것이 그 시작이었다. 정초군은 1647년(인조 25) 1,600여 명에 달하였다. 병조에서 관할하던 정초군은 1670년(현종 11) 병조판서 홍중보(洪重普, 1612-1671)의 건의로 대폭 증강되어 40초(각 초 110명), 총 4,400명으로 확대되었다. 1673년(현종 14)에는 병조판서 김만기(金萬基, 1633-1687)의 건의로 10초를 증원하여 50초로 확대되었다.

## 2) 숙종 초 금위영 창설

청나라가 중원을 정복하는 과정에서 결정적인 역할을 하였던 한인 장수인 오삼계(吳三桂, 1612-1678), 상가희(尙可喜, ?-1676), 경중명(耿仲明, ?-1649) 등 3인은 중국 남부의 운남성, 귀주성, 복건성 일대에 세 번부(藩府), 즉 삼번(三藩)을 설치하고 군사, 행정권 등을 장악하였다. 강희제 즉위 직후 삼번 폐지를 추진하자 이에 반발한 오삼계가 1673년(현종 14) 8월 반란을 일으키고 다른 두 번도 곧 호응하여 이른바 삼번의 난이 일어났다. 삼번의 난 초기 반란군의 기세가 매우 성하여 중국 동남쪽 해안에서 서쪽의 사천성, 섬서성, 호남성과 북으로 산서성까지 중국 남부의 대부분 지역이 전란에 휩싸였다. 삼번의 난으로 중국이 혼란에 빠지자 조선의 조야에서는 청과의 전쟁 가능성과 함께 북벌 주장이 일시에 급격히 나타났다. 그러나 1678년(숙종 4) 초 오삼계가 사망하고 삼번의 난 기세가 꺾이면서 북벌 움직임은 약화되었다.

1680년(숙종 6) 3월 경신환국을 통하여 남인은 일거에 정계에서 배제되고 서인 세력이 다시 정권을 장악하였다. 남인의 갑작스러운 실각은 명목상 유악(帷幄) 사건과 허견(許堅, ?-1680)의 역모가 원인이었지만 근본적으로는 도체찰사부를 앞세운 남인의 군권 장악에 대한 국왕 숙종과 김석주(金錫胄, 1634-1684) 등 척신 세력의 우려에 따른 것이었다.[58] 이후 정권 유지를 위해 정권을 담당한 세력은 군권의 뒷받침 필요성을 더욱 절실히 인식하였다. 서인 세력이 집권하면서 군사제도 및 군역제 개편 논의가 다시 나타나기 시작하였다. 현종 말 ~ 숙종 초 남인 집권 시기는 북벌 추진과 관련하여 군사력 증강이 급속히 이루어진 시기였으므로 국가 재정에 적지 않은 부담을 주었다. 아울러 훈련별대 등 새로운 군영의 창설로 각 군영 간 편제나 운영이 통일되지 못한 문제점이 나타났다.

1682년(숙종 8) 3월 병조판서 김석주는 이러한 문제점을 해결하고자 「군제변통절목(軍制變通節目)」을 올렸다. 이 절목은 당시 거론되던 군제 개편의 방안을 수용하여 훈련도감을 개편하고 새로운 군영으로서 금위영 창설을 주 내용으로 하였다. 그 구체적인 내용은 다음과 같다.[59] 먼저 훈련도감 군병 5,707명 중 707명을 제외한 5,000명을 훈련도감의 정원으로 정하고, 여기서 감축된 707명은 훈련별대로 이속시키도록 하였다. 또한 정초청(精抄廳) 보인 1만 2,474명 중 5,879명을 병조로 옮겨 군포를 내도록 하여 병조의 재정난을 해결하도록 하였다. 훈련도감에서 이속된 707명을 합한 훈련별대와 병조로 이속하고 남은 정초군을 통합하여 새 군영인 금위영을 창설하고 그 군병은 금위별대(禁衛別隊)라고 하였다. 금위영 창설로 훈련도감은 5,000명 규모로 축소되었지만 여전히 유력한 도성 군영으로 존속하였다.

훈련별대와 정초청 군병을 합하여 창설된 금위영의 구체적인 편성은 다음과 같다. 먼저 별대의 경우 훈련도감 정군과 훈련도감에서 넘어온 707명을 합하여 1만 3,949명이었는데 이중 1만 748명의 정군으로 4부 16사 80초 체제를 편성하고 남은 정군 3,201명은 자보(資保)와 보인으로 편성하여 훈련별대 원래의 보인 4만 1,100여 명에 합하였다. 정초청 군병은 원래의 정군 3,773명을 1부 25초 3,350명으로 편성하고 남은 인원 423명을 그 자보 423명과 함께 보인으로 편성하였다. 이들을 기존의 보인 1만 1,628명과 합한 1만 2,474명 중 병조의 수포 대상으로 5,879명을 넘겨주고 금위영에 6,595명을 편입하였다. 즉 금위영은 정군 1만 4,098명을 5부 105초로 편성하고, 자보 1만 4,098명, 관보(官保) 5만 4,097명을 확보하여 큰 규모의 군영이 되었다. 105초의 군사는 10번으로 나누어 두 달씩 번상하는 근무체제를 갖추었다.[60] 이후 기병 확보를 위해 1684년(숙종 10) 정월 500명 규모의 기병 창설에 착수하였다. 그해 6월 황해도에서 200여 명을 확보하여 13번으로 나누어 각 번에 16명씩 번상하게 하고 별효위(別驍衛)로 호칭하였다.

### 3) 삼군영의 확립과 도성 중심의 국방체제

금위영 창설을 통해 도성을 둘러싼 5군영 체제는 일단 완성되었다. 이는 조선 전기 오위 체제를 대신할 새로운 조선 후기의 군영 중심의 군사제도 외형이 갖추어진 것을 의미한다. 임진왜란 중 훈련도감이 창설된 이후 숙종 초 금위영이 창설되기까지 약 90년이라는 오랜 기간이 걸렸을 뿐만 아니라 각 군영의 편성과 조직도 창설 이후 계속 변하였다. 군영의 창설과 변화는 임진왜란 이후 급변하는 동아시아 국제 정세와 전쟁 양상에 대한 조선의 군사적 대응이 상당히 적극적이었음을 의미한다. 그러나 통일적 체계를 가지고 군영을 만든 것이 아니라 시급한 군사, 정치적 상황에 대처하기 위한 것이었으므로 군영 정비의 필요성이 높았다. 아울러 각 군영은 필요에 따라 임의로 양정(良

丁)을 입속하게 하는 등 편법적 방법을 통해 많은 군병을 확보함에 따라 향촌에서는 양정보다 군병이 더 많은 이른바 군다민소(軍多民少)의 폐단이 나타났다. 이러한 양역(良役) 폐단을 해결하기 위한 개혁론인 양역변통론의 필요성이 제기되었다. 그 결과 1704년(숙종 30) 말 「양역변통절목(良役變通節目)」이 제정되었다. 「양역변통절목」은 「오군문개군제절목(五軍門改軍制節目)」 등 4개의 절목으로 구성되어 있다.

「오군문개군제절목」에는 기존의 5군영에 대한 정비와 함께 통일적인 삼군영 도성수비체제를 표방하고 있다. 먼저 도성 주변 군영인 총융청, 수어청의 군제를 3영 체제로 정비하였다. 총융청은 좌영(左營)은 수원, 중영(中營)은 남양, 우영(右營)은 장단(長湍)으로 하고 중영은 3부, 좌, 우영은 각 2부로 하였다. 부는 각 2사, 매사는 각 5초로 하되 각 초는 125명으로 편성하도록 하고 여러 군종을 합하여 2만 3,157명으로 하였다. 1704년 이전까지 전, 좌, 우, 후영의 4영과 좌, 우, 중부에 속한 군병을 합쳐 3만 9,589명이었다. 1704년의 개편으로 3영, 2부 체제로 정하고, 매 영은 각 5사, 매 사는 각 5초이며, 각 부는 아병 각 16초, 마병 각 3초로 하되, 훈련도감과 어영청에 속하였던 마군, 보군, 친아병(親牙兵) 등을 합하여 정군은1만 6,500명으로 정하였다. 그리고 표하군과 군수노보(軍需奴保) 등 여러 군병까지 3만 2,350명으로 편성하였다.

이 「오군문개군제절목」에 따라 도성의 세 군영 중 훈련도감은 큰 변화가 없었지만 어영청과 금위영은 편제가 5부 25사의 제도로 통일되었다. 이전까지 어영청은 5부에 각각 5개 사와 별3사를 두고 각 사에 각 5초, 별중초 1초가 있는 등 각종 군병과 보인을 합하여 10만 2,270명에 달하였다. 어영청의 편제는 금위영에도 그대로 적용되어 매 사에 각 5초와 별중초 1초가 있어 총 136초로 각종 인원이 9만 1,696명에 달하였다. 이 절목을 통해 방만한 어영청과 금위영을 동일하게 5부로 통일하고 각 부는 5사, 각 사는 5초, 매 초는 127명으로 통일시켰다. 두 군영의 군액도 어영청 8만 6,953명, 금위영 8만 5,274명으로 약간 감소하였다.

이 절목에 따라 중앙 군영은 전반적인 정비가 이루어졌으나 현종 대 이미 군액이 1,000여 명 감소된 훈련도감은 특별한 변화가 나타나지 않았다. 아울러 훈련도감은 상비 군영으로 한양의 수비에 핵심적이었으므로 감축되지 않았다. 「양역변통절목」을 통한 개편으로 중앙 군영의 정비와 함께 삼군영 도성수비체제가 제도적으로 나타났다. 이 절목에서 훈련도감을 가운데로 하여 좌우에 어영청과 금위영을 두고 도성의 방위를 담당하도록 하는 것을 명시하였다. 이후 도성의 수비체제는 이 세 군영을 중심으로 정비되었다. 도성 주위의 총융청과 수어청은 경기의 남쪽과 북쪽 일대를 나누어 관할하는 군영으로 성격을 분명히 하였다.[61] 18세기 초 숙종 후반기에 나타난 도성 중심의 방위론과 삼군영 도성수비체제의 정비는 17세기 중반 이후 국제정세 변동과 함께 본격적으로 나타난 한양의 도시 성장과 조선의 군사력 조정에 따른 것이었다.

도성 주둔 삼군영이 도성의 방위를 전담하면서 도성 방위 및 치안 유지를 위해 중요한 지점인 한강 변의 방위도 삼군영이 전담하는 체제로 전환되었다. 조선 전기에는 도강의 편의 및 치안 확보 차원에서 진도(津渡)에 그 관리와 도적 검속을 목적으로 별감(別監)을 파견하고 진리(津吏)와 진부(津夫)를 두었다. 1703년(숙종 29)에는 한강 변 주요 진도인 한강(漢江), 노량, 양화도, 삼전도, 임진도 등 다섯 진(津)에 별장을 설치하여 치안 대책을 강구하였다. 삼군영 도성수비체제가 갖추어진 1710년(숙종 36)에 훈련도감에서 한강진을, 어영청에서 양화도를, 금위영에서 노량진을, 총융청에서 삼전도를 각각 담당하도록 하여 각 군영의 한강 변 나루터 일대의 방어 임무를 분명히 하였다.[62]

「양역변통절목」으로 훈련도감을 중심으로 하여 어영청과 금위영을 거느리는 이른바 삼군영 도성수비체제의 기본이 마련되었지만 아직 구체적인 운영 방안은 마련되지 못하였다. 이는 도성 등 도성방어를 위한 방어시설이 갖추어지지 않은 것과 밀접한 관련을 가진다. 1704년 2월 중순 5군영 군사를 동원하여 도성 수축이 시작되었다. 1707년(숙종 33)부터는 도성 수축 공사에서 총융청과 수어청이 배제되고 훈련도감 등 도성 삼군영을 중심으로 공사가 추진되었다. 이는 도성 삼군영이 도성수비의 핵심적인 주역임을 확인하는 과정이었다. 도성 수축을 통해 삼군영 도성수비체제가 정립되기 시작하면서 도성민을 각 군영에 나누어 소속시켜 도성수비에 참여한다는 도성방위론이 본격적으로 나타나게 된다.[63]

## 3. 18세기 후반~19세기 삼군영의 변화

### 1) 장용영과 삼군영

영조 초 발발한 내란인 무신란(戊申亂), 이른바 이인좌의 난을 계기로 궁궐의 숙위체제 강화를 위해 평시 도성 주둔 삼군영 중심의 기존 도성수비체제 강화와 함께 궁궐 숙위체제도 크게 정비되었다. 이는 정조 즉위 이전까지 부분적인 보완을 거쳐 기본적인 체제는 대체로 유지되었다. 그러나 정조 즉위 직후인 1777년(정조 1) 7월 말 국왕이 머무르던 경희궁의 존현각(尊賢閣)에 호위청 군관과 공모한 괴한이 침입하여 정조에게 위해를 가하려고 한 사건이 일어났다. 8월에는 창덕궁에 동일범이 침입하다 체포되는 변란도 발생하였다. 이 사건을 계기로 정조는 궁성의 숙위체제 강화를 위한 조치를 시행하였다.[64]

우선 정조는 처소를 경희궁에서 창덕궁으로 옮기고 창덕궁 일대 숙위체제를 강화하였다. 이를 위해 창덕궁의 호위 군병을 증강하였는데 주로 훈련도감 군병을 동원하였다. 아울러 세 군영의 대장이 궁궐을 수시로 순찰하도록 하며, 훈련도감과 금위영의 입직 장관(將官)이 군사를 거느리고서 위장, 부장과 함께 궁궐 안팎에서 야간 검문을 하고 대궐 안의 순찰인 순경(巡更)도 5위장과 부장을 이전의 규례대로 시간[更]을 나누어 배치하여 윤번으로 순찰하도록 하였다. 구체적으로 창덕궁 호위 강화의 내용을 보면 흥화문(興化門)의 군사 100명을 금호문(金虎門)으로 옮기고 원래 안으로 들어가는[內入] 군사 100명을 홍화문과 숭의문(崇義門)으로 옮겼다. 훈련도감의 출신(出身) 45명을 영숙문(永肅門)으로 옮기도록 하고, 동영의 군사 50명은 집춘영으로, 서영(西營)의 군사 50명은 광지영으로, 북일영(北一營)의 마병 50명은 남영으로, 신영(新營)의 칠색군(七色軍) 40명은 북영(北營)으로 옮기도록 하는 등 이전보다 창덕궁 일대의 숙위를 크게 강화하였다. 그리고 창덕궁 담장도 수축하도록 하였다.[65]

창덕궁 일대의 숙위 강화와 함께 전반적인 국왕 숙위체제 정비에도 착수하였다. 그 일환으로 그해 11월에 새로운 궁성 숙위 전담 관서인 숙위소(宿衛所)가 설치되었다. 숙위소는 창덕궁의 건양문(建陽門) 동편에 설치되어 궁궐뿐만 아니라 도성 전체의 경비를 총괄하는 강력한 관서였다. 숙위소 대장은 정조의 측근인 금위대장 홍국영(洪國榮, 1748-1781)이 겸하도록 하였다. 숙위대장의 권한은 궁궐 내의 위장, 부장, 금군, 훈련도감 군병, 각 수문장, 국별장(局別將)을 지휘하고 궁궐 담 밖의 삼군영 군병의 입직과 순라를 관장하는 것이었다. 숙위소 중심의 숙위체제가 마련되면서 그 이전 궁성 숙위의 중요 역할을 담당하던 호위청의 규모는 크게 축소되었다. 1778년(정조 2) 2월 호위청 세 청을 한 청으로 통합하고 군관을 1,000여 명에서 350명으로 크게 줄였다.

궁궐 숙위의 전권을 가졌던 숙위소는 1779년(정조 3) 9월 홍국영이 권력 전횡으로 실각함에 따라 그 기능이 크게 약화되었고 결국 1781년(정조 5) 정월 혁파되었다. 숙위소 혁파를 계기로 정조는 숙위체제를 새로이 정비하고 그 운영을 직접 장악하였다.[66] 정조대 숙위체제 정비의 노력은 1784년(정조 8) 5월 제정된 「감문절목(監門節目)」에 잘 드러난다.[67] 이 「감문절목」에 따르면 각 문의 개폐는 승정원에서 주관하고, 각 문의 관할은 건양문 동서를 경계로 수문(守門)이 이루어지도록 하며 각 문별로 수문장을 배정하도록 하였다. 여기서 특징적인 것은 궁궐 출입을 국왕이 직접 통제한다고 하는 것으로 정조는 국왕의 시위와 궁궐 숙위를 책임지는 수문장이 외부와 내통하는 것을 엄금하였다.[68]

정조는 정국 주도를 위해 5군영을 일원적인 체제로 통일하고자 5군영제를 개혁하고자 하였다. 정조는 즉위 초 5군영 중심의 도성방어체제 대신 도성을 둘러싼 각 유수부 강화를 통해 쓸모없는 군사를 도태시켜 효율적인 도성과 경기 방어를 기하고자 하였다. 정조는 당시 5군영제로 인해 군권이 일원적으로 귀속되지 않으며, 오위제의 장점인 병농일치의 군제가 더 이상 실현되지 않는 것으로 인식하였다.[69] 5군영의 개혁을 위해 우선 경기의 군영인 총융청과 수어청의 통합을 시도하였다. 1778년 정조는 수어청과 총융청을 합하여 한 군영으로 만들고 경기 좌우도의 군사를 관장하도록 하여 쓸모없는 군병과 군량을 줄일 수 있다고 보고 이에 대해 대신 등에게 의견을 내도록 하였다.[70] 이는 수어청과 총융청이 수시로 내, 외영을 이루어 군사제도와 재정이 적절하지 않았을 뿐만 아니라 총융청이 방어하여야 하는 경기 외곽 지역 방어를 수원은 방어영을 두어 관할하고 있고, 남한산성은 수어청이, 강화도는 유영수군(留營水軍)이 각각 관할하고 있어 병권이 중첩되어 적지 않은 문제가 나타나고 있었기 때문이다. 이에 대해 수어청과 총융청을 합하여 한 군영으로 만들자는 의견과 두 군영을 혁파하자는 의견, 그리고 두 군영을 그대로 두자는 의견 등 다양한 의견이 제시되었다.[71]

당시 총융청과 수어청 개편에서 가장 대세를 이룬 의견은 두 군영의 보완을 통한 도성방어 강화였다. 사직 윤면동(尹冕東, 1728-?)은 총융청을 수어청과 합하고 강화도와 교동을 합칠 것을 주장하였다. 또한 남한산성은 부도(副都)이므로, 다른 보장처와는 다를 뿐 아니라, 수어청에서 관할하고 있으므로 특별 군영으로 수어청을 존속시켜 도성을 호위할 것을 주장하였다. 이에 비해 총융청은 북한산성을 전적으로 관장하고 있으나, 북한산성은 곧 도성과 하나이므로, 도성의 세 군영으로 옮겨 소속시키면 충분하다고 주장하였다.[72] 북한산성과 남한산성 강화 주장과 함께 도성 강화 주장도 계속되었다. 예를 들어 부사직 강유(姜游, 1722-1798)는 도성은 반드시 지켜야 하는 곳임에도 불구하고 오히려 강화도나 남한산성을 지킬 계책을 우선하는 것을 잘못된 것이라고 비판하였다. 그는 당시 도성은 둘레가 매우 넓고 동남쪽이 험하지 않아서 지킬 수 없다는 비관론에 대해 도성은 둘레가 1만 보가 못되고, 또 목멱산(木覓山), 인왕산(仁王山), 백악산(白嶽山)이 세 방면을 막고 있으며, 험준한 북한산이 외부의 성과 연결이 되는 등 중국의 평지성과 견주어보면 상당히 험하다고 주장하였다. 문제는 성의 넓고 좁음이 아니라 군량미

의 저축과 성곽의 견고함에 있다고 주장하였다.[73]

1778년에 논의되었던 수어청과 총융청의 통합 문제는 도성과 경기의 방어체제에 대한 다양한 입장으로 인해 쉽게 결정되기는 어려웠다. 다만 이 논의를 통해 정조는 총융청과 수어청을 중심으로 하는 경기 방어체제의 문제점을 인식하고 새로이 성장하는 도성 주변의 주요 지역에 유수부를 두고 유수부를 중심으로 도성 및 경기의 방어체제를 재편하여야 한다는 입장을 가지게 되었다. 이후 이루어진 장용영(壯勇營)의 창설과 확대는 이상의 논의의 결과라고 할 수 있다.

1784년 정조는 「감문절목」 마련을 전후하여 강력한 국위 호위 군영의 창설에 착수하였다. 1782년(정조 6) 훈련도감 군병 중 무예별감(武藝別監)을 창경궁의 정전인 명정전 서쪽 월랑(月廊)에 입직하면서 장용영은 시작되었다. 정조는 1784년 9월 경과(慶科)를 열어 2,000여 명의 무과 급제자를 확보하였다. 정조는 이들 무예 출신 중 일부를 1785년(정조 9) 장용위로 편성하여 국왕 호위를 맡도록 하였다. 장용위는 1787년(정조 11) 군병을 대폭적으로 증가하여 뇌자나 순령수 이외에도 취고수, 대기수, 아병과 같은 표하군과 마병 부대인 선기대(善騎隊)와 123명의 보군도 확보하여 기존 30명에서 232명으로 늘어났다. 여기에 장용영의 행정을 담당하던 원역(員役)도 늘어나 서기 2명 이외에 사령(使令) 7명, 서기 1명, 고직(庫直) 1명이 추가되었다.[74] 장용위는 1787년 한양의 종묘와 흥인문 사이의 창경궁으로 진입하는 어귀인 연화방(蓮花坊) 이현(梨峴, 배오개)에 자리하던 별궁에 군영 건물을 마련하여 군영으로서의 면모를 일신하였다. 이듬해에는 장용위를 장용영으로 확대 개편하고 훈련도감 등 기존 중앙 군영의 병력을 흡수하면서 본격적으로 성장하기 시작하였다. 1788년(정조 12)에는 훈련도감의 별기군과 난후초(攔後哨) 병력이 장용영으로 이속하였다. 금위영은 1790년(정조 14) 겸내취(兼內吹) 30명을 장용영으로 이전하였다.[75]

1793년(정조 17) 정월에는 장용영을 내영(內營)과 외영(外營)으로 나누고 중앙 군영의 군병을 본격적으로 이속하면서 확대되었는데 이는 수원이 화성 유수부로 승격되고 화성 건설이 착수되면서 장용외영이 수원에 주둔한 것과 관련이 있다. 장용영 내영은 최초 3사 15초 규모로 구성되었는데, 도성의 전사 및 전사 각 5초와 고양, 파주, 양근, 양주의 군병으로 이루어진 후사 5초로 이루어졌다. 1795년(정조 19)에는 수원을 중심으로 인근의 진위, 양성, 용인, 광주, 안산, 과천, 시흥 등의 8초와 양주와 장단의 2개 초를 합한 10개 초를 추가로 확보하여 5사 25초 체제로 크게 확대되어 궁궐 숙위의 핵심 군영으로 자리 잡았다. 이때 확보된 10초는 경기의 향군(鄕軍)으로서 수어청과 총융청의 구성 병력이었다. 이들이 장용영으로 이속됨에 따라 수어청과 총융청은 자연히 축소되어, 수어청은 도성의 본청을 혁파하는 대신 광주유수가 수어사를 겸하게 되었고 총융청도 그 편제가 5초에서 4초로 축소되었다. 아울러 금위영의 아병 70명과 어영청 겸내취 30명을 장용영으로 이전하였다.

장용영 외영은 1793년 수원부를 유수부로 승격시키고 그 방어 군병의 군영으로 창설된 것이다. 본래 유수부 승격 당시 수원의 군병은 별효사, 마병, 속오군 등으로 이루어져 있었다. 당시 장별대(壯別隊)로 불린 화성의 마병은 친군위 체제로 개편되면서 좌열과 우열로 나뉘고 각각 100명의 마병이 편성되었다. 보병은 기존 속오군 26초 중 정예한 13초의 양정을 선발하여 정군으로 삼고 나머지 13초는 봉족으로 삼도록 하였다. 별효사는 100인을 남겨 좌, 우열로 개편하고 유수영 직속의 난후군으로 삼았다. 1795년 정월 화성의 성곽 건설이 본격적으로 시작되면서 장용영 외영 체제는 다시 변화하였다. 가장 중요한 변화는 협수군(協守軍) 제도의 신설과 입방군(入防軍), 성정군(城丁軍)의 확립을 들 수 있다. 협수군은 성곽 외곽에서 성곽과 기각지세를 이루어 성원하기 위한 예비 병력으로 필요시에는 타부(垜夫)로서 성곽 방어에 참여하였다. 그해 5월 비변사에서는 「화성협수군제절목(華城協守軍制節目)」을 마련하여 용인, 진위, 안산의 수령을 각각 화성의 동, 남, 서성(西城)의 협수장(協守將)으로 삼고, 용인의 수어청 속오군 5초, 진위 3초 그리고 안산의 총융청 속오군 4초 등을 협수군으로 삼고 이속하는 조치를 취하였다.

화성 성역이 완료되는 1797년(정조 21) 정월 이후 화성의 군제는 다시금 확대 정비되었다. 그해 9월 화성유수 서유린(徐有隣, 1738-1802)은 시흥과 과천을 수원부에 소속시켜 그 수령을 북성협수장(北城協守將)과 통구유병장(通衢遊兵將)으로 삼을 것을 건의하여 윤허를 받았다. 그리고 12월 화성에서 올린 「군제협수추절목급수성절목(軍制協守追節目及守城節目)」에 따라 화성의 군사제도는 다음과 같이 정비되었다. 먼저 용인 등 세 고을의 협수군 이외에 새로이 과천과 시흥도 화성에 입속되어 새로이 이속된 속오군 등을 합하면 화성은 총 42초의 병력을 가진 큰 군영이 되었다. 그리고 다섯 고을의 군사 중에서 7초를 뽑아내어 입방군에 소속시켜 화성 경내의 기존 13초와 합하여 20초의 입방군을 편성하였다. 입방군은 화성 행궁(行宮)을 교대로 지키는 주력으로서 정군(正軍)이라 불렸는데 1영 4사 체제로 편성되어 전, 좌, 우, 후의 각 사에 5초씩 배치하였다. 남은 협수군 22초 중, 5초는 장용외사의 난후아병(攔後牙兵)으로 삼고 2초는 주대책응병(駐隊策應兵)에 소속시키고 3초는 성곽 중앙의 기동예비대인 통구유병(通衢遊兵)으로 삼았다. 나머지 10초는 화성의 네 방면에 나누어 소속시켰다. 그리고 주변 다섯 고을의 수령을 협수장과 유병장(과천 현령)으로 삼았다. 아울러 화성에는 납미군(納米軍)으로 편성한 성정군 8,620명을 두었다. 화성의 총 913개 타(垜)마다 성정군 5명씩을 두어 4,565명을 배치하고 당시 성곽 방어시 일반적인 군사 편제 방식에 따라 5타마다 타장(垜長) 1명을 두었다.[76] 각 문, 수문(水門) 등에는 40~150명의 군사를 추가로 보내고 22개소의 포루(砲樓), 치성(雉城) 등에 각각 30명씩 총 660명을 배치하였다. 남는 군정 1,620명은 예비로 남겼다.[77]

장용영이 급격히 확대되면서 중앙 군영의 군병은 감소되었다. 특히 수어청과 총융청은 상당한 군병 감소가 나타났다. 수어청은 1788년과 1796년(정조 20)에 장용영 내영에 번상군의 대부분을 이전하였다. 수어청에서 이전된 약 1,100명은 내영의 1/4을 차지하였다. 그리고 경청(京廳)이 폐지되고 남한산성으로 본청이 이전하여 그 세가 크게 위축되었다. 총융청은 장용 외영 설치 직전 수원에 있던 중영(中營)을 폐지하였다. 초기 장용영 외영의 병력은 상당수가 총융청 소속이었다. 1798년(정조 22) 장용영 외영 개편시에는 수원 인근 군현의 수어청과 총융청 병력 4,200명이 추가 이전되었다. 도성 삼군영의 군병은 크게 축소되지는 않았다. 훈련도감은 앞서 보았듯이 주로 국왕의 근접 호위군을 이전하였고 금위영과 어영청은 내영에 장번군인 아병, 겸내취 등을 이전하였다. 장용영 외영에는 수원 속읍으로 편입된 군현에 있던 금위영과 어영청의 번상군을 이전하였다. 이에 금위영은 향군인 정군(正軍) 101명, 어영청은 정군 216명을 이전하였다.[78] 도성 삼군영이 장용영에 이전한 군병의 수는 다음과 같다.

**[표 2-2] 도성 삼군영의 장용영 이속 군병**

| | 훈련도감 | 금위영 | 어영청 | 합계 |
|---|---|---|---|---|
| 군병(軍兵) | 160명 | 201명 | 609명 | 970명 |
| 군보(軍保) | 494명 | 303명 | 388명 | 1,185명 |
| 합계 | 654명 | 504명 | 997명 | 2,155명 |

소속 군병의 장용영 이전에 따라 금위영과 어영청의 번상군 규모는 일부 조정되었다. 금위영과 어영청의 1번의 인원은 635명이었으나 금위영은 1798년 장용영 외영 개편 후 1번의 인원을 620명으로 줄였다. 어영청은 화성 건설비용을 충당하기 위해 1794년(정조 18)부터 15년 기한으로 1번 인원 중 135명의 번상을 중지하고 대신 이들에게 군포를 거두도록 하였다. 이에 어영청의 1번 번상 규모는 500명으로 줄어들었다.[79]

## 2) 장용영 혁파와 중앙 군영의 변화

1800년(정조 24) 6월 말 정조가 승하하면서 정조의 개혁 조치는 크게 반전되었는데 가장 대표적인 것이 정조 대 핵심 군영인 장용영의 혁파였다. 앞서 보았듯이 정조는 장용영을 확대 개편하여 5,000여 명에 달하는 정예 군사력을 확보하였을 뿐만 아니라 조선 전기의 군사체제인 오위 체제를 화성에서 시도하였다. 그러나 정조 사후 재정 부담 등을 이유로 장용영은 혁파되었다. 혁파 직전 장용영은 내영에 총 19초, 외영에 2만 명에 달하는 큰 규모였다. 장용영이 혁파되면서 각 군영에서 이속된 군병은 되돌려졌다.[80] 구체적으로 살펴보면 선기대 2초는 훈련도감의 마병으로, 경군 3초는 훈련도감에 이속시켰다. 금위영 아병 70명은 해당 영에 소속시키고 좌사(左司)의 향군 5초는 수원부에 소속시켰으며 별좌사(別左司) 향군 3초와 별우사(別右司)의 향군 3초 중 광주의 2초는 수어청에 소속시켰다. 용인, 안산, 시흥, 과천의 4초는 모두 수어청으로 돌려주어야 하지만 네 고을 군병들이 모두 수원 외영에 소속되어 있으므로, 군제를 개정할 동안 임시로 수원부에 소속시켰다. 우사(右司)인 향군 5초와 지평, 양근, 파주, 가평의 3초는 수어청으로 돌려주었다. 그리고 양주, 고양의 2초는 해당 고을에 소속시켰다. 원래 호위청 군관들도 다시 본청에 소속시켰다. 이외에 장용영으로 옮겨졌던 여러 명목의 군병들도 원래의 군영으로 복귀하였다. 이상의 조치에 따라 장용영의 관원과 군사, 재정 중 신설된 부분은 폐지되고, 다른 군영이나 기관에서 이속된 것은 원 소속처로 돌려졌다. 국왕의 친위와 화성 방어를 담당하던 장용영이 혁파됨에 따라 이전의 군영 체제로 환원되었다.

장용영 혁파 이후 이전의 도성 삼군영 체제는 다시금 재현되었으나 어영청, 금위영은 장용영 설치 이전의 위상을 완전히 회복하지는 못하였다. 장용영 혁파 이후 훈련도감의 군액은 그대로 복구되었으나 어영청과 금위영은 군액과 재정을 모두 복구하지 못하여 군사력이 축소되는 양상을 보였다.[81] 번상하는 향군이 주력이었던 금위영과 어영청은 정조 후반 화성 건설에 소요되는 재정을 확보하기 위해 번상을 정지시키는 대신 군포를 내는 이른바 정번수포(停番收布)가 순조 이후에도 계속되어 실질적인 군사력은 축소되었다. 또한 순조 대 금위영과 어영청의 상번군인 향군의 일부가 1808년(순조 8) 번상 대신 군포를 납부하고 경군으로 대체하게 하였다. 즉 금위영과 어영청 상번군의 정번은 오직 국가 재정 확보 수단으로 변질되었다. 이는 자연스럽게 도성의 군사력 약화를 초래하였다.

금위영과 어영청의 약화는 자연스럽게 도성방어의 중심 군영으로 훈련도감의 위상이 높아지는 것을 의미하였다. 어영청과 금위영은 평시 번상하는 1사 5초의 기본적인 편제도 유지하기 어려운 상황에 빠질 정도였다. 이로 인한 도성방어의 취약점을 해결하기 위해 어영대장 이요헌(李堯憲, 1766-1815)은 정번수포를 이용하여 도성 내 상주 병력 1초의 군사를 유지하는 방안을 제시하였다. 정번수포를 통해 거두어들인 군포는 1초의 경군을 유지하는 것은 물론 표하군 50명을 추가로 확보하는 데 충분한 재원이었으므로 국왕 순조는 동의하였다. 이에 이전까지 상번군으로 운영되는 금위영과 어영청은 경군 1초씩 상시적으로 한양의 군영에 주둔시키도록 하였다. 금위영과 어영청의 경군 규모는 135명으로 5개 초 중 중초를 이루도록 하였다. 경군 1초의 상비병을 중심으로 재편성된 금위영과 어영청은 내실 있는 중앙 군사력 확보에는 도움이 된 것이 사실이지만 정번되는 4초의 정군은 실질적 군사력에서 배제되었다. 즉 조선의 전통적인 지방군 및 중앙군 체제가 이제 도성에 주둔하는 상비 군병을 중심으로 재편되는 것을 의미한다. 물론 19세기 초반의 일시적인 대외정세 안정에 따른 군사력 조정 과정으로 볼 수 있지만 이 조치로 인해 금위영과 어영청의 군사적 위상은 급격히 약화되었다.

### 3) 19세기 중반 이후 도성 삼군영의 변화와 혁파

#### (1) 세도정치기 삼군영의 변화

국왕 순조는 즉위 직후 장용영을 혁파하였지만 정조와 마찬가지로 군권 장악에 관심을 가지고 있었다. 순조는 5군영의 군사들을 도총부 휘하에 편입하여 일원적인 지휘체제에 두고자 하였다. 아울러 순조는 장용영 혁파 이후 호위 군영으로 호위청과 용호영으로 금군의 역할을 담당하도록 하였다. 호위청은 정조 초반 왕실 호위를 위한 군영으로 숙위소가 창설되면서 약화되었고 장용영이 설치되면서 장용영에 편입되었다. 그러나 순조 즉위 이후 다시 독립된 군영으로 복구되었다. 용호영(龍虎營)은 장용영 설치 직후 기존 700명에서 600명으로 약간 감소되었다가 순조 초 장용영이 혁파되면서 돌려받은 군액으로 원래의 700명으로 복구하였다. 아울러 순조는 명목상 남아 있던 오위도총부를 실질적인 군사 지휘부로 재건하고자 하였다. 이에 1810년(순조 10) 무예별기군을 추가 창설하여 오위도총부의 기능을 복구하는 데 활용하고자 하였다. 순조의 무예별감 강화 노력은 적지 않은 반대를 불러 일으켰다. 따라서 순조의 군제 개혁과 친위병 양성은 소기의 성과를 거두지 못하였다.

순조 대의 친위 군병 확보 노력은 헌종 대에도 계속되었다. 그 대표적인 것이 1846년(헌종 12) 총위영(總衛營)의 설치였다.[82] 총위영은 헌종이 왕권을 강화하기 위해서 훈련도감 등의 중앙 군영을 대체하기 위해서 설치되었다. 총위영은 속오군으로 편성되었으나 19세기 중엽 방군수포화(放軍收布化)되어 유명무실해진 경기 북부의 방어 군영인 총융청을 개편하여 1846년 창설한 것이었다. 총위영이 설치된 것은 왕권 강화의 목적도 있었지만 당시 유동적인 국제정세에 대응하기 위해 도성 일대 방어 강화를 추진한 결과였다. 1840년(헌종 6) 초 아편전쟁이 한창일 무렵부터 조선 연해에는 위압적인 이양선들이 출몰하기 시작하였다. 예를 들어 1840년 12월 영국 이양선 2척이 제주 연해에 정박하여 조선 관원과의 접촉 없이 해당 섬의 소를 도축하거나 약탈해 갔고, 문정하려는 관원들을 향해 포를 쏘기도 했다. 1차 아편전쟁이 끝난 지 얼마 지나지 않은 1845년(헌종 11), 제주도에는 다시 영국 이양선이 모습을 드러냈다. 사마랑(Samarang)호라는 이 이양선은 제주도와 거문도를 오가며 조선에 약 7주간 체류하며 조선 연안에 대한 측량을 실시하였다. 조선에서는 총위영 설치 등 도성 일대 군사체제 강화를 통해 이에 대응하고자 하였다.

총위영은 정조가 설치한 장용영의 선례를 따라서, 총위영 장관인 총위사(摠衛使)는 정2품의 무반 최고위직으로 임명되어 다른 중앙 군영의 대장들보다 높은 직위였다. 장용영과 마찬가지로 설치 초반기에는 기존 군영들의 군액을 흡수하여 확대되었으므로 기존 군영들의 위세는 약화되었으며, 총위사의 높은 품계와 더불어서 총위영의 위세는 다른 군영들을 압도하게 되었다. 총위영의 장신(將臣)인 총위사는 역시 판서 등 문신이 임명되었던 장용영의 사례에 따라 문신이 임명되었으며, 총위사 아래 실질적인 군무를 주관하는 총위중군(摠衛中軍)은 종2품직으로 포도대장(捕盜大將), 훈련중군(訓鍊中軍) 등을 역임한 자가 임명되었다. 단위 부대 지휘관으로는 기병인 마군을 지휘하는 정3품 별장 1명과 보군 지휘관인 정3품의 천총 1명, 궁궐 숙위 군병을 지휘하던 정3품 당상 무관인 번장(番將) 2명이 있었다. 사를 지휘하던 4품의 파총 2명과 그 아래 초를 지휘하던 9품 무관인 초관 10명이 있었다. 즉 2개 사, 10개 초 규모의 군영이었다. 이외에도 6품으로 종사관 1명이 있었다.

총위영의 군병으로는 훈련도감의 마병 2초를 옮겨와 마병 238인을 별장 예하에 편성하였으며, 훈련도감의 좌부와 우부의 살수로 구성된 중사(中司)에서 6초를 빼내와 보졸 738명을 천총 예하에 편제하였다. 이외에도 칠색표하군(七色標下軍) 589명이 소속되어 있었으며, 여기에 훈련도감 표하군 62명을 이속시켜 추가하였다. 따라서 총위영은 소속 군병만 1,627명이고, 서리 등 각종 관원 등을 합하면 2,000명이 넘었다. 그 규모는 한양에서 훈련도감 이외에는 총위영의 규모를 능가하는 군영이 없었다. 총위영은 도성 안 좌, 우사의 내영과 함께 도성 외부의 외영을 두었다. 총위영 외영은 남양의 전사, 파주의 중사, 장단의 후사를 두었으며 3개 진에는 2부 3사의 장초(壯抄), 둔장초, 아병, 둔아병 등 26개 초로 편제되었다. 각 초는 125명으로 총 36초의 속오군을 보유하였다. 이는 총융청 외영을 그대로 인수한 것에 따른 것이다. 총위영은 정조 대 장용영을 의식하면서 창설되었으므로 도성 내 총위영 내영은 이현에 있었던 장용영 내영 터에 설치되었다.

### (2) 고종 대 삼군영의 혁파와 친군체제

1863년 고종 즉위 당시, 중앙 군영의 군병은 1만 6,000여 명에 달했으나 노약자가 많고 군기가 해이해져 매우 허약한 상태였다. 국방체제의 정비를 위해 1865년(고종 2) 비변사를 폐지하고, 삼군부(三軍府)를 설치하여 군무를 총괄하게 하고 숙위를 담당하게 하였다. 삼군부의 기능과 권한은 군사 분야에 국한되었으나, 유사시 광범위한 군령권(軍令權)을 가지도록 하였다. 또한 군인 중 노약자를 도태시키는 등 중앙군 강화에 노력했다.

1866년(고종 3) 9월 초 프랑스 함대가 강화도를 침공하여 한 달간 점령한 병인양요가 일어났다. 조선은 프랑스와이 전쟁을 통해 소속 군병이 능력에 회이가 제기된 중앙군영은 곧바로 개편에 착수하였다. 병인양요를 계기로 여러 문제점이 나타난 중앙 각 군영의 개편을 포함한 군사력 강화에 대한 방향은 프랑스군의 퇴각 직후부터 나타나기 시작하였다. 중앙 군영 정비의 일환으로 먼저 도성의 핵심 군영인 훈련도감 군병의 정예화에 착수하였다. 1867년(고종 4) 1월 「군제변통별단(軍制變通別單)」을 통해 훈련도감의 체제를 크게 개편하였는데, 협련군을 비롯한 약 800여 명의 잡색군을 정병으로 대체하여 정예병 위주로 부대를 개편하였다.

훈련도감의 개편 이전 어영청과 금위영의 개편도 시작되었는데, 1866년 10월부터 그 이전까지 금위영과 어영청의 향군 번상을 정지하는 대신 돈을 내던 것을 폐지하고 그 돈을 군영에 내려주어 포수 몇 초를 더 확보하도록 하였다. 그해 연말에는 어영청 등에 4만 냥을 내려 보내어 군비를 강화하도록 하였다. 이에 1867년 어영청과 금위영에 각각 포군 4개 초를 추가하여 기존의 1개 초 규모에서 확대되어 18세기 체제인 전, 좌, 중, 우, 후 5개 초 규모의 포군을 갖출 수 있었다. 이는 18세기 말까지 유지되던 5초 체제가 복구되어 도성방어의 주요 군병으로서 어영청과 금위영이 위상을 되찾게 된 것을 의미한다. 병인양요 직전까지 어영청과 금위영에서 번상을 정지하는 대신 거둔 돈으로 도성에 상주하던 중초 단 1개 초만을 유지하던 것과 완전히 달라진 것이다.

총융청의 군사력 강화도 나타났다. 1867년 들어 총융청은 조총수인 포군을 중심으로 군사의 정예화를 추진하여 포수 중 우수한 자 125명을 선발하여 난후아병 1개 초를 편성하도록 하였다. 1871년(고종 8)에는 마군 20명을 추가 선발하여 총융청의 군비 강화를 도모하였다. 이상의 여러 조치를 통해 훈련도감과 어영청, 금위영, 총융청 등은 추가 포수 9개 초와 마군 20명 등 약 1,145명이 증원 편성되어 중앙의 군사력이 크게 강화되었다. 한양 주둔 군영 강화와 함께 국왕 호위군인 용호영의 정비도 이루어졌다. 예를 들어 1867년 11월 초 용호영의 복마군(卜馬軍)과 대년군(待年軍) 가운데에서 60명을 건장한 자로 가려 뽑아서 아병이라는 명색을 만들어 군사제도를 갖추는 등 각종 명목의 군사들이 1871년까지 추가되었다. 이에 아병 120명, 대기수 30명 등 총 240명의 정도의 군사가 증원되었다.[83]

1873년(고종 10) 고종이 친정을 시행하면서 조선의 군사정책을 포함한 국가 제반 정책이 달라지는 계기가 되었다. 새로운 정치세력의 등장과 대원군파의 반발 등을 우려한 고종은 궁궐숙위 강화를 추진하였다. 고종 친정 초기의 숙위군은 용호영 군인 600명과 무예청 군인 200명 등 800여 명으로 궁궐 수비군은 다소 부족한 실정이었다. 고종은 각 군영의 군인 500명을 뽑아서 1874년(고종 11) 4월 파수군(把守軍)을 설치했다. 두 달 후인 6월에 고종은 “파수군의 칭호를 무위소(武衛所)로 하고 훈련대장이 구검(句檢)하도록 하라”는 전교를 내렸다. 이로써 파수군은 폐지되고 무위소가 본격 출범하게 되었다.[84]

무위소는 친위 군사력을 확보하고자 하는 고종의 강력한 의지로 빠르게 병력이 증강되었다. 무위소의 조직과 규모는 여러 차례 변동이 있었는데, 1874년의 조직 체계와 규모를 보면 도통사 1명, 제조 1명, 종사관 1명, 별장 1명, 선기별장 1명, 선기장(善騎將) 2명, 별선군관(別選軍官) 3명, 초관 10명, 무용위(武勇衛) 32명, 감관(監官) 4명, 별부료 2명, 별군관 4명, 지구관(知彀官) 19명, 교련관(敎鍊官) 5명, 별무사 5명, 군사 등 984명으로 총 1,075명이다. 1874년 7월에는 도성 삼군영인 훈련도감, 금위영, 어영청에 소속된 마군과 표하군, 복마군 등 병력 총 828명을 뽑아 무위소로 이속시켰다. 8월 28일에는 훈련도감의 별파진 26명을, 9월 26일에는 훈련도감의 표하군 100명과 어영청과 금위영의 아군 각 5명과 순령수(巡令手)와 뇌자(牢子) 각 10명 등 130명 총 156명을 추가로 뽑아서 1차로 배속된 828명과 합하여 총 984명으로 늘어났다. 여기에 무위소의 지휘관과 참모, 그리고 각종 보좌 인원 91명을 합하여 1,075명이 되었고 이후 훈련도감 소속의 무예청까지 통합하여 1,270명으로 늘어났다. 이로써 기존의 국왕 호위군인 용호영 600명까지 합하면 궁궐 숙위군은 2,000여 명에 달했다.

1876년(고종 13) 강화도 조약으로 문호개방을 강요당한 이후 조선은 일본의 우수한 군사력을 절감하고 국방력 강화를 추진하게 된다. 이에 고종은 1881년(고종 18) 12월 중앙 군제를 무위영과 장어영(壯禦營)의 양영제(兩營制)로 통합 개편하였다. 무위소에 속했던 훈련도감, 용호영, 호위청은 무위영으로, 금위영, 어영청, 총융청은 장어영으로 편성되었다. 이로써 임진왜란 중 창설된 훈련도감을 위시하여 조선 후기 중앙 군제의 핵심적인 역할을 하던 여러 군영은 역사 속으로 사라졌다.

# 2절. 도성수비체제의 확립과 삼군영

## 1. 17세기 도성 중심 방위전략과 도성수비론의 대두

16세기 말~17세기 전반에 걸친 40여 년 동안 조선은 세 차례의 대규모 외침(임진왜란, 정묘호란, 병자호란)과 한 차례의 내란(이괄의 난)으로 국왕이 네 차례나 도성을 비우고 지방으로 피난하는 초유의 경험을 겪게 된다. 임진왜란 이전까지 조선의 국토방위전략은 국경 일대에 군사력의 주력을 두고 침입해오는 적을 국경과 그 배후 지역에서 막아낸다는 적극적인 것이었다. 적군의 공격 우려가 있을 경우나 공격을 받은 경우에는 국경을 넘어 적의 거점을 직접 공격하여 이후의 공격을 차단하는 적극적이고 공세적인 군사전략도 가지고 있었다. 15세기 수차례 이루어진 여진에 대한 공격이나 세종 초 대마도 정벌 등은 그 대표적인 사례이다.[85]

15세기 후반 명 중심의 동아시아 국제질서가 안정되고 조선이 이 질서에 편입하면서 조선은 주변 지역에 대한 적극적인 개입을 자제함에 따라 이전에 보이는 공세적인 군사력 운용은 줄어들었다. 군사력의 운용 필요성이 줄어들면서 조선의 군사력은 점차 약화되기 시작하였다. 16세기 들어 나타난 갑사(甲士)의 약화와 기정병(騎正兵)의 보군화 현상 등은 이의 반영이다.[86] 군사력이 약화된 상태에서 16세기 후반 일어난 북방 니탕개(泥湯介, ?-1583)의 난과 남방의 왜구 약탈 등의 위기에 조선은 초기에 적절히 대응하지 못하는 경우가 나타났다. 이에 16세기 후반 새로운 군사 동원 체제인 제승방략(制勝方略)이 마련되어 각 도 단위로 집결한 군사들이 한양에서 내려간 장수인 이른바 경장(京將)의 지휘를 받아 대응하였다. 그러나 방어에 성공하지 못할 경우에는 도내에 충분한 예비 병력이 없어 전반적인 방어에 실패하는 문제점이 있었다. 이러한 군사 동원 체계는 임진왜란 초기 많은 문제점을 드러냈다.

임진왜란 발발 20일 만에 도성이 함락된 경험으로 인해 조선은 전쟁 중 도성과 경기의 군사력을 강화하고 아울러 그 일대에 성곽을 축조하여 도성을 보호하고자 하였다. 이를 적극적으로 추진한 인물이 류성룡이었다. 앞에서 보았듯이 류성룡은 도성 방위 병력을 확보하고 아울러 새로운 전술인 절강병법을 조선군에 보급하기 위한 군영의 창설을 주장하여 훈련도감이 설치되었다. 훈련도감은 도성을 지키는 임무와 함께 국왕의 행차가 있으면 호위를 담당하는 등 도성 방위의 핵심적인 역할을 하게 된다. 아울러 도성으로 들어오는 경기 일대의 방어체제 정비에도 착수하였는데, 한강 상류의 요충지인 양근과 여주를 지키고 한강 이남의 여러 고을인 광주의 남한산성, 수원의 독성, 금천의 금지산, 인천의 산성 등을 활용하도록 하였다. 실제 1597년(선조 30) 정유재란이 일어나자 경기의 주요 요충지를 경기 군사로 하여금 방어하고 황해도 등 북방 군사를 남하시켜 도성 일대를 지키도록 하였다. 도성을 중심으로 하는 중부 지역의 안정은 일본군의 북상을 직산(稷山)에서 저지하는 데 큰 힘이 되었다. 경기 지역의 군사력과 방어체제로 도성방어에 성공하였지만 국경 일대를 방어의 중심으로 삼는 기존의 방어전략은 임진왜란 이후에도 유지되었다.

임진왜란을 계기로 확인된 도성과 그 주변 방어의 유효성은 광해군 대 재인식되었다. 17세기 초 누르하치(奴兒哈赤, 1559-1626)의 건주여진 세력이 급속히 커지자 광해군 대 들어 국경이 아닌 후방인 이른바 내지(內地)에 대한 방어체계 정비를 시작하였다. 후금의 위협을 고려하여 평안도 - 함경도 - 황해도 순으로 방어체제를 갖추기 시작하였다. 평안도에서는 평양, 성천, 영변, 안주, 구성을, 함경도에서는 정평과 함흥을, 그리고 황해도에서는 황주를 중심으로 방어하고자 하였다. 아울러 훈련도감에 의한 숙위체제를 강화하여 도성방어와 궁궐 수비체제를 강화하였고 선조 대 후반 이후 설치된 수원과 파주의 좌, 우방어영에 의한 도성 주변 방어체제 정비는 계속되었다.[87] 광해군 대까지는 도성방어를 기본적인 방어전략으로 삼은 것은 아니고 기존의 국경중심 방어전략을 유지한 상태에서 임진왜란 초 도성이 함락당한 경험에 따라 도성 주변 군사력을 강화하여 도성방어를 도모하는 정도였다. 조선의 방어전략은 인조반정 이후 적잖은 변화가 나타났다.

1623년(인조 1) 3월의 인조반정과 이듬해 초 일어난 이괄의 난은 기존의 국경, 내지 중심의 방어전략에서 도성 중심의 방어전략으로 전환을 가져온 큰 분기점이었다. 인조반정 직후 반정 주도세력은 정치적 안정을 도모하기 위해 도성 방위를 중시하였고 이를 위해 중앙 군사력 강화에 착수하였다. 인조반정 당시 도성 내의 대규모 병력은 훈련도감 군병뿐이었고 광해군 대 도성 주위 방위 강화를 위해 설치되었던 방어영 중 파주와 장단의 군사력이 오히려 반정군으로 동원되는 등 인조 대 이전까지 도성방어체제는 충분하지 못하였다. 도성과 주변의 방어체제를 미처 정비하기도 전에 일어난 이괄의 난 당시 반란군에 한양이 함락되자 이후 본격적으로 도성방어체제 정비에 착수하였다.

인조반정 직후부터 평안도 등 변방에서 후금의 공격을 저지하기 어렵다는 점을 들어 도성방어를 우선하여야 한다는 주장이 적지 않게 나타났다. 가장 대표적인 인물이 인조반정의 주역이었던 이귀였다. 그는 경기의 군사를 금위군(禁衛軍)이라 하여 수령들이 군사를 선발 조련하도록 하고, 긴급한 사태가 발생할 때 국왕 호위에 투입할 것을 주장하였다. 각 도의 지방군도 미리 편성하였다가 필요시 동원하여 각 도 병사가 거느리고 도성으로 와서 도성방어를 강화하도록 하였다.[88] 도성 및 경기 군사력을 강화하자는 이귀 등의 주장이 받아들여져 국왕 호위 군영인 호위청과 어영청이 설치되고, 경기의 군사력 확보를 위한 총융청 설치, 남한산성 축조, 강화도 경영 등이 이루어졌다.

인조 초 도성 중심 방어전략이 주된 군사전략으로 채택된 것은 군사적인 측면에서 당시 불가피한 조선의 상황과도 관련이 있다. 이괄의 난으로 서북 지역 군사력이 크게 붕괴되어 국경과 한양으로 들어오는 대로에 위치한 요충지를 방어하는 적극적인 방어전략을 채택하기 어려운 상황이었다. 따라서 군사력이 충분히 확보되지 않는 한 평안도, 황해도 등지에서 적군을 막기보다 이곳에서는 지연작전으로 적군을 끌어들여 피로하게 하고 그동안 추진해 온 도성과 경기 일대의 방어체제를 충분히 활용하여 경기 지역에서 결전하자는 전략이 채택되었다. 이 전략은 전쟁이 일어나면 국왕은 훈련도감, 어영청 군사들과 함께 강화도로 피난하고 세자는 총융군을 거느리고 남한산성으로 들어가 농성하면서 강화도에 대한 압력을 분산하도록 하였다. 이어 남쪽에서 동원되어 올라오는 군사로 반격한다는 것이었다. 즉 17세기 전반기 수도권에서 결전한다는 것은 도성을 반드시 방어한다는 전략은 아니었다.

병자호란 이전까지 인조 대 조선은 도성과 경기 일대를 방어하는 여러 군영을 차례로 창설하고 보장처인 남한산성과 강화도 등에 대한 방어체제를 정비하였다. 아울러 서북 지역 방어에도 착수하여 대로상의 주요 군현 인근에 정방산성(正方山城) 등 여러 산성을 축조하였다. 이는 이 산성에서 적극적으로 청군을 저지하려는 것은 아니었고 전쟁 발발시 군사력을 보존하고 인근 지역 주민을 대피시키기 위한 목적이 강했다. 실제 청과의 전쟁 가능성이 고조되자 1634년(인조 12) 조선은 대로상 읍성(邑城)보다 인근의 산성을 중심으로 방어거점을 옮겨 방어체계를 갖추게 된다. 조선의 소극적인 방위전략은 1636년(인조 14) 말 발발한 병자호란 당시 청군에 의해 간파되어 청의 선발대는 주요 산성을 그냥 두고 한양으로 신속히 남하하여 인조의 강화도 피난길을 차단하였다.[89] 강화도로 피난하지 못한 인조와 조선 조정은 결국 남한산성에 고립되어 청에 항복하였다.

앞에서 보았듯이 인조의 뒤를 이은 효종은 즉위 직후 북벌의 추진과 함께 청의 현존 위협에 대비하기 위해 강화도와 남한산성 등 수도권의 국왕 피난처인 보장처 정비에 우선 착수하였다. 이는 병자호란 패전으로 청나라와 맺은 정축화약에서 서북 지역 성지(城池)를 새로 수축하지 못하게 한 규정과 청 사신의 감시에 따라 이 지역 방어체제를 갖추기 어려웠던 상황과 관련이 있다. 남한산성은 북방 침입이 있을 경우 강화도와 기각지세를 이루어 적군의 남하를 견제하고 하삼도의 동원 병력이 이곳에 집결하여 반격하는 거점으로 중시되던 곳이었다. 효종은 즉위 직후부터 일본의 위협을 구실로 남한산성 정비에 우선 착수하였다. 아울러 북벌 추진을 위한 군사력 확보 차원에서 어영청 등 중앙 군영을 크게 증강하였다. 효종 대 도성 일대 방어체계의 정비와 중앙 군영 강화는 기본적으로 보장처의 방어를 강화하기 위한 것으로 도성 자체의 방어체계 정비와는 거리가 있는 것이었다.

17세기 중반 효종 대 중앙 군영의 증강은 군사적 측면과 함께 한양의 도시적 면모를 일신하는 데 적지 않은 역할을 하게 되었다. 효종 대 한양의 인구는 급격히 증가하는 양상을 보이는데 이는 여러 원인이 있지만 군영의 증강에 따른 상비병 급증과 상업 발달에 따른 도성 유입 인구의 증가와 밀접한 관련을 가지는 것이었다. 현종 대에는 당시 '한양의 거리에 무기를 든 병사들이 가득 찼다'라는 주장이 나타날 정도로 한양의 상비 군병의 증강은 현저한 것이었다. 대규모 상비 병력이 한양에 주둔함에 따라 각 군영별로 한양의 여러 곳에 군영의 주둔지와 창고, 그리고 무기 조달을 위한 제조장 등을 갖추게 된다. 이처럼 17세기 중반 이후 중앙의 여러 군영은 본영 이외에 한양 곳곳에 분영(分營) 등 주둔지와 군수, 창고 시설을 갖추고 많은 주민을 군병이나 장인으로 고용하였다. 군영 설치와 상비병 주둔에 따라 한양의 도시 기능에서 차지하는 군사(軍事)의 비중은 매우 높아졌고 이전까지 정치, 행정의 중심지였던 한양은 많은 인구를 가진 사회경제적 중심지로서의 성격을 함께 가지게 되었다. 한양의 도시 성격 변화는 도성방어의 필요성을 높여주었다. 도성의 방어 여부는 단순히 정치 군사적 차원에서 고려될 수 있는 문제가 아니었다. 즉 17세기 후반 한양의 발전에 편승하여 성장한 계층들은 전쟁과 같은 상황에서 자신의 생명과 재산 보호를 위해 한양의 수비 강화를 강하게 주장하기 시작하였다. 조정에서는 도성민의 요구를 수용하여 도성방어를 군영에 전적으로 의존하기 보다는 도성민을 함께 동원하는 새로운 방어체계 구상을 모색하게 된다.

병자호란 당시 주요 읍성의 방어를 포기하고 산성으로 피난한 수세적 군사전략으로 인해 피해도 적지 않았고 전쟁 패배의 원인이 되었으므로 거주하는 고을의 읍성에서 수령 책임 아래 군민(軍民)이 함께 방어하는 읍성 중심 방어책이 강조되기 시작하였다. 이를 주장한 대표적 인물은 17세기 중반의 실학자인 류형원(柳馨遠, 1622-1673)으로, 그는 군현제를 전면 재조정하여 작은 군현은 통폐합하여 군현 규모를 확대하고 성곽을 수축하여 평상시에는 군민이 거주하는 성[居城]으로, 전시에는 방어거점으로 활용하도록 하였다. 큰 고을을 중심으로 한 방어전략은 이 시기 조선의 인구 증가와 서민층의 성장, 상공업의 발전에 따르는 사회경제적 변동을 적극적으로 수용한 방안이라고 할 수 있다. 읍성을 중시하는 국방론의 강조는 도성방어의 가능성을 모색하는 데 주요 논거가 되었다.

유사시 국왕의 보장처로의 피난이 아닌 도성방어를 적극 고려하기 시작한 것은 숙종 즉위 직후인 1674년(숙종 즉위년) 11월의 북한산성 축성 주장이 그것이다. 이 무렵은 청나라에서 삼번의 난이 일어나 위기감이 매우 큰 상황이었다. 당시 조선에서는 그 대책의 하나로 북한산성 축성 문제가 거론되었다. 이는 유사시를 대비해 북한산성을 쌓고 그곳을 새로운 보장처로 삼고자 한 것이었다. 류혁연은 병자호란 당시 강화도와 남한산성이 거리가 있어 보장처로서 제 역할을 할 수 없었던 점을 고려하여 새로운 보장처로서 북한산성 축조를 주장하였다. 숙종 역시 이 주장에 동의하였지만 더 이상 논의는 진전되지 않았다. 그러나 북한산성 축조를 통해 도성방어의 가능성을 본격적으로 논의하기 시작하였다는 점에서 이는 의미가 적지 않다. 18세기 초 북한산성과 도성 축조가 이루어진 것은 17세기 후반 도성수비론의 대두와 밀접한 관련을 가지고 있다.

## 2. 18세기 초 도성의 수축과 북한산성 축조

숙종 초 북한산성 축조 논의 이후 조정에서 도성방어에 관한 구체적인 논의는 한동안 나타나지 않았다. 이는 당시의 국제정세 변화와도 관련을 가지는 것으로 숙종 초 한때 세력을 떨치던 삼번의 난이 얼마 지나지 않아 진압되고 몽골에서 세력을 떨치던 준가르부의 갈단(噶爾丹, 1644-1697)도 청 강희제의 여러 차례 친정으로 1696년(숙종 22)에는 세력이 약화되었다. 이제 청의 몰락과 발상지인 영고탑(寧古塔) 지역으로의 철수 가능성은 거의 없어졌다. 청과의 충돌 가능성이 낮아짐에 따라 조선은 이제 중앙 군사력의 감축과 정비에 착수할 수 있게 되었다. 1703년(숙종 29) 양역(良役) 개혁[變通]의 전담기구로서 이정청(釐正廳)이 설치되었다. 그 결과 이듬해 1월에 앞 장에서 보았던 「양역변통절목」이 제정되었다. 이 절목에 따라 5군영의 군액은 다소 감축되고 다소 무질서한 각 군영의 군사 편제를 정리하여 통일성을 기할 수 있게 되었다.

한편 현종 대 이후에도 한양의 인구 확대와 도시 발달은 계속 진전되었다. 17세기 중반 이후의 여러 차례 대기근 등으로 생활 기반이 약해진 유민의 도성 집중은 계속되었다. 인구의 양적 증가로 한양의 도시 공간도 확대되었는데, 확대된 지역은 동쪽으로 대보동(大菩洞)~수유현~우이천~송계교~중량포, 서쪽은 시위동~사천도~망원정~마포, 남쪽은 중량포~살곶이다리[箭串橋]~신촌~두모포~용산, 북쪽은 대보동~보현봉~연서~구관기~대조리~석관현 일대였다. 이들 지역은 도성에 인접한 이른바 '성저(城底) 10리' 지역으로 지방에서 도성으로 들어오는 교통로 인근이며 한강 변이었다. 살곶이, 신촌, 두모포, 대조리, 구관기 일대는 모두 군영의 군병들이 주로 거주하던 곳으로 지방 출신인 이 군병들은 가족을 거느리고 이 지역에 주거하면서 근무하였다.[90]

한양의 인구 증가와 도시화가 급속히 진행되면서 18세기 들어서면서 강화도와 남한산성, 개성의 대흥산성 등 도성 외곽 거점의 군사적 효용성에 대한 회의론이 나타났다. 예를 들어 1703년 1월 숙종은 남한산성은 한 조각 외로운 성에 불과하며, 병자호란 때 들어간 것은 어쩔 수 없었기 때문이라고 하였다. 강화도 역시 해구(海寇)의 염려가 있어 결코 국왕이 머물 곳이 아니라고 말하였다. 우의정 신완(申琓, 1646-1707)도 이에 동의하여 남한산성은 주필지(駐蹕地)가 될 수 없고, 강화도 역시 수세(水勢)와 지형이 변해 더 이상 안전한 곳이 아니라고 하였다. 이후에도 조정에서는 유사시 강화도와 남한산성은 믿을 수 없다는 주장이 계속되었다. 그해 9월 우의정 김구(金構, 1649-1704)도 옛날에는 강화도의 사면이 습지여서 배를 댈 곳이 없었으나, 강화도에 논을 만들어 이제

[그림 2-2] 성저 10리 주거공간과 인구유입처
(『동국여도(東國輿圖)』 중 「도성도(都城圖)」, 규장각한국학연구원/서울대학교 중앙도서관 소장)

는 습지가 단단한 땅으로 변하였고, 뱃길도 사방으로 통하여 곳곳마다 정박할 수 있게 되었다고 언급하였다. 따라서 강화도 사면의 천참(天塹)도 이미 믿을 것이 못 되어 당시 성을 쌓아 지키려 하지만 성곽의 둘레가 백 수십 리나 되어 방어에 어려움이 크다고 주장하였다. 한편 숙종은 강화도와 남한산성뿐만 아니라 개성의 대흥산성에 대해서도 불신감을 드러내었다. 당시 대흥산성은 1680년(숙종 6) 경신환국 이후 관리청(管理廳)이 설치되어 관리하였지만 전속된 군병도 없고 군량도 비축되어 있지 않는 등 부실하게 운영되고 있었다. 강화도 등 한양 외곽 지역의 군사적 효용성에 문제가 있다고 인식하면서 자연스럽게 도성수비론과 북한산성 축성론 등 도성 중심 방어론이 제기되었다.

숙종 초 이후 한동안 잠잠하던 북한산성 축성 논의는 18세기 들어서면서 다시 시작되었다. 이는 당시 국내외적인 정세 변화와도 관련이 있다. 1684년(숙종 10) 강희제의 대만 정벌이 마무리되면서 청나라의 해양정책은 이전의 해금(海禁)에서 개방으로 전환되었고 사무역이 활발하게 전개되었다. 그 여파로 17세기 말부터 조선의 서해안 지역에는 어채(漁採) 등을 목적으로 한 중국 선박인 이른바 황당선(荒唐船)이 나타나기 시작하였다.[91] 황당선은 정체를 알 수 없는 중국이나 일본 등 외국의 선박을 가리키는 용어로, 17세기 말 청의 개방적 해양정책 채택 이후 조선 연안에 출현하기 시작하였다. 초기 황당선은 단순히 고기잡이를 하다가 우발적으로 조선의 경내에 침범하는 경우가 대부분이었으나 18세기 접어들면서 황당선 출몰이 급격히 증가하기 시작하였다. 점차 행동도 대담해지면서 때로는 뭍에 올라 여염을 침입하여 마을의 여인을 겁박하고 다른 선박을 약탈하며 조선 관군을 살상하는 등 서해안 일대를 어지럽혔다.[92] 황당선 출몰과 함께 17세기 말 이후 청의 연안 지역에서는 해적이 기승을 부리고 있었다.[93] 이들 해적은 청의 수군도 저지하는 데 어려움이 있을 정도였으므로 조선도 대비의 필요성이 나타났다. 아울러 1694년(숙종 20)의 대흉년으로 도적이 창궐하고 도성에 기민이 운집하여 내란 가능성도 적지 않았다. 기근으로 인해 도성에 번상하는 금위영과 어영청 군사들의 번상이 정지되어 훈련도감의 군사들이 대신 근무하는 등 도성의 방어력은 오히려 약화되었다. 도성의 군사력이 약화됨에 따라 그 대안으로 도성민을 동원하여 도성방어를 견고히 하는 방어체제가 주목되었다. 그 구체적 방안으로 북한산성과 도성 수축이 제기되었다.

1702년(숙종 28) 우의정 신완은 유사시를 대비하여 북한산성 축성을 다시 제기하였다. 신완은 축성의 최적지로 창의문(彰義門) 밖 탕춘대 터를 지목하였다. 창의문 밖은 도성에서 북한산성으로 들어가는 길이었으므로 자연스럽게 북한산성 축조론이 나타났다. 신완의 북한산성 축조론은 비록 보장처 추가 차원에서 제기된 것이지만 도성방어의 필요성과 가능성을 처음으로 제기하였다는 점에서 매우 의미가 있다. 그해 9월 이세백(李世白, 1635-1703) 등은 북한산성 축조를 다시 주장하였는데 북한산성 축성의 이유로는, 먼저 강화도 등의 기존 보장처는 도성에서 멀리 떨어져 있고 방어에 어려운 점이 있어 가까운 보장처가 필요하다는 것이었다. 아울러 북한산성은 도성에서 가까워 유사시 피난하기 쉽고, 도성의 인원과 물자를 모두 옮길 수 있을 뿐만 아니라 북한산성 자체가 천험의 요새여서 방어하기 쉽다고 하였다. 다음으로 도성이 지나치게 광대하여 수비하기에 어려움이 있으므로 북한산성을 수축하면 도성과 표리(表裏)가 되어 충분히 방어할 수 있다고 주장하였다. 이 시기 북한산성 축조론은 도성수비 불가론이 아닌 도성수비의 가능성을 바탕으로 논의가 진행되었다는 점에서 의미가 있다. 신완의 주장으로 본격화된 북한산성 축조 논의는 이듬해 3월 국왕 숙종의 축성 결정으로 본격 착수되었다. 그러나 얼마 지나지 않아 반대론자들이 도성 수축을 주장하면서 격렬한 논쟁이 나타났다.

북한산성 수축론이 나온 뒤 하나의 대안으로 도성 수축론도 대두하였다. 도성 수축론자들은 북한산성은 공간이 좁아 한양의 주민이 모두 들어갈 수 없는 지형적 한계가 있었으므로 도성을 보수하여 방어할 것을 주장하였다. 이들은 도성을 견고히 하는 것이 우선이므로 북한산성 축성을 뒤로 돌리고 먼저 무너진 도성을 새로 쌓을 것을 주장하였다. 결국 숙종은 북한산성 대신 도성 수축을 결심하고 1704년(숙종 30) 3월 하순 도성 수축이 시작되었다. 이 도성 수축은 처음에는 5군영이 담당하였는데 각 군영의 재정에 차이가 있었으므로 한꺼번에 수축하기 보다는 각 군영의 능력이 미칠 때마다 조금씩 수축해 나가기로 하였다. 이후 재력이 약한 수어청과 총융청은 제외되고 훈련도감, 어영청, 금위영 등 도성 삼군영이 수축을 전담하였다. 도성 수축은 착수한 지 5년 만인 1709년(숙종 35) 일단 준공을 보았다. 이듬해에는 성첩(城堞)의 수축에 착수하여 둘레 9,975보, 성첩 7,091개의 도성이 완성되었다. 도성 수축과 함께 「양역변통절목」에 의해 5군영 군사력이 정비됨에 따라 조선의 국방체제 전반에 변화가 나타났다. 이는 조선 전기의 국경중심 방어전략에서 도성을 중심으로 하는 국방체제로의 전환을 의미하는 것이었다. 군사전략적인 시각에서 보면 도성인 한양에 주요 병력을 집중시킴으로써 중앙을 수호하는 동시에 전면전 시에는 중앙군을 파견할 수 있는 체제라고 할 수 있다. 동시에 청의 감시와 조선의 사회경제적 어려움으로 인해 전 국토에 걸쳐 전면전에 대비한 국방체제를 구비할 수 없는 당시의 한계로 인해 도성을 중심으로 군사력을 재편한 것이라고 할 수 있다.

도성 수축이 마무리되고 삼군영 중심의 도성방어체제가 정비되자 북한산성 축성 문제가 다시 제기되었다. 도성 수축이 끝난 직후인 1709년 종묘직장 이상휴(李相休, 1674-1736)가 북한산성의 축성 필요성을 제기하였다. 북한산성 축성은 이듬해 청 예부(禮部)에서 보낸 해적 관련 자문(咨文)을 계기로 본격화되었다. 이 자문은 청나라의 소탕을 피한 해적들이 조선 연안에 나타나 노략질을 할 우려가 있으니 조선 스스로 연안 방비를 강화하라는 내용을 담고 있었다. 이 무렵 요동에 표류한 이양선(異樣船)과 이양인(異樣人)으로 인한 막연한 위기감도 북한산성의 축성 필요성을 높였다.

청의 자문이 도착한 날 이이명(李頤命, 1658-1722)은 홍복산성(洪福山城) 축성을 주장하였는데 이를 계기로 도성 주변의 산성 축조가 본격적으로 논의되기 시작하였다. 당시 도성 수축이 일단락된 상황이었으므로 도성방어를 강화하기 위해 도성 이외 추가로 축성하자는 논의가 우세해졌다. 10월 한성군 이기하(李基夏, 1646-1718)는 홍복산과 북한산의 성기(城基)를 살핀 이후 홍복산보다 북한산이 축성함에 편리하다고 숙종에게 건의하였다. 숙종도 북한산에는 별도의 군량과 기계를 조치하지 않아도 도성과 가까워 도성의 저축을 옮기면 된다고 여겨 북한산성 축성을 결정하였다. 이듬해인 1711년(숙종 37) 2월 숙종은 민진후(閔鎭厚, 1659-1720)를 북한산구관당상(北漢山句管堂上)으로 삼아 북한산성 축성 공사에 착수하였다. 북한산성 축조는 9월에 체성과 여장 등 기본적인 공사는 일단 마무리되고 문루까지 최종적으로 완성된 것은 착수 6개월 후인 10월 말이었다. 이듬해인 1712년(숙종 38)에는 이유(李濡, 1645-1721)의 건의에 따라 북한산성 내에 중성(重城) 축조에 착수하여 1714년(숙종 40) 완공하였다.

축성이 완료된 직후부터 북한산성 관리를 위한 문제가 논의되었다. 남한산성은 수어청, 강화도는 진무영이 주관하던 기존 사례에 비추어 새로운 관서를 만들어 관리하게 하자는 안이 제기되었다. 그러나 북한산성은 마치 왕도(王都) 안에 있는 것과 같아 남한산성, 강화도와는 달리 새로운 관청을 둘 필요가 없으므로 관원 1인을 정하여 주관하도록 하고 도성 삼군영의 장수가 각자 분담한 구역을 주관하면서 관리하도록 하자는 방안이 나타났다. 북한산성 관리체계에 대해서는 북한산성 축조가 마무리된 이듬해인 1712년 4월 숙종이 북한산성에 행행할 때 다시 제기되었다. 호조판서 김우항(金宇杭, 1649-1723)은 북한산성 축성이 마무리되었는데 주관하는 관원이 없고 삼군영은 맡은 구역 내의 성첩이나 성랑(城廊) 등 보수에 그치므로 양주 부근의 4~5개 면과 고양의 1~2개 면을 산성에 소속시켜 한 고을을 만들고 그 장관에게 북한부사(北漢府使)나 중흥부사(重興府使), 수비사(守備使) 등의 직함을 주어 북한산성 관리를 전담시킬 것을 건의하였다. 김우항의 이 의견에 대해 적지 않은 논란이 있었다. 예를 들어 판중추부사 이유는 북한산성은 마치 도성의 내성과 같은 형편이므로 기존과 같이 삼군영에서 주관하되 시임 대신이 이를 통제하도록 하고 유사시에는 시임 대신에게 체찰사 임무를 부여할 것을 주장하였다. 한 달이 지난 5월 이 문제가 다시 논의되어 숙종은 북한산성 관리를 전담할 관서의 설치를 결정하고 신하들에게 이에 대해 논의하여 보고할 것을 지시하였다. 8월 영의정 서종태(徐宗泰, 1652-1719)의 건의로 북한구관당상을 설치하고 판중추부사 이유를 주관으로, 병조판서 조태채(趙泰采, 1660-1722)를 당상으로 임명하였다. 9월 이유는 그 관서를 경리청(經理廳)으로 하고, 주관 대신을 도제조로, 당상은 제조로, 삼군영의 대장은 예겸 제조로 할 것을 건의하였다. 이에 따라 9월 경리청이라는 새로운 전담 관서도 설치되고, 「북한산성절목」 등을 마련하면서 산성 운영을 위한 기반을 마련하였다.

경리청은 주관 대신이 도제조, 삼군영 대장이 제조를 겸직하였다. 『북한지(北漢誌)』에 의하면 경리청 체제는 도성 내의 경리청 본청과 산성 내의 분소(分所)인 관성소(管城

所), 그리고 탕춘대의 평창(平倉)을 연결하는 3원 체제로 이루어졌다. 본청은 영의정이 예겸하는 도제조 1명, 재추 중 1명이 예겸하는 제조 1명, 비변사의 무비낭청 1명이 예겸하는 낭청 1명, 관성장(管城將) 1명 등과 각종 실무자와 이서 22명으로 구성되었다. 관성소는 북한산성 내 여러 창고를 관리하고 세 군영의 유영(留營)과 승영(僧營) 등을 관리하는 관서로 군관과 고직 등 75명이 배속되어 있었다, 평창은 1713년(숙종 39) 4월 설치된 최대의 창고로서, 북한산성 밖 탕춘대 일대에 설치되었다. 경리청 체제는 이 세 관서를 연결하여 북한산성의 내외를 관리하도록 한 것이었다.

여러 대책에도 불구하고 북한산성은 방어에 몇 가지 취약점이 있었다. 먼저 북한산성으로 들어가는 길이 험하여 산성으로의 군량 수송에 어려움이 적지 않았다. 이에 산 아래쪽 탕춘대 지역에 외창(外倉)을 설치하기로 하였으나 외창 또한 보호를 위한 별도의 방어시설이 필요하였다. 특히 탕춘대 지역은 서북 지역에서 도성으로 이르는 길목이며 도성과 산성을 잇는 중간 지점으로서, 이곳을 적에게 선점당하면 산성에 이르는 통로가 막히고 군량이 피탈되어 산성 방어가 어려웠다. 이에 탕춘대 일대에 토성을 수축하고 총융청을 이곳으로 옮겨 방어체계를 갖추자는 방안이 제시되었다. 그 일환으로 북한산성 중성 축성이 완료된 직후 탕춘대성(蕩春臺城) 축성이 시작되었다. 1715년(숙종 41) 북한산성 축조에 관여하였던 이유는 탕춘대 외창에 군량을 보관하고 이를 방비하기 위해 북한산성과 도성을 잇는 성을 쌓자고 건의한 적이 있었다. 당시에는 도성과 북한산성 외에 또 성을 축성하면 방어선이 길어져 오히려 불리하다는 반론이 있어 바로 착수하지 못하였다. 수년이 지난 1718년(숙종 44) 윤8월 탕춘대성 축성이 시작되어 10월까지 전체 구간의 반 정도가 완성되었고, 다음 해 2월부터 약 40일에 걸쳐 나머지 구간이 완성되었다.

탕춘대성은 도성과 북한산성을 잇는 인왕산 북쪽과 북한산 남쪽으로 뻗은 능선 상에 남북으로 축조되었다. 탕춘대성은 도성과 북한산성을 연결할 뿐만 아니라 안현(鞍峴)을 통해 서울로 들어오는 주요 길목을 조망할 수 있는 지리적 이점이 있다. 또한 탕춘대성은 북한산의 서쪽 외성 역할과 함께 창의문으로 들어오는 가장 가까운 길인 것이다. 아울러 탕춘대성은 북한산성과 도성을 잇는 연결 통로인 이른바 용도(甬道) 및 관문과 같은 성격의 성으로서 그 주된 축조 목적은 북한산성과 도성의 중간 지대에 군량을 보관하고 이를 지키기 위한 것이었다. 즉 도성의 물자를 북한산성으로 옮겨야 할 상황에 대처하기 위한 시설이었다. 아울러 도성을 방어하다가 위급할 경우에는 북한산성으로 한양의 주민을 이주시키는 데에도 탕춘대성은 중요한 역할을 할 수 있었다.

[그림 2-3] 탕춘대 일대 지형 (『동국여도(東國輿圖)』 중 「연융대도(鍊戎臺圖)」, 규장각한국학연구원/서울대학교 중앙도서관 소장)

즉 북한산성과 탕춘대성의 축조는 애초 남한산성과 함께 보장처로서 의미를 가진 것이었으나 점차 도성방어체제가 갖추어지면서 결과적으로는 도성방어를 위한 유력 거점으로서 자리 잡게 된 것이다. 18세기 전반 이루어진 도성 및 북한산성, 탕춘대성의 수축은 삼군영을 중심으로 한 도성수비체제의 물적 기반이 정비된 것을 의미한다. 18세기 중반인 영조 대 완비되는 도성수비체제는 기본적으로 숙종 후반 도성 일대 성곽 수축에 힘입은 것이었다.

## 3. 18세기 중엽 도성수비체제 정비와 「수성윤음」의 반포

도성 수축이 일단락된 1710년(숙종 36)을 전후하여 도성수비와 관련된 논의는 이전보다 구체적이고 심화되었다. 최초 도성수비론은 북한산성 수축의 반대 논리로 제기된 것이었지만 도성의 수비의 가능성을 고려하기 시작하였다는 점에서 의미가 적지 않다.

숙종 후반기 주목되는 점은 삼군영에 의한 도성수비체제가 성립되고 도성과 북한산성 등 방어시설의 정비가 이루어지면서 군사의 배치 등을 통한 구체적인 도성수비론이 나타나기 시작한 것을 들 수 있다. 이전의 도성수비론이 당위적이고 관념적이었다면 이 시기부터 구체적인 전술 및 방략이 제시되기 시작한 것이다.

1710년 10월 부제학 조태로(趙泰老, 1658-1717)는 도성민들이 모두 도성을 지키기를 바란다는 것을 언급하고 도성수비의 방안으로 약 10만 명의 도성 거주 남정(男丁)이 사수할 의지를 가지고 성첩을 나누어 지킬 수 있을 것이라고 주장하였다. 사직 이광적(李光迪, 1628-1717)은 도성수비에 대한 매우 구체적인 방안을 제시하였는데, 먼저 도성 주변에 군비를 강화하여 총포(銃砲)를 갖추고 지세가 낮은 곳에는 포루를 설치할 것을 주장하였다. 다음으로 강가의 창고[江倉]를 도성 안 인왕산 아래 수성궁(壽聖宮) 터에 옮겨 설치할 것을 주장하였다. 세 번째는 도성 주민들을 도성의 세 군영에 나누어 소속시키는 것으로, 도성 거주 남정 10여만 명 중 늙고 병든 자를 제외하면 7~8만 명에 달할 것으로 판단하였다. 구체적으로는 한성부 북부(北部) 백성은 도성의 북쪽 지역[北城]을 지키게 하되 금위영에 소속시키고, 남부(南部) 백성은 남성(南城)을 지키되 수어청에 소속시키고, 서부(西部)의 백성은 서성(西城)을 지키되 훈련도감에 소속시키고, 중부(中部)와 동부(東部)의 백성은 동성(東城)을 지키되 어영청에 소속시키며, 각각 장령(將領)을 정하고 대오를 편성하여 성첩에 배치하며, 봄·가을로 방어 훈련을 하도록 하였다. 이광적의 의견은 이전의 도성방어론에 비해 매우 구체적일 뿐만 아니라 이후 영조 대 도성수비론의 주요 내용을 대부분 담고 있다는 점에서 매우 선구적이라고 평가할 수 있다. 여러 도성수비론이 제기되었음에도 불구하고 국왕 숙종은 아직 도성의 수비 가능성에 대해 회의적이었다. 즉 도성은 매우 넓고도 큰 데다, 견고하지 못하여 수축하여도 지키기 어렵다고 숙종은 생각하였다.

숙종의 도성수비에 대한 회의적인 입장은 이후에도 계속되었지만 도성방어를 위한 구체적인 방안도 계속 제기되었다. 1710년 11월 한성군 이기하는 도성이 매우 단단하며 도성 내 거주하는 장정도 7~8만 명을 얻을 수 있을 뿐 아니라 지형적으로도 도성은 대부분이 모두 높은 산과 가파른 산등성마루이므로 방어에 유리하다고 하였다. 평탄한 곳은 새로 고쳐서 돌로 쌓고 포루를 많이 설치하면 적은 비용으로 방어하는데 어려움이 없을 것이라고 주장하였다. 이처럼 도성민을 동원한 도성수비체제 정비와 함께 도성의 성곽 개수 및 추가 축성을 통해 도성방어력을 높일 수 있다는 주장도 함께 나타났다.

숙종 후반기 도성방어론이 제기되었지만 도성 방위를 위한 구체적인 움직임은 한

동안 나타나지 않았다. 1728년(영조 4) 3월 이인좌의 난이 일어나면서 도성 방비에 대한 논의가 다시 재개되었다. 특히 반란군의 최종 목표가 도성 함락이었다는 사실은 영조로 하여금 도성수비의 필요성을 절감하게 하였다. 이인좌의 난 당시 영조는 도성 사수의 뜻을 분명히 밝히고 도성을 둘러싼 구체적인 방어에 착수하였다. 영조는 도성의 삼군영을 중심으로 도성과 인근 나루[津]에 대한 파수를 강화하게 하였다. 아울러 도성을 방어하기 위한 구체적인 군사 동원도 이루어졌다. 우선 총융청과 수어청 병력을 동원하여 경기 지역을 순찰하도록 하고, 훈련도감 등 토벌군이 내려간 이후에는 안산, 과천, 양천, 금천 등 경기 지역이나 개성, 춘천 등지의 군사를 동작진 등 도성 주위에 포진하여 도성방어를 강화하도록 하였다. 아울러 장단의 군사를 동원하여 북한산성 아래를 방어하도록 하였다. 숙종 대 후반 정비되었던 삼군영 중심의 도성수비체제는 이인좌의 난의 조기 진압과 도성방어에 기여를 하였지만 운영상 아직 충분하지는 못하였다.

이인좌의 난 이후 도성수비에 대한 다양한 의견이 나타났다. 예를 들어 정언 권혁(權爀, 1694-1759)은 도성 거주 조사(朝士), 유생, 방민(坊民)을 막론하고 모두 군사로 편성하여 호위청에 소속시키거나 혹은 별도로 한 청(廳)을 설치하여 한 명의 대신으로 이들을 통솔하게 할 것을 주장하였다. 그리고 각자 도성의 성첩을 지키게 하면 충분한 군병을 확보할 수 있으며, 도성에서 지세가 낮은 곳을 수축하여 방어하는 근거로 삼을 것을 건의하였다. 그러나 이인좌의 난은 1개월의 단기간에 진압되어 본격적인 도성방어 논의와 대책은 이후 활발히 이루어지지는 못하였다. 다만 금군의 처우 개선과 삼군영의 궁궐 별순라(別巡邏)의 담당 구역이 규정되는 등 몇 가지 측면에서 도성방어를 위한 대책이 강구되었으나 이인좌의 난 이후 10여 년 동안 특별한 도성수비체제의 변화는 나타나지는 않았다. 이는 청나라가 티베트에 대한 지배력을 장악하는 등 당시 국제정세가 안정적이었던 것과도 관련이 있다.

10여 년이 지난 1742년(영조 18) 강화 읍성 개축을 둘러싸고 도성의 수비체제가 다시 제기되었다. 강화유수 김시혁(金始㷜, 1676-1750)은 토성(土城)인 강화성은 비가 오면 무너지는 문제가 있으므로 중국 북경성(北京城)과 같이 벽돌로 개축할 것을 건의하였다. 영조는 삼군영에게 명하여 강화성을 벽돌로 개축하도록 하였다. 이에 강화 외성(外城) 10리를 벽돌로 개축하였고, 아울러 좌의정 송인명(宋寅明, 1689-1746)의 주관으로 강화 내성(內城) 30리도 벽돌로 개축하였다. 이 개축 공사에 소요된 경비는 미곡만도 3만 곡(斛)에 달할 정도로 막대한 것이었다. 이렇게 많은 경비가 소비되자 조정 안에서는 논란이 벌어졌다. 송인명은 유사시 도성은 결코 지킬 수 없기 때문에 국왕의 강화도 피난을 위해 강화성은 반드시 개축되어야 한다고 주장하였다. 이에 비해 총융사 구성임(具聖任, 1693-1757)은 유사시 도성을 충분히 지킬 수 있으므로 강화성 개축의 필요성은 없다고 주장하였다.

1743년(영조 19) 11월 영조는 우의정 조현명(趙顯命, 1690-1752) 등의 의견을 받아들여 우선 도성 삼군영에 도성을 분담하여 파손된 곳을 수축하게 하였다. 그러나 곧바로 도성 수축에 착수하지는 못하였다. 이에 1745년(영조 21) 7월 다시 삼군영에게 도성을 분담 수축하여 수비하도록 하였다. 이듬해 7월에 수축 공사가 마무리되었는데, 수축된 도성은 모두 40여 곳으로서 전면적인 도성 개축이라기보다는 숙종 대 후반 이루어진 도성 수축 작업에 약간의 보수를 더한 정도였다. 당시 도성 수축에 있어서 삼군영이 분담한 구역을 보면 다음과 같다. 즉 훈련도감은 숙정문(肅靖門) 동쪽의 무사석에서 돈의문(敦義門) 북쪽까지 4,850보이고, 금위영은 돈의문에서 광희문(光熙門)까지 5,042.5보이며, 어영청은 광희문에서 숙정문까지 5,042.5보로서 모두 1만 4,935보였다.[94] 이렇게 전체 도성을 삼군영에서 분담하여 파손된 곳을 수축하고 수비를 맡게 되었다. 이 시기 삼군영 주도로 도성을 분담하여 수축한 것은 단순한 도성 수축에 그친 것이 아니라 구체적인 방어 구역까지 명시됨으로써 삼군영이 도성방어의 핵심으로 그 체제가 정착되었다는 점에서 의미가 있다.

도성 수축이 진행되는 과정에 도성수비의 가능성에 대한 회의론도 나타났다. 예를 들어 도성 수축 직후인 1745년 7월 부수찬 홍중효(洪重孝, 1708-1772)는 다섯 가지 이유를 들어 도성은 결코 수비할 수 없다고 주장하였다. 첫째, 서울 도성의 주위가 너무 넓어서 군대의 명령이 제대로 전달되지 못하고, 둘째, 사람과 가축이 많은데 식량과 사료의 비축이 적어서 지탱할 수 없으며, 셋째, 성 밖에 많은 사람들이 살고 있어 만일 도성 내에 적이 들어오면 적이 주인이 될 것이며, 넷째, 안산(鞍山), 팔각현(八角峴), 만리현(萬里峴) 등 도성 주변 산들이 도성을 굽어보고 있어 적들이 우리의 허실을 엿볼 수 있으며, 마지막으로 두모포(豆毛浦) 위쪽의 강세(江勢)가 급하고 또 동교(東郊)는 평탄하여 적을 막을 장애물이 없다는 것이다.[95] 일부의 도성수비 불가론에도 불구하고 도성 수축과 수비체제 정비는 계속되었다.

1746년(영조 22) 7월 도성 수축이 일단락되자 그해 연말 영조는 어영대장 구성임에게 도성의 5부 방민을 나누어 소속시켜 도성을 방어하는 방략인 「수성절목」을 속히 마련할 것을 명령하였다. 아울러 성 밖의 창고를 모두 도성 안으로 옮기고, 창고를 옮기기 전에 받아들이는 곡물은 도성 안 창고로 받아들이도록 하였다.[96] 이듬해 2월 구성임에게 명하여 도성의 5부 주민은 진신사족(搢紳士族)을 제외하고 오위장에게 나누어 소속시키도록 하는 「수도절목(守都節目)」을 작성하도록 하였다.[97] 「수성절목」의 구체적인 내용은 다음과 같았다.

1. 5부의 민호를 각기 가까운 데에 따라 3영에 나누어 소속시킨다.
1. 3영이 나누어 받은 성첩은 모두 5개 정(停)으로 나누어 전, 좌, 중, 우, 후의 차례를 정한 다음, 돌에 글자를 새겨 표시를 한다.【예를 들어 훈전(訓前), 훈좌(訓左), 훈중(訓中), 훈우(訓右), 훈후(訓後)로 표시하고, 금위영과 어영청의 경우에도 이와 같이 한다】
1. 각 군문(軍門)이 지킬 성첩을 다섯으로 나누되 만약 1영으로 지킬 수 있으면 다섯 부로 나누어 5정을 만들고, 1부로 지킬 것 같으면 5사를 나누어 5정을 삼으며, 1사로 지킬 것 같으면 1초를 나누어 5정을 삼는다.
1. 5부의 각 계(契)는 모두 조그마한 기를 만들되, 훈련도감의 경우에는 황색, 금위영은 청색, 어영청은 백색으로 하고 깃발에 아무 부, 아무 계라 쓰고, 또 훈전, 훈좌 등의 글자를 써서 표시를 삼는다. 해당 군영에서 만들어서 해당 부에 지급하되, 평상시에는 본영에 간직하여 둔다.
1. 혹시라도 위급한 일이 있을 것 같으면 호(戶)마다 집을 지키는 노약자를 제외하고는 모두 성을 지키도록 하되, 동서 양반의 현직과 전직 관원, 유생(儒生), 출신(出身), 잡과(雜科), 한산인(閑散人)까지도 모두 성첩에 올라가서 힘을 합쳐 성을 지키도록 한다.

「수성절목」 작성과 함께 도성 삼군영의 구체적인 도성수비편제를 위해 별도로 「오부분속삼영절목(五部分屬三營節目)」이 마련되었다. 이 절목에 따르면 훈련도감은 숙정문에서 돈의문까지, 금위영은 돈의문에서 남소영까지, 어영청은 남소영에서 숙정문까지의 구역을 담당하도록 하였다. 삼군영에 속한 5부의 호수와 방어할 성가퀴[城垛, 城堞] 수는 다음의 [표 2-3]과 같다.[98]

**[표 2-3] 도성 삼군영의 도성방어 구간**

| 군영 담당 구간 | 부(部) 및 호수(戶數) | 성가퀴 수 |
|---|---|---|
| 훈련도감(숙정문~돈의문) | 중부 3,835호 / 북부 4,766호 | 1,514개 |
| 금위영(돈의문~남소문) | 서부 12,294호 | 1,542개 |
| 어영청(남소문~숙정문) | 동부 5,691호 / 남부 8,239호 | 1,449개 |

이외에 방어를 담당하는 도성 구역의 성가퀴를 배정해서 지키는 방법, 군사를 편제하는 내용인 분수(分數), 그리고 각종 신호 등에 대한 제도는 해당 군영에서 각각 적절하게 마련하도록 하였다. 아울러 도성에 경비나 순찰, 방어를 위한 치포(雉鋪)를 설치하고, 군화(軍火), 기계(器械), 복로(伏路), 현등(懸燈) 등 구체적 방어 준비도 해당 군영에서 각각 담당하도록 하였다. 이상의 「수성절목」과 「오부분속삼영절목」의 내용은 기본적으로 숙종 후반기부터 영조 대 전반에 걸쳐 나타난 도성 방위에 대한 다양한 논의 과정에서 제시된 것을 구체적으로 정리한 것으로서, 도성 주민을 도성방어의 핵심으로 삼아 방어하도록 한 것이었다. 이후 『수성책자(守城冊子)』 반포시 대부분 내용이 그대로 반영되었다.

1747년(영조 23) 「수성절목」 완성 이후 관련 내용을 보완하여 1751년(영조 27)에는 『수성책자』를 간행 반포함으로써 그 이전부터 논의되었던 삼군영과 도성민 중심의 도성수비계획은 일단락되었다. 이 『수성책자』는 「어제수성윤음(御製守城綸音)」과 「도성삼군문분계지도(都城三軍門分界之圖)」, 「도성삼군문분계총록(都城三軍門分界總錄)」, 그리고 「수성절목」을 합하여 편집한 것으로 그 내용은 대략 다음과 같다.

### 1) 어제수성윤음

국가 유사시에는 도성을 수비하는 것이 국가적으로 중요한 일로서, 도성의 백성들은 누구를 막론하고 자기가 소속하여야 할 군문과 수비하여야 할 도성의 구역을 평상시에 잘 알아 두도록 하기 위해 책자를 간행하는 것이라고 밝히고 있다. 도성의 백성들은 그것을 잘 알아 둘 것이며, 유사시에 해당 부관(部官)이 도성의 백성들을 인솔하되 성을 오를 때에는 궁시나 조총이 있는 자는 그것을 가지고 성에 오를 것이며, 그것이 없는 자는 모두 돌을 가지고 성에 오르도록 하였다. 또 영조는 어떠한 일이 있더라도 도성의 백성들을 버리지 않고 자신이 먼저 성에 올라 도성의 주민을 위로할 것이니, 모든 사람들은 도성수비에 대하여 의심하지 말고 국왕의 뜻을 잘 알아서 도성수비에 전력을 기울이라고 요구하였다.

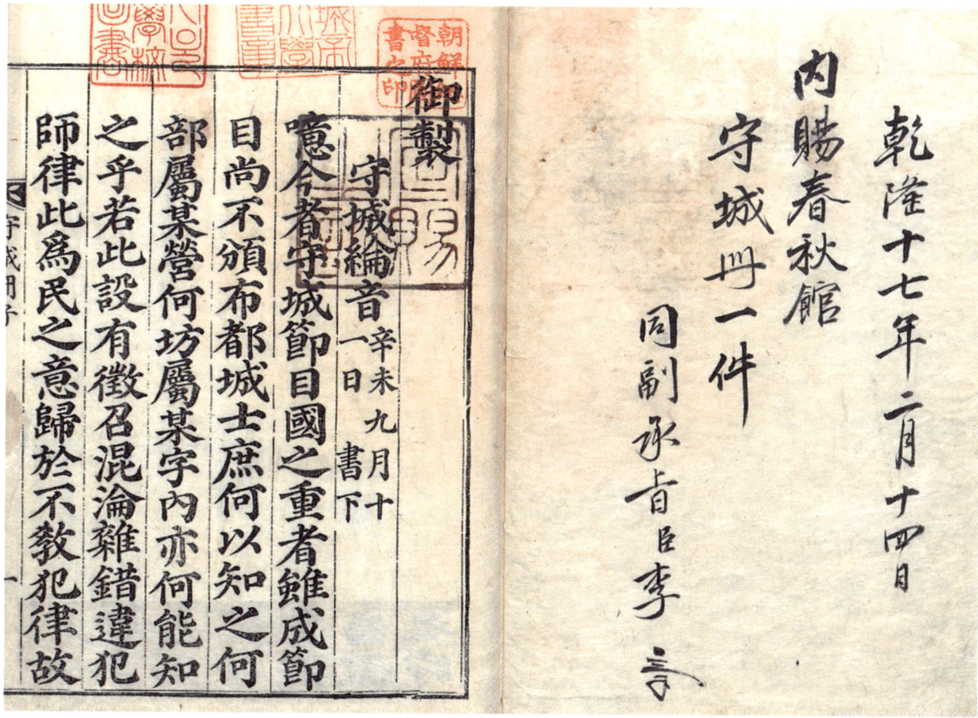
乾隆十七年二月十四日
内賜春秋館
守城冊一件
同副承旨臣李

御製
守城綸音 辛未九月十一日書下
意今者守城節目國之重者雖成節
目尚不須布都城士庶何以知之何
部屬某營何坊屬某字內亦何能知
之乎若此設有徵召混淪雜錯違犯
師律此為民之意歸於不教犯律故

[그림 2-4]『수성책자(守城冊子)』 중 「어제수성윤음(御製守城綸音)」(규장각한국학연구원 소장)

## 2) 도성삼군문분계지도

도성의 자연환경과 궁궐, 종묘 등 중요한 건물 및 성곽, 문루(門樓), 도로, 개천(開川), 행정구역 등의 명칭과 위치를 표시하고 도성 삼군영이 방어를 담당할 도성의 구역을 표시하고 있는 지도이다. 즉 훈련도감, 금위영, 어영청이 책임지고 수비하여야 할 도성의 위치를 명시하고 있다. 각 군영의 방어 구역은 각각 5개의 단위 구역인 정(停)으로 나누었는데, 어영청은 좌로부터 영전(營前), 영좌(營左), 영중(營中), 영우(營右), 영후(營後)의 순으로 표시하여 배치하며 숙정문에서 광희문 사이를 방어하게 하였다. 금위영의 5개 정은 금전(禁前), 금좌(禁左), 금중(禁中), 금우(禁右), 금후(禁後)로 표시하여 배치하며 광희문에서 돈의문 사이를 담당하도록 하였다. 훈련도감도 동일하게 훈전(訓前), 훈좌(訓左), 훈중(訓中), 훈우(訓右), 훈후(訓後)의 순으로 5개 정을 배치하고 돈의문에서 숙정문 사이의 방어를 담당하게 하였음을 보여준다.

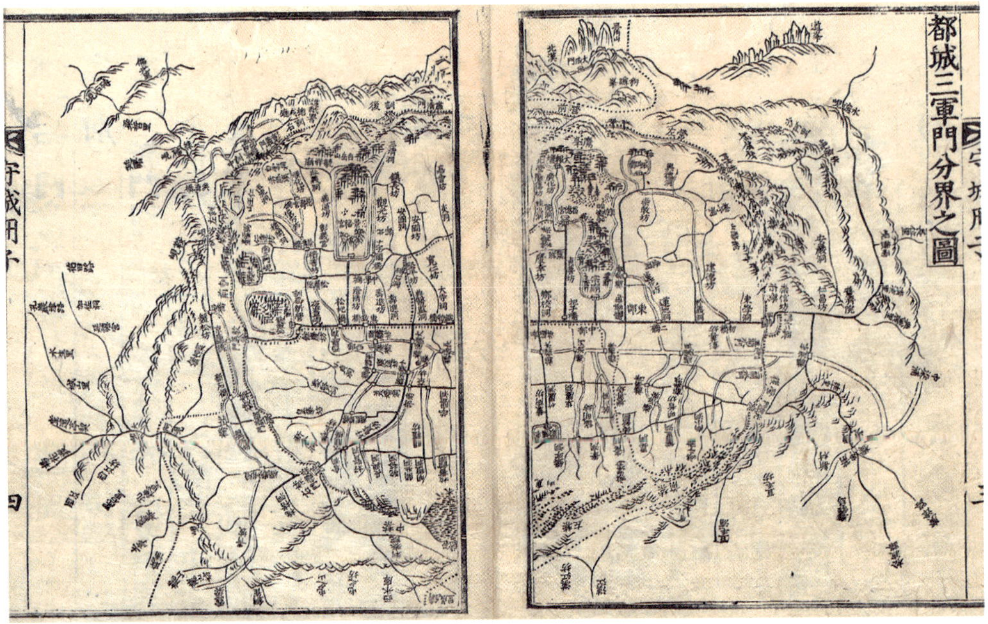


[그림 2-5] 『수성책자(守城冊子)』 중 「도성삼군문분계지도(都城三軍門分界之圖)」(규장각한국학연구원 소장)

### 3) 도성삼군문분계총록

유사시 삼군영이 담당하고 있는 도성에 배치되어 수비할 도성민들이 거주하고 있는 부와 방(坊), 계의 명칭이 기록되어 있다. 「수성절목」에 의하면 각 군영은 담당 구역을 전, 좌, 중, 우, 후의 5개 영으로 나누고 각 영은 5부, 1부는 5사로 나누었다. 1영으로 도성을 방어할 때에는 5부가 5정으로, 1사가 방어할 때에는 5초가 5정을 각각 이루는 체계로서 도성 내의 모든 방민은 모두 계로 편성되어 각 군영의 5개 영에 나누어 소속하도록 하였다. 훈련도감이 담당한 숙정문에서 돈의문까지의 구역에는 모두 109계가 배치되어 호수(戶數)는 1만 4,587호였고, 금위영이 분담했던 돈의문에서 광희문까지의 도성 구역에는 모두 136계가 배치되어 호수는 1만 4,768호였다. 어영청이 분담했던 광희문에서 숙정문까지의 구역에는 모두 81계가 배치되어 호수는 1만 4,587호로서 유사시에는 담당구역을 책임지고 수비하게 하였다. 각 군영에는 거의 균등한 호수가 배치되었는데, 총 호수는 4만 3,942호로 호당 2명 이상의 도성민이 배당되어 도성방어를 담당하는 주민은 모두 10만 명에 달하고 있다.

### 4) 수성절목

여기에는 국왕의 뜻을 받들어 일심협력하여 도성을 수비할 것을 약속하고 도성수비에 대한 구체적인 실행사항 9개 조목이 기록되어 있다. 기본적으로 앞서 언급한 1747년의 「수성절목」 내용을 포함하되 추가하여 다음과 같이 9개 조목으로 되어 있다.

1. 도성을 수비하려는 대계는 성상(聖上)의 결단에 의하여 이루어진 것이며 또 백성들이 「수성절목」의 내용을 잘 이해한 다음에야 국가가 위급함을 당하였을 때 백성들로부터 힘을 얻을 수 있으므로 한성(漢城)의 5부민에게 「수성절목」을 반포하는 것이니 우리 신민(臣民)들은 일심협력하여 성상의 뜻을 잘 받들어야 한다.
1. 5부 민호(民戶)를 현재의 호수(戶數)대로 가까운 3군문에 분배하되 대략 배당한다.
1. 삼군영에 분배하는 민호는 경오식년(庚午式年, 1750년(영조 26))의 호수에 의하여 분배하되 한성의 각 부에서는 매 식년마다 호적을 작성하고 삼군문에 분속된 방·계(坊契)의 호구 총수(總數)를 성책(成冊)하여 해당 군영과 병조에 보고한다.
1. 삼군문에 분속된 성타(城垛)는 모두 전정(前停), 좌정(左停), 중정(中停), 우정(右停), 후정(後停)의 다섯 정으로 나누고 순서대로 훈전(訓前), 훈좌(訓左), 금중(禁中), 금우(禁右) 등의 글자를 새긴 돌을 세워 도성의 수비 구역을 표시한다.
1. 매 군이 지켜야 할 성타는 이미 5구간으로 나누었으니 만약 1영 전체가 해당 도성을 수비한다면 5부의 군병이 5정에 나뉘어서 수비하며, 만약 1부가 해당 군영에 해당하는 도성을 지킨다면 5사의 군병이 5정에 나뉘어서 수비하고, 만약 1사가 해당 군영의 도성을 수비한다면 5초의 군병이 5정에 나뉘어서 수비하되 군문의 부·사의 제도가 비록 다르다 하더라도 편리한 대로 적당히 분배한다.
1. 각 군문에 나누어 준 성의 경계를 평상시에 분명히 알아두게 하고, 유사시에 각기 지켜야 할 곳의 한계를 표시한 작은 그림[小圖]을 만들어 한성부의 5부와 방에 나누어 준 곳도 상세히 기록하여 반포한다.
1. 한성 5부의 각 계는 모두 작은 깃발을 만들되 훈련도감에 속하는 계는 황색기, 어영청에 속하는 계는 백색기, 금위영에 속하는 계는 청색기를 만들고, 깃발에는 모부(某部), 모계(某契), 훈전(訓前), 훈좌(訓左) 등의 글자를 써서 표시한다. 기는 해당 군문에서 만들어 해당 부 즉 한성 5부에 나누어 주되 평상시에는 본영에서 보관하고 유사시에 나누어 준다.
1. 위급한 일이 있을 때는 해당 군영에서 소속 부로 명령을 전달하고, 해당 부에서는 휘하의

호정(戶丁)을 대동하고 성에 올라 성을 지키되 해당 부의 관원이 군령을 잘 거행하지 않을 때는 군법으로써 다스린다.

1. 위급한 일이 있을 때는 매 호마다 노약하여 집을 지키는 사람을 제외하고는 동반과 서반, 유생, 출신, 한산인을 막론하고 모두 성에 올라 힘을 다하여 성을 지킨다.

이상은 수비를 위한 실행사항으로, 구체적인 한성부 백성들의 도성 배치 구역에 대해서는 앞의 「도성삼군문분계총록」에 자세히 나타나 있다. 이에 의하면 훈련도감은 북부를 중심으로 서부와 중부의 일부를 담당하고 있는데, 특히 여러 궁궐과 조정의 관서가 위치한 정치적으로 중요한 지역을 담당하고 있었음을 알 수 있다. 금위영은 한성부의 남부를 중심으로 하여 중부와 서부의 일부를 담당하도록 하였다. 어영청은 동부를 중심으로 중부, 서부의 일부를 담당하고 있었다. 흥미로운 점은 군영에 소속된 도성 주민의 현황을 행정 관서 및 군영이 공유한다는 것은 도성민의 동원을 원활하게 하기 위한 것이다. 특히 군영의 방어 구역을 작은 지도로 제작하여 반포한 것은 도성민이 방어의 주체로서 분명히 설정된 상징적인 것이라 할 것이다.

## 4. 도성수비체제의 운용과 실제

앞에서 밝힌 삼군영과 도성민을 동원한 도성수비체제는 유사시의 군사체제라고 할 수 있다. 삼군영은 평시에도 국왕 시위와 궁성 숙위, 도성 일대의 치안 유지 등 담당하던 군사적 역할이 적지 않았다.

먼저 삼군영의 도성 내외의 순찰과 치안 임무는 다음과 같다.[99] 조선 전기까지 도성의 치안은 전문 관서인 포도청(捕盜廳)이 담당하고 있었다. 임진왜란 이후 도성수비에서 군영의 역할이 커지면서 1670년(현종 11)부터 삼군영은 포도청과 긴밀한 관계하에 도성 내외 순찰을 담당하게 된다. 좌, 우포도청은 8개 패(牌)로 나누어 순라하였고, 경강 중 6강(六江, 한강, 두모포, 뚝섬, 왕십리, 안암, 전농) 구역을 나누어 순찰하였다. 좌포도청은 군관 8명과 군사 22명이, 우포도청은 군관 8명과 군사 16명이 순찰을 담당하였다.[100] 포도청 각 패의 규모는 대체로 군관 1명과 군사 2~3명 정도였다. 삼군영도 8패로 나누어 순찰하였는데, 먼저 훈련도감의 구체적인 순찰 구역은 [표 2-4]와 같다.

훈련도감군의 도성 순찰일은 초일(初日), 즉 인(寅)·신(申)·사(巳)·해(亥)일로서, 도성

[표 2-4] 훈련도감의 도성 순찰 구역

| 패(牌) | 순찰 구역 |
|---|---|
| 1패 | 관현(館峴)·이현(梨峴)·효교(孝橋)·산림동(山林洞)·주자동(鑄字洞) 동쪽 |
| 2패 | 장원서(掌苑署)·안동(安洞)·전동(典洞)·종각(鍾閣)·동현(銅峴)·명동(明洞)·남산동(南山洞) 동쪽 |
| 3패 | 종각에서 돈의문에 이르는 이남, 종각에서 낙동(駱洞)·장흥동(長興洞)에 이르는 서쪽 |
| 4패 | 종각에서 돈의문에 이르는 이북 |
| 5패 | 남대문 밖 초교(哨橋)·아현(阿峴)·늑교(勒橋)에서 북으로 서강(西江)까지 |
| 6패 | 남대문 밖 초교·만리현(萬里峴)에서<br>남쪽으로 노여리(蘆閭里)·둔지산(屯之山)·이태원(梨太院)·와서(瓦署)·빙고(氷庫)·한강 |
| 7패 | 동대문 밖 안암동(安巖洞)에서 왕십리(往十里)·두모포(豆毛浦)·동수철리(東水鐵里)·뚝섬[纛島] |
| 8패 | 만리현에서 서쪽으로 서삼강(西三江)까지 |

내 순찰 시에는 패장(牌將) 1명에 군졸 12명이며, 성외 순찰 시에는 패장 1명에 군졸 8명으로 편성하는데, 순찰을 담당하는 전체 규모는 패장 1명에 군사 80명이었다.[101]

금위영은 중일(中日), 즉 자(子)·오(午)·묘(卯)·유(酉)일에 도성 내외의 순찰을 담당하였다. 패장 8명과 군사 78명이 순찰을 담당하였는데, 각 패의 규모는 패장 1명과 군사 8~12명이었다. 금위영 각 패의 순찰 구역은 다음의 표와 같다.[102]

[표 2-5] 금위영의 도성 순찰 구역

| 패(牌) | 순찰 구역 |
|---|---|
| 1패 | 흥인문 북쪽에서 전의감(典醫監)·안국동(安國洞) 동쪽을 경유하여 삼청동(三淸洞)까지 |
| 2패 | 흥인문 남쪽에서 종각(鍾閣)·동현(銅峴)·명례동(明禮洞)·남산 밑을 경유하여<br>율전동(栗田洞)까지의 동쪽 |
| 3패 | 돈의문 남쪽에서 종각·동현을 경유하여 명례동·남산 밑·율전동까지의 서쪽 |
| 4패 | 돈의문에서 전의감동(典醫監洞)·안국동을 경유하여 삼청동까지의 서쪽 |
| 5패 | 홍제원(弘濟院)에서 모화관(慕華館)과 3문(숭례문, 소의문, 돈의문) 밖을 경유하여<br>아현(阿峴)·이태원(梨太院)까지 |
| 6패 | 마포(麻逋)에서 빙고(氷庫)까지 |
| 7패 | 토정리(土亭里)에서 서강의 망원정(望遠亭)까지 |
| 8패 | 동교부(東郊部)의 구역을 전부 |

어영청은 종일(終日), 즉 진(辰)·술(戌)·축(丑)·미(未)일에 도성 내외의 순찰을 담당하였는데, 어영청의 도성 순찰 구역은 [표 2-6]과 같다.[103]

**[표 2-6] 어영청의 도성 순찰 구역**

| 패(牌) | 순찰 구역 |
|---|---|
| 1패 | 오간수문 북쪽에서 대광통교(大廣通橋)·삼청동(三淸洞)까지 |
| 2패 | 오간수문 남쪽에서 대광통교·남대문 안까지 |
| 3패 | 돈의문 안 북쪽에서 종각(鍾閣) 사거리의 북쪽까지 |
| 4패 | 돈의문 안 남쪽에서 종각 남문 안의 서쪽까지 |
| 5패 | 서대문 밖 아현(阿峴)에서 모화관(慕華館)·홍제원(弘濟院)까지 |
| 6패 | 동대문 밖에서 왕십리(往十里)·뚝섬[纛島]·제기동(祭基洞)·종암동(鍾巖洞)까지 |
| 7패 | 남대문 밖에서 청파동(靑坡洞)·서빙고(西氷庫)·마포(麻浦)·용산(龍山) 까지 |
| 8패 | 대현(大峴)에서 옹막(瓮幕)·서강(西江)·양화도(楊花渡)까지 |

순찰하는 인원은 패장 8명과 군사 64명이 담당하였는데, 성 안 순찰에는 한 패에 장교 1명과 군병 10명(경군 3명, 향군 7명)이, 성 밖 순찰에는 한 패에 장교 1명과 군병 6명(경군 1명, 향군 5명)이 편성되었다. 삼군영의 순찰 구역과 좌, 우포도청의 순찰 구역은 일정 부분 겹치도록 배치되었다.

궁성 내외의 수비도 삼군영의 주요한 평시 임무였다. 숙종 대 이전까지 궁성 내외의 수비는 오위도총부 소속의 군병과 수문장이 담당하였고, 금군에 의한 근접 호위가 기본이었다. 숙종 전반 국왕권 강화를 위해 금위영이 창설되고 18세기 초 삼군영의 도성수비체제가 정비된 것을 계기로 북한산성과 도성 수축 등 삼군영의 도성수비와 관련된 역할은 확대되었다. 그러나 1724년(영조 즉위년) 영조 즉위 이전까지 삼군영의 궁궐 및 궁성 숙위 임무는 아직 명확히 정리되지는 못하였다. 임진왜란 이후 번상 숙위체제가 제대로 작동하기 어려워지면서 허술해진 궁성 숙위를 강화하기 위해 한시적으로 한양에 주둔하던 훈련도감 등의 군영 군병이 동원되기도 하였으나 이는 체계적인 것으로 이루어진 것은 아니었다. 궁성 숙위와 국왕 호위 등에 군영 군병이 최초로 동원된 것은 1645년(인조 23) 소현세자의 발인 때 훈련도감 군병이 참여한 것이 시초라고 할 수 있으나 당시는 체계적인 궁성 호위에 군영의 군병이 동원된 것은 아니었다. 영조 초인 1728년(영조 4) 3월 이인좌의 난이 발발하면서 삼군영의 궁성 숙위 강화 논의가 본격적으로 나타나기 시작하였다.

이인좌의 난 당시 반란군의 최종적인 목표가 도성 함락이었다는 사실은 국왕 영조로 하여금 도성수비 강화의 필요성을 절감하게 하였다. 반란 진압 이후 도성수비 강화의 일환으로 영조는 삼군영을 중심으로 도성과 인근의 나루에 대한 파수 강화를 명하고 궁궐 호위체제 전반을 정돈하기 시작하였다. 특히 이인좌의 난 이듬해인 1729년(영조 5) 초 효장세자의 발인 때 궁성의 호위를 도성에 주둔하던 훈련도감, 어영청, 금위영 등 세 군영으로 하여금 거행하도록 한 것을 계기로 도성 삼군영이 본격적으로 궁궐 호위를 전담하게 된다.[104] 궁궐 호위체제 강화를 위해 다음과 같은 정책이 나타나게 된다.

먼저 영조는 국왕의 호위병인 금군이 충성도가 낮아 일부 금군이 반란군에 가담한 것은 나쁜 처우에 원인이 있다고 보고 금군에 대한 처우 개선책을 마련하여 이들을 우대하고자 하였다. 이에 「금군절목(禁軍節目)」을 제정하여 금군의 성격을 분명히 하고 금군의 승진을 보장하였다. 아울러 금군의 규모를 새롭게 하였다. 다음으로 삼군영 중심의 도성수비체제를 정비하고, 북한산성에 있던 총융청을 도성으로 들어오는 인후에 해당하는 창의문 밖 탕춘대 지역으로 이동시켰다.

삼군영의 궁궐 숙위와 관련한 가장 중요한 대책으로 1733년(영조 9) 4월 군영 별로 궁궐 별순라(別巡邏) 담당 구역을 정하여 삼군영의 평시 궁궐 숙위군으로서의 역할을 분명히 하였다. 별순라란 기존의 궁궐 내외의 순찰 이외에 추가로 각 군영별로 궁궐 외곽 구역을 나누어 책임지고 순찰을 하도록 한 것이다. 인조 대 이후 훈련도감과 어영청의 궁궐 외곽의 순라가 정례화되었다. 훈련도감의 경우 정묘호란 직후인 1628년(인조 6) 제정된 규정에 따르면 초경에는 남영의 초관이 입직 군사 20명을 거느리고 궁궐 외곽을 두 바퀴 순행하였고, 이어 3경에는 광지영의 초관이 입직 군사 20명을 거느리고 순행하도록 하였다. 어영청의 궁성 외곽 순라도 1628년 제정되었는데, 4경에 집춘영의 초관이, 5경에는 동영의 초관이 각각 입직 군사 20명을 거느리고 궁궐 외곽을 두 바퀴 순행하도록 하였다. 영조 초의 이인좌의 난 발발을 계기로 도성 내 치안 및 궁성 숙위를 강화하기 위해 삼군영의 도성 및 궁성의 순라 횟수를 늘리고 아울러 궁궐 별순라를 추가하여 궁궐 담장을 따라 순라하도록 한 것이다.[105]

영조 대 초 마련된 궁궐 별순라 체제에 따르면 훈련도감은 집춘영에서 대보단(大報壇) 서쪽 담까지, 금위영은 종묘 대문 서쪽에서 대보단 서쪽 담까지, 그리고 어영청은 종묘 대문 동쪽에서 집춘영까지를 담당하도록 하였다. 별순라에는 장교 1명이 군사 5명을 거느리고 초경부터 다음 날 아침에 날이 샐 때까지 담당하여 순찰하게 하였다. 별순라 이외에 1760년(영조 36)부터는 금위영의 궁성 순라도 정비되어 2경에 서영의 초관이 입직 군사 20명을 거느리고 궁궐 주위를 두 바퀴 순행하도록 하였다.[106]

다음으로 평상시 궁성 숙위도 삼군영이 담당하게 된다. 훈련도감 등 삼군영이 궁성 숙위를 전담하게 된 것은 이인좌의 난이 끝난 직후인 1729년(영조 5) 초부터로 평시 국왕을 호위하며 궁궐을 파수 입직하도록 하였다. 1729년의 삼군영의 궁성 숙위 전담 조치에 따라 우선 창덕궁, 창경궁, 종묘를 둘러싼 궁궐 담장의 외곽 경비를 훈련도감 등 세 군영의 군사가 담당하게 되었다. 구체적으로 보면 궁궐의 외곽 지역에는 세 군영의 본영과 여러 분영이 설치되었는데, 훈련도감의 분영으로는 남영과 광지영, 금위영은 서영, 어영청은 동영, 집춘영, 신영 등이 있었다. 세 군영의 군사들은 이곳을 거점으로 하여 관할 지역을 방위하였다.

궁궐 외곽을 방위하는 근무 형태는 주간과 야간에 약간의 차이가 있었는데, 주간은 궁궐 주변에 있는 삼군영의 분영을 중심으로 파수를 보았고, 야간에는 오늘날 초소에 해당하는 포(鋪)를 설치하고 이곳에 군사들이 들어가 경비를 섰다. 궁궐 방위체제를 이해하기 위해서는 각 군영의 본영 및 분영과 근무[入直]체계를 검토할 필요가 있다. 먼저 훈련도감의 본, 분영과 근무체계를 살펴보도록 한다.[107] 창덕궁에 국왕이 거처할 경우에는 원동(苑洞)의 창덕궁 서쪽 공북문(拱北門) 밖에 있는 235칸[間] 규모의 북영이 본영이 되었다. 분영으로는 돈화문 밖에는 32칸의 남영과 북영 남쪽에 있는 15칸의 북일영이 있었다.

북영에는 당상 장관 1명(별장과 천총이 번갈아 근무한다)이 파총 1명, 기패관(旗牌官) 1명, 대기수(大旗手) 17명, 취고수(吹鼓手) 15명, 당보수(塘報手) 4명, 순령수 2명, 뇌자(牢子) 2명을 거느리고 근무하였다. 북영의 군사들은 금호문과 홍화문(弘化門), 집현문(集賢門), 영숙문, 숭지문(崇智門)에 나아가 근무하였는데, 금호문에는 파총 1명과 초관 1명이 보군 100명을 거느리고 근무하였고, 홍화문에는 초관 1명이 보군 15명을 거느리고 근무하였다. 금호문에 근무할 때에는 금호문 옆에는 훈련도감초관입직소(訓練都監哨官入直所)와 훈련도감군파수직소(訓練都監軍把守直所)가 있었는데, 초관은 훈련도감초관입직소에, 군병들은 훈련도감군파수직소에 근무하면서 돈화문과 명례문(明禮門)에 이르는 지역을 방위하였다. 홍화문 옆에는 훈련도감에 속해 있는 훈련도감군번소가 있다. 이곳에 속해 있는 홍화문 입직군은 통화문에서 내사복 수문에 이르는 지역을 방위했다. 집현문에는 초관 1명이 보군 15명을 거느렸고 영숙문에는 국별장(局別將) 1명이 국출신(局出身) 45명을 거느렸는데, 그중 영숙문에 국출신 25명, 숭지문에 국출신 20명이 근무하였다. 분영인 남영에는 초관 1명이 별기대(別騎隊) 2명과 마병 53명을 거느렸으며 매일 말 18필씩을 대기하였다. 광지영에는 초관 1명이 보군 50명을 거느리고 근무하였다. 광지영은 후원의 북쪽 응봉 아래에 위치해 있었는데, 광지영의 훈련도감군은 공북문에서 집춘문에 이르는 지역을 방위하였다. 훈련도감군은 창덕궁 주변의 군영 이외에 국왕이 거처하지 않은 때에도 경희궁의 경비를 위해 경희궁 흥화문 밖 서부 여경방(餘慶坊)에 있는 신영에도 기패관 1명이 보군 20명을 거느리고 근무하였다.

국왕이 경희궁에 거처할 때에는 경희궁의 신영이 본영의 역할을, 북일영과 서영이 분영이 되었다. 신영은 훈련도감의 최초 군영의 하나로 1594년(선조 27)에 창설되었는데, 그 규모는 197칸 반이었다. 신영에도 당상 장관 1명(별장과 천총이 번갈아 근무한다)과 파총 1명, 지구관 1명, 기패관 1명 등이 대기수 17명, 취고수 15명, 당보수 4명, 순령수 2명, 뇌자 2명을 거느리고 근무하였다. 신영의 군사들은 흥화문, 숭의문 등에 나아가 근무하였는데, 흥화문에는 파총 1명과 초관 1명이 보군 100명을, 궁궐 내 들어가서[元內入] 초관 1명이 보군 100명을, 숭의문에는 국별장 1명이 국출신 45명을 거느리고 근무하였다. 북일영에는 초관 1명이 마군 55명을 거느렸으며 매일 말 18필씩을 대기하였다. 서영에는 초관 1명이 보군 50명을 거느리고 근무하였다. 창덕궁의 본영인 북영에는 기패관 1명이 보군 20명을 거느리고 근무하였다.

훈련도감은 본영과 분영 이외에도 대규모 무기 제조 시설을 갖추었는데 대표적인 것이 하도감(下都監)과 염초청(焰硝廳)이다. 하도감은 남부 명철방(明哲坊)의 훈련원 남쪽에 있는데, 390칸의 규모로 조총색(鳥銃色), 화약색(火藥色) 등의 부속 관청을 두었다. 조총색과 화약색에는 책임자로 각각 낭청(郎廳) 1명이 있었다. 그 아래 수 개의 소(所)를 두어 감관 1명씩 배치되어 조총과 화약을 제조하는 것을 감독하게 하였다. 그리고 조총, 환도 등의 무기와 비상용 소금 1,000여 석 등을 저장한 것을 보면 대규모 군창(軍倉)도 함께 있었던 것으로 보인다. 실제 하도감에는 창고로 조총고(鳥銃庫) 13문, 궁전고(弓箭庫) 13문, 화약고(火藥庫) 11문 등이 있었고 여기에 각종 군기(軍器)와 군물(軍物), 잡물(雜物), 쌀 등이 보관되어 있었다. 훈련도감의 군영 중에서 그 규모가 가장 컸던 하도감은 평소 이곳에서 입직하는 군사도 적지 않았다. 하도감의 입직 관원으로 종사관 1명과 감관과 기패관 1명이 보군 30명과 조총색 14명, 화약색 6명, 월과색별파진(月課色別破陣) 10명을 지휘하였다. 입직하는 감관과 기패관은 조총색과 화약색의 관원을 섞어서 편성하였다. 이곳에는 군사 이외에도 각종 공장들이 입역하여 훈련도감에 필요한 각종 무기 등을 제조하였다.

마전교(馬廛橋) 옆에는 화약의 가장 중요한 재료인 염초를 만드는 염초청 211칸이 있었다. 이곳에서 생산된 염초는 훈련도감의 하도감에 부속된 화약색 건물로 옮겨 다른 원료와 함께 배합하여 화약을 생산하였다. 각종 군영과 분영 이외에 동현(銅峴) 안에

[그림 2-6] 하도감 발굴지 (출처 : 중원문화재연구원, 2011『동대문 운동장 유적: 동대문 역사문화공원 부지 발굴조사』, 89쪽)

25칸의 약방(藥房)과 북영 남쪽의 군향색(軍餉色) 112칸이 있었다. 이외에 네 군데의 직방(直房)이 있었는데, 하나는 돈화문 밖에 있는데 16칸, 하나는 금호문 밖에 있는데 10칸 반, 하나는 흥화문 밖에 있는데 8칸, 하나는 경모궁(敬慕宮) 어귀에 있는데 8칸이었다. 또한 보제원(普濟院)에 양어소(養魚所)를 두어 착어군(捉魚軍)이 물고기를 보살피고 기르도록 하였다.

이상에서 보듯이 훈련도감은 궁궐 주변에 본영과 분영 2곳을 두고, 하도감과 염초청 등 무기 및 군수 물자를 제조, 보관하는 지역으로 크게 구분되었음을 알 수 있다.

금위영은 숙종 초 왕권 강화를 위해 창설되었으므로 궁성 숙위는 평소 가장 중요한 역할이었다. 금위영도 궁궐 주변에 본영과 분영을 두었고 각종 창고 등을 두고 군수 등을 맡은 남별영을 두었다. 금위영은 창설 초기에는 서영과 본영이 있었고 이후에 다른 분영이 필요에 따라 차례로 창설되었다. 1682년(숙종 8) 창설 당시에는 충분한 주둔지를 마련하지 못해 공해를 본격적으로 설치한 것은 1702년(숙종 28)부터였다. 1730년(영조 6)에는 남별영을 설치하고 인근에 금위영 소속의 창고와 화약고 등을 두었다. 금위영의

본영과 분영의 위치 및 규모 등을 정리하면 다음과 같다.[108]

먼저 국왕이 창덕궁에 거처할 때의 금위영 본영인 신영은 창덕궁의 서문인 금호문 밖 중부 적선방(積善坊)에 있었다. 이곳은 금위영의 모체인 정초청이 있던 곳으로 순조 초 그 규모는 362칸에 달하였다. 신영에는 천총 1명이 별장과 교대로 입직하면서 금위영 전체의 군무를 총괄하였다. 아울러 기사장(騎士將) 1명, 초관 2명, 교련관 1명이 경표하군 40명과 향군 46명과 겸별파진 2명을 거느리고 수직하였다. 아울러 기사 25명도 수직하였는데, 초일에는 9필, 종일과 중일에는 각 8필씩 말을 대기시켰다. 1874년(고종 11)경 신영은 374칸으로 다소 확대되었다. 분영인 서영은 창덕궁 서문인 경추문(景秋門) 서쪽 바른편에 있었는데, 그 규모는 11.5칸이었다. 이곳에는 초관 1명이 향군 40명을 거느리고 입직하였는데 그 가운데 5명은 경추문을 파수하였다. 1874년에는 13칸으로 확대되었다. 서영은 명례문의 바깥쪽에 위치해 있었는데, 서영의 금위영 군사들 명례문과 공북문에 이르는 지역의 방위를 담당하였다. 신영의 금위영 군사들은 창덕궁과 창경궁을 연결하는 건양문과 동궁으로 들어가는 동룡문(銅龍門)의 경비도 담당하였는데, 건양문에는 파총 1명과 교사 1명이 향군 74명을 거느리고 입직 근무하였는데 건양문의 파수에는 별무사 2명이 향군 10명을 거느리고 건양문 입직군과 번갈아서 파수하였다. 동룡문에는 초관 1명이 향군 37명을 거느리고 근무하였다.

국왕이 경희궁에 거처할 때에는 연화문(延化門)에 파총 1명이 교사 1명과 향군 100명을 거느리고 근무하였고, 경희궁 개양문(開陽門) 위쪽의 남영은 규모가 12칸으로, 초관 1명이 향군 50명을 거느리고 근무하였다. 본영인 신영에는 창덕궁에 국왕이 거처할 때와 동일하게 천총과 별장이 교대하면서 금위영의 군무를 총괄하였다. 1874년 마련된 『금위영사례초(禁衛營事例草)』에 의하면 분영을 추가 설치하였는데, 경희궁의 숭의문 밖에 서영을, 창덕궁 후원 뒤 응봉 자락에 광지영을, 새로 중건한 경복궁 춘생문 밖에 동영을 두었다. 금위영의 군수 등을 담당하는 남별영은 1730년 설치되었는데 남산 아래 남부 낙선방(樂善坊)에 있었다. 그 규모는 139칸이었고, 1874년에는 150칸으로 확대되었다. 남별영에는 초관 1명과 별기위(別騎衛) 2명이 향군 15명을 통솔하였다. 남별영 아래 남쪽에는 금위영 소속 군량미 저장고였던 남창(南倉)이 1747년(영조 23) 건설되었는데 그 규모는 101칸으로 이곳에는 향군 2명이 입직하였다. 남별영의 북쪽에는 하남창(下南倉)이 1751년(영조 27) 건설되었는데 그 규모는 104칸이었고, 남창 서쪽 기슭에는 1747년 건설된 화약고 17칸이 있었다. 화약고에는 초관 1명이 별파진 8명, 겸별파진 6명 그리고 향군 8명을 통솔하고 경비하였다. 아울러 성기소(城機所) 19.5칸도 남별영 내에 있었다. 이외에도 12칸의 약방이 동현에, 8칸의 직방이 경희궁 동구 내에 있었다.

이상에서 보듯이 국왕 숙위를 위해 설치되었던 금위영의 여러 군영은 훈련도감과 마찬가지로 창덕궁과 경희궁 등 국왕이 거처하는 궁궐 주위를 지키는 위치에 자리하고 있었고, 아울러 남산 아래 남별영 터를 중심으로 산세를 따라 각종 창고와 화약고 등을 가지고 필요한 군수품을 관리하였음을 알 수 있다. 그 외에 양어소가 왕십리에 있었는데 이곳에도 군병을 배정하여 붕어를 기르도록 하였다.

어영청은 인조 초 국왕 호위와 도성 방위의 강화를 위해 1,000여 명 규모로 창설되었으나 이후 점차 확대되어 효종 대 북벌의 중심 군영이 되면서 그 규모는 급격히 커졌다. 어영청의 군영 중 가장 먼저 세운 것은 북이영(北二營)으로 1624년(인조 2) 최초 삼청동에 있었다. 1669년(현종 10)에 사직동(社稷洞)의 경희궁 무덕문(武德門) 밖으로 이전하였는데 그 규모는 68칸으로 이후 큰 변화가 없었다.[109]

효종 초반부터 북벌 준비로 병력 규모가 급격히 증가하자 소규모인 북이영으로 어영청의 업무 등을 처리하기 어려웠으므로 1651년(효종 2) 어영청의 본영인 신영을 종묘 앞 동부 연화방의 넓은 땅에 505칸의 대규모 크기로 건설하였다. 신영에는 당상 장관인 별장과 천총이 번갈아가면서 군영을 주관하도록 하였다. 그리고 초관 1명이 교련관 1명, 별파진 6명, 겸별파진 6명, 취고수 8명, 대기수 9명, 당보수 6명, 장막군 5명과 향군 111명을 통솔하여 근무하였다. 창덕궁 주변의 분영으로는 집춘영과 동영이 있었는데, 집춘영은 1654년(효종 5) 개건되었고 창경궁 집춘문(集春門) 밖 남쪽에 있었다. 규모는 16칸으로 초관 1명이 향군 50명을 거느리고 입직 근무하였다. 집춘영에서 근무하는 어영군은 집춘문에서 통화문에 이르는 지역을 담당하였다. 동영은 창경궁의 선인문(宣仁門) 아래에 있었는데 그 규모는 74칸이었다. 동영에는 기사장 1명, 파총 1명, 초관 1명이 기사 25명을 거느리고 입직하였는데, 초일에는 9필, 중일과 종일에는 각 8필씩의 말을 준비하였다. 아울러 향군 61명이 배치되었다. 동영에 소속된 어영군은 내사복 수문에서 돈화문에 이르는 지역을 방위했다. 국왕이 경희궁에 거처할 때에는 무덕문 밖에 있는 북이영에는 천총, 기사장, 파총, 초관, 별무사 각 1명이 기사 25명과 별파진, 취고수, 대기수 각 6명, 그리고 향군 61명을 거느리고 근무하였다. 본영인 신영에서 일부 별파진, 향군 등 일부 군사가 나와 근무하였고 나머지는 신영에 머무르게 된다. 경희궁의 개양문 아래에도 10칸 규모의 동영을 두었는데, 이곳에는 초관 1명이 향군 50명을 거느리고 근무하였다.

어영청도 다른 군영과 동일하게 각종 창고 등을 갖춘 군수를 담당하는 군영인 남소영을 두었다. 남소영이 있는 남소동 지역에 군영 창고인 남창 137칸이 있었다. 또한 남소영 내에는 화약고 52칸이 1747년 건설되었다. 이곳에는 초관 1명이 별파진 2명과 겸별파진 2명, 향군 8명을 거느리고 근무하였다. 또한 약방이 저전동(苧廛洞)에 있는데 22칸으로 향군 8명이 근무하였다. 직방은 2개소로 하나는 금호문 밖에 있는데 22칸이며, 하나는 경희궁의 홍화문 밖에 있는데 10칸이었다. 이곳에는 교련관 1명과 별무사 1명, 그리고 취고수 2명이 근무하였다. 이외에도 경모궁 앞산 및 관현(館峴)·흥인문의 안과 밖 모두 3개소의 식목소(植木所)를 두어 장졸을 정하여 지키며 나무를 기르도록 하였다. 또한 흥인문 밖에 양어소를 두어 군병을 정하여 붕어를 사서 기르도록 하였다.[110]

야간에 이루어지는 궁궐 외곽 방위는 주간의 근무 형태와는 다소 다른 방식으로 이루어졌다. 먼저 세 군영에서 담당하는 구역에 변화가 있었다. 주간에는 궁궐 주위를 여섯 구역으로 나누어 삼군영의 본영과 여섯 분영을 중심으로 방위를 담당하였지만, 야간에는 담당 지역을 세 지역으로 나누어 방위를 담당하였다. 구체적으로 보면 훈련도감은 공북문에서 집춘문에 이르는 지역, 어영청은 집춘문에서 종묘 대문 동쪽에 이르는 지역, 금위영은 종묘 대문 서쪽에서 공북문에 이르는 지역을 담당하였다. 그리고 삼군영의 담당 지역에 지금의 초소에 해당하는 포(鋪)를 설치하여 야간 경계를 담당하도록 하였다. 훈련도감 구역에는 여섯 개의 포가, 금위영 구역에는 여덟 개의 포가, 어영청 구역에 여섯 개의 포가 설치되어 있었다. 각 포에는 군영의 군병 2명씩 들어가 궁궐 주변의 경계에 임하였다.[111]

세 군영에는 궁성 호위를 담당하는 구역 이외에도 이인좌의 난과 같은 긴급하고 대규모 변란이 발생할 경우에는 세 군영의 군병들이 집결하여 대기하면서 국왕의 명령을 기다리는 장소도 미리 정해져 있었다.[112] 비상시 국왕의 처소에 따라 세 군영의 군사들이 집결하여 대기하는 장소인 이른바 호위신지(扈衛信地)는 다음과 같다. 국왕이 창덕궁에 있을 때에는 훈련도감은 금호문에서 사복시(司僕寺) 수문 사이에는 보군이, 돈녕부(敦寧府) 앞 길은 마병이 집결하고 훈련대장은 돈화문에 있도록 하였다. 금위영은 금호문과 광지영 사이, 어영청은 동영의 모퉁이에서 광지영까지 주둔하도록 하였다. 국왕이 서궐(西闕)인 경희궁에 있을 때에는 훈련도감은 개양문 동쪽에서 무덕문에 이르는 지역에는 보군이, 육조의 동구에는 마병이 집결하고 대장은 흥화문에 있도록 하였다. 금위영 군병은 개양문에서 숭의문 사이에, 어영청은 숭의문에서 무덕문 사이에 집결하여 국왕 호위를 강화하고 비상시에 대비하도록 하였다.[113] 국왕의 거처 궁궐에 따른 군영별 호위신지를 정리하면 다음의 표와 같다.

[표 2-7] 삼군영의 호위신지

| 군영 | 궁궐 구분 | 호위신지 |
|---|---|---|
| 훈련도감 | 창덕궁 | 금호문 남쪽 ~ 사복시 수문(보군)<br>돈녕부 앞길(마병) |
| | 경희궁 | 개양문 동쪽 ~ 무덕문(보군)<br>육조 동구(마병) |
| 금위영 | 창덕궁 | 금호문 ~ 광지영 |
| | 경희궁 | 개양문 ~ 숭의문 |
| 어영청 | 창덕궁 | 동영 모퉁이 ~ 광지영 |
| | 경희궁 | 숭의문 ~ 무덕문 |

궁궐 내 후원이나 여러 지역은 군영 이외에 오위도총부에서 전반적인 경비를 담당하였는데 위장과 부장, 병조의 기병 등이 네 군데의 거점, 즉 4소(四所)와 후원, 궐내각사(闕內各司)에 배치되었다. 구체적으로 보면 창덕궁의 금호문 옆에 남소(南所), 명례문 남쪽에 서소(西所), 창경궁의 선인문 북쪽에 동소(東所)와 북소(北所)가 설치되었다. 각 소에는 위장소(衛將所)와 부장소(部將所)가 있었고 여기에 위장과 부장 각 1명씩 입직하였다. 위장소에는 위장 휘하에 서원(書員) 9명, 사령 및 하인 15명씩이 배치되었다. 부장소에는 부장 휘하에 서원 2명 및 사령과 하인 7명이 배치되었다. 그리고 기병 5명이 위장소와 부장소에 각각 배치되었다. 후원 지역인 규장각(奎章閣)과 대보단에도 기병 3, 4명이 배치되었고 궐내 각사인 내병조, 승정원, 상의원에도 기병 1~3명씩 배치되었다.[114]

사소의 위장 등은 궁궐 내에서 일정한 시간에 순찰하는 순경을 행하였는데, 사소의 위장과 부장 1명이 각각 야간 순찰하는 기병 6명과 사령과 아방직(兒房直) 각 1명을 거느리고 순찰을 행하였다. 이들은 밤마다 초경 3점(저녁 8시경) 초부터 부장과 위장이 서로 반대편에서 잇달아 출발하여 서로 돌아가며 끊임이 없도록 순찰하였다. 예를 들어 창덕궁 동소의 부장이 초경에 출발할 때 반대편에 있는 서소의 위장이 동시에 출발하고, 2경(밤 9시~11시)에는 남소와 북소, 3경(밤 11시~새벽 1시)에는 동소와 서소, 4경(새벽 1시~3시)과 5경(새벽 3시~5시)에 남소와 북소가 차례대로 출발하여 순찰하였다. 동쪽 경계는 통화문까지, 서쪽은 영숙문 밖까지, 남쪽은 단봉문, 북쪽은 집성문 밖까지 이르도록 하였다. 이 순경 담당자는 시간별로 명단을 작성하여 국왕에게 보고하였다.[115]

도성 삼군영은 국왕이 능행시 호위를 담당하거나 능행의 순라에도 동원되었다. 국왕의 행행에 참여하지 않는 군영의 군사들은 도성에 남아 이른바 유도군(留都軍)으로서 역할을 하였다. 유도군은 5군영의 군병이 윤번제로 하였으며 국왕이 도성 밖에 행행하였을 때 궁궐의 수비는 물론 도성 내외의 주요 문을 지키는 수문(守門), 여항과 행랑의 후로(後路) 등에서 잡인을 엄금하는 역할을 하였다. 유도군을 지휘하는 유도대장은 1~2인이 임명되어 군영대장이 담당하였다.[116] 국왕이 도성 밖으로 행행할 때 주변을 호위하기 위해 도성 부근와 도성 내에 복병과 척후를 유도군에서 내보내었는데, 복병은 모두 11처로 어영군관 11명, 도감마병 33명, 군병 165명(어영군 55, 도감포수 110)의 규모로 각 처에는 군관 1명, 포수 10명, 마병 3명, 어영군 5명으로 조를 이루어 편성하였다. 구체적으로 동소문밖 추유[東小門外秋喩], 제기삼거리, 동관왕묘, 수구문 밖, 전생서 삼거리, 남관왕묘 삼거리, 염초청 삼거리, 서소문 밖 삼거리, 신문 밖 삼거리, 창의문 밖 삼거리, 도장동(都莊洞) 등이었다. 도장동에는 군관 대신 초관 1명이 배치되었다. 척후는 17처로 북악, 곡성, 안현, 만리현, 잠두, 위수실, 벌아치, 독서당현, 왕십리후봉, 동관왕묘후봉, 사하리고봉, 전농후봉, 돌고지후봉, 응봉, 부석고봉, 원현후봉, 승방후봉 등이었다. 동원 군병은 어영별초무사 17명, 군병 102명(금위군 34명, 도감포수 68명)으로 각 척후처에는 군관 1명, 포수 4명, 금군 2명씩으로 조를 이루었다. 즉 복병과 척후는 도성 삼군영의 장교와 군사들을 혼성 편성하였음을 알 수 있다.

## 5. 18세기 후반 경도-사도(京都-四都)체제와 도성수비체제의 확립

삼군영 중심의 도성방어체제가 숙종 대 후반 착수된 이후 영조 초 이인좌의 난을 계기로 도성방어의 중요성이 확인되었다. 이후 삼군영의 도성방어의 역할이 점차 확대되고 도성의 방어 가능성에 대한 논의가 나타났다. 특히 영조는 도성수비에 대한 강한 의지를 가지고 있었고 그 일환으로 1743년(영조 19) 11월 삼군영에서 분담하여 도성을 수축할 것을 명하였다. 도성에 대한 전면적인 개축은 아니었지만 이를 계기로 도성 삼군영이 구역을 나누어 성곽을 수축하고 방어 구역을 맡게 되었다. 이는 1747년(영조 23) 영조의 「수성윤음」 반포와 『수성책자』의 완성 등으로 체계화되었다. 이 시기를 전후하여 도성 외곽 지역의 방어에 대한 관심이 매우 높아지기 시작하였다. 도성방어를 위해 도성을 둘러싼 외연을 방어함으로써 도성을 실질적으로 방어하고자 하였다.

도성방어의 중요성이 대두된 것은 당시 국제정세 변화와 관련이 있다. 특히 몽골족의 동향이 매우 위협적으로 인식되었다. 17세기 말 강희제의 친정으로 세력이 위축되고 서쪽으로 이동하였던 준가르부는 점차 세력이 확장되어 1723년(경종 3)에는 티베트까지 영향력이 확대되었다.[117] 이러한 대외적 상황하에서 북방 위협에 대응하기 위해 영조 초부터 1747년까지 조선은 청천강 이북 지역의 산성과 안주 및 영변 지역 등 평안도 주요 지역에 대한 방어체계를 집중적으로 정비하였다.[118] 아울러 도성 외곽 방어 강화를 위해 경기의 주요 군현과 요충에 대한 방어체제 정비에 착수하였다. 개성 주변 방어 강화를 위해 1753년(영조 29) 금천 읍지를 청석동과 여현진의 중간 지역으로 이전하였다. 아울러 임진 일대 방어체계 정비가 이루어졌다. 1755년(영조 31) 8월 임진과 장산에 돈대 8처와 문루를 설치하였다.

1747년 4월에는 도성 북쪽의 북한산성과 더불어 탕춘대 일대를 총융청에서 주관하도록 하였다. 아울러 1753년 2월부터 탕춘대성의 증축이 시작되었다.[119] 탕춘대성 증축은 1754년(영조 30) 9월 1일에 마쳤는데, 이때 수문 북쪽부터 향로봉까지 구간을 완성하였고, 홍지문 남쪽부터 인왕산 도성 밑까지의 구간에 50보의 체성과 여장이 완성되었다.[120] 탕춘대성이 완성되면서 단순한 도성 밖 지역이던 이 지역이 탕춘대성을 경계로 내, 외로 구분되고, 성의 내부가 하나의 공간이 되었다. 즉, 탕춘대성을 경계로 하여 성내 지역이 하나의 독자적인 공간으로 묶였다는 것이다. 영조는 탕춘대성이 완성된 바로 다음 날인 1754년 9월 2일 기존 지명이던 '탕춘대'를 '연융대(鍊戎臺)'로 바꾸어 이곳의 군사지역으로서의 성격을 분명히 나타냈다.

도성수비 강화의 일환으로 강화는 보장처에서 도성 외곽 방어거점으로 정비되었다. 강화 외성이 1746년(영조 22) 개축되고 강화도와 황해도 등 서해 연안 일대에 대한 수군 강화도 이루어졌다. 이처럼 18세기 전반 도성 주변의 방어체계에 대한 정비가 나타났고 이는 유수부제의 정립을 통해 구체적으로 확인할 수 있다.

유수부제는 원래 중국 당나라와 송나라의 제도에서 비롯하였다. 당나라에서 수도 주변에 배도(陪都) 또는 배경(陪京)을 설치하고 옛 도읍지를 경(京)으로 삼는 이른바 삼경제(三京制)를 실시한 것과 송나라에서 수도와 그 주변 고을을 적현(赤縣)과 기현(畿縣)으로 삼아 여타 행정구역과 구별한 것이 그것이다. 이와 같은 당나라, 송나라의 제도를 본받아 고려에서도 3경제와 배도제를 도입하였다.[121] 조선은 고려의 수도인 개성을 관리하기 위해 1395년(태조 4) 개성부를 개성유후사(開城留後司)로 개칭하였고, 1438년(세종 20) 경 의정부에서 명칭의 적합성 문제를 제기하여 개성유후사 유수부로 개칭하였었다.

조선에서 개성을 유수부로 삼은 것은 고려 왕조의 구세력에 대한 회유와 견제와 감시 차원에서 이루어진 것이었다. 아울러 명나라 사신이 유숙하는 지역이었으므로 관리의 필요성도 있었다. 즉 조선 전기 유수부는 개성 한 곳뿐으로 군사적인 목적이라기보다는 정치적, 외교적 고려에 치중되었다. 그러나 조선 후기 들어 유수부는 옛 수도의 관리라는 목적 외에 현재의 수도를 외곽에서 호위하는 기능을 가지면서 한양 주위에 여러 곳이 설치되었다. 유수부를 중심으로 한 도성 방위체제는 임진왜란과 병자호란을 겪으면서 갖추어지게 된다. 이 전쟁 중 국왕이 도성을 버리고 피난한 것은 왕실의 안녕을 위해 불가피한 일이었지만 이는 민심의 이반을 가져오게 된다. 따라서 도성 주변을 군영으로 방어하여 도성을 수비하는 방어체제의 채택이 불가피해졌다. 이에 도성 주변에 위치한 주요 거점을 배도로 삼아 방어거점으로 삼는 유수부제가 확립되었는데 이때 우선적인 후보지가 강화도였다.

앞서 보았듯이 광해군 대 이미 강화도는 국왕의 피난처인 보장처로서 역할이 정해졌고 정묘호란과 병자호란 이후에도 그 역할은 없어지지 않았다. 그러나 강화도는 섬이라는 지형적인 한계도 적지 않았는데 시대에 따라 물살이 바뀌고 계절에 따라 주변 물길이 수시로 바뀌거나 봉쇄되는 문제가 있었다. 강화도는 도성과 인접하고 한강의 포구를 이용하여 쉽게 접근할 수 있었지만 적군이 도성을 점거할 경우 역으로 민심이 동요하고 방어군의 사기를 떨어뜨릴 수 있는 약점이 되기도 하였다.[122] 강화도의 대안으로 남한산성이 부상되기도 하였지만 남한산성은 육지의 섬과 같은 곳으로 외부와의 연락이 차단되면 해로와 달리 인력과 물자를 수송할 방법이 없는 문제점이 있었다. 실제 병자호란 당시 남한산성의 인조는 50일간 고립되었다가 항복한 경험이 있었다. 강화도의 지형적 약점을 극복하기 위해 개성과 수원이 대안으로 모색되었다. 개성은 조선 초기부터 유수부 체제를 운영하였으므로 방어체제로 전환하기 용이하였고 도성의 북쪽 진입로에 있으면서 청석동 등의 요충지에서 침략을 막을 수 있었다. 수원의 독성산성은 권율이 임진왜란 중 일본군을 물리친 곳으로 천연 요새지였다.

도성 주위의 주요 방어거점으로 유수부의 성격이 정해지면서 17세기부터 한양 인근의 강화, 수원, 광주, 개성에 유수부가 차례로 설치되었던 것이다. 강화는 1627년(인조 5) 정묘호란 당시 인조가 피난하고 도성으로 돌아온 직후 유수부로 승격되었다. 광주부는 숙종 대 이전까지 유수부로 거론되었지만 1683년(숙종 9) 송시열이 남한산성의 수어사와 부윤이 따로 있어 폐단이 있으므로 수어사를 혁파할 것을 주장한 것을 계기로 수어청의 경청을 혁파하고 광주부를 유수부로 삼았다. 그리고 광주유수가 남한산성의 행정과 군사를 독자적으로 담당하게 하였다. 그러나 광주 유수부는 1690년(숙종 16) 다시 부윤 체제로 돌아간 이후 영조 대까지 광주에 유수부가 확립되지는 못하였다. 광주에 유수부가 확립되는 것은 정조 중반에 가서야 가능해졌다. 광주가 유수부로 승격되는 것은 1793년(정조 17) 수원에 화성 건설이 착수되고 난 이후인 1795년(정조 19) 8월이었다.[123] 정조가 유수부 체제를 정비한 것은 5군영제의 개혁과도 관련이 있다. 정조는 수어청과 총융청을 통합하여 경기병마영으로 전환시키고자 하였고 그 일환으로 수어청의 경청을 폐지하여 광주부를 유수부로 승격하였다. 이에 따라 수어청은 광주 유수부의 군영이 되었다. 광주 유수부의 설치는 남한산성을 보장으로 삼아 위급할 때 대비하려는 의미이기도 하였지만 광주를 독진으로 삼아 행정과 군정을 통합하고 재정 절감 및 지휘 계통 일원화를 도모하였다. 정조는 1793년 장용영 외영을 수원에 설치하면서 수원을 화성이라 개칭하고 화성 유수부로 승격시켰다. 수원은 남부 지역에서 한양으로 들어오는 길목에 위치한 교통의 요지였지만 이전까지 충분한 방어체계를 갖추지 못한 상태였으나 화성 축조와 장용영 외영의 설치를 통해 수원은 도성 남쪽의 주요 거점으로 자리매김할 수 있었다. 이로써 개성, 광주, 강화도, 수원의 도성 주변의 4유수부 체제가 확립되었다. 이처럼 조선왕조의 유수부는 '옛 수도의 관리'라는 조선 초기의 성격에서 더 나아가 함께 수도 한양의 호위라는 목적이 결합되어 나타난 행정적, 군사적 시스템이라고 할 수 있다. 특히 조선 전기의 경우 옛 수도의 관리라는 측면이 강조되었으나 18세기 수도 방위체제가 정비되면서 수도 한양의 호위라는 목적이 강조되었다.

옛 수도의 관리라는 기존의 목적에 더하여 수도 한양의 호위라는 목적이 추가되면서 도성 주변에 주요 고을에 유수부가 설치된 것은 한양이 가진 군사적인 취약점에 따른 것이었다. 인조 대 이후 수도권 방어전략에 따라 도성에 주요 군영을 창설하여 군사력을 강화하고 도성을 수축하여 방어력을 높이는 노력을 계속하였지만 도성을 중심으로 한 방어체제는 도성만으로 감당하기에는 지형적으로 다소 문제가 있었다. 무엇보다 한양은 시가가 넓고 인구가 많아서 성곽을 유지하거나 방어군을 동원하는 데 한계가 있었다. 아울러 도성의 둘레가 넓어 군령을 두루 전달하기 어려웠다. 또한 지형적으로 도성 주변의 여러 고개가 도성을 굽어보고 압박하였고 성 동쪽의 교외는 지형이 낮고 평탄하여 장애물이 없어 적이 쉽게 진입할 수 있는 문제점이 있었다.

아울러 한양은 교통의 요충지로서 도로를 통해 남북에서 모두 접근할 수 있었다. 앞서 보았듯이 의주대로 등 한양으로 들어오는 많은 도로 및 한강 수로 등을 따라 대규모 적군이 쉽게 도성으로 접근할 수 있었으므로 도성에서의 방어를 매우 어렵게 할 수 있었다. 따라서 도성으로 접근하는 도로나 수로를 통제하지 않을 경우 도성방어도 실패할 가능성이 매우 높았다. 도성방어체제가 일단 정비되자 그 직후인 1754년 이후 도성 외곽 지역 방어에 대한 관심이 제기된 것은 자연스러운 양상이었다.

군사적, 전략적 환경의 변화와 함께 수도권의 성장도 도성 주변 방어의 필요성을 높이고 있었다. 17세기 후반 한양의 도시 상업이 발달하면서 도성 일대의 한강인 경강(京江)과 한양 인접의 상업 중심지 등에 주민이 모여들기 시작하였다. 이로 인해 서울의 공간 확대와 함께 경기 지역의 도시들이 번성하기 시작하였다.[124] 즉 시장경제 공간 확대와 도성의 거주 생활권이 확대되면서 이 공간에 대한 방어의 필요성도 동시에 나타났다. 영조 대 후반의 도성 주변 방어체제 정비 움직임은 이러한 국내적 상황과도 밀접한 관련을 가진다.

18세기 초반인 숙종 후반기 이후 도성방어론이 전개되면서 도성 주변 지역에 대한 수비체제 정비가 나타나기 시작하였다. 앞에서 보았던 탕춘대성의 축조와 북한산성의 수축 등이 이루어졌다. 그러나 그 논의는 도성의 취약점을 보완하여 방어력을 강화하기 위한 것에 중점이 두어졌다. 예를 들어 1743년 도성의 동서쪽 지형이 낮아 이에 대비하기 위해 북한산성을 수축할 것을 주장하는 의견이 제기되고, 북한산성과 도성을 연결하고 안현을 통해 서울로 들어오는 길목을 방어하기 위해 탕춘대성을 축조할 것을 주장하는 의견이 나타났다. 이러한 도성 주변의 방어체제 정비 의견과 함께 강화도, 북한산성, 남한산성을 도성수비를 위한 주요 거점으로 삼아 관리하는 방안이 논의되기 시작하였다. 즉 강화도는 대신을 별도로 파견하고, 남한산성은 3,000명의 병력으로 북로(北路)를 담당하고, 북한산성은 1,500명의 병력으로 도성의 후방 및 서로(西路)를 방비하자는 것이었다.[125] 즉 이전의 도성 중심 방어체제 정비론에서 한 단계 나아가 도성 주위의 주요 방어거점을 정비하고 이를 통해 도성과 수도권 전체의 방어를 고려하는 입장이 나타난 것이다. 영조 20년대 도성수비체제가 정비되자 곧바로 도성 외곽 수도권 지역 방어체제 정비를 주장하는 의견이 나타난 것이다.

유수부 체제의 정비와 함께 유수부 일대의 방어체제 정비에도 박차를 가하게 된다. 앞서 보았듯이 개성부의 경우에는 1711년(숙종 37) 관리영(管理營)을 두고 유수는 관리사를, 경력(經歷)은 종사관을 겸임하도록 하여 독자적 방어체제를 갖추기 시작하였다. 특히 한성으로 들어오는 주요한 접근로에 위치한 지역에 대한 방어체제 정비는 매우 활발히 이루어지는데, 개성 일대의 방어체제 정비가 대표적이다. 개성 북부 지역의 방어 대책과 함께 남쪽의 임진강 유역 일대의 방어체제 정비가 이루어져 1755년 8월 개성에서 파주로 이어지는 교통의 요지인 임진과 장산에 돈대(墩臺) 8처와 문루를 설치하였다. 이후에도 이 지역에 대한 방어체제 정비의 움직임은 계속 논의되었다. 1764년(영조 40) 영의정 홍봉한(洪鳳漢, 1713-1778)은 임진과 장단에 성을 쌓고 경기의 8고을을 둘로 나누어 고양, 교하, 적성의 군사는 파주에, 삭녕, 마전, 연천의 군사는 장단에 예속하도록 건의하였다. 아울러 장단은 영장을 겸하게 하고 파주는 수원처럼 이력(履歷)을 높여주면 군사의 제도가 더욱 갖추어지고 방어가 더욱 공고히 될 것이라고 주장하였다.[126] 홍봉한의 주장은 곧바로 채택되지는 못하였지만 도성 주위의 주요 군현을 중심으로 군현의 군사를 모아 도성 외곽 방어체제의 강화를 주장하였다는 점에서 의미가 있다.

남쪽의 주요 거점인 광주 남한산성의 경우, 1750년(영조 26) 한양에 있던 수어청의 관아인 경청을 없애고 남한산성으로 진을 옮겨 이곳 방어에 전념하도록 하였다. 아울러 광주부윤을 광주유수로 승격시켜 수어사를 겸하게 하였다. 그리고 광주의 행정을 담당할 경력(經歷)을 별도로 임명하였다. 즉 수어사-광주부윤의 이원체제에서 광주유수가 수어사를 겸하는 일원체제로 변경한 것이다. 지휘체제의 변경과 함께 남한산성에 대한 방어체제 정비에도 착수하여 1739년(영조 15) 한봉성(汗峯城)을 개축하고, 1744년(영조 20)에는 원성(元城)을 중수하였다. 1751년(영조 27)에 수어장대(守禦將臺)를 건립하고 이듬해에는 신남성(新南城)에 돈대를 축조하였다.[127] 1759년(영조 35)에는 수어경청을 다시 복구하고 별도로 수어사를 두었으며, 광주유수를 광주부윤으로 환원시키고 경력을 없앴다. 즉 일원체제에서 이원체제로 환원하였다.

도성 외곽 방어 강화론은 이후에도 계속되었다. 송규빈(宋奎斌, 1696-?)은 영조 말년에 송도(松都), 강화도 및 남한산성, 수원의 독성산성 등의 방어책을 주장하고 있다. 송규빈은 이 지역의 지형을 분석하고 구체적인 방어대책을 강구하였다. 특히 송규빈이 지목한 이 네 군데는 정조 대 완비된 4유수부와 완전히 일치하고 있다는 점에서 매우 흥미롭다. 그에 의하면 송도는 도성의 오른팔로서 청석동과 벽란도와 함께 서쪽의 요충지로서 북방의 침입을 차단할 수 있는 곳이며, 강화도는 천연 요새이므로 강화 수군을 복구하고 강화성 내의 정비와 문수산성 방어 조정을 통해 견고한 요새지를 구축할 것을 주장하였다. 남한산성은 지형적으로 천연의 보장지이지만 지원로가 부족하므로 왼쪽의 목암주점이나 오른쪽의 봉안역촌을 이용할 것을 주장하였다. 수원의 독성산성도 개축하여 이 일대 방어거점으로 삼도록 하였다.[128] 즉 송규빈은 개성, 수원, 강화, 남한산성, 북한산성 등을 거점으로 도성방어를 지원, 강화한다는 것이었다.

도성 외곽 지역 방어체제 정비를 통해 도성수비체제를 강화한다는 18세기 후반의 여러 주장은 정조 대 들어 수원 화성의 축조와 장용영 설치 등 방어체제 정비로서 일단락되었다. 즉 조선 후기 계속 시행되어 정조 대에 한양으로부터 100리 내에 설치가 완료되었던 4유수부 체제에는 각각 별도의 군영이 설치되었다. 예를 들어 개성의 관리영, 강화의 진무영, 수원의 장용영 외영(壯勇營外營), 그리고 광주의 수어청 등이 그것이다. 그리고 유수부의 책임자인 유수가 그 대장의 직책을 겸직하였다. 이들 유수영은 도성의 외곽 방어거점으로 역할을 하게 되었다.

영조 대 수도 방위체제가 정비되면서 정조는 최종적으로 화성을 유수부로 승격시키고 1795년에는 광주도 유수부로 올려 4유수부제를 확립하게 된다. 이렇게 확대된 유수부를 4도(四都)로 호칭하여 한양 다음가는 위상을 부여하였다. 이는 한양이 이들 네 유수를 부수도로 거느리는 위상으로 격상하게 되는 것이다. 정조는 한양 외곽의 유수부를 삼보(三輔)에 비유하여 제왕의 수도와 동격의 광역수도권으로 격상시키고자 하였다.[129] 18세기 확립된 도성 및 수도 방위체제의 정비는 정치적으로도 적잖은 의미를 가지는 것이었다. 즉 강력한 군영의 군사력과 함께 정비된 수도권의 존재는 조선 후기 강화되는 국왕권의 상징으로서도 의미를 가지게 되었다. 아울러 이는 18세기 이후 한양의 경제도시로의 급속한 진전 및 확장에 따라 한양의 상업 구역이 도성 밖으로 확장되어 가던 것과 관련이 있다. 도성 외곽의 새로운 상업 거점을 중심으로 유통체계가 확대되기 시작하였고 이는 4유수부라는 광역 수도권의 성립과 이에 필요한 도성 외곽 방어체제의 정비라는 것으로 나타났다.[130]

유수부는 그 기능에 따라 행정조직과 군사조직의 이원체제로 구성되었다. 유수부의 행정체계는 조선 전기에는 유수가 경력, 도사, 교수 등 유수부의 행정 실무를 주관하는 낭관을 통솔하였다. 경력은 종4품 관원으로 유수부 행정을 실질적으로 처리하는 선임자였고 도사는 종5품으로 아전들의 불법을 규찰하고 주민의 풍속을 단속하였다. 조선 후기 유수부에는 이들 외에 종9품의 검률을 두었고 정조 대 수원 및 광주 유수부에는 경력과 도사를 대신하여 행정실무를 주관하는 종5품의 판관을 두어 이전과 차이가 있다.

유수부는 주요 임무인 도성 호위를 담당하기 위해 별도의 군사체계인 군영을 유지하였다.[131] 개성에는 관리영을 설치하고 유수가 관리사를, 강화에는 진무영을 설치하고 강화유수가 진무사를 맡았다. 수원에는 장용영 외영을 설치하고 수원유수가 장용외사를 맡았다. 광주에는 수어청을 설치하고 광주유수가 수어사를 겸임하게 하여 휘하 군대를 통솔하였다.

유수부별 군영은 그 조직에서 다소 차이가 있었는데, 예를 들어 광주의 경우에는 광주유수가 겸하는 수어사 휘하에 지휘관으로 중군 1명, 수성장 1명, 별장 2명, 천총 2명, 유영별장 1명, 성기별장 1명, 파총 3명, 초관 16명을 두었다. 군사로는 수첩군관 1,953명, 이속군관 250명, 친아병 15초, 훈어군 5초, 파하군 106명, 난후마병 1초, 복로군 150명, 별파군 385명, 국별파군 1,870명, 표하군 1,320명, 도총섭 1명, 승군 356명 등이 소속되어 있었다. 다른 유수영의 군사체제도 규모에 따라 차이가 있었다.

[그림 2-7] 도성 주변 4유수부 (『여지도(輿地圖)』 중 「경기도(京畿道)」, 규장각한국학연구원 소장)

# 군사훈련과 군사의례

노영구

3.

# 1절. 군사훈련 종류와 실제

## 1. 삼군영 군사훈련 종류

조선 후기 삼군영 군병들은 도성 일대 순찰과 궁성 숙위 등의 임무 이외에 평소 다양한 정기적인 군사훈련과 시험을 통해 그 군사적 능력을 유지하였다. 『만기요람(萬機要覽)』에 의하면 훈련도감의 경우 사습(私習), 사강(射講), 습진(習陣) 등의 훈련이 있었다. 시험으로는 중순(中旬), 관무재(觀武才), 별시재(別試才) 등이 있었다.[1] 군사훈련 장소는 훈련의 종류에 따라 각기 달리하였는데, 예를 들어 1845년(헌종 11) 편찬된 『훈국총요(訓局摠要)』에 의하면 훈련도감의 습진 장소로는 노량(露梁)의 사장(沙場), 시예(試藝) 장소로는 남산의 비파정(琵琶亭), 조총 사격인 방포(放砲) 장소로는 동대문 밖의 낙산(駱山) 동쪽 지역인 연미정(燕尾亭), 그리고 포진(布陣)하는 장소로는 모화관(慕華館)이 규정되어 있었다.[2]

군영 훈련에서 가장 중요한 것은 진법을 익히는 습진 훈련으로, 삼군영은 한양의 교외(郊外)에서 매월 세 차례 진법을 익히는 습진을 하도록 규정되었다. 훈련도감은 주로 노량의 사장에서 매월 9일과 19일, 29일에 시행하였으나 도성수비 등의 역할이 확대되면서 29일의 진법 훈련은 폐지되고 매월 한두 차례 실시하였다. 구체적으로 2, 3, 4, 8, 9, 10월에는 매월 2회씩, 1, 5월에는 매월 한 차례만 실시되고 나머지 달에는 이 훈련은 시행하지 않았다.

금위영은 창설 직후인 1682년(숙종 8)에 습진 관련 규정이 마련되었는데, 매월 10일, 20일, 30일에 시행하도록 하였다. 만일 먼저 입번(入番)한 구군(舊軍)이 번을 마치고 돌아가고 다음에 입번하는 신군(新軍)이 번을 드는 달이면 신군과 구군이 합동으로 진법 훈련을 하도록 하였다. 그리고 6, 7, 11, 12월은 혹서와 혹한의 시기이므로 1777년(정조 원년)에 규정을 정하여 진법 훈련을 중지하도록 하였다. 이 훈련은 창덕궁의 동룡문(銅龍門)과 건양문(建陽門) 및 서영(西營)에 입직하는 군병은 참가하지 않도록 하였다. 아울러 본영(本營)에서 입직하는 기병인 기사(騎士)의 경우에는 표신을 받아 나와서 조련에 참가하되 정해진 시일[期會]에 참가하지 않은 경우는 곤장으로 처벌하였다.

어영청의 진법을 연습하는 규정은 1653년(효종 4)에 정하였는데, 매월 1일, 11일, 21일에 시행하도록 하였다. 금위영과 동일하게 구군이 번에서 나가고, 신군이 번에 드는 달에는 신군과 구군이 합동 조련[合操]을 실시하도록 하였다. 만일 신, 구번의 교대가 1일에 있을 경우에는 1일에 행할 조련을 당겨서 전달 28일에 진행하였다. 1777년에는 6, 7, 11, 12월은 혹서와 혹한의 시기이므로 조련을 중지하도록 규정을 정하였다. 진법 훈련시 창덕궁 주변의 분영(分營)인 동영(東營)과 집춘영(集春營)에 입직하는 마군과 보군은 진법 훈련에 참가하지 않도록 하였다.

사습은 부대별로 궁술, 검술, 포술 등 개인의 군사적 기예와 진법을 훈련하고 성적이 우수한 자에게 시상하는 훈련이다. 훈련도감의 사습은 마병과 보군 부대별로 매월 세 차례 실시하였고, 10월에는 좌우 별장 휘하의 마병과 좌, 우부의 보군 중 성적이 우수한 자를 선발하여 시상하였다. 11월부터 정월까지는 겨울 혹한기이므로 사습을 시행하지 않았다. 보군의 경우 매월 1일에는 좌부의 좌사 5개 초에서 실시하고, 11일과 21일에는 좌부의 사와 초에서 중간 연습과 최종 연습을 한다. 2일에는 좌부의 우사 5개 초에서, 3일에는 좌부의 좌사 5개 초에서, 4일에는 우부의 우사 5개 초에서 사습을 행하였다. 이들은 모두 조총병인 포수로서 주된 훈련은 아마 진형을 갖추어 조총을 연속으로 사격하는 훈련이었을 것이다. 6일에는 좌부와 우부의 근접전 군사인 살수(殺手)로 구성된 중사 각 3개 초, 총 6초가 합동으로 훈련을 실시하였다. 이들은 진형을 이루며 각종 단병기를 사용하여 적군을 공격하는 훈련과 단병기의 무예를 익히는 훈련을 하였다. 7일에는 가상 왜군인 난후초(攔後哨)와 7색군의 부(部)와 사(司)의 취수(吹手)가 실시하고, 그 중간 연습과 최종 연습은 각기 초일(初日)의 2, 3, 4, 5, 6, 7의 순차에 따라서 실시하도록 하였다. 중간 연습은 '관사습(官私習)'이라고 하였는데 따로 집사와 해당 장령

(將領)을 보내어 함께 사습을 감독하였다. 처음과 최종 사습을 행하는 장소는 모두 돈의문(敦義門) 밖 중국 사신을 영접하던 비파정에서 하였고, 중간 연습은 모화관에서 진을 벌려서 훈련하였다. 난후초와 7색군의 부와 사의 취수는 세 차례 모두 연미정에서 실시하고, 장막군은 가좌동(加佐洞)에서 사습 훈련을 실시하였다.

마병은 1일에는 별기대, 2일에는 좌별장 소속의 좌초(左哨), 3일에는 좌별장 소속의 우초(右哨), 4일에는 우별장 소속의 전초(前哨), 5일에는 우별장 소속의 좌초, 6일에는 우초, 그리고 7일에는 별대가 실시하였다. 그 중간과 최종 시험도 동일하였다. 2, 3, 4, 8, 9, 10월에는 말 달리며 활을 쏘는 기사(騎射)를 실시하였는데 3차례 훈련 모두 동소문(東小門) 밖에서 실시하였다. 5, 6, 7월에는 서서 베로 만든 과녁에 사격하는 '사포(射布)'를 실시하는데 첫 연습과 최종 연습은 남소문(南小門)에서 실시하였고 중간 연습은 모화관에서 실시하였다. 조선 후기 마병의 주된 전투 방식이 말을 달리며 활을 쏘거나 활을 쏜 직후 돌격하는 것이었으므로 이러한 훈련이 마련되었다.[3]

금위영의 사습은 창설 직후인 1682년(숙종 8)부터 시작되었는데, 초일과 중일(中日)마다 입직하는 파총(把摠)이 승정원에 나아가서 사습을 실시한다는 취지를 왕에게 아뢰고 허락을 받아 시행하였다. 각 해당 초관은 번상한 지방군인 향군(鄕軍)을 거느리고 진법을 교습하였다. 초일에는 번을 마치고 나가는 향군 3초가 연습하며, 중일에는 입번하는 군병이 활쏘기와 조총 사격을 시험한 뒤에 입번하고 출번(出番)하는 향군을 모두 합하여 사습을 실시하는데, 군사를 거느린[領軍] 파총이 이 조련을 감독하였다. 군사를 거느린 천총은 번이 끝나는 달 28일에 신·구번 8초를 모두 거느리고 대사습(大私習)을 실시하였다. 도성 거주 표하군(標下軍)은 2월부터 9월까지 매월에 두 차례씩 각기 사습을 실시하였다. 한편 번상을 마치고 지방에 머무르는 하번향군(下番鄕軍)의 사습은 지방군으로서 번을 나서 지방에 있는 자는 해당 초의 한 기총(旗摠)으로 가초관(假哨官)을 겸임시켜 10월부터 2월까지 매월에 2순(巡=5발)씩 휘하의 군병에게 궁술과 조총 사격의 사습을 실시하여 성적표를 만들어 매년 춘·추로 대장에게 보고하고, 나머지 달은 농사철이기 때문에 이를 정지하였다.

어영청의 사습은 창설 직후인 1625년(인조 3)에 시작되었는데, 매월 초일과 중일에 입직하는 파총이 승정원에 나아가서 사습을 실시한다는 것을 국왕에게 아뢰도록 하였다. 해당하는  군사를 거느린 초관이 지방에서 번상하는 향군을 거느리고 진법을 연습시켰는데 그 장소는 남소영(南小營)이었다. 초일에는 출번하는 향군 3개 초가 연습하고, 중일에는 입번하는 군병이 궁술과 조총술을 시험한 뒤에 출번과 입번하는 향군이 합동으로 사습을 실시하였는데, 군사를 거느린 파총도 교련을 감독하였다. 번이 끝나는 달 27일에는 신번과 구번의 8개 초를 합하여 대사습을 실시하는데, 각 당해 초관이 시험을 담당한다. 도성에 있는 표하군은 2월부터 10월까지 매월 2차씩 각자 준비하여 사습을 실시하고, 왜검수(倭劍手)는 매월 3차례씩 기예의 시험을 실시하였다.

사강은 군사들에 대한 훈련이라기보다는 장수들에 대한 시험으로서 궁술과 강서(講書)를 시험하여 상벌을 행하도록 한 것이다. 병서를 익히는 강서의 교재는 조선 후기 대표적인 군사훈련용 병서인 『병학지남(兵學指南)』을 사용하였다. 훈련도감의 경우는 중군(中軍)이 이 시험을 감독하되 중군 유고시에는 당상관인 장관(將官) 가운데 겸중군(兼中軍)을 임명하여 거행하였다. 매년 2, 3, 4, 8, 9, 10월에는 매월 두 차례씩, 1, 5, 6, 7, 11, 12월에는 매월 한 차례 실시하였는데, 유엽전은 10순, 즉 50발을 쏘아 매번 과녁과 소포(小布)를 서로 교대로 바꾸어가며 실시하였다. 편전은 3순을 발사하였는데, 2, 3, 4, 8, 9, 10월에는 편전을 2순 쏘는 대신 기병들이 말을 달리며 활을 쏘아 짚 인형[芻人]에 화살을 맞히는 마상 무예인 기추(騎芻)를 한 차례 실시하였다. 당상관은 50세가 되면 강서를 면제하며, 궁술의 경우에도 상은 있으나 벌은 내리지 않고 60세가 되면 궁술마저도 면제하였다. 당하관인 장관은 60세가 되면 강서를 면제하며, 궁술에는 상은 있으나 벌은 부과하지 않았다. 상으로 과녁을 25시 이상 명중하면 쌀 1석(石), 30시 이상이면 평궁(平弓) 1장을 더 주고, 명중이 4시 미만이면 벌칙으로 번수(番數) 3일을 더하며, 이것이 2차를 거듭하면 벌칙으로 3일씩 2차에 번을 더하며, 3차를 거듭하면 곤장으로 처벌하며, 유엽전, 편전, 기추의 3과목을 통하여 합격 점수를 얻지 못한 자는 파면하도록 하였다. 1780년(정조 4)에는 매년 연말에 궁술과 강서에서 수위를 차지한 자를 선발하고 임금에게 아뢰어 내탕고(內帑庫)에서 시상하는 규정을 마련하였다.

금위영의 사강 중 장관의 사강은 1790년(정조 14)에 규정이 마련되었는데, 중군이 시험을 감독하도록 하였다. 별장부터 초관까지 사강에 참가하였는데 유엽전 10순, 편전 3순, 강서와 진법을 시취하였고 2, 3, 4, 8, 9, 10월에는 매월 두 차례씩, 1, 5, 6, 7, 11, 12월에는 매월 한 차례씩 실시하였다. 과녁과 소포를 서로 바꿔가며 실시하였는데, 두 차례 실시하는 달에는 편전은 2순으로 줄이고, 기추 한 차례로 대신하였다. 당상관 장관은 50세에 달하면 강서를 면제하며, 60세에 달한 자는 궁술을 면제하였다. 당하관 장관은 60세인 자에게는 강서를 면제해주었다. 유엽전으로 소포를 거듭 5순과 과녁을 거듭 3순에 합격점을 얻는 자, 편전(片箭)에 거듭 3차에서 1순을 모두 명중한 자, 강서와 진법에 5차례 모두 통(通)을 받은 자는 모두 그 이름을 적어 임금께 아뢰어 상을 시행하도록 청하였다. 연말마다 궁술과 강서의 성적을 평정하여 수위를 차지한 각 1명씩 별단(別單)에 기입하여 왕에게 아뢰도록 하였다.

이상과 같은 평소 훈련과 함께 조선 후기에는 국왕의 친림하에 여러 차례 도성의 군영과 국왕 호위 군사들을 동원하여 대규모 훈련을 시행하였다. 특히 국왕이 직접 군사를 사열하고 훈련시키는 열무(閱武)는 군사들이 진을 펴고 훈련을 실시하는 진법 훈련으로서, 다른 훈련과 달리 조선시대 동안 빈번하게 실시되었다. 열무는 그 규모가 대규모인 경우에는 대열(大閱)이라고 하며, 국왕 친림의 열무로서 친열(親閱) 등으로 칭하기도 하였다. 열무는 조선 전기에 여러 차례 시행되었으나 임진왜란 직후부터 한동안 국왕 주재 하의 대규모 열무는 그다지 활발히 이루어지지는 못하였다. 이는 임진왜란 시기 훈련도감을 중심으로 절강병법에 필요한 각종 무예와 소규모 진형인 원앙진(鴛鴦陣) 등을 익히고 보급하는 데 관심이 집중되었기 때문이다. 실제 1594년(선조 27) 모화관에서 이루어진 열무에서는 훈련도감 군사들이 척계광(戚繼光, 1528-1588) 진법과 삼수기법(三手技法)을 시범보이는 것이 주된 내용이었다.[4] 후금의 침입 가능성이 높았던 인조 대의 경우에도 열무는 1624년(인조 2)과 1629년(인조 7), 그리고 1631년(인조 9)에 모화관 일대에서 불과 세 차례밖에 시행되지 못했다. 1629년 8월 시행된 열무에서는 최초 경기도 군병 1만 8,000명을 동원한 대규모 열무 실시를 고려하였으나 모화관 일대의 공간 부족으로 수원의 군병 2,000명을 동원한 열무로 축소되었다.[5]

17세기 중엽 효종 대 들어서면서 열무의 시행이 빈발해지기 시작하였다.[6] 1650년(효종 1) 12월 조선에 강압적이었던 청의 섭정왕(攝政王) 도르곤(多爾袞, 1612-1650)이 사망함에 따라 조선에 대한 유화적인 정책이 시행되기 시작하였다.[7] 이를 기화로 조선은 북벌을 본격적으로 추진하기 시작하였는데, 북벌은 만주 일대에서의 대규모 전투를 상정하지 않을 수 없었다. 따라서 대규모 군사를 동원한 군사훈련의 필요성이 매우 높아졌다. 조선 후기 한양 지역에서 시행된 최초의 대규모 열무는 1654년(효종 5) 3월 4일 노량의 한강 사장에서 시행되었다. 이날 대열에는 훈련도감과 어영청의 군병, 그리고 금군 등 한양의 대부분 군병이 동원되었다.[8] 이전의 열무는 일부 군사를 대상으로 주로 모화관 일대에서 행하여지는 경우가 많았다. 그러나 대규모 군병을 동원하고 훈련시키기 위해서는 모화관 주변은 공간이 좁아 대규모 열무를 행하기 어려웠다. 이때 훈련장으로 결정된 지역이 노량 일대의 모래사장이었다.

도성 남쪽 10리 지점의 노량은 오늘날 한강대교 북쪽 지역으로 강 북쪽에 넓은 모래사장이 있어[9] 대규모 군사훈련이 용이하였다. 효종 대 노량의 훈련장은 그 규모를 정확

[그림 3-1] 노량 군사훈련장 모습으로 지도 하단에 '敎場'으로 표기되어 있다.
(『동국여도(東國輿圖)』 중 「경강부임진도(京江附臨津圖)」 부분, 규장각한국학연구원/서울대학교 중앙도서관 소장)

히 파악할 수는 없으나 19세기 초 편찬된 『한경지략(漢京識略)』에 따르면 당시 노량에 있는 한양 군영의 군사 조련장은 사방 1,200보(步)에 달하였다. 그 규모는 평수로 환산하면 대체로 60여만 평으로 계산된다.[10] 아직 한강 변에 주거지가 많이 세워지지 않았을 효종 대에는 이때보다 훨씬 더 넓었을 것이다. [그림 3-1]은 19세기 초 한강 일대에 많은 주거지가 들어선 상태지만 대형 군기가 걸린 노량의 상설 군사훈련장[敎場]의 모습을 잘 보여준다. 노량 백사장 일대의 대규모 훈련장 마련으로 여러 차례 대열을 이곳에서 행할 수 있게 되었을 뿐 아니라 이후 도성 삼군영의 정기적 군사훈련도 이곳에서 실시하는 계기를 마련하였다.

효종 대 처음으로 대규모 열무가 이루어짐에 따라 이전의 열무와는 달리 많은 준비와 새로운 절차의 마련이 필요하였다. 특히 대열에 필요한 시행 절차를 담은 각종 절목(節目) 등의 마련을 위해 사전에 많은 준비가 이루어졌다. 그 절차는 시기별로 약간의 차이가 있지만 1654년의 대열에 의하면 대체로 다음과 같다.[11] 먼저 국왕이 열무를 시행하겠다는 전교가 열무 시행 예정일 10~20일 전에 내려진다.[12] 이어 구체적인 날짜를 선정하는 택일(擇日)과 열무 장소 등이 논의되었다. 택일은 기본적으로 당시 동원되는 군병 중 어영군과 같이 한양에서 번상하는 군병이 교체되는 경우 등을 고려하여 시기가 결정되었는데 상황에 따라 조정되었다. 이와 함께 당시 열무가 시행되던 장소인 모화관의 공간 문제로 인해 노량의 모래사장이 선택되었다.[13] 대열의 절차는 다음과 같다.

대열 당일 국왕이 노량에 거둥하여 장단(將壇)에 올라서면서 대열이 시작되었다.[14] 국왕은 전투복인 융복(戎服)을 입고 우립(羽笠)을 썼고 다른 관원들도 융복 차림으로 국왕을 호종하는 등 매우 진지한 상황에서 이루어졌다.[15] 대열 절차는 시기에 따라 다소 변화가 있지만 대체로 명령 전달부터 전투 훈련, 방영(方營) 설치, 진영(陣營) 철수 및 복귀 등이 『병학지남』, 『병학통(兵學通)』 등 주요 군사훈련용 병서의 야전 훈련 지침인 「장조정식(場操程式)」에 준하여 이루어졌다. 특히 국왕의 특별한 명령에 의하여 금군 등이 훈련도감 등의 진영을 공격하게 하는 등 매우 실감나게 이루어졌다. 실제 국왕의 비밀 명령을 받은 군영의 군사들은 상대방 지휘기인 인기(認旗)를 탈취하여 올 정도로 격렬한 경우가 대부분이었다. 저녁때 국왕이 환궁하면서 열무는 끝나게 된다. 열무가 끝난 후에는 다음 날부터 장수들에 대한 공죄(功罪)의 조사와 훈련 중 다친 군병에 대한 조사 및 구호가 이루어지게 된다. 군병을 잘 통제하지 못하였거나 상호 훈련 중 패배한 지휘관에 대해서는 엄하게 처벌하였다. 당시 열무의 경우에는 단순한 군사훈련의 수준이 아니라 부대별로 쌍방 훈련을 매우 실감나게 실시하였으므로 다수의 부상자가 발생하는 경우가 대부분이었다. 실제 훈련 중 기병의 편곤(鞭棍)을 이용한 돌격과 이를 저지하기 위한 과정에서 다수의 군병이 부상을 입었고 조총 사격 중 화약의 폭발로 눈을 다치는 경우가 있었다. 심지어 화전(火箭)의 발사로 인해 군병이 사망하는 경우도 나타나는 등 매우 실감나게 이루어졌다.[16]

대열의 절차는 이후 여러 차례의 대열을 시행하면서 정비되었다. 특히 영조 대 들어서면서 대열 절차에 대한 전면적인 검토가 시도되었다. 영조는 일원적인 군제 확립을 통해 국왕 중심의 지휘체제를 갖추고자 하였다. 아울러 도성수비체제 강화를 위해 도성의 세 군영과 도성 외곽의 두 군영을 통일적으로 통제할 필요성이 있었다.[17] 대열의 시행은 이를 확인하는 것이었다. 영조는 먼저 숙종 대 시행된 2차례 대열 절차를 담은 등록의 관련 내용을 조사하도록 하였다.[18] 이와 함께 1742년(영조 18)에는 능행시 실시할 열무에 필요한 의주(儀注)가 마련되기도 하였다.[19] 영조 대의 열무 시행 절차의 마련을 위한 노력은 이후에도 계속되어 1778년(정조 2) 8월 기존의 「대열의주(大閱儀註)」를 정비하여 마련하였다.[20] 이때 마련된 대열의 절차는 그해 9월 노량에서 시행된 대열에서 그대로 시행되었다.

## 2. 훈련에서 사용된 진법

삼군영 군사들은 훈련 중 다양한 진법을 훈련하였는데, 『병학통』이나 『병학지남』, 『속병장도설(續兵將圖說)』에는 다양한 진법을 치는 구체적인 절차와 함께 진법을 보여주는 그림인 진도(陣圖)가 소개되어 있다. 먼저 훈련 중 가장 보편적으로 사용되던 것은 층진(層陣)과 방진(方陣)이었다. 층진은 2~4길을 따라 행군하는 군사들이 가상 왜군의 출현 상황에 따라 보군으로 2층 혹은 4층으로 일자진을 펴고 마병은 중앙 좌우 가에 포진하여 적군의 공격을 막거나 공격할 수 있도록 한 진형이었다. 훈련도감은 군병이 많으므로 4층으로 일자진을 폈고, 어영청과 금위영은 훈련도감에 비해 군병이 적었으므로 이층진을 폈다. [그림 3-2]는 금위영 또는 어영청 군병 10초로 이루어진 이층진의 모습을 보여주고 있다. 층진을 펴고 적을 저지하며 공격하여 격파한 이후에는 다시 행군하여 머무르려는 곳에 사방을 경계할 수 있는 정방형의 방진을 폈다.

다음으로 기병만의 진법으로는 학익진(鶴翼陣)과 봉둔진(蜂屯陣)이 대표적이다. 봉둔진은 기병이 적군에게 돌격하기 위해 마치 벌들이 모여 있듯이 부대별로 모여 대기하고 있는 모양의 진법이다. 봉둔진은 기병들이 행군하거나 방진을 펴고 있다가 적군에 돌격하기 위해 각 부대 단위별로 모여 대기하는 형태를 띤다. 학익진은 마치 학이 날개를 벌리고 있는 형상과 비슷한 반월형 진형을 펴고 있는 모양의 진법이다. 학익진은 전술적으로 주로 공격하여 오는 적군을 포위하여 공격하는 경우에 많이 사용한다. 훈련도감의 기병인 마병의 학익진 훈련은 다음과 같이 이루어졌다. 마병 6초를 이용하여 마병봉둔진(馬兵蜂屯陣) 훈련 이후 적군이 공격할 경우를 가정하여 적군을 포위하여 공격하는 학익진을 펴는 훈련을 시행하였다. 먼저 신호포인 호포(號砲)를 한 번 쏘고 남색과 백색의 고초기(高招旗)를 좌우에 세우며 흔든다. 그리고 전신나팔(轉身喇叭)을 불고 북을 점점 빨리 치며 파대오나팔(擺隊伍喇叭)을 불면, 가운데 6초의 지휘관인 좌, 우별장(左右別將)이 서고 우별장 오른쪽에 그 휘하의 전초, 좌초, 우초의 순으로 벌려 선다. 그리고 좌별장의 왼쪽에 휘하의 전초, 좌초, 우초의 순으로 안에서 밖을 향해 벌려 선다. 그리고 각 초 휘하의 1, 2, 3기(旗)도 차례로 서게 된다. 그 모습은 [그림 3-3]과 같다.

그러나 실제 훈련도감의 마병 훈련에는 학익진, 봉둔진 이외에도 매우 다양한 진법이 실시되었는데 이는 국립중앙도서관 소장 《훈련도감별무기초군대습도(訓鍊都監別武騎哨軍大習圖)》에 잘 나타나 있다. 이에 의하면 운수진(雲垂陣), 호익진(虎翼陣), 의진(儀陣), 원대(圓隊), 빈진(牝陣), 안행진(雁行陣), 조상진(鳥翔陣), 합인속환눌함진(合寅速環吶喊

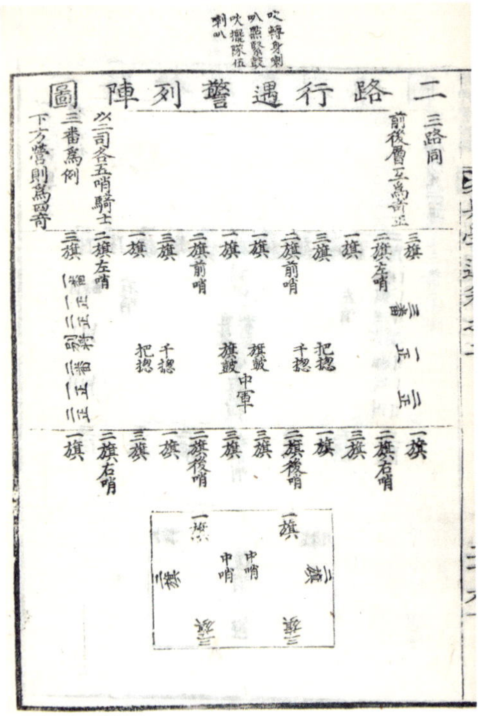


[그림 3-2] 이층진
(『병학통(兵學通)』 중 「이로행우경열진도(二路行遇警列陣圖)」,
규장각한국학연구원 소장)

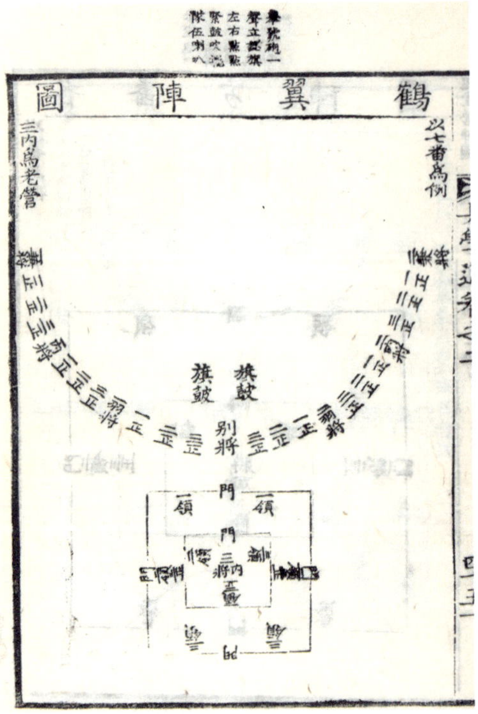


[그림 3-3] 학익진
(『병학통(兵學通)』 중 「학익진도(鶴翼陳圖)」,
규장각한국학연구원 소장)

陣), 운입청령진(雲入聽令陣) 등 8종의 진법 훈련이 그려져 있다. 호익진, 빈진, 안행진, 조상진 등의 진법은 제갈량이 창안하였다는 팔진(八陣)과 관련하여 그동안 존재에 대해 알려져 있었지만 훈련도감 마병이 이를 실제 훈련하였다는 것은 매우 흥미롭다.

당시 삼군영은 중국의 전통적인 진법도 많이 훈련하였는데 육화진(六花陣), 구군진(九軍陣), 팔진 등이 그것이다. 팔진은 중국 고대의 인물인 풍후(風后)가 지은 『악기경(握奇經)』에서 기인한 진법으로 제갈량(諸葛亮, 181-234)은 이를 바탕으로 전투 대형으로 여덟 가지 진법을 완성하였다. 『악기경』에는 천진(天陣), 지진(地陣), 풍진(風陣), 운진(雲陣)의 네 진을 정진(正陣)이라 하고, 호익진, 사반진(蛇蟠陣), 비룡진(飛龍陣), 조상진의 네 진을 기진(奇陣)이라 하였다. 정진과 기진을 합하여 팔진이라 하였다. 팔진을 바탕으로 제갈량은 돌을 가로와 세로로 늘어놓아 팔행(八行)의 방진을 만들었는데 이것이 유명한 팔진법이었다. 사방의 전면과 모서리가 연속으로 이어지고, 굽은 부분과 교차하는 부

[그림 3-4] 훈련도감 마병의 안행진 훈련
(《훈련도감별무기초군대습도(訓鍊都監別武騎哨軍大習圖)》 중 〈안행진(雁行陣)〉, 국립중앙도서관 소장)

[그림 3-5] 훈련도감 마병의 조상진 훈련
(《훈련도감별무기초군대습도(訓鍊都監別武騎哨軍大習圖)》 중 〈조상진(鳥翔陣)〉, 국립중앙도서관 소장)

분이 서로 대칭을 이루고 있는 모습을 띠고 있다. 다음의 [그림 3-6]은 훈련도감 군사로 펼친 팔진의 모습을 보여주는 그림이다. 아래 팔진도와 함께 위에 보이는 훈련도감 마병의 팔진과 관련된 각종 진법 훈련 모습을 통해 실제 당시 군영 군사들이 팔진과 같은 난해한 진법 훈련도 실제 행하였음을 확인할 수 있다.

구군진은 중국 고대 진법의 하나로 중앙에 대장이 있고 동, 서, 남, 북의 사면(四面)에다 동북, 동남, 서북, 서남을 포함한 여덟 방위인 팔향(八向)에 병력을 배치한 형태였다. 이는 중국 고대 황제(黃帝)가 처음으로 창안하였다고 하는 고대 토지 제도인 구정법(丘井法) 혹은 정전법(井田法)의 형태를 바탕으로 한 진법이었다. 구군진은 이후 제갈량이 창안한 팔진의 기본 원리의 하나가 되었다.

육화진은 훈련도감 군사들이 가운데 둥근 형태의 진형인 원진(圓陣)을 두고 6개의 꽃잎이 둘러싸듯이 6개의 원진이 있는 형상의 진법을 펴고 있는 진형으로 중앙의 진을 포함하면 7개의 진이 되므로 일명 칠군진(七軍陣)이라고도 한다. 이 진법은 당나라 태종 대의 명장으로 『이위공문대(李衛公問對)』를 편찬한 이정(李靖, 571-649)이 고안한 것이다. 다음 [그림 3-7]은 『병학지남』에 보이는 육화진으로 팔진을 펼친 이후 육화진으로 변화하는 모습을 보여준다.

이외에도 현무진(玄武陣)도 있었는데 이는 거북이가 누운 모습을 띠고 있는 형태의 진법으로 내부에 기병을 둥글게 배치하여 중군을 호위하고 그 밖에는 보병으로 거북의 네 발과 머리, 꼬리의 형태로 배치하는 진형이었다. [그림 3-8]은 『속병장도설』에 나타난 훈련도감 군병의 현무진 모습을 잘 보여준다.

이외에도 조총을 연속으로 사격하는 화차를 이용한 화차진(火車陣)을 펴고서 이 진에 대해 금군 마병이 돌격하는 훈련이 숙종 초 시행되는 등 당시 진법 훈련은 실제로 운용되어 군사들의 훈련 수준을 높이는 데 활용되었다. 이상의 여러 진법 이외에도 삼군영은 조선 전기부터 훈련되던 이른바 방진, 예진, 직진, 각진, 곡진 등 오위진법도 훈련하는 등 당시 다양한 진법이 훈련되었음을 알 수 있다. 다양한 진법이 연구되었을 뿐만 아니라 이를 실제 국왕의 친림하에 시행되던 대열 등에서 육화진 등 각종 진법 시범이 이루어지고 그 진에 대해 공격하거나 방어하도록 한 한 것을 보면 일반적으로 알려진 것과 달리 조선 후기 도성 군영에서는 실제 훈련에서 진법 훈련은 매우 적극적으로 시행되었음을 알 수 있다.

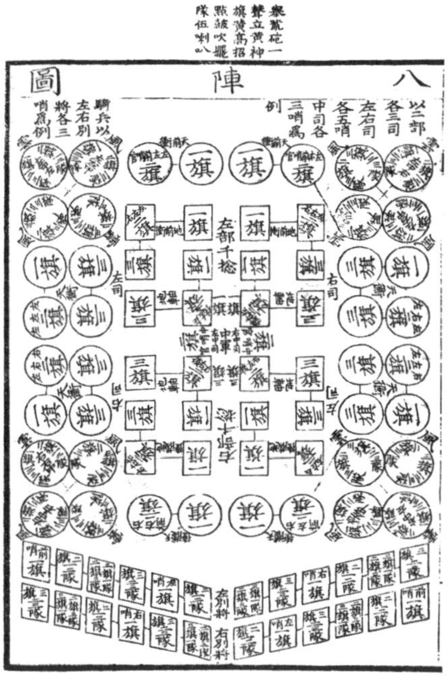


[그림 3-6] 훈련도감의 팔진

(『병학통(兵學通)』 중 「팔진도(八陣圖)」, 규장각한국학연구원 소장)

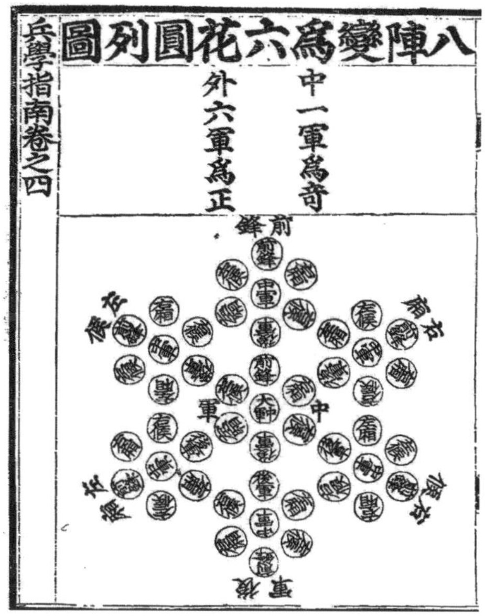


[그림 3-7] 『병학지남』의 팔진

(『병학지남(兵學指南)』 중 「팔진변위육화원열도(八陣變爲六化圓列圖)」, 규장각한국학연구원/서울대학교 중앙도서관 소장)

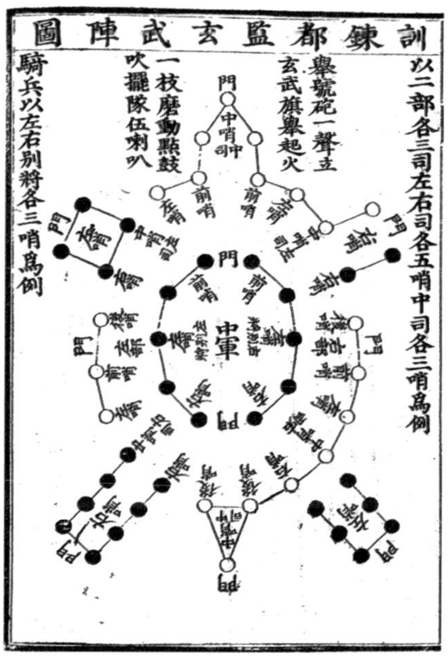


[그림 3-8] 훈련도감의 현무진

(『속병장도설(續兵將圖說)』 중 「훈련도감현무진도(訓鍊都監玄武陣圖)」, 규장각한국학연구원 소장)

## 3. 군사훈련에 사용된 깃발

임진왜란은 동아시아 전쟁 역사상 근본적인 변화가 나타난 사건이었다. 특히 참전국가 모두 전쟁에서 화약무기를 전면적으로 사용한 최초의 전쟁이라고 할 수 있다. 화약 무기가 전면적으로 사용되면서 전투에서 전장 소음은 이전과는 차원을 달리할 정도로 커졌다. 따라서 시각적 신호 수단인 깃발의 대량 운용은 불가피한 것이었다. 조선 전기에도 대규모 군사들의 열병인 대열의 의례를 보면 군사들을 효율적으로 지휘·통솔하기 위해 휘(麾), 유류기(有旒旗), 초요기, 표기(標旗), 교룡기(蛟龍旗), 대장기(大將旗), 부장기(部將旗), 위장기(衛將旗), 영장기(領將旗) 등의 각종 군사용 깃발과 각(角), 금(金) 등 신호용 악기가 있었지만 작은 단위까지 세부적으로 나타난 것은 아니었다.[21] 이는 여러 이유가 있지만 조선 전기 주력 병종이 융통성이 높은 기병으로 이루어져 군사들의 세부적 동작을 통제할 필요성이 상대적으로 적었던 것과 함께 화약 무기가 전면적으로 사용되지 않아 전장 소음이 다소 적었던 것과 관련이 있다. 임진왜란을 계기로 명에서 도입된 전술체계인 절강병법은 개인의 기량을 중시하던 이전의 병학과 달리 개인의 전반적인 군사 기량이 떨어지더라도 각 병사를 적성에 따라 편제하고 집단적으로 운용하여 보완하는 편성 원리를 가지고 있었다. 이를 위해 엄격히 규율(discipline)과 군법을 적용하고 연좌율에 의해 대열에서 이탈하는 것을 방지하고자 하였다. 군사를 통제하기 위해서는 신호체계도 보다 체계적이고 정교하지 않으면 안 되었다.

군사용 신호체계의 확대와 정교화는 군사용 깃발과 악기의 세분화로 나타나게 된다. 임진왜란 중 『기효신서(紀效新書)』를 도입하면서 조선의 군사체제는 크게 변하게 된다. 그 양상은 1596년(선조 29) 평안도 지역 속오군 편성을 보여주는 『진관관병편오책(鎭管官兵編伍冊)』에 잘 나타나 있다. 이 자료에는 평안도의 영변, 안주, 구성, 의주 등 네 진관의 삼수병 체제가 잘 나타나 있는데 흥미로운 것은 각 진관에는 영(營) 소속의 참모진과 기수(旗手) 등이 자세히 기록되어 있다. 예를 들어 영변 진관의 경우 중군 1명, 기고관(旗鼓官) 1명, 기패관 3명, 서기(書記) 3명, 취타수(吹打手) 31명, 기수 37명, 군뢰(軍牢) 6명, 마부 6명 등 88명이 있었다. 특히 주목되는 것은 각각 30여 명씩 편성되어 있는 다수의 취타수와 기수의 존재를 들 수 있다.

조선 전기에도 여러 형태의 취타 악기가 있었지만 이때 다수의 취타수가 등장하는 것은 임진왜란 중 절강병법을 수용한 것과 밀접한 관련을 가지고 있다. 대규모 군사를 복잡한 전장 상황에서 조직적, 효과적으로 운용하기 위해서는 상황별로 다양한 신호 체계가 필요하였다. 실제 『기효신서』에 따른 군사훈련을 정리한 병서인 『병학지남』에 의하면 교련장에서 이루어지는 훈련 절차만 해도 모두 34종에 이르고 있다.[22] 이러한 다양한 훈련에 대한 신호를 전달하기 위해 각, 나팔, 호적, 금, 솔발, 북 등의 각종 취타 악기가 취타대에 편성되었는데 위에 나타난 30여 명의 취타수의 존재는 이를 반영한다.[23] 이와 함께 37명의 기수의 존재도 매우 흥미롭다. 지휘관은 각종 훈련 상황에 따라 취타수의 신호와 함께 여러 가지 깃발을 다양하게 운용하여 구체적인 각 부대의 절차를 지시할 수 있었다. 조선 후기에는 인기 등 부대 단위 깃발, 진법용 깃발, 신호용 깃발, 기타 깃발 등 10여 종의 깃발이 있어 부대를 효과적으로 지휘할 수 있었다.[24]

부대 단위를 나타내는 깃발은 인기가 대표적인 것으로 조선 후기의 부대 단위인 영-사-초-기-대 별로 각각 인기를 소지하도록 하였다. 그 제도는 인기의 가운데에 해당 방위의 색깔을 넣고 그 가장자리는 깃발 본색과 상생(相生)하는 색깔을 하도록 되어 있다. 띠는 그 나라에서 숭상하는 색깔을 취하도록 하였다.[25] 그 크기는 영장(營將) 인기의 경우 기폭이 사방 5척이고 깃대는 1장 8척이고, 가장 작은 대장(隊長)의 창기(槍旗)는 기폭이 사방 1척이며 깃대의 길이는 1장 5척으로 되어 있다.[26] 특히 인기는 그 단위 부대의 해당 방위를 표시하는 색깔을 띠도록 되어 있는데 이는 오행(五行)에 따라 중앙은 황색, 앞은 홍색, 좌는 남색, 우는 백색, 후는 흑색으로 표시하도록 한 것이다. 예를 들어 전영(前營)의 경우에는 전영장의 인기는 홍색 바탕에 그 주위에는 청색을 둘렀고, 띠는 조선의 경우에는 목덕(木德)을 숭상하므로 청색으로 하는 것이 일반적이다. 인기를 통해 그 부대가 어디 소속임을 빨리 알 수 있고 군사들도 이 깃발에 의해 동작을 취하게 된다. 즉 각각의 군사들은 대장의 깃발을 보고, 대장은 기총의 깃발을, 기총은 초관의 인기를 보고 동작을 행할 수 있으므로 일목요연한 부대 통제가 가능하여 전투시 혼란을 줄일 수 있다.

다음으로는 신호용 깃발을 들 수 있다. 당시 전투에서 사용되던 대표적인 것으로는 오방기(五方旗)와 고초기를 들 수 있다. 오방기는 사방 5척으로 깃대의 길이는 1장 5척이고 중앙에는 용(龍), 호랑이[虎], 새[鳥], 뱀[蛇], 거북[龜] 등의 그림을 그리고, 그 바탕색은 해당 방위의 색깔을 따르되 기폭의 가에는 깃발 바탕 색깔과 상생하는 색깔로 하는 것으로 반차도에서는 청룡기, 주작기, 백호기, 현무기, 등사기 등의 명칭으로 나타난다. 고초기는 오방기와 함께 운용하여 해당 방위의 부대가 일정한 움직임을 하도록 하는 데 사용되는 깃발로 그 모양은 길이 12척의 긴 깃발로 색깔은 해당 방위에 따르도록 한다. 그 사용법은 예를 들면 해당 방위의 오방기와 고초기를 모두 움직이면 모든 방위의 부대가 그

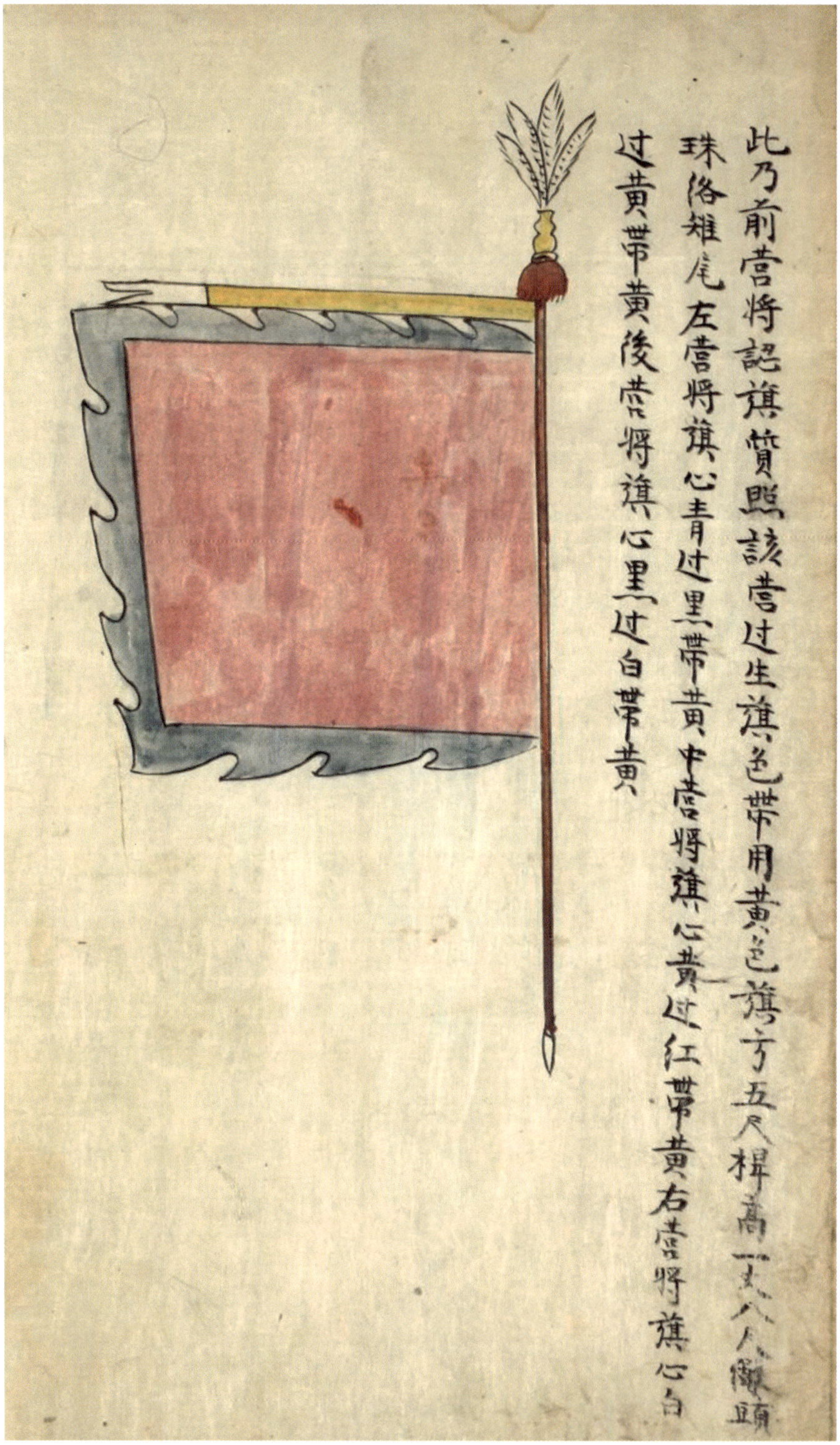


[그림 3-9] 전영장(前營將) 인기 (『기제(旗制)』, 오사카부립 나카노시마도서관 소장)

[그림 3-10] 흑신기
(『기제(旗制)』, 오사카부립 나카노시마도서관 소장)

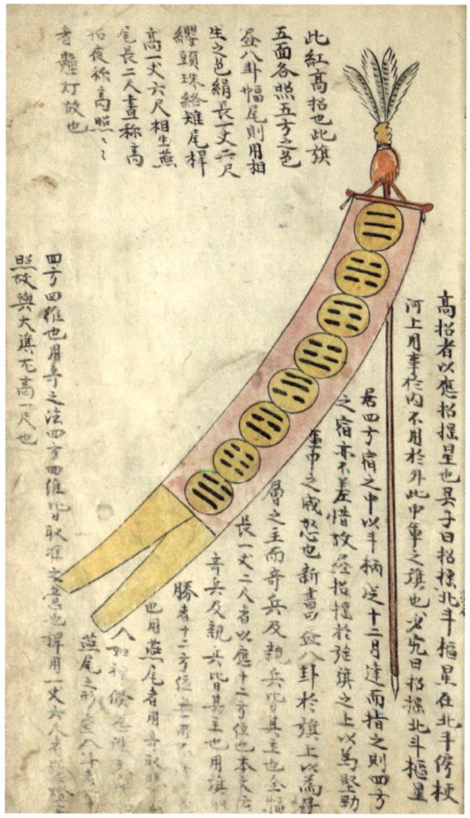

[그림 3-11] 고초기
(『기제(旗制)』, 오사카부립 나카노시마도서관 소장)

신호에 따라 동작을 하도록 하는 것이다. 이외에 신기(神旗)라는 것이 있는데 모양은 오방기와 비슷하지만 적군의 눈을 속이기 위한 것이라고 할 수 있다.

이외에도 몇 가지 부가적인 임무를 수행하는 데 필요한 신호용 깃발이 있는데 당보기(塘報旗), 영기(令旗) 등이 그것이다. 당보기는 앞쪽으로 나아가는 척후병인 당보군(塘報軍)이 소지하는 깃발로 사방 1척의 크기에 9척의 창에 달며 노란색을 쓴다. 그리고 영기는 명령을 전달받을 때 반드시 소지하고 가야하는 것으로 영내 출입 등에 필요한 것이다. 이와 비슷한 것으로 영전(令箭)이 있는데, 영전은 대장이 군중에 명령을 전달할 때 쏘는 화살로서 대부분 중군(中軍)이나 대장(大將) 주변에 있었다. 영기가 없을 때에는 영전이 있어야 명령 전달시 영문 출입이 가능하였다.

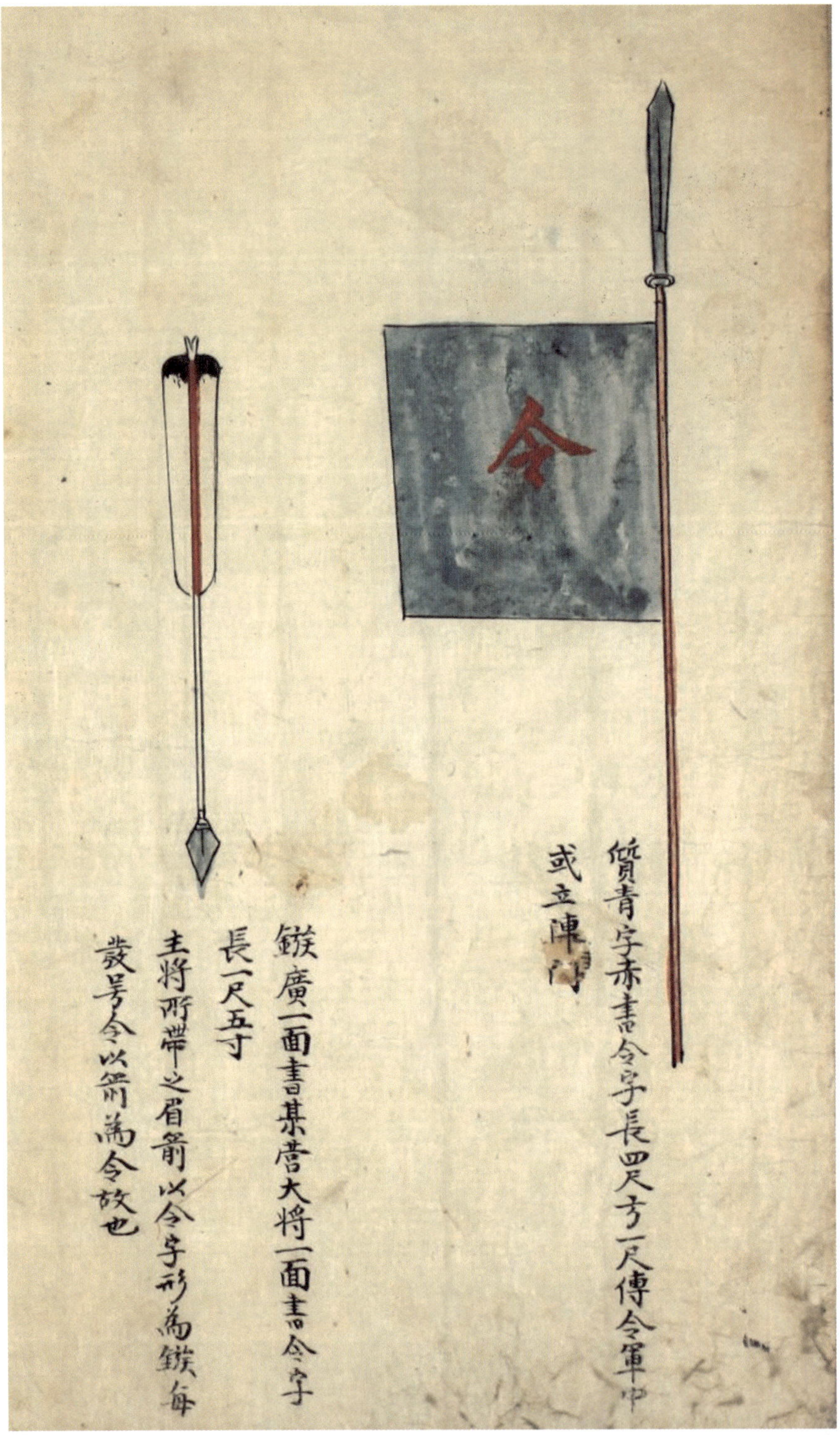


[그림 3-12] 영기, 영전 (『기제(旗制)』, 오사카부립 나카노시마도서관 소장)

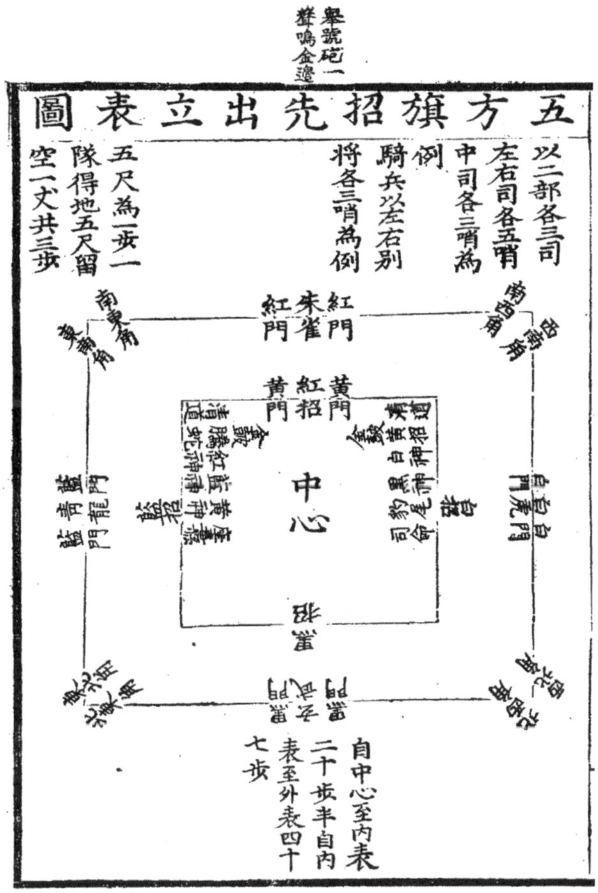

[그림 3-13]『병학통(兵學通)』 중 「오방기초선출입표도(五方旗招先出立表圖)」
(규장각한국학연구원 소장)

진법용 깃발은 주로 정사각형의 방진을 칠 때 사용하는 깃발로서 방진의 크기를 정하고 문의 위치를 정하기 위해 사용하였는데, 문기(門旗)와 각기(角旗)가 대표적이다. 그 외에 오방기와 고초기도 방진을 펼칠 때 필요하였다. 예를 들어 『병학통』에 보이는 방진을 설치하기 위해 방진의 모서리나 출입하는 군문(軍門)을 설치할 기준이 되는 각 지점에 각종 깃발을 보내 세우고 군사들을 배치하기 전 위치를 잡는 모습을 보여주는 「오방기초선출입표도(五方旗招先出立表圖)」를 보면 이러한 모습이 잘 나타나 있다.

위의 「오방기초선출입표도」에 따르면 오방기는 방진을 펼칠 때 외루(外壘) 각 방위의 중간에 세우는 깃발이고 고초기는 방진의 안쪽인 자벽(子壁) 각 방위의 중간에 세워 방진을 만들고 있다. 문기는 방진 각 방위의 중간에 문을 낼 때 문 좌우에 세우는 깃발로 각 군영의 방진은 외루 각 방위에 문 1개소씩 그리고 자벽은 남쪽에 1개소의 문을 내도록 규정되어 있다. 따라서 문기는 모두 10개를 준비하도록 하였다. 문기의 제도는 사방 5척이며 깃대의 길이는 12척이다. 중앙에 날개 달린 호랑이[翼虎]를 그리고 방위의 색깔에 따라 바탕색을 칠하도록 하고 있다. 예를 들어 중앙의 자벽에 세우는 문기는 중앙의 색깔이 황색으로 자료에 따라 황문기(黃門旗)로 나오기도 한다. 기폭의 가는 모두 황색이며 쇠칼날을 꽂도록 한다.

각기는 방진의 외루를 설치할 때 각 모서리[角]에 세우는 깃발로 예를 들어 동남쪽 모서리일 경우 남쪽 방향에는 남동각기(南東角旗), 동쪽 방향에는 동남각기(東南角旗)를 세우도록 하였다. 각기의 제도는 사방 4척이며 깃대의 길이는 12척으로, 예를 들어 남동각기는 남쪽을 상징하는 홍색을 위에, 동쪽을 상징하는 남색을 아래 색깔로 한다.

기타 깃발로는 청도기(淸道旗), 금고기(金鼓旗), 표미기(豹尾旗), 둑기(纛旗) 등이 있었다. 청도기는 행군시에 군의 선두에 나아가는 깃발로 부대를 인도하는 역할을 하며 교장에서 훈련시에는 장관, 기총(旗摠), 대장(隊長) 등을 인도하여 장대로 나아가 명령을 들을 때 선도가 되기도 한다. 그 제도는 사방 4척이고 깃대의 길이는 8척이며 중앙은 남색, 가장자리는 홍색으로 되어 있다.

금고기는 징과 북을 인도하는 것으로 모든 취타수들의 좌작진퇴(坐作進退)하는 동작을 이 깃발의 신호에 따라 하도록 하였다. 그 제도는 사방 6척이고 깃대의 길이는 12척이며 중앙은 황색이고 가장자리는 홍색으로 검은 글씨로 '금고(金鼓)'라고 쓰여 있다.

표미기는 비단을 잘라 표범의 꼬리 모양으로 만든 것으로 길이는 7척이며 깃대의 길이는 9척이다. 이 표미기를 세운 곳에는 영전 등을 가진 자를 제외하고는 함부로 엿보거나 출입하지 말도록 되어 있다.

둑기는 매우 특이한 형태의 깃발로 행군시에 총 대장의 뒤에, 정지해 있을 경우에는 왼쪽에 위치하는 깃발로 사방 10척이며 깃대의 길이는 16척에 달한다. 검은 비단으로 중앙을 만들고 흰 비단으로 가를 만들며 끈의 위에 붉은 술을 달아 화려하게 꾸민다. 반차도에서와 달리 [그림 3-15]와 같이 중앙에 태극(太極), 팔괘(八卦), 낙서(洛書)가 그려진 깃발이 덧붙여진 둑기도 있다. 왕의 행차시에는 국왕의 뒤에 위치하며 용기(龍旗)와 함께 있었다. 이외에도 순시기(巡視旗) 등 여러 제도의 깃발이 있었다.

[그림 3-14] 청도기
(『기제(旗制)』, 오사카부립 나카노시마도서관 소장)

[그림 3-15] 둑기
(『기제(旗制)』, 오사카부립 나카노시마도서관 소장)

# 2절. 국왕 행렬과 군사의례

## 1. 국왕 행렬과 군병의 배치

조선시대 국왕은 여러 의례를 위해 궁궐을 벗어나 행차하며 백성에게 모습을 보이던 행행(幸行)을 자주 시행하였다. 여러 차례 행행을 통해 국왕은 통치권과 정통성을 인정받는 효과를 얻을 수 있었고 아울러 백성들은 국왕을 근거리에서 만나 정치 사회적 문제나 개인의 민원을 직접 국왕에게 알리는 기회이기도 하였다. 특히 도성을 벗어나 주변의 여러 능침을 행행하는 능행(陵幸)은 국왕을 배종하는 관원과 군병의 규모가 상당히 컸고 조선 후기로 갈수록 그 규모와 시행 횟수도 증가하였다. 능행의 경우 시위하는 군사의 규모는 수백에서 수천 명에 달하였다. 조선 전기에는 금군과 오위의 번상군이 주로 동원되었으나 임진왜란 이후 중앙군이 오위 체제에서 도성 군영을 중심으로 변화되면서 국왕의 능행시 시위는 군영의 군병이 핵심이 되었다. 국왕 행차에서 호위하는 군병의 수는 행차 전체의 규모와 직접 관련되었는데 이는 군병의 규모가 행차의 시각적 이미지를 제공하는 데 결정적인 역할을 하였기 때문이다.

도성 군영의 군병이 국왕 능행 등의 행차에 직접 참여하기 시작한 것은 광해군 대부터였다. 1614년(광해군 6) 4월 능행 당시 제사를 올릴 제단 근처에는 훈련도감 군사를 둘로 나누어 대장이 거느리고 진을 치고 병조의 군사 600명은 다른 장수가 거느리고 진을 치게 하여 훈련도감 군사와 내외를 이루도록 한 것이 그것이다. 궁성은 병조 군사 100명을 담장 밖 별장 2명에게 두어 훈련도감의 중군과 서로 호응하여 지키도록 하였다. 훈련도감 초기에는 병력이 아직 충분하지 않았고 국왕 시위 등에 부분적으로 참여하고 있었으나 점차 증강되면서 능행과 궁성 숙위 등에서 훈련도감의 역할은 커졌다. 특히 인조반정을 계기로 여러 군영이 창설되고 증강되면서 국왕 호위 등에서 여러 군영의 역할은 크게 강화되었다.

인조 대 이후 새로 창설된 중앙 군영은 국왕 시위에서 점차 핵심 군사력으로 역할을 하게 되는데 이러한 모습은 국왕 행행 규모의 확대와 호위 군영의 역할 및 비중의 확대를 통해 확인된다. 17세기 초 도성 내외 국왕 행차시 주로 시위하는 군영은 훈련도감의 군병이었다. 국왕 친위군인 내금위, 우림위, 겸사복 등 금군과 함께 훈련도감 마병이 훈련도감의 보병인 포수, 살수의 바깥에서 협련(挾輦) 시위하였다. 효종 대 북벌의 중심 군영으로 어영청이 크게 확대되면서 훈련도감 군병과 함께 국왕 행차에 어영청 군병이 참여하기 시작하였다. 평상시 행차에서는 훈련도감군이 어가(御駕)를 따르지만 능행과 같이 원거리 이동에는 훈련도감군은 좌상(左廂), 어영군은 우상(右廂)으로 편성되어 국왕을 호위하였다.[27]

현종 대에는 북벌 추진으로 인한 과도한 군사력을 조정하고 재정 부담을 덜기 위해 1669년(현종 10) 훈련별대라는 새로운 군병이 창설되었다. 훈련별대는 이후 정초청과 합쳐 숙종 초 금위영으로 창설되면서 숙종 초 훈련도감, 어영청, 금위영의 도성 삼군영 체제가 갖추어졌다(2장 참조). 숙종 초 금위영이 창설되고 5초씩 번상하면서 그 이전 10초, 즉 1,000여 명이 번상하던 어영청도 5초 번상체제로 전환되었다. 이후 국왕의 도성 밖 행행에는 훈련도감이 항상 어가를 따르고[隨駕], 어영청과 금위영이 번갈아가면서 도성에 잔류하였다. 행행 규모가 클 경우에는 훈련도감, 어영청, 금위영 모두가 어가를 따라가고 총융청의 장초아병이나 수어청의 광주군이 도성에 남아[留都] 숙위하는 경우도 있었다.

17세기 중반 효종 이후 18세기 초반까지 국왕 능행시 군병 규모는 일정한 규칙은 없었지만 거리에 따라 경향성을 보이고 있다.[28] 원거리 능행인 경우에는 보군 수가 많으면 행렬이 지체되므로 보군 수는 8~10초 정도로 줄여 전체 행렬의 규모를 약간 줄였다. 근거리 능행의 경우에는 보군은 훈련도감 보군 16~18초(2,000~2,300명)와 금위영이나 이영청 중 한 군영의 상번군 5초(약 600명)를 합한 2,500~3,000명에 달했다. 훈련도감 보군이 전체 26초인 것을 보면 일부 잔류 군병을 제외하고 대부분 참여하였음을 알 수 있다. 심지어 금위영과 어영청의 상번군 교대가 있을 경우에는 신번과 구번 군사를 합한 10초가 호위에 참여하기도 하였다. 여기에 기병으로 훈련도감의 마병과 금군이 추가되었다.

예를 들어 수가군의 규모가 가장 컸던 것으로 알려진 1691년(숙종 17) 김포에 있는 원종릉인 장릉(章陵) 행차 당시 수가군은 훈련도감군 18초에 어영청과 금위영 신, 구번 10초씩 20초, 협련군 400명, 훈련도감 마병 4초, 입직 이외의 금군 전원이 모두 수가하여 보군 6,400명에 마병 1,000명에 달하였다. 여기에 각종 차비군(差備軍)과 시위 백관을 합하면 국왕 행차에 동원된 연인원은 거의 1만에 달하는 수준이었다. 그리고 유도군으로 수어청의 광주군 2,000명이 배치되었다. 1691년 숙종의 김포 장릉 능행은 여러 정치적인 이유가 있지만 그 전해에 있었던 청나라 북경 북쪽의 울란부퉁[烏蘭布通]에서 청과 몽골의 갈단이 대격돌하여 청군이 많은 피해를 입은 사실이 조선에 전해진 것과도 관계가 적지 않다.[29] 이런 경우를 제하고 대체로 숙종 중반 이후 능행시에는 훈련도감군과 금위영 또는 어영청 5초에 훈련도감의 마병과 금군을 포함한 규모가 일반적이었다. 행차에 참여하지 않는 어영청이나 금위영 군병은 유도군으로 도성에 잔류하였다.

숙종 중반 이후 호위 군병의 규모가 일정해지는 것은 1704년(숙종 30) 「양역변통절목(良役變通節目)」 제정으로 5군영의 편제가 정리된 것과도 밀접한 관련을 가진다. 「양역변통절목」을 통해 훈련도감은 큰 변화가 없었지만 어영청과 금위영은 편제를 5부 25사 제도로 통일하였다. 각 부는 5사, 사는 5초로 1개 초는 127명이었다. 이 절목의 제정 이후 능행의 호위군병으로 대체로 훈련도감과 어영청 또는 금위영 5초를 전, 후상으로 정하고 호가하지 않는 어영청이나 금위영 군병을 유도군으로 정하는 것이 관례화되었다.

행행시 호가하는 군병 규모는 시기별로 차이가 있었지만 반차도의 어가 행렬 구성의 전체적인 틀은 조선 전기와 후기를 통해 크게 변하지 않았았다.[30] 즉 조선시대 국왕의 행렬은 도가(導駕) - 선상군병(先廂軍兵) - 의장(儀仗) - 가전시위(駕前侍衛) - 어연(御輦) 및 호위관, 어연시위(御輦侍衛) - 가후 각차비(駕後各差備) 및 수가백관(隨駕百官) - 후상군병(後廂軍兵) 등 여섯 또는 일곱 부분으로 나뉘어져 있었다. 그러나 시기별로 구체적인 배치 구성에 있어서는 적지 않은 변화가 나타나고 있었다. 이는 임진왜란 이후 나타난 군사제도의 변화에 따라 각종 군병의 명칭이나 무장 등에 변화가 나타났기 때문이다. 이는 조선 후기 국왕 호위의 주요 군병이 중앙 군영 군병으로 바뀌었고 이전에 사용되지 않았던 조총 및 신형 단병기 보급에 따른 것이었다. 실제 15세기의 『국조오례의(國朝五禮儀)』와 18세기 중반인 1744년(영조 20) 편찬된 『국조속오례의(國朝續五禮儀)』의 어가 행렬 구성을 비교하면 가장 큰 변화는 호위 군병과 관련된 부분이었다.

호위 군병은 크게 세 집단으로 구분되었는데 국왕 행렬을 앞에서 호위하는 선상(先廂) 또는 좌상과 뒤에서 호위하는 후상(後廂) 또는 우상, 그리고 어가를 사방에서 근접 경호하는 협련군이 그것이다. 훈련도감 병사들이 전, 후상을 나누어 맡지만 금위영 혹은 어영청 군사들이 참여하는 경우에는 이들이 후상을 맡았다. 협련군의 규모는 행차의 거리 등에 따라 다소 변동이 있었는데, 도성 내의 거둥이나 도성 옆의 모화관으로의 거둥에는 80명, 능행에는 200명으로 협련군을 구성하는 것이 일반적이었다.[31]

먼저 행렬을 이끄는 군병인 '선상군병(先廂軍兵)'과 관련된 내용을 보면 『국조오례의』에서는 좌상군사(左廂軍士) - 사대(射隊)로 간단히 설명되고 있는 데 비해, 『국조속오례의』에서는 훈국마병(訓局馬兵)(2) - 보군(步軍)(3) - 금군별장(禁軍別將) - 금군(禁軍)(2)으로 상당히 세분화되어 있다. 즉 18세기 국왕 행렬의 호위 군병으로 훈련도감의 마병, 보병, 그리고 기병인 금군 순으로 구분되어 있음을 보여주고 있다. 다음으로 국왕의 어가 앞의 호위 군병에 대한 내용인 '가전시위(駕前侍衛)' 부분에서는 조선 전기에는 해당 내용이 없는 데 비해, 조선 후기에는 둑(纛) - 교룡기(交龍旗) - 병조 및 도총부 당하관 - 선전관 등의 순으로 시위하도록 되어 있다. 가장 뒤에 있는 호위 군사인 '후상군병(後廂軍兵)'의 경우 조선 전기에는 후사대(後射隊) - 잡류기(雜類旗) - 우상군사(右廂軍士)의 순으로 구성된 데 비해 조선 후기에는 후상보군(後廂步軍)으로 간략히 되어 있는 점에서 차이를 보인다. 이를 통해 18세기 중반 이전부터 국왕 행렬에서 호위 군병과 관련된 내용이 집중적으로 강조되었음을 알 수 있다.

특히 『국조속오례의』에는 국왕이 도성 내외를 행차할 때의 행렬 구성을 보여주는 「성내동가배반지도(城內動駕排班之圖)」, 「성외동가배반지도(城外動駕排班之圖)」가 추가되어 있는데 이에 의하면 확대된 호위 군병의 양상이 상세히 나타나 있다. 예를 들어 도성 밖으로 행차할 때에는 도가 뒤에 선상마병(先廂馬兵)의 오마작대(五馬作隊) - 선상보군(先廂步軍)의 삼위작행(三衛作行) - 선구마군(先驅馬軍)의 오마작대가 둑, 교룡기 앞에 있으며 어가의 좌우에는 무예별감, 별파진, 협련포수(挾輦砲手) 등 호위 군병이 6겹으로 겹겹이 둘러싸고 있다. 어가 뒤의 '가후 각차비 및 수가백관' 부분에는 표기(標旗) 앞에 난후금군(攔後禁軍) 50명과 가전별초(駕前別抄) 30명이 각각 오마작대하고 '후상군병' 부분에도 난후금군이 오마작대하고 후상보군(後廂步軍)이 삼위작행하도록 되어 있다. 1789년(정조 13) 편찬된 『춘관통고(春官通考)』의 배반도에는 국왕의 행렬이 더욱 세부적으로 정리되어 있는데 그중 가장 큰 변화는 도성 밖으로 행차[城外動駕] 시에 둑과 교룡기 뒤에 대기치(大旗幟)와 초요기(招搖旗)가 추가되어 있는 점이다. 대기치와 초요기가 추가된 것은 국왕의 군사통솔권을 어가 행렬 속에 강력하게 부각하기 위한 것이었다.

조선 후기 구체적인 국왕 행렬의 변화 양상은 의궤의 반차도를 통해 확인할 수 있다.[32] 이 중 18세기 중반 이후 크게 변화한 국왕의 행렬의 양상을 엿볼 수 있는 반차도를 수록하고 있는 대표적인 자료로 평가되는 가례도감의궤는 6종이 널리 알려져 있다.[33] 그중에서 1759년(영조 35)의 가례도감의궤 반차도는 『국조속오례의』 편찬 직후의 국왕 행렬의 모습을 잘 보여준다.[34] 그 이전의 여러 가례도감의궤의 반차도는 대체로 10면 전후로 간략히 묘사되어 있는 것과 달리 1759년 『영조정순후가례도감의궤(英祖貞純后嘉禮都監儀軌)』 반차도는 50면이고 그 속에 그려져 있는 인물이 1,700여 명에 달하는 등 매우 화려하고 자세하게 그려져 있다. 이를 통해 18세기 중반의 국왕 행렬의 모습을 구체적으로 이해할 수 있다. 이 반차도에 의하면 가장 앞의 '도가' 부분에 이어 '선상군병' 부분은 전사대(前射隊) - 대기수(大旗手) - 훈련대장과 중군, 이어서 대기수 - 금·고(金鼓) - 금군별장으로 되어있다.

다음 반차도를 통해 먼저 「성내동가배반지도」에 나타난 내용 중에서 선두에서 행렬을 이끄는 훈련도감 마병은 보이지 않고 훈련도감 보군이 좌우 2열씩으로 배치되어 있으며 훈련대장의 행렬이 있는 점은 차이가 있다. 그러나 금군별장이 선상군병의 끝에 있는 점은 동일하다. 즉 『국조속오례의』의 내용과 다소간의 출입은 있으나 전체적인 호위 군병의 배치 등 구성은 상당히 비슷함을 알 수 있다. 약간의 출입이 있는 것은 이 시기 호위에 동원된 훈련도감의 군병이 협련포수 및 살수에 60명, 그리고 전사대와 후사대에 훈련도감 군병 400명을 덜어 내어 반씩 즉 200명씩 나누어 소속시키도록 한 것과 관련이 있다.[35] 즉 마병은 동원하지 않은 상태에서 보군으로 이루어진 국왕 행렬의 전사대, 후사대에 200명, 왕비 행렬의 전사대와 후사대에 200명을 배치하도록 한 것이다. 이를 통해 당시 가례 행렬에서 전사대에는 100명의 훈련도감 포수가 배치되었음을 알 수 있다. 마병이 호위에 동원되지 않은 대신 보군인 포수들이 행렬의 앞쪽 좌우로 50명씩 도열하고 있고 이를 지휘하는 전사대의 장수는 대열 중앙에서 앞에 그의 소속을 보여주는 인기를 세우고 그 뒤에 기(旗)와 대(隊)의 지휘자인 기총과 대장이 깃발을 들고 행렬을 이끌고 있다. 전사대를 이어 훈련도감의 지휘부 행렬이 나타나는데 가장 앞에 대기수들이 도열하고 이어 금·고, 그리고 훈련대장과 중군이 따르고 있다. 뒤이어 금군별장과 금군의 대열이 따르게 된다. 이 대열의 가장 앞에도 훈련대장과 비슷하게 대기수에 이어 금·고, 뇌자(牢子), 순령수(巡令手), 금군별장이 뒤를 따른다. 즉 『국조속

[그림 3-16] 전사대

[그림 3-17] 대기수 1

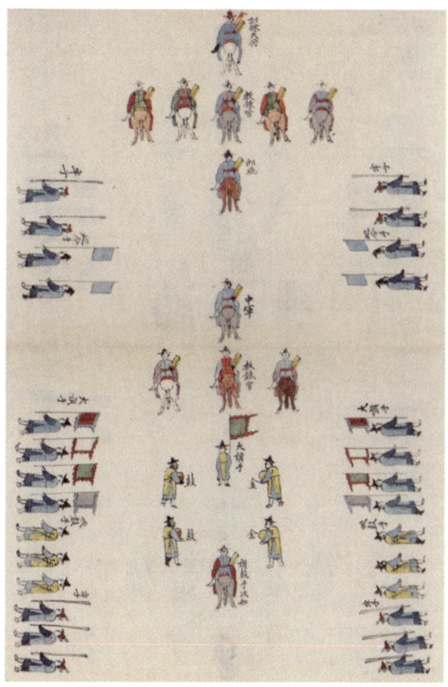

[그림 3-18] 대기수 2

오례의』의 '선상군병' 관련 내용이 마병 등 일부를 제외하고 기본적인 차례는 잘 준용되고 있음을 알 수 있다.

국왕이 있는 어연 호위는 중앙으로부터 별감(別監) - 무예별감(武藝別監) - 나장(羅將) - 협련포수 - 가전별초(駕前別抄) - 금군과 호위군관(扈衛軍官)의 6겹으로 이루어져 있다. 이는 「성내동가배반지도」 내용과 거의 유사한데 다음의 [그림 3-19]에 잘 나타나 있다.

어연 다음으로 표기를 둘러싸고 창검군(槍劍軍)이 배치되어 있음을 볼 수 있다. 창검군은 금위영 본대에 소속된 표하군으로 창설 초기부터 좌·우 아병(牙兵)에 각각 50명씩 총 100명으로 편성되어 있었다. 주로 국왕의 동가(動駕) 및 대전좌(大殿座) 때 주변에서 시위를 담당하는 역할을 담당하였다.[36] 창검군은 주로 장창(長槍)을 들고 호위를 담당하고 살수의 일종으로 의장병이었다.

'후상군병'의 경우 중앙에 후사대의 기수가, 이어 후사대의 지휘관인 초관과 그 휘하의 기총, 그 좌우에 후사대 군병 20명이 그려져 있다. 그러나 실제 후사대 군병은 100명으로, 기총 뒤 깃발을 든 3명은 기총 예하 3명의 대장을 상징하는 것이다. 이를 미루어 초관 아래 3인의 기총과 9인의 대장, 그리고 군병 100명 등으로 구성되어 있으며 이는 앞에 보이는 전사대도 동일한 구성으로 이루어져 있음을 짐작할 수 있다. [그림 3-21]은 후사대의 모습을 보여주는 그림이다.

이상의 『영조정순후가례도감의궤』 반차도를 통해 『국조속오례의』 행렬에서 군사 배치는 훈련도감 마병과 금군이 누락되어 있어 약간의 차이는 있으나 기본 호위 군병의 배치는 그대로 유지하고 있다. 아울러 실제 당시의 행렬의 구성과 반차도 상에는 군병의 수에서는 상당한 차이가 있음을 짐작하게 한다. 즉 전사대와 후사대 군병이나 어연 주변의 군사 수효 등에서 적지 않은 차이가 있음을 알 수 있다.

## 2. 국왕 행렬과 군병의 복식

조선 후기의 군사 복식은 크게 융복과 군복(軍服), 갑주(甲冑), 그리고 하급 군인들의 복식 종류로 나눌 수 있다.

먼저 갑옷을 걸치지 않고 전투를 하기 위한 복장인 군복은 전립(戰笠, 氈笠)에 협수(狹袖)를 입고 전복(戰服)이나 괘자(掛子)를 입은 후 그 위에 전대(戰帶)를 매고 수화자(水靴子)를 신은 차림이다.[37] 무관은 갑옷 속에 군복을 받쳐 입었으며 공복, 즉 단령(團領)

[그림 3-19] 어연(御輦) 주변의 호위 군사

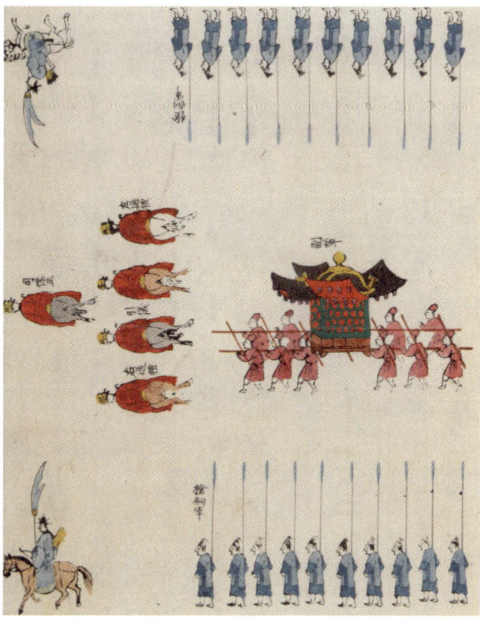

[그림 3-20] 창검군

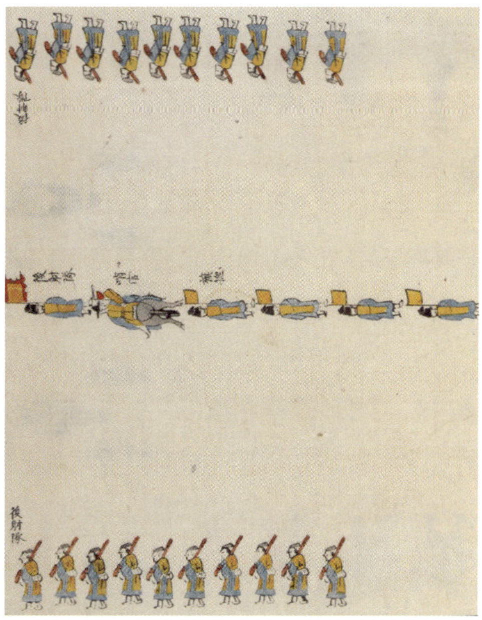

[그림 3-21] 후사대

([그림 3-16~21]『영조정순후가례도감의궤(英祖貞純后嘉禮都監儀軌)』중「반차도(班次圖)」부분, 규장각한국학연구원 소장)

속에도 군복을 입었다. 즉, 무관들은 먼 거리를 행행할 때에는 군복만을 입었으며 왕을 측근에서 호위하거나 전쟁 등 상황에서는 군복에 갑옷과 투구인 갑주를, 그리고 공식적 자리에서는 군복에 단령을 덧입었다. 갑주는 조선 후기 관통력 높은 화약무기의 발달로 신체 보호 기능이 많이 상실된 상태였지만 전신을 보호하기보다 치명적인 부분을 중점 보호하는 방식으로 변화하는 등 무관과 군사들에게 여전히 중요한 의미를 지닌 복식이었다.

융복은 융사(戎事), 즉 군사(軍事)와 관련되어 입는 옷으로 일반으로 철릭[帖裏, 天翼]을 입고 종립(騣笠)을 쓰는 차림을 일컫는다. 융복은 푸른 철릭에 붉은 색 띠를 매고 세죽(細竹)으로 만든 장식인 호수(虎鬚)를 꽂은 붉은 갓인 주립(朱笠)을 쓰고 목화(木靴)를 신고, 등에는 동개를 메고 손에는 등편(藤鞭)을 쥐며, 띠에는 병부 주머니를 매단 형태로 구성되어 있었다. 융복은 주로 왕의 행차시 문무 신료들이 수행하거나 외국에 사신으로 파견될 때, 전쟁이 일어났을 때 문관과 무관이 몸을 움직이기 편리하기 위해 착용하는 것이었다. 조선 중기 이후 융복은 대체로 철릭을 지칭하는데 철릭은 그 모양이 상의(上衣)와 하상(下裳)의 형태로 되어 있으며 여기에 흑립이나 주립을 쓰고 띠를 매며 목화(木靴)를 신었다. 형태면에서 융복과 군복은 구별이 되지만 군복과 융복은 거의 함께 착용되고 있는 경우가 적지 않아 용도상 차이를 명확히 구분하기는 다소 어렵다. 융복은 조선 초기에는 전투복의 형태로 만들어 널리 착용되었는데, 치마 형태의 하의가 붙은 철릭은 말을 타고 활동하기 편한 형태의 군사 복식이었다. 임진왜란 중 소개된 명나라 군의 군복에 비해 조선의 융복이 소매가 넓어 전투에 적합하지 않다고 인식되면서 이후 철릭은 일상복이나 예복으로써 다른 용도의 옷과 함께 착용되는 것이 일반적이고 군복이 새롭게 등장하였다. 융복은 18세기 중반 편찬된 『속대전(續大典)』에 따르면 계급별로 착용 기준이 달랐다. 이에 의하면 '당상관은 자립(紫笠)에 패영을 달고 남색 철릭을 착용한다. 당하관은 흑립에 정영(晶纓)을 달고 청현색 철릭을 착용한다. 교외로 왕이 행차할 때에는 홍색 철릭이다'라고 규정되어 있다.[38] 군사용의 실질 복식으로 융복의 역할이 줄어들자 18세기 후반에는 융복 폐지론이 대두하기도 하였다.[39]

임진왜란 이후 조선은 명나라 남병(南兵)이 착용한 군복인 호의(號衣)와 호건(號巾)을 훈련도감의 군사를 중심으로 우선 착용시켰다. 호건은 복건과 유사한 형태로 추정되는 모자이고 호의는 전복과 형태적으로 유사하였다. 다른 군영의 군병이 보통 파란색의 전복을 입는데 반해, 훈련도감 군사들은 호의를 입었다. 호의는 오방색(五方色)을 활용하여 소속 부대의 방위색에 맞추어 제작하였다. 예를 들어 전초는 적색, 좌초는 청색,

중초는 황색, 우초는 백색, 후초는 흑색으로 길을 만들었고, 깃은 소속 사(司)의 방위를 따르고 동정[加領]은 그 위의 부(部)의 방위를 따랐다. 예를 들어 적색 길, 청색 깃, 청색 동정의 호의는 좌부의 좌사 아래의 전초 소속 군사임을 의미하였다.

병자호란을 계기로 군병이 주로 착용하던 군복은 무관까지 착용하며 널리 퍼졌다. 이에 더하여 17세기 후반 이후 왕권 강화의 일환으로 이루어진 잦은 행행에서 그 위의(威儀)를 강화하기 위해 호위 군사들의 복식을 정비하게 된다. 호위 대상의 신분과 거리 등에 따라 군복의 색상과 소재 및 형태의 차별화가 시도되었고 방위별로 오방색 군복을 착용시키기도 하였다. 이는 국왕을 정점으로 하는 군사 지휘체계를 보여주는 것이며 효율적인 지휘를 위한 것이기도 하였다. 19세기 이후에는 군영 대장까지 군복 착용을 하게 되면서 당상관 이상 문관의 상복(常服)에 쓰인 소재와 문양을 당상관 이상의 장관의 융복과 군복에 유사하게 사용하고 당하관 이하 문관의 상복에 쓰인 소재를 당하관 이하 장교의 군복에 적용하였다.[40]

삼군영 군사들은 전투, 훈련, 호위 등 각 상황에 따라 군사 복식은 다소 간의 차이가 있었다. 전쟁이 일어날 경우 조정 신료들은 융복을 착용하고 군영의 장수들도 융복을 입었지만, 실제 전투가 있는 경우 훈련대장 등 장수와 그 이하 장교, 금군 등은 갑주와

[그림 3-22] 『원행을묘정리의궤(園幸乙卯整理儀軌)』의 당하관 융복 채색 및 재구성

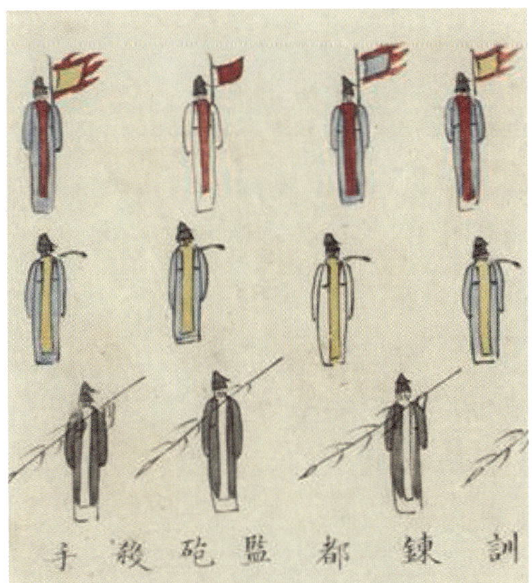


[그림 3-23] 호건과 호의 (『인조장렬후가례도감의궤(仁祖莊烈后嘉禮都監儀軌)』 중 「반차도(班次圖)」 부분, 국립중앙박물관 소장)

군복을 착용하며, 일반 군병들은 군복을 착용하는 경우가 일반적이었다. 구체적으로 군사들은 호건, 호의, 협수로 구성된 군복을 착용하였다. 이는 군사훈련인 열무나 진법 훈련[習陣]에서도 잘 나타나는데, 국왕의 좌우에서 시립하는 관인들은 융복 차림이지만 실제 훈련에 참여하는 훈련대장과 금군별장 등 장수, 금군 등은 군복 위에 갑주를 착용하였다. 날씨 등에 따라 국왕 명령으로 갑주 착용을 면제하기도 하였다. 진을 치고 전투를 준비하는 상황에서도 무거운 갑옷 대신 군복을 입는 것이 일반적으로 이는 19세기 초 홍경래(洪景來, 1771-1812)의 난 당시 관군인 순무영(巡撫營) 군사의 모습을 그린 〈홍경래진도(洪景來陣圖)〉를 통해 엿볼 수 있다.

[그림 3-24]는 홍경래의 난 당시 1812년(순조 12) 2월 말 정주성 동북부 방향의 군진 상황을 그린 것으로, 정주성의 홍경래 군을 포위한 진압군인 순무영 군사들이 부대별로 방진을 펴고 목책 안에 들어가 있는 모습을 묘사하고 있다. 이 그림을 보면 군병들은 전립과 각 방향에 따라 황색, 홍색, 청색 전복 또는 흑협수를 착용하였다. 오방색에 따라 군복을 착용한 것으로 아직 전투를 행하지 않고 대기하는 상황이므로 갑옷을 착용하지는 않았다.

국왕 행행시 장수와 군사들의 복식은 효종 대 들어서면서 대체로 정비되는데, 훈련대장과 어영대장 등은 당상관과 동일하게 철릭 즉 융복을 입었고, 중군 이하 여러 장수들은 각 방색(方色)의 전복과 전립을, 별초무사는 갑주를 착용하였다. 효종 대까지 일반 군병은 호건과 호의로 구성된 군복을 착용하였다. 현종 대부터는 전건(戰巾)이라는 모자가 등장하는데, 전건은 모단(冒緞)으로 제작되었으며 앞뒤가 네모나고 곧게 내려갔으며 좌우로 접은 후에 윗부분이 뒤쪽으로 늘어지며, 금(金)으로 갑옷 비늘 모양을 그려 넣었다. 숙종 대 이후에는 훈련도감의 군병은 전건을 착용하도록 하였다. 이에 비해 어영청 등 다른 군영의 군사들은 호건이나 전건 대신 전립을 쓰는 것이 일반적이었다.

훈련도감 군사 전용이었던 전건은 정조 대에 다른 군영 군병에게도 착용하도록 확대하였다. 정조는 1778년(정조 2) 행차 때 훈련도감 군사들만이 전건을 쓰고 어영청 군사들은 전립을 쓰는 모습을 보고 군제가 통일되지 못하여 모양을 갖추지 못한 점을 불편하게 여겨 어영청 군병들도 전건을 쓰도록 하였다. 이후에는 삼군영 군사 이외에도 새로이 창설한 장용영 군사들도 전건을 착용하도록 하였다. 이후에는 수원 화성을 방어하는 장용영 외영의 장락대(長樂隊) 역시 전건, 협수, 호의를 입도록 하였다.[41]

조선 후기 각 군영의 군사 복식을 구체적으로 살펴보면 다음과 같다. 먼저 훈련도감

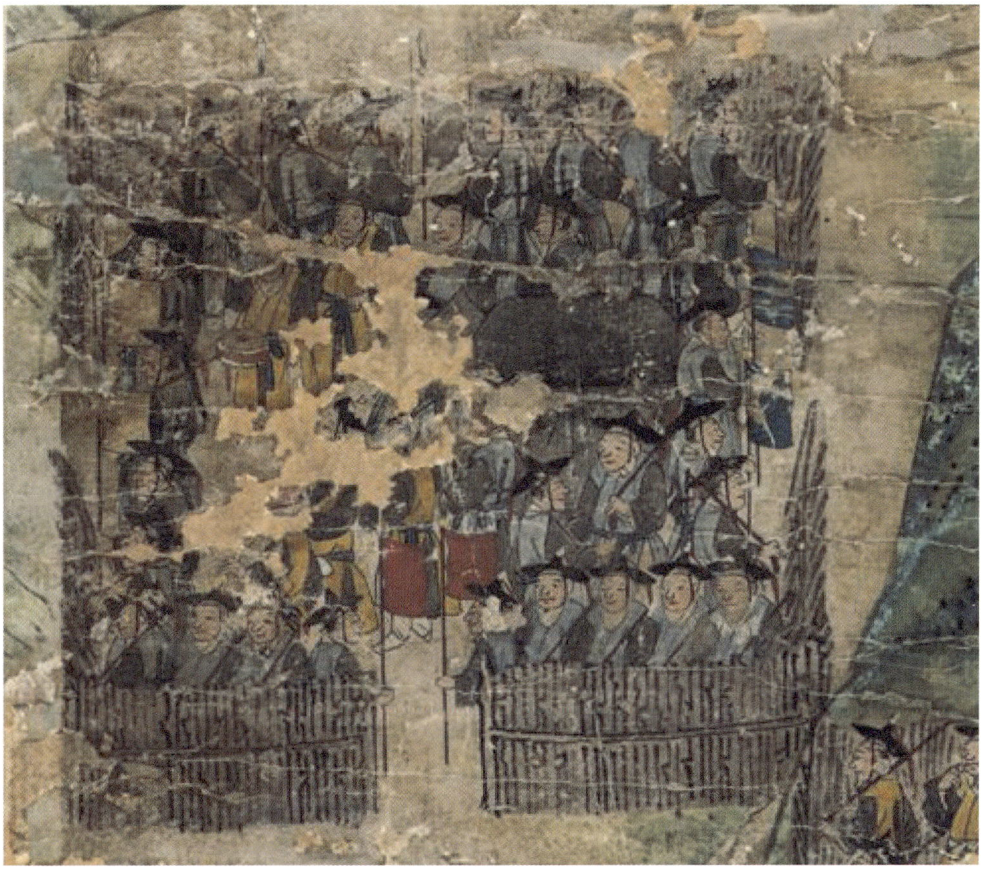

[그림 3-24] 홍경래의 난 당시 포수 군복 (〈홍경래진도(洪景來陣圖)〉 부분, 규장각한국학연구원 소장)

은 조선 후기 군사 복식에 기준을 제시하였는데, 『만기요람』「복착(服着)」에 의하면 19세기 초 훈련대장과 그 이하 장교의 갑주는 포형(袍型)의 단갑주이며, 군병의 경우 마병은 상하 분리형 철갑이고 보군은 포형의 피갑(皮甲)을 착용하였다. 훈련도감은 대장에서 군병까지 갑주를 모두 갖추었다. 훈련대장과 장교의 군복은 전립, 전복, 협수, 요대, 전재, 흑수화자로 동일하였다. 다만 계급에 따라 전립의 상모, 공작우 등 장식물의 크기와 소재의 질적 차이가 나타났다. 군병의 복식은 기본적으로 모단전건과 방색 호의, 협수를 착용하였다.

어영청과 금위영의 경우 대장과 장교의 갑주와 융복은 훈련도감과 동일하였다. 어영청과 금위영은 다양한 형태의 갑주를 보유하였는데 이는 이 군영의 기병인 기사에게

[그림 3-25] 『무예도보통지(武藝圖譜通志)』의 전건과 전건을 쓴 군병 (규장각한국학연구원 소장)

지급하기 위한 것이었다. 군사들은 전립과 청괘자 혹은 청전복, 흑협수 조합의 군복을 착용하여 훈련도감 군사들과 구분되었다. 어영청과 금위영도 전건과 호의를 보유하였지만 이는 왕의 행행 참가 등 특수한 경우에 사용하였다.

행행시에는 기병과 보군 이외에도 많은 군사들이 동원되었는데 이들의 복식은 일반 군병들과는 다른 조합의 군복을 착용하였다.[42] 먼저 행행시 국왕 주위를 호위하는 협련군은 전건에 붉은 호의를 착용하였다. 1744년(영조 20) 이전까지 세자의 협련군도 협련군과 동일하였으나 이후 구분을 두어 청의(靑衣)나 검은 색의 호의를 입도록 하였다.

행행시 국왕이나 장수 앞에 늘어서는 군병인 전배(前排) 중 국왕을 호위하는 어전전배(御前前排)는 1734년(영조 10) 이전까지 청전복을 착용하였으나 이후에는 홍전복으로 변경하였다. 여기에 모단전건(冒段戰巾)과 홍전립(紅氈笠)에 홍삼승갑괘자(紅三升甲掛子), 남화주전대(藍禾紬戰帶)를 착용하였다. 대장 앞의 대장소전배(大將所前排)는 모단전건 또는 홍전립, 괘자, 목갑협수, 남방사주전대를 착용하였다. 그리고 중군 앞의 중군소전배(中軍所前排)는 괘자, 협수, 남방사주전대를 착용하였다.

깃발을 드는 군병인 기수는 『원행을묘정리의궤』 반차도에서 협수에 괘자를 착용하고 전립과 전건을 쓴 모습을 보이고 있다. 『만기요람』에 의하면 구체적으로 어전대기수와 어전초요기수는 괘자와 협수를 착용하도록 하였고 진대기수는 갑괘자와 협수를 착용하였다. 대기수와 순령수는 전건, 호의, 협수를 착용하고 전대는 모두 남방사주전대를 착용하도록 하였다.

헌병 역할을 하는 뇌자와 순뢰 등은 주전립(朱氈笠)에 쾌자, 협수, 남방사주전대를 착용하고 칼을 차고 주장을 잡았다. 악기를 연주하는 군악대인 취고수는 전립을 쓰고 황색 호의를 입으며, 칼을 차고 군악의 각종 악기를 가졌다. 구체적으로 전립을 쓰고 목면황색오의, 흑삼승겹협수, 남방사주전대, 흑수화자를 착용하였다. 그 외에 진의 앞에 나가 경보를 알리는 당보수는 전립을 쓰고 칼을 차고 경보를 알리는 작은 황색기를 지녔다. 대장의 좌우에서 호위하는 아병은 전립을 쓰고 칼을 차고 총을 메었다.

재미있는 것은 각 군영마다 가상 왜군, 즉 가왜(假倭)의 복식도 갖추고 있었다. 용호영의 가왜호의(假倭號衣), 훈련도감과 금위영의 가왜목면의(假倭木綿衣), 어영청의 각종 무명으로 제작한 의고(衣袴)가 수십 벌에서 백여 벌씩 마련되어 있어 전투 훈련시 실감나는 훈련이 가능하였다.[43]

## 3. 국왕 행렬과 깃발·악기

국왕 행렬의 순서를 보여주는 반차도에는 군영의 군병 이외에 각종 깃발을 든 많은 기수와 각종 악기를 연주하는 군악수(軍樂手)가 보인다. 그러나 깃발과 악기의 세부적인 위치와 종류에 대해서는 정확한 이해가 부족하다. 여기서는 조선 후기 반차도 중 내용이 풍부한 『원행을묘정리의궤』 반차도의 깃발과 악기를 중심으로 배치 형태를 살펴보도록 하겠다.

정조 대 후반 간행된 『원행을묘정리의궤』는 널리 알려져 있듯이 1795년(정조 20) 정조가 혜경궁 홍씨를 모시고 생부의 무덤인 현륭원(顯隆園)에 참배하기 위해 수원 화성으로 행차한 사실을 기록한 의궤이다. 그 반차도에는 많은 기수와 군악이 등장하는데 이 행차에는 훈련도감과 장용영 군사들이 선상 및 후상군(後廂軍)으로 배치되어 있으며 지휘관인 군영대장과 초관, 파총 등의 앞에는 군기와 군악이 있음을 볼 수 있다. 그리고 둑 및 용기 등이 있는 가전 시위 부분에도 많은 깃발과 군악이 보인다.

반차도에는 먼저 훈련도감의 마병인 별기대 1초 84명이 앞장서는데, 각 초의 지휘관인 초관의 앞에는 초관의 인기와 고수(鼓手)가 서고 초관 뒤에 각 병사들이 행진하는 양상을 띤다. 이어 훈련도감의 마병 전체의 지휘관인 마병별장이 인기와 신기, 징, 대각, 군뢰, 영기(令旗)를 앞세우고 행진하며, 이어 좌별장 휘하의 좌초의 마병들이 뒤를 잇는다. 마병의 뒤에는 보군이 따르는데 좌부 휘하 좌사의 전초군이 고초기, 인기, 고수, 초관을 이어 3대가 평행으로 행군하는 모습을 보인다. 이어 훈련도감 보군의 전체 지휘관인 파총이, 이어 좌부 좌사의 중초군이 이어 행진을 한다. 이어 훈련대장의 대열이 서게 되는데 기수의 배열순서는 가장 앞에 급한 연락을 하는 당보기수들 뒤에 좌우 청도기수를 앞세우고 각기, 문기, 오방기가 뒤를 잇는다. 이어 금고기를 앞세우고 군악대가 서는데, 1열에는 나발(喇叭) - 징(鉦) - 호총(號銃) - 나발이, 2열에는 바라(哱囉) - 북[鼓] - 북 – 바라(哱囉), 3열에는 호적(號笛) - 자바라(啫哱囉) - 솔발(摔鈸) - 호적, 4열은 북 - 장구[長鼓] - 관(管) - 관 - 적(笛) - 혜금(嵇琴)을 연주하는 군악수가 따른다. 정리하면 나팔, 징, 북, 자바라, 바라, 호적 등 군사용 신호를 담당하는 취고수(吹鼓手)가 앞서고 이어서 장구, 대관, 적, 혜금으로 군악을 연주하는 세악수(細樂手)가 있다. 이어 훈련대장의 인기를 앞세우고 군뢰, 순시기, 영기, 영전과 관이(貫耳) 등이 선다.

기수와 군악은 의장이 아니라 군사들을 지휘 통제하기 위한 것으로 이러한 군사용 신호는 형명(形名)이라고 하였는데, 각 부대의 움직임은 모두 이 형명에 의해 이루어졌다. 이 위치는 모두 당시의 병서인『병학통』의「대장청도도(大將淸道圖)」에 잘 규정되어 있다.

다음「대장청도도」는 훈련대장이 훈련장인 교장에 입장할 때 앞장세우고 들어오는 각종 기수와 악대 및 휘하 친위 군사들의 전후 순서를 보여주는 그림이다. 이에 의하면 훈련도감 군사들이 교장에 들어와 도열을 마치면 훈련대장이 교장에 입장하게 되는데, 이때 각종 군기를 든 군사와 군악수 그리고 다양한 친위 군병과 함께 들어오게 된다. 이때 가장 앞에는 청도기를 든 군사가 서고 이어서 홍문기(紅門旗)와 주작기(朱雀旗), 서남(西南) 및 동남각기(東南角旗)와 홍고초기(紅高招旗) 등을 든 군사들이 차례로 늘어서게 된다.

군기수의 뒤에는 금고기를 앞세우고 나발, 북, 점자(點子) 등의 다양한 군악수가 늘어선다. 군악수를 이어서 신호용 총인 호총을 든 군사가 서고 이어 군대 내의 질서를 담당하는 오늘날의 헌병인 군뢰와 순시기와 영기를 든 기수 등이 선다. 이를 보면『원행을묘정리의궤』의 반차도에는 실제와 달리 일부 기수가 누락되었을 것으로 보인다. 실제『원행을묘정리의궤』권5의「각영(各營)」조를 보면 당시 동원된 대기수는 도제조 휘하에 대기수 20명으로, 실제 청도기수 2명, 주작기수, 청룡기수, 등사기수, 백호기수, 현무기수, 홍고초기수, 남고초기수, 황고초기수, 백고초기수, 흑고초기수, 동남각기수, 서남각기수, 동북각기수, 서북각기수, 황문기수 2명, 금고기수 2명 등이 동원되었음을 보여준다. 훈련대장 휘하에는 대기수 14명이 나타나 있는데 반차도에는 11명만 그려져 있지만 이 중 인기수 2명과 여군(餘軍) 1명을 제하면 그림이 당시 상황을 거의 완전하게 보여준다. 훈련도감 도제조인 채제공(蔡濟恭, 1720-1799) 휘하의 대기수는 가전 시위 부분으로 둑 - 교룡기 뒤의 군악수를 지나 배열되어 있음을 볼 수 있다.

한편 「대장청도도」를 보면 주장의 좌우에는 호위병인 아병이 서고, 이어서 기패관(旗牌官)과 친병(親兵) 등이 그 뒤에 배치된다. 훈련대장이 각종 기수 등을 데리고 들어올 때에는 징의 가장자리 부분을 울리게 된다. 이때 취고수가 많으면 두 쌍으로 나열하고 적으면 한 쌍으로 나열한다. 이 그림에서는 순시기와 영기 및 군뢰의 경우에는 다섯 쌍으로, 아병, 친병, 당보기수는 각각 두 쌍으로 예를 들어 보여주고 있다. 이 그림 가운데 부분이 좌우와 달리 거꾸로 글씨가 인쇄되어 있는 것은 일련의 군사들의 위치를 한 장의 그림 속에 보여주기 위해 연결된 것을 묘사하기 위한 것이다.

선상군병인 훈련도감 뒤에는 행렬의 앞에 서는 금군인 선구금군(先驅禁軍) 25명이

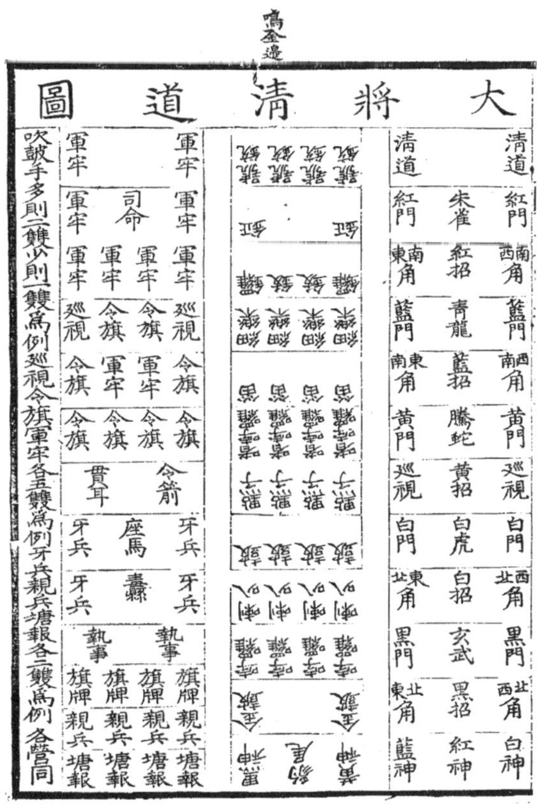


[그림 3-26] 『병학통(兵學通)』 중 「대장청도도(大將淸道圖)」
(규장각한국학연구원 소장)

위치하게 된다. 금군의 지휘관인 금군별장이 이들의 앞에서 인기를 앞세우고 지휘한다. 선구금군에 이어 국왕 의장과 관련된 행렬이 있게 된다. 당시 임금의 행렬을 화려하고 위엄 있게 보이기 위해 다양한 노부 의장(鹵簿儀仗)이 사용되었다. 의장이 가장 많이 사용되는 대가노부(大駕鹵簿)의 경우 의장이 156개이고 법가노부(法駕鹵簿) 의장이 105개, 소가노부(小駕鹵簿) 의장이 53개로 이는 『국조오례의』, 『국조속오례의』 모두 동일하다. 이 의장으로는 홍문대기(紅門大旗), 주작기, 백택기(白澤旗) 등 각종 깃발과 금등자(金鐙子), 봉선(鳳扇) 등 매우 다양하다.

17세기 후반 이후 국왕권의 중요성이 강조되면서 18세기 전반 왕권 강화와 중앙집권적 관료제 강화를 추구하던 영조는 즉위 직후부터 노부 의장의 정비에 노력하였다.[44] 특히 영조는 1744년(영조 20)에는 『국조오례의』에 의거하여 대가의장(大駕儀仗)을 복원하고 이를 성 내외 행행에 사용하도록 하였다.[45]

의장 뒤에는 가전시위 부분으로 국왕이 군병을 친열할 때 세우는 둑, 교룡기, 표기 등이 배치된다. 이는 조선 전, 후기 동일하지만 18세기 후반인 영조 대 후반부터 국왕의 성 밖 거둥의 경우에는 둑과 교룡기 뒤에 대기치와 초요기가 어연 앞 선전관과의 사

[그림 3-27] 『영조정순후가례도감의궤(英祖貞純后嘉禮都監儀軌)』 중 「반차도(班次圖)」의 의장(儀仗) (규장각한국학연구원 소장)

이에 배치되도록 규정되었다(『춘관통고』「금의성외동가반차도(今儀城外動駕班次圖)」). 여섯 군문의 초요기를 세움으로써 국왕의 군사 통솔권이 어가 행렬 속에서 더욱 부각되게 된다.[46] 이는 영조 대 후반 이후 국왕 앞에 왕이 어가 행렬 전체를 통솔한다는 상징성을 지닌 요소가 등장한 것과 관련이 있다. 초요기란 대장이 장수들을 부르고 지휘하던 깃발로서 행렬에 참여하는 중앙 군문의 초요기는 국왕의 행렬 군사들에 대한 명령 권한을 보여주고 있다. 초요기 뒤에는 군사 명령을 내릴 때 사용하는 북, 나각, 징, 바라 등 여섯 종류의 형명이 따르고 용기와 초요기를 담당하는 선전관인 황룡초요기겸차비선전관(黃龍招搖旗兼差備宣傳官)이 따르고 있다.

화성 행차를 보여주는 『원행을묘정리의궤』 반차도와 〈시흥환어행렬도(始興還御行列圖)〉를 보면 수어사가 이끄는 가전별포 50명이 배치되고 이어서 각종 의장이 서고 곧바로 가전시위 부분으로 둑과 교룡기 뒤에 군악대가 따른다. 이어 선전관, 검칙장교(檢飭將校) 뒤에 각종 기수가 따르고 있다. 기수의 배열순서는 좌우에 청도기수를 앞세우고 각기, 문기, 오방기, 금고기가 따르고 대열의 중앙에는 오색의 다섯 고초기가 따르고 있다. 특히 [그림 3-28]의 〈시흥환어행렬도〉에는 교룡기 뒤의 군악대와 각종 기수의 모습이 잘 묘사되어 있다.

정조의 화성 행행시 기수의 배치 모습을 표로 정리하면 다음과 같다.

**[표 3-1] 『원행을묘정리의궤』 중 「반차도」의 기수 배치**

| 좌 | | | | | 중앙 | | | | | 우 | | | | |
|---|---|---|---|---|---|---|---|---|---|---|---|---|---|---|
| | | | | | 청 | 흑 | 황 | 백 | 적 | | | | | |
| 청도기수 | 각기(角旗) | 문기(門旗) | 오방기(五方旗) | 금고기(金鼓旗) | 고초기(高招旗) | 고초기(高招旗) | 고초기(高招旗) | 고초기(高招旗) | 고초기(高招旗) | 청도기수 | 각기(角旗) | 문기(門旗) | 오방기(五方旗) | 금고기(金鼓旗) |

이 깃발의 행렬 부분이 바로 『춘관통고』의 이른바 '대기치' 부분으로, 그 뒤에는 '대기치' 부분을 책임지는 교련관인 대기치차지교련관(大旗幟次知教鍊官)이 따르고 있다. 이 기수는 앞서 언급한 훈련도감 제조 휘하의 20명의 대기수로서 이 각종 깃발인 대기치의 배열순서는 단순한 의미가 아니라 국왕을 중심으로 하여 군사훈련 및 비상시 대처가 가능하도록 진법 편성과 군사의 신호를 위한 것이다.[47] 각종 깃발인 대기치에 이어

[그림 3-28] 〈시흥환어행렬도〉의 군악대와 기수 모습
(《화성능행도(華城陵幸圖)》 중 〈시흥환어행렬도(始興還御行列圖)〉 부분, 국립고궁박물관 소장)

훈련도감과 장용영의 초요기가 나란히 행진하고 황룡초요기겸차비선전관이 따르고 있다. 『춘관통고』에는 중앙의 5군영과 금군인 용호영 등 모두 여섯 군영의 초요기가 따르도록 되어 있으나 『원행을묘정리의궤』 반차도에는 훈련도감과 장용영의 초요기만 보이고 다른 군영의 초요기가 보이지 않는다. 이는 1795년(정조 19) 정조의 원행(園幸)에 동원된 주요 군영이 훈련도감과 장용영의 두 군영임을 보여줌과 동시에 선전관을 통해 국왕의 지휘권이 확보되어 있음을 상징하고 있다.

## 4. 다양한 군사의례

### 1) 대열의(大閱儀)

대열의는 세종 대 「오례의(五禮儀)」에 언급된 이후 『국조오례의』가 정비되고 『경국대전』이 완성되는 성종 대까지 대규모로 이루어졌다. 그런데 조선 개국 초부터 대열의가 정비되고 논의되지는 않았다. 신왕조의 급선무가 군사 조직의 정비와 무력 유지를 위한 체계적인 훈련의 실시였으므로 대열의와 같은 의례의 정착은 시간이 소요되었다. 조선의 정국이 세조 대까지는 대외적으로 여진과 왜구의 정벌과 대내적으로 왕위를 둘러싼 정쟁에 휩싸였으므로 대열의 같은 군사의례가 정착될 시점이 아니었다. 의례의 성격상 불안정한 정국에서는 절차상 논의인 의주의 정비는 물론 규범화시키는 작업이 논의될 상황이 아니었기 때문이다.

대열의가 세종 대에 정착되는 과정을 보면 당의 『개원례(開元禮)』를 적극적으로 반영하면서도 송나라 제도를 도입하고 있다. 당나라의 대열에서 황제가 갑옷을 입었던 것과 송나라 대열에서 황제와 관료가 모두 갑주를 입었던 것을 도입하였다.[48] 특히 1421년(세종 3) 최초로 대열의를 정비할 때는 송대의 의주를 그대로 준용하였다. 그러다 1431년(세종 13)에는 조선의 대열이 황제가 친정(親征)하는 것과 달리 군사훈련이라는 이유로 갑주를 입지 않고 평상복을 착용하는 것으로 변화하였다. 국왕이 갑옷을 입고 군대를 지휘하는 것이 황제가 친정하는 것과 동일한 형태이므로 제후국인 조선에서는 명분상 할 수 없는 것으로 인식한 것이다. 친정은 천명을 받은 천자만이 거행할 수 있다는 것이 유교적 의례의 명분이지만, 당시 조선에 있어서 여진과 일본을 정벌하던 모습을 생각한다면, 국왕이 친정의 의미를 지니는 갑주를 착용하는 발상도 가능하다고 볼 수 있다. 다만 그런 의식이 세종 초에 한정되어서 나타났다고 생각된다.[49] 물론 세종 초 태종이 외교와 군사의 실권을 장악하고 있었다는 것을 고려하면 당시 대열의는 세종이 아닌 태종의 결단이었다고 볼 수도 있을 것이다.

그런데 세종 대 대열의는 문종 대 약간의 변화를 거친다. 문종 대 대열은 문종 즉위 후 발표된 오위진법에 따라 변화된 점이 주목된다. 이미 언급했듯이 세종 말기부터 몽골과 만주를 장악하던 오이라트 세력의 성장은 집단군의 전면적 충돌을 예상하게 하는 위기의식을 가져왔다. 따라서 대열의 절차도 진법의 변화에 따라 조정되었다. 예컨대 세종 대 오례의에서는 대열의 선에 대각을 세 번 불어 시작을 알렸고 양군의 대장은 깃발과 북으로 지휘하였다. 반면 오위진법의 대열에서는 훈련 시작을 알리는 대각을 두 번 불었고 양군의 대장은 깃발과 북 이외에 초요기를 사용해 휘하 지휘관을 대장기 아래에 집합시켰다. 국왕도 초요기를 사용하여 양군의 대장을 부를 수 있어서 국왕이 전군을 지휘하는 전술이 향상된 측면이 있었다. 그리고 어가 앞에서 화포를 쏘고, 전각을 불고, 휘를 흔들어 지휘하는 방법이 국왕의 권위를 높이는 것과 동시에 용병의 용이함을 가져다주었다고 본다. 화약의 사용은 훈련의 실전성을 높이고 신호체계의 전환을 의미한다고도 볼 수 있다. 특히 대열시 양군의 접전이 일진(一陣)에서 방진으로 변경된 결진이 전법의 변화에 따른 대열의 변화를 말해주고 있다.[50]

성종은 재위 초부터 모화관에 봄과 가을에 집중적으로 행행하여 대열의 하나인 열무를 시행하였다. 성종은 군사훈련의 종류를 늘렸는데, 대표적인 것이 무신의 격구(擊毬)와 사후(射侯)였다. 격구와 활쏘기 이후에는 차등 있게 상을 내려 주었다. 신무기를 시험하기도 했는데 새로운 형태의 장전(長箭)과 편전(片箭)의 관통력을 보기도 했다. 1477년(성종 8)에는 새로 발견한 석유황의 성능을 보기 위해 방포를 시행했다. 특히 근위무사인 겸사복(兼司僕), 내금위(內禁衛) 및 무신 당상에게 삼갑창(三甲槍)과 삼갑사(三甲射)를 시험하기도 하였다.[51] 모화관 외에서도 열무가 거행되었는데, 낙천정(樂天亭)이 위치한 살곶이 인근이었다. 낙천정에서는 삼상(三廂)을 만들어 열무했는데, 삼상에게 우전(羽箭)을 사용하여 대장은 대장을 쏘고, 위장(衛將)은 위장을 쏘고, 부장(部將)은 부장을 쏘는 승부를 겨루게 하였다. 또한 백관의 군장을 점고하는 등 모화관과는 다른 양상을 보이기도 했다.[52]

성종 대 시행된 대열 중 주목되는 대열은 1475년(성종 6) 9월 광주 정금원(定今院)에서 거행된 훈련이다. 이때 성종은 진시에 궁궐을 나가 흥인문에서 백관의 지송을 받고 정금원 들판에서 좌상군(左廂軍)과 우상군(右廂軍)으로 나뉜 장병 2만 8,115명을 사열하였다. 성종은 사열 이후에 낙생역(樂生驛) 앞 벌판에 설치한 파오달(波吾達)까지 행행하였다.[53] 이때 동원된 군병은 그 수치에서 보더라도 전국적으로 징집한 것임을 알 수 있다. 1487년(성종 18) 동원된 장병은 4만 명에 육박할 정도로 성종 대 후반에 거행된 대열은 대규모로 진행되었다. 또한 대열 이후에는 인근을 순수(巡狩)하는 것이 순서였다.[54] 성종은 집권 후반기에 열무를 오래 멈추었다는 이유로 하번(下番) 군사를 동원하여 2~3일 동안 타위(打圍)를 시도하기도 하였다.[55]

성종 대 모화관과 살곶이에서 거행되던 대열은 연산군 대에도 지속되었는데, 봄과 가을 시기에 진행되었다.[56] 동교에서도 대열을 거행했는데 매달 거행하기도 했다.[57] 연산군 대 대열의 특징은 재위 초반에 집중되었으며, 한 해에 4회 이상 진행한 점이 다른 왕대와 구별된다. 연산군은 대열에 적극적이었는데, 군사훈련보다는 사냥을 하기 위한 방편이라고 보인다.

반면 중종은 대열 시행하는 것이 문제라기보다도 군사훈련을 빌미로 사냥하는 것을 문제 삼았다. 그렇지만 중종이 대열을 완전히 폐하지도 않았고, 오히려 군대의 기강을 바로잡으려는 모습까지 비쳤다. 1529년(중종 24) 모화관 사열에서는 우상(右廂)이 승리할 형상인데도 개선가를 부르며 돌아오지 않은 것을 지적하며 습진하면서 발생하는 작은 잘못이라도 조사하도록 지시했으며, 군정(軍政)이 해이한 상황을 지적하며 개선가를 부르지 않게 한 위장(衛將)을 즉시 의금부에 잡아다 추문하도록 했다.[58] 중종은 군사들이 진법을 습득할 것을 강조하며 그것을 위해 교외의 열무가 중요함을 강조하였다.[59] 특히 대열을 장기간 거행하지 않아 군령을 모른다면서 습진과 열무를 통해 습득시킬 것을 강조했다. 또한 열무를 자주 시행하지 않아 도성 인근에 악수(惡獸)가 많음을 지적하고 군사훈련 겸 포획을 시행하기도 했다.[60] 이외에 중종은 대열에 사용하는 형명(形名)이 낡아 군졸이 멀리서 바라보고 서로 응하기 어려우며, 국왕이 지휘하고 사용하는 어전의 오색기와 교룡기가 낡았으니 수리할 것을 지시할 정도로 대열에 대한 관심이 깊었다.[61]

세종 대 대열의가 갖추어지고 연산군 대까지 그 명목을 이어왔던 것이 중종 대 전조의 문제점을 이유로 장기간 시행을 폐하다가 결국 국왕이 직접 시행하던 군사의례를 군대에서 스스로 하도록 하는 결과를 보이고 있다. 중종은 반정으로 보위에 올랐으며, 당시 그를 지지한 사림파들이 문치를 강조한 것도 군사의례를 방기하게 만든 요인이라고 볼 수 있다. 왕실 군사의례에서 대표적인 대열의 설행이 드물어지면서 왕조의 군사력도 약화되었다.

반면 조선 후기에는 대열의 양상이 새롭게 변화된다. 효종 대 훈련도감과 어영청 등의 군영 장병이 증가되면서 대열의 논의와 시행이 활발하게 나타났다. 조선 후기에 도성 인근에서 시행된 최초의 대열은 1654년(효종 5)의 노량(鷺梁)의 사장에서 거행된 일이다. 도성의 삼군영이 부대 단위로 통합되어 한강 변의 넓은 교장에서 국왕이 지휘하는 군사훈련을 거행한 것이다. 노량은 현재의 한강대교 북쪽에 위치하던 곳이다. 한강 중에서 교량을 놓을 만큼 물살이 약하고 평온한 곳이며, 물살이 약하므로 많은 모래가 퇴적된, 군사훈련으로 적합한 장소였다.[62] 노량의 넓이는 군사의 훈련에 적합한 사방 1,200보의 60여만 평에 달하는 군사훈련장이었다. 조선 후기의 군영들은 노량 훈련장에서 대열은 물론 다양한 군사훈련을 거행하였다.[63] 1개의 군영이 아니라 삼군영의 군병이 동원되어야 훈련의 모양이 나타날 수 있는 넓이였다.[64] 군영 간에 대항하는 훈련이거나 몇 개의 군영을 합한 뒤에 상대시키는 대규모의 군사훈련이 거행되는 장소였다.[65] 훈련도감의 상설화 이후 도성을 중심으로 군인의 거주가 증가하고 '군사도시화'의 경향이 나타나게 되는 한 현상이라고도 해석된다.[66]

조선 전기의 대열이 기병 중심의 전법으로 진행되었다면, 군영이 중심이 되는 후기에는 보병 중심인 절강병법 위주의 훈련이었다. 대열이라는 군례의 개념에서는 동일하다고 할 수 있겠지만 병력을 운영하는 전술적인 부분은 변화되었다. 군영 군병을 동원하는 대열은 밀집 진형에서 화기를 사용하는 보병에 적합한 훈련을 중시한 결과 강조된 것이다. 동시에 기병의 기동성을 가미하여 전천후의 병력 운영을 완성하고자 한 결과이다. 왜란과 호란에서 왜군의 조총 보병과 단병전, 청군의 기병 및 기동전을 경험한 조선군의 선택이었다. 그런데 화기와 기병을 활용하는 집단 훈련은 군영과 같이 대규모의 병력을 일시에 동원할 기관이라야 가능하였다. 특히 숙종 대 화거(火車)를 활용한 진영의 방어력 훈련, 영조 대 육화진을 비롯한 진법의 활용 등은 훈련도감과 어영청, 금위영 등의 대규모 도성 주둔 군대가 아니면 감당할 수 있는 훈련이 아니었다.[67]

1679년(숙종 5) 숙종이 노량에서 거행한 대열의를 보면, 숙종이 융복과 우립 차림으로 대열을 지휘했고 훈련도감에서 제작한 신형 화거를 들고 나왔다. 당시 대열은 포를 쏘면서 가왜를 편성하여 싸우는 훈련이었다. 군영의 훈련에서 가왜를 둔 것도 임진왜란 이후로 척계광의 병법을 써서 전투를 익히던 결과였다. 훈련도감의 화거 한 대는 5층으로 되어 있으며, 층마다 10매(枚)의 화총(火銃)을 설치하여 전진·후퇴하며 어울려 싸우는데, 50매의 화총을 한꺼번에 사격할 수 있었다. 훈련도감 군병의 상대는 금군이었다. 훈련은 실전과 같이 기병이 동원되어 유격군으로 활약하고 보병은 화기를 사용한 집중 사격과 단병전으로 공격 및 방어를 진행하는 전법이었다.[68] 국왕이 참가하는 군영군의 대열은 영조 대에도 거행되었다. 1735년(영조 11)의 노량 사장의 대열에는 삼군영의 군병들이 동원되었으며 하루 종일 사열하고 훈련하였다. 영조는 장병들 중 다친 사람이 많이 나오자 수령을 제수하거나 다양한 상급을 내렸다.[69] 정조 대에도 대열은 이어져서 노량에서 계속 진행되었으나 세도정권기를 거치며 형해화(形骸化)되었다. [그림 3-29]는 국왕이 대열의에 친림할 경우 부대 앞에 내어 걸던 깃발이다.

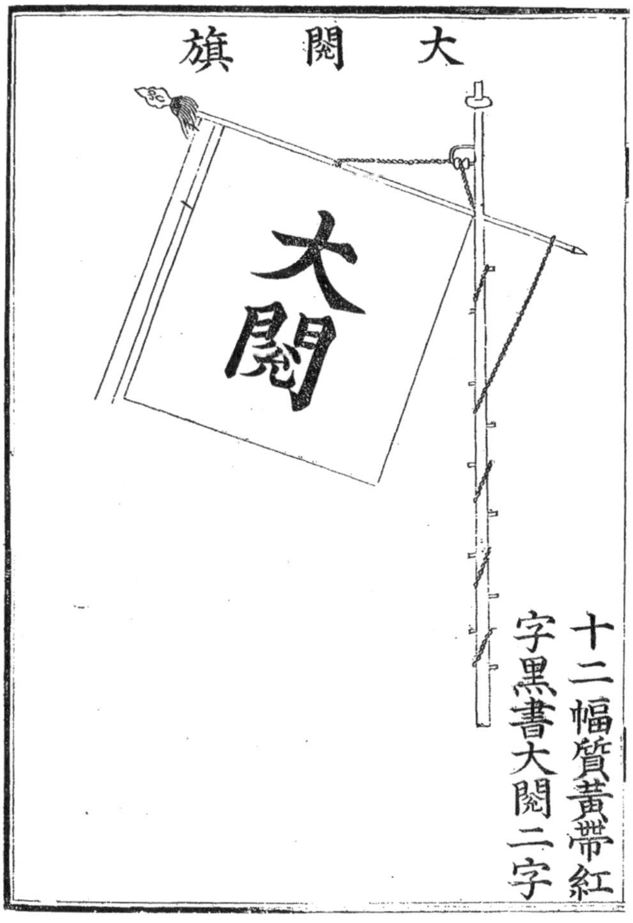


[그림 3-29]대열의에 사용하던 깃발
(『속병장도설(續兵將圖說)』 중 「대열기(大閱旗)」, 규장각한국학연구원 소장)

### 2) 강무의(講武儀)

강무는 사냥 형태의 군사훈련이었으며 기병 전술이 훈련의 중심이 되었다. 동서고금을 막론하고 왕조 국가에서 사냥은 지배층에게 유희이면서도 육식을 할 수 있는 활동이었다. 물론 조선시대 국왕의 사냥은 신민에게 모범이 되어야 하는 의례적 요소가 강했으며, 사냥의 이유가 군사훈련 내지는 위민제해(爲民除害)를 위한 악수의 제거와 종묘의 제수 마련이 그 주요 내용이라고 할 수 있다. 그러나 리스본의 신트라 궁전 내부의 천장화에 군주를 중심으로 지배층의 사냥 서열이 회화적으로 표현되었듯이 그 속내는 권력의 동선을 또 다른 형태로 표현한 것이기도 하였다.

태조와 건국 세력의 출신이 북방 무장집단이며 유목민족의 기마전에도 능했다는 것은 그들에게 사냥 문화가 일상이었음을 암시하게 한다. 적어도 세조 대까지 국왕들의 사냥은 곧 강무라고 할 정도로 늘 지속되었던 것이 그 반증일 것이다. 따라서 조선시대 강무가 위정자인 국왕이 백성에게 모범을 보이는 의례로 작용한 것도 사실이지만, 조선 초기에는 왕실의 사냥 문화로도 이용되었다고 보아야 할 것이다.

그럼에도 조선시대 국왕의 사냥을 강무라고 한 것은 국왕의 사냥에 국가의 공적인 의례 체제가 동원되었고 군사 명령 체제에 따라 무력을 사용하여 일종의 군사훈련의 성격을 지녔기 때문이다. 태조가 전국 지방관에게 정례화된 이외의 사냥을 금지하고 인명과 농사를 해치는 짐승만을 잡아 제사에 사용한다는 것에서도 사냥이 조선 건국 초부터 의례화되어 갔음을 알 수 있다.

태조는 사냥을 국가의례화 하는 것과 동시에 누구나 즐겨 할 수 있는 문화에서 특권층만이 합법적으로 시도할 수 있는 의례로 만들어 나갔다. 그가 원나라 시대 여진 사회에서 성장했으므로 유목문화에 익숙했음은 당연한 일이다. 유목민이 평소에 몰이기병을 통해 마상에서 사냥을 하던 전통은 조직적 전투력 향상의 일환이었다. 따라서 사냥이 짐승을 잡는 스포츠 같은 활동이라고 볼 수도 있지만, 무력을 양성하는 반란의 기초가 될 수도 있었으므로, 국가가 합법적으로 무력을 독점하려는 의도에서 시행하였다고 본다. 사냥이 군사훈련과 동일한 체제이며, 사냥에 군사를 동원하는 것이 병법에 기초한 전술이었다는 점에서도 사냥은 강무와 같은 국가 의례화될 필요가 있었던 것이다. 사냥에 동원되는 군사들의 동원과 행군 체제, 사냥터에서 군사들을 지시해 움직이는 신호법, 사냥감을 몰이하고 죽이는 진법의 활용 등은 군사훈련 그 자체였다. 더욱이 적게는 수천 명에서 수만 명까지 동원되는 군사와 사냥터 인근에서 징집되던 백성들을 감안한다면 국가 비상사태와 같은 형태로 군사훈련이 거행되었음을 짐작할 수 있다. 강무가 정착되면서 타위라는 소규모의 군사를 동원해서 사냥을 하는 수렵 행위도 마련되어 국왕의 사냥과 군사훈련을 구별했다.

태종의 즉위와 건국 초 혼란한 정치 상황에서 국왕의 권위를 높이고 군권을 장악하기에 강무는 적합한 방법이었다. 1402년(태종 2) 태종이 사병을 혁파하고 공신의 무력을 삼군부를 통해 장악한 이후 강무를 기획한 것에서도 잘 나타난다. 태종은 강무장과 궁궐을 오가며 대외적으로 강력한 군사력을 통해 무력시위의 효과를 보였다.[70] 태종은 재위 초기부터 매년 봄과 가을에 걸쳐 강무를 시행하였다. 태종은 봄에는 13회, 가을에는 11회의 강무를 시행하였다. 봄의 강무는 2월 초에도 하는 경우가 있으나 대부분 2월 말에서 3월 초에 거행되었다. 농사철을 앞둔 초봄 시기였다. 가을의 강무는 9월과 10월이므로 추수를 마친 뒤 겨울이 오기 전 시기였다. 강무 일자는 봄철에는 11일, 가을에는 8일로 대개 10일을 전후하였고 특별한 일을 겸행하는 경우에는 소요 일수가 증가되었다. 1408년(태종 8)과 1409년(태종 9)에 강무가 없는 것은 당시가 태조의 3년상을 치르던 기간이었기 때문이다.[71]

강무에 참가하는 인원은 국왕에서 정부관원, 장병, 백성 등으로 시기와 상황에 따라 동원인원에 차이가 있었다. 그래도 수천 명에서 수만 명에 이를 정도로 강무 참여 인원은 대규모였다. 왕족이 참여하는 경우도 많았다. 세자와 대군이 참여하는 경우가 많았는데, 세자의 경우 군대 지휘와 통솔을 익히는 수단 차원에서 참여하였다. 강무가 거행되기 전에 원유도감(苑囿都監)을 설치해서 원유, 즉 강무장을 관리하게 했다. 강무장의 설치 및 통제, 국왕의 임시 거처 및 소용물품의 장만 등이 주요 업무였다. 강무장은 일정한 지역에 상설되지 않고 매번 정해졌다. 강무장의 사방은 깃발로 경계를 표시해 일반인의 출입을 통제하였고, 개인적인 사냥은 물론 벌목, 경작을 금지했다. 일반인이 허가 없이 출입하면 장 100대에 처해졌다. 강무장의 내부는 위내(圍內)라고 했고 그 안에서 짐승을 몰아서 국왕과 장병이 화살을 이용해 잡는 사장(射場)을 두었다. 강무장에 동원된 군사들은 초기(抄旗)로 소속 부대를 구분했고 군복의 등에 어디 소속 누구라는 표지를 붙여야 했다. 장병은 삼군으로 나뉘어 중군은 붉은 표지, 우군은 흰색 표지, 좌군은 푸른 표지를 명주 혹은 베로 방형으로 만들어 사용했다. 장병이 소지한 화살에는 이름과 표지를 하여 마음대로 사냥을 못하게 함과 동시에 표지가 없는 화살을 휴대하면 처벌하도록 하였다.[72]

세종 대에 강무는 정식으로 국가 의례화되었다. 세종은 재위 31년간 연평균 1회 정도인 30여 회의 강무를 시행하였다. 강무는 대체로 봄에 거행되었는데, 경기도의 광주, 양주, 철원, 안협(安峽), 강원도의 평강(平康), 이천(伊川), 횡성, 진보 등에 강무장이 설치되었다.[73] 태종 대에 비해 경기도와 강원도로 한정되는 모습이었다. 세종 대 강무는 1419년(세종 1) 3월 강원도 철원에서 처음 거행되었다. 이후 11월에도 대군과 종친들이 대거 참여하는 강무가 거행되었다. 그런데 당시의 강무는 세종에게 양위하고 상왕으로 있던 태종이 주도한 것이므로 정확하게 세종 대 강무라고 보기에는 한계가 있다. 오히려 태종 대 강무의 연장선에서 보아야 할 것이다.

세종의 강무 일수는 대부분 10일 전후였다. 강무 도중에 질병을 고치기 위해 온천에 행차하는 경우를 제외하면 최소 4일에서 최대 14일 정도였다. 태종 대 강무와 가장 큰 차이는 강무장이다. 태종은 경기도, 강원도, 충청도, 전라도 등 다양한 곳에 강무장을 설치해 사용하였는데, 세종은 강무장을 강원도에 주로 설치하였다. 세종이 강무장을 일정한 지역에 국한시키려고 한 것은 강무장의 설치로 피해를 보던 인근 백성을 위한 배려라고도 볼 수 있다.

세종 이후 세조 즉위까지 강무는 일시적으로 중지되었다. 세종과 문종의 3년상으로 인해 강무를 거행할 수 없었다. 국상 기간에 강무를 시행하지 않는 것은 의례상 당연한 일이었으나, 세조는 세종 대에 비해 강무를 잘 시행하지 않는 경향을 보였다. 세조는 재위 14년 동안 매년 강무를 시행하지 않았으며 강무 시행일수도 축소시켰다. 또한 강무장도 서울에서 가까운 경기도의 풍양에서 주로 거행하였다. 세조는 1457년(세조 3) 10월 강무가 사냥에 불과한 것이라며 강무장을 축소하라는 명령을 내렸다.[74] 1460년(세조 6)에는 강원도 강무장도 혁파되었다.[75]

세조에 이어 예종은 짧은 재위 기간으로 강무를 시행할 수 없었고 성종 즉위 이후 강무가 이어지게 된다. 성종 대 강무에 중앙과 지방에서 동원된 인원을 합하면 수천에서 수만 명이었다. 1477년(성종 8) 춘등강무에 동원된 5도(道)의 군사는 2만 5,000명이었다.[76] 1489년(성종 20) 추등강무는 성종이 직접 동원 군사의 숫자를 2만 5,000명으로 정하였다. 따라서 성종 초기 강무에 동원되는 지방 군사는 2만 5,000명을 유지했다고 할 수 있다. 그럼에도 성종은 당시 국가에 일이 많아서 오래 열무를 그만두었더니, 군정이 해이해지고 병졸이 게을러졌다면서 강무 동원 군사를 증가시키고자 하였다.[77]

그런데 강무 동원 군사가 2만 5,000명일 때 치중(輜重)까지 헤아리면 그 수가 6만~7만 명이 된다. 연산군 대 개성부에서 강무할 때는 3만 명이 징발되었다.[78] 여기에 말과 수레 등의 부속기물 등을 감안하면 전쟁을 치르는 상황과 유사하다고 하겠다. 또한 강무에 동원되는 이들이 모두 자신의 식량을 가져오고 강무장으로 연결된 길을 가득 메우는 일은 바로 민폐로 연결되는 일이었다.[79] 관에서는 강무에 동원된 군병에게 식량을 지급하지 않았다.[80]

반면 연산군은 강무를 빙자한 사냥을 자주 거행하고자 했다. 예종이 상중에도 열병을 하였다는 이유로 사냥을 가고자 했다.[81] 연산군 대 강무의 문제는 사냥을 위해 자주 시행하고자 한 것이다. 한번 강무를 거행하여 종묘에 짐승을 천신했음에도 또다시 사냥을 나가려는 것이 명분에 맞지 않다고 비난을 받았다. 더욱이 신료들은 성종이 하루에 세 번씩 경연을 하고, 야대(夜對)까지 했으며 성문 밖 가까운 곳에서 사냥했을 뿐이라는 것을 강조하여 연산군이 사냥 가는 것을 막고자 했다.[82] 또한 연산군은 민인들이 사냥을 많이 하여 강무시 지역에 짐승이 많이 없다는 이유로 인근 백성들의 거주지를 철거하도록 했다.[83]

중종 대 강무를 섭행하는 큰 변화가 나타났다. 1510년(중종 5) 청계산 강무는 사람과 곡식을 해치는 짐승을 제거하기 위한 것이었으며, 장수에게 명하여 강무하도록 하였다.[84] 이외에 중종 대 강무는 축소되고 오히려 종묘에 천신하고 백성의 악수를 제거하는 사냥이 능행 이후에 거행되는 것이 또 다른 전례로 된 시기였다.[85] 중종 대에 이른바 사림이라고 하는 문치 중심의 정치세력이 등장한 것도 무치(武治)의 하나인 강무가 소홀히 된 배경이라고 생각된다. 물론 중종이 강무를 잊고 군사의 중요성을 간과하지는 않았다. 명종 대에 이르러 신료들이 강무 자체의 거행을 반대하는 모습이 나타났다. 1555년(명종 10) 4월 명종이 3일간 관사(觀射)한 일로 너무 잦은 일이라는 지적이 있었다. 이에 명종은 변방에 근심이 있는 상황에서 연병의 친열을 늦출 수 없고 문무를 병용하는 것이 중요함을 강조하였다.[86] 그러나 명종은 강무를 거행하지 않았으며 다만 장수에게 섭행하도록 했다. 이후 강무는 임진왜란이 발발한 지 3년 뒤인 1595년(선조 28) 5월에 명나라 군사들을 위무하기 위해 훈련도감에서 근교를 사냥하는 형태로 다시 거론될 때까지 사라지게 된다.[87]

### 3) 구일식의(救日食儀)의 내용과 기능

일식은 해와 관계된 천체 현상이다. 조선왕조에서 해는 국왕을 상징하였다.[88] 해가 달에 의해 가려지는 천체 현상인 일식은 고대부터 두려움과 반성의 시간이었다. 고대 천문 현상은 천인감응(天人感應)이라고 생각하여 인간 세계의 삶과 운명 공동체라고 해석하려고 하였다. 왕조 국가의 지식인들은 일식, 월식, 혜성, 유성, 지진, 해일 등 예상 밖의 기후 현상을 재이(災異)로서 왕조의 운명 내지는 국왕의 통치에 대한 하늘의 재단이라고 설명하였다. 달리 말한다면 일식은 곧 해를 구해야 하는 일이었다. 달이라는 음(陰)이 양(陽)을 침범했으므로 되돌려놓아야 하기 때문이다. 그래서 사람들이 떠들썩하게 북을 치고 사직의 사단(社壇)에 희생을 바치며 제사를 지냈다. 따라서 일식은 일정한 시간의 경과에 따라 자연히 회복되는 일이 아니라 빨리 해를 구출하는 의식을 벌여서 없애야 하는 불길한 현상이다. 더욱이 해는 우주의 중심이며 하늘의 정상(正像)으로 곧 국왕의 상징이기도 하였기 때문이다.[89] 따라서 일식이 발생했을 때에는 국가의 제사 시기를 변경할 정도로 중요한 날이라 생각하였다.

조선시대 일식은 태조 등극 다음 해인 1393년(태조 2) 7월 1일 나타났다. 흥미로운 점은 군신 간에 일식에 대한 별다른 논의가 없이 일관(日官)이 "해가 질 때에 일식이 있을 것입니다"라는 말에 따라 태조는 소복(素服)차림으로 해가 지기를 기다리다가 해가 지고 난 뒤에야 소복을 벗은 것이 조선 건국기 일식을 맞는 모습이었다.[90] 조선 초기부터 진행된 일식 의례인 구일식의는 이후 조선 전시기에 걸쳐 일식이 벌어질 때 궁궐에서 거행되었고 고종 대인 19세기 말까지 지속적으로 이어졌다.

세종 대의 구일의식이 태종 대 의식을 계승하면서도 일식의 관측을 위해 새로운 방법을 강구하는 발전된 모습을 보였다. 일식은 자연현상이므로 구름이나 비, 눈으로 인해 관측이 어려운 경우가 있었다. 그럴 경우 서운관에서 정확한 일식의 시기를 파악했다고 해도 국왕은 물론 백관이 일식의 유무를 확인하기에는 불가능했다. 세종 대에도 경복궁 근정전에서 세종이 소복 차림으로 영외(楹外)에 거둥하여 의식대로 일식을 구하였지만, 먹구름 때문에 일식의 상태를 볼 수 없었다.[91]

1434년(세종 16) 세종은 예조에 일식과 월식의 변이 있을 때에 날씨가 흐리면 보지 못하기 때문에 그날의 일식이나 월식의 유무를 모르게 되어 매우 불편하다면서, 앞으로는 북경이나 일본에 가는 사신이 돌아올 때에 반드시 일식과 월식의 유무를 묻고, 외방 각 고을에도 또한 반드시 공문을 보내어 고증하게 하도록 했다.[92] 문종 대에는 각 도의 관찰사에게 일식에 해가 이지러진 형상을 그려서 보고하게 하였다.[93]

오늘날 세종 대가 다른 왕대에 비교해서 천체관측을 비교적 활발하게 했다고 생각하고 있지만, 사실상 천체관측 기구와 기술이 발전하지 않은 상황에서는 우주적으로 발생하는 일을 지구상의 한 지점에서 정확하게 파악하는 것 자체가 불가능하였다. 일식의 의례에 따라 조회와 저자를 멈추고 형벌을 그만두거나 관원들을 동원하는 것은 가능했을지 모르지만, 날씨가 흐리고 비가 내리는 날에 일식을 관측하는 것은 어려운 일이었다. 실제로 문종 대 의식에 맞추어 구일식의를 진행했음에도 날씨 때문에 결국 국왕이 거둥하지 않는 경우도 발생하였다.[94]

일식의 여부를 날씨에 따라 판단하여 국왕이 의식에 거둥하는 문제는 성종 대에도 동일하게 발생하였다. 세종이 "하늘이 흐려 보이지 않으면 구식하지 말라"고 하였고, 세조가 "비록 하늘이 흐려 보이지 않더라도 마땅히 구식하게 하라"고 한 것이 문제였다. 더욱이 해를 가릴 정도로 구름이 많이 몰려 있을 경우 그 판단은 전례와 국왕의 용단이 기준이었다. 성종의 경우 소복하고 내전에서 일식의 형상을 보고, 구식하도록 하였다. 중종 대에도 성종과 동일한 경우가 있었다. 중종 대에 일식이 발생했을 때 왕실 어른이 병환 중이었으나, 그래도 구일식이 더 중요하다고 의례를 진행하고자 했다. 그런데 성종 대에 일식 때 구름이 끼어서 해를 볼 수가 없으면 친구(親救)하지 않았던 예가 있었다고 해서 구식에 친림하지 않아도 될 것을 논의하기도 하였다.[95]

해가 국왕을 상징한다는 말 자체에서 일식이 지니는 의례상의 중요성을 새삼 알 수 있게 한다. 일식으로 인해 국가의 제사이며, 유교 국가의 수장이 치러야 할 중요한 능행을 미루는 모습을 보였다. 더욱이 세종 대부터 명나라 역법이 조신과 맞지 않아 일월의 천체 운행을 계산하는 것이 부정확하다는 논의가 있었음에도 불구하고 이때까지도 대명력(大明曆)이 사용되고 있다는 것이 주목된다. 이 점은 명나라와 종번(宗藩) 관계였던 조선에게 독자적인 역법이나 일식의 통계를 통해 구일식의를 거행하는 것은 자칫 외교상의 문제로 확대될 수 있다고 생각한 결과라고 생각된다. 혹은 중종 대 주자학을 신봉하며 등용된 관료들이 제후국으로서 황제국에서 결정한 역법을 무시하면 안 된다는 논리에 따라 움직인 것이 아닌가하는 의구심이 드는 부분이다. 아무튼 중종 대에 보이는 일식에 대한 논의는 조선 후기로 갈수록 형식화되었으며 고종 대 대원군 집권기인 개항 이전에 이르면 형해화된 모습으로 이어졌다.[96]

이와 같이 조선 전기인 중종 대까지 진행된 일식의 형태와 내용, 변화 양상을 보면서 왜 구일식의가 군례에 포함된 것인가라는 의문이 발생한다. 국왕이 궁궐 내에서 백관과 같이 하늘을 향해 공구하며 의식을 거행하는 모습은 길례에 가까운 것이지 군례라고 하기에는 이해가 되지 않는다. 군례라고 한다면 군사들이 동원되어 외부에서 거행되는 것이라고 생각할 수 있다. 그럼에도 조선 건국부터 일식은 경복궁 근정전이나, 창덕궁 인정전 월대에서 거행되었다.

영조 이후로는 친림구일식의를 친행한 국왕이 보이지 않는다. 영조는 1743년(영조

19) 대사례, 1728년(영조 4)과 1744년(영조 20)의 선노포의, 1742년(영조 18) 친림구일식의에 친행할 정도로 군례를 직접 거행하는 것에 적극적인 국왕이었다. 물론 영조는 군례 이외에도 사친인 숙빈 최씨의 궁묘에 대한 것에서부터 종묘와 사직 등 왕실의 능원묘 등에 어느 왕대보다 잦은 행행을 거행한 국왕이었으므로 군례만 특별하게 친행하였다고 말하기는 어렵다. 다만 다른 왕대에 비해 군례를 적극적으로 친행한 것은 분명하게 나타난다. 친림구일식의 경우에는 영조의 이후 왕대에 친행한 경우를 찾기 어렵기 때문이다.

영조 대 구일식의에 대한 친림의주를 『국조속오례의』에 삽입하였음에도 불구하고 정조 대에 여전히 구일식에 대한 근거 문헌의 부족과 정례화되지 않은 친림이 문제가 되었다. 또한 관원들도 구일식에 참여율이 저조하고 특별한 반응을 보여주고 있지 않아서 일식에 대한 주술적인 영향에서 많이 벗어났음을 알 수 있다.

조선 후기에 일식에 대해서는 경외를 막론하고 그것을 벗어나거나 적어도 의례의 절차를 빌려서 해결하려는 것이 관에 의해 이루어졌음을 볼 수 있다. 각 지방에서는 수령과 좌수들이 중심이 되어 상하의 위계를 갖추는 것으로 일식을 대하고 있음을 알 수 있다. 특히 요순시대부터 역법을 통해 이미 그 진상을 밝히고 있다는 다산의 지적을 생각한다면, 구일식 행위가 단순한 요식 행위 내지는 정치적인 이유로 거행되었다고 의심이 되는 부분이다. 그런 배경으로 조선 후기에 군례의 하나로 구일식의가 재정비되었다는 것은 영조의 국왕권 강화를 위한 수단으로 이용되었다고 해석할 수 있을 것이다. 이점은 영조 재위 동안 다양한 의례들이 재정비되고 친림의주가 등장하였다는 것에서도 이해할 수 있다.[97]

### 4) 계동대나의(季冬大儺儀)

나의(儺儀)는 나례의(儺禮儀)를 말한다. 나례는 구나(驅儺)를 행하는 의례이다. 구나는 말 그대로 역귀를 쫓아 몰아낸다는 말이다. 그 역귀를 쫓아내는 순서와 과정을 의례화시킨 것이 나의인 것이며, 곧 벽사의례(辟邪儀禮)의 일종이라고 볼 수 있다. 태종은 "제야(除夜) 전일에 구나하는 것은 본조(本朝)의 옛 풍속이다"라고 하였다.[98] 구나의 목표는 전염병, 돌림병, 시병(時病)을 의미하는 역(疫)이었다. 따라서 12월인 계동(季冬)에 대나의를 거행하는 것은 지난해의 전염병을 몰아내어서 신년에는 다시 발생하지 않도록 기원하는 과정이다. 그런데 조선시대 군례에 계동대나의만 있고 다른 계절의 나의가 없는 것은 중화적(中華的) 사고에서 도출된 것이라고 볼 수 있다.

나의는 조선을 건국하며 창안한 군례가 아니었다. 나의는 고려시대에도 국가적으로 설행되던 군례였다. 고려시대에는 계동만이 아니라 봄에 거행하는 춘나(春儺)도 있었다. 그런데 조선은 봄과 가을의 나의는 천자만이 거행할 수 있는 의례라고 생각하였다. 다만 봄의 나의는 섣달그믐의 행사로 정착되어 세말세초(歲末歲初)의 나례가 되었으므로 계춘(季春)은 그대로 진행했다고 볼 수도 있다. 궁궐에서는 나의를 궁궐 내부에서 거행하였다.

나의에는 방상시가 나타나는데 한국 고대부터 등장했다. 나의의 가면은 축귀하기 위한 무서운 형상이며 춤도 역귀를 쫓아내는 형태였다. 그중에서도 방상시가 대표였다. 방상시는 『주례』 하관(夏官)에 소속한 관직 명칭이다. 방상시는 눈이 넷 달린 가면과 곰 털로 만든 검은 색 웃옷과 붉은색 치마를 착용하고 창과 방패를 든 형상이었다.

나의가 군례로 의례화 한 것은 고려시대였다. 고려 성종 대인 10세기 말 국가의례상 군례로 정비된 것으로 보인다. 나의는 계절에 따라 정기적으로 행하는 시나(時儺)와 비정기적인 것으로 구분된다. 비정기 나례는 장례, 부묘, 안태, 사신 영접 등 이었다. 예컨대, 장례시 방상시는 시체에 앞서서 무덤에 들어가 영령을 위해 무덤 안을 정화시키는 임무를 수행했다. 반면 3월의 계춘, 8월의 계추, 12월의 계동 나례는 연중행사로 거행된 세시 의식이었다.[99] 이외에 국왕이 행행을 마치고 환궁하면서 연희의 하나로 나례를 거행하기도 하였다.[100]

그런데 조선 중기 이후로 나의는 군례를 통한 축역의 의미보다는 관나(觀儺)와 설나(設儺) 등의 궁중 연희(演戲)로 연행되었다. 관나와 설나는 공연 오락물로 배우들이 왕실 가족이나 관객들을 상대로 볼거리를 제공하는 궁중 행사이며, 연극과 노래, 춤이 어우러지던 종합예술이었다. 궁궐의 편전과 유원(遊園)에서 거행된 나례는 국왕과 왕족만이 아니라 문무 관료들이 함께 즐기던 행사이기도 하였다. 그래서 세말 궁중나례, 사신 영접나례, 신감사 영접나례 등으로 변화하였다.[101]

그런데 나례는 고려시대부터 왕실은 물론 관료들이 모두 모여 즐기는 재야의 축제로 자리 잡고 있었다. 이 점은 조선 전기에도 동일하게 나타났다. 국왕과 문무백관이 주연을 베풀고 연희를 즐겼다. 더욱이 고려시내 중요한 왕실 행사였던 팔관회가 조선시대에 폐지되자 그 대안으로, 혹은 그로 인해 더욱더 성대하게 나례의가 연희가 되었다.[102]

계동대나의는 세시인 계동에 거행했기 때문에 시나라고 할 수 있다. 계동의 나례는 섣달에 거행된 국가적 대동의식이었다. 율곡 이이(李珥, 1536-1584)는 “구나축역(驅儺逐

疫)은 『주례』의 방상시가 장악하여 사기(邪氣)를 벽제(辟除)하여 신년을 맞이하는 것"이라고 하였다. 따라서 계동구나의 구나축역은 사기를 벽제하고 새해를 맞는 제야의 의식으로 국왕과 민인에 이르기까지 모두가 하나 되는 공연이라고도 볼 수 있다.[103]

따라서 조선 전기의 나례는 당나라와 송나라의 의례화된 나례와 삼국시대부터 계승되던 벽사의례가 혼용된 유형이라고 할 수 있다. 조선 건국 후 나의는 1393년(태조 2) 2월에 나타난다. 태조가 청주에 행행했을 때 목사 진여의(陳汝宜)와 판관(判官) 민도생(閔道生) 등이 나례를 갖추어 북교(北郊)에서 맞이하고, 부로(父老)들은 노래를 불러올리면서 어가(御駕) 앞에 절하였던 모습이다.[104] 이 해에 태조는 전국에 잦은 행행을 거행하는데, 그때마다 나례의가 거행되었다. 청주에 이어 계룡산을 거쳐 상경할 때에도 백관들이 용둔(龍屯) 들에서 맞이하였는데, 태조가 숭인문(崇仁門)으로 들어오자 채붕(綵棚)과 나례를 시좌궁(時座宮) 문밖에 설치하고 성균관의 학관(學官)이 여러 유생을 거느리고 가요를 부르며 맞이하였다.[105] 태조 대 나례 형식은 태종 대에도 이어진다.

1401년(태종 1) 태종이 환궁할 때 유후사(留後司)의 여러 신하들이 산붕(山棚), 결채(結綵), 나례(儺禮), 백희(百戲)를 베풀고 공복(公服)으로 숭인문 밖에서 맞이하였으며, 성균관의 생도와 교방(敎坊)의 창기(娼妓)들이 가요로 맞이하였다.[106] 당시 나례에 사용하던 채색은 모두 금은을 사용하였다.[107] 태조와 태종의 나례 사례를 보면 국왕의 행행을 맞이하는 과정에서 환영 행사로 나례의가 이용되었음을 볼 수 있다. 따라서 자칫 조선 초 나례는 고대부터 내려오던 나례의와는 달리 사용되었다고 볼 수도 있다. 그런데 세종 대에 접어들면 나례의는 제석에서 왕실 행사로 매년 거행되는 연례행사가 되었다.

중종반정 이후 나례의는 축소되고 정지되어 갔다. 중종 대에 사림파의 진출과 주자학적 사고관의 확산에 따른 영향이라고 할 수도 있겠으나, 비의례적이라고 생각되는 부분이 정지되었다. 1513년(중종 8)에는 정조의 나례는 조종조(祖宗朝)의 고사이므로 폐할 수는 없지만 잡희(雜戲)이니 재감(裁減)하라고 하였다.[108] 1515년(중종 10)에는 정조의 양재처용(禳災處容)을 하지 말라는 명령이 내려졌다.[109] 이 두 가지 조치는 중종의 명령으로 왕실 군례인 나례의가 의례 주재자인 국왕에 의해 축소된 것이다. 명종 대에는 나례의가 더욱 축소되어 궁궐 내에서만 거행되는 실정이었다.[110]

결국 계동대나의는 왕실 군사의례에서 축소되었고, 상장례의 일부분에 삽입되거나, 사신접대와 궁궐 내 행사로 변질되었다. 예컨대 조선 후기에는 나례도감이 설치되어 나례의 설행을 전담하였다. 나례도감은 부묘 후 환궁 때의 나례를 거행하기 위하여 설치한 임시기구였다. 나례도감은 의금부와 군기시에서 각각 좌변과 우변의 일을 맡아 보았는데 산대나 채붕, 헌가 등 나례에 필요한 무대 구조물을 만들고 외방 재인들을 한양으로 상송하는 일을 주관하였다. 『국조오례의』에 따르면 종묘에서 광화문에 이르는 연도에는 국왕의 행차를 환영하고 칭송하는 거가환궁(車駕還宮) 행사가 거행되었다. 거가환궁의 절차 가운데 나례 잡희와 교방가요는 채붕이나 침향산 같은 화려한 무대 설비를 사용하였으므로 많은 인력과 물력이 소비되는 행사였다. 인조는 이러한 행사를 주관했던 나례도감을 혁파하고 침향산을 공개적으로 불태워 왕실의 의전을 감축하겠다는 뜻을 만방에 알렸다. 장악원에서 교방가요를 맡았던 경기(京妓)의 제도를 없앴고 궁정의 내연(內宴)에 필요한 기녀들은 외방의 선상기(選上妓)로 충당하게 된다. 이후 조정에서는 종묘 제례 후 환궁 때의 나례는 더 이상 거행하지 않았다. 숙종 대에는 1651년(효종 2)과 1661년(현종 2)의 전례에 따라 부묘(祔廟) 후 나례를 거행하지 않기로 하였고 경종 역시 1661년과 1676년(숙종 2)의 전례에 따라 나례를 거행하지 않기로 하였다. 그러나 나례를 설행해야 하는 계기 때마다 예조가 보고를 올려 국왕의 재가를 받았으므로 제도적으로 폐지한 것은 아니었다. 1754년(영조 30)에 와서야 제도적으로 부묘 나례를 완전히 폐지하였던 것이다. 당시 영조는 부묘 후 나례의 설행 여부를 묻는 예조의 품신조차 그만두라고 명하였다. 중국 사신을 접대하는 나례에 대해서는 존폐 여부에 대한 조정의 의논이 있었지만 임진왜란 직후에도 나례를 폐지하지 않았는데 반정 이후 설행하지 않으면 중국 사신 측에서 의혹을 제기할까 우려하여 계속 실시한다는 결론을 맺었다. 백성에게 폐단이 미치지 않도록 간편하게 설행하라는 국왕의 당부도 있었다. 세밑에 거행하는 구나(驅儺) 역시 존폐 여부에 관한 논의가 있었으나 위로 자전(慈殿)이 있으므로 존속시키되 그해와 이듬해는 거행하지 말 것과 종이가면을 나무가면으로 바꾸어 해마다 새로 만드는 폐단을 없애라는 결정이 내려졌다. 관상감에서 올린 안건이었으므로 이때의 가면은 방상시와 12지신, 진자(侲子) 등의 가면을 말한다.[111]

구나는 1694년(숙종 20)에 폐지될 때까지 변함없는 제의 형식을 유지하였다. 청나라 사신을 접대하는 나례를 거행할 때는 여전히 의금부와 군기시가 좌우변 나례도감을 맡아 행사를 주관하였다. 1626년(인조 4)에 제작된 『나례청등록(儺禮廳謄錄)』을 비롯하여 『인조실록(仁祖實錄)』과 『승정원일기(承政院日記)』등의 여러 자료에서 그러한 사실이 나타난다. 나례도감의 변화는 병자호란 이후부터 보인다. 청나라와 외교 관계를 맺어 처음으로 사신이 오던 1637년(인조 15)에 나례의 존폐 여부에 대한 논란이 다시 일었다. 전란으로 피폐해진 상황인 데다 후금 시절 사신이 올 때 영접했던 전례가 소략했기 때문에 전란 이전 명나라 사신에 대한 의전처럼 설행하기는 어려웠기 때문이다. 따라서 예조에서는 만드는 데 비용이 많이 드는 헌가(軒架) 대신 결채만 베풀고 희자들의 놀이인 나례도 없앨 것을 주달하였다.[112] 청나라 건국 이후 처음 맞이하는 사신이므로 뒷날의 고락을 생각하여 사치하지 말고 처음부터 절약해서 국가를 지탱하고 백성을 보존하자는 취지의 논의도 거듭되었다.[113] 그러나 결국 청나라 사신을 접대하는 첫 의전에서는 헌가를 만들어 나례를 거행하였다. 1637년의 나례는 청나라 사신을 접대하는 전례가 되어 이후 행보에 걸림돌이 되었다. 한편 관나의 경우 국왕 앞에서 풍속의 미악과 정치의 득실을 담은 내용이 주요 공연종목이었기 때문에 의금부는 그 내용에도 깊이 관여하였다. 종묘 제례 후 거가환궁 때의 나례는 국왕의 관람이 목적이 아니라 성대한 장관을 연출하는 데 있었기 때문에 재인들의 공연 종목을 세세하게 관리하지는 않았다.[114] 그러나 간혹 광해군처럼 산대 앞에 머물면서 재인들의 잡희를 구경하는 국왕도 있었을 것이므로 나례도감에서 공연 종목을 관리하는 일을 소홀히 할 수는 없었다.

인조 이후 국왕의 거가환궁 때 나례를 완전히 폐지하였고 더불어 관나의 행사가 사라졌기 때문에 재인들이 국왕과 접하는 기회가 없어졌다. 이때부터 자연스럽게 의금부는 나례를 주관하는 업무를 끝내게 되었던 것이다. 병자호란 이후 나례도감은 영접도감 내 나례색으로 축소되었는데 1784년(정조 8) 나례 때는 포도대장을 당상관으로 하는 독립적인 나례도감을 두었다. 거의 30년 만에 다시 거행하는 나례였으므로 여러 가지 폐단이 우려되어 특별히 인적 조직을 강화했던 것이다. 이후 나례는 다시 거행되지 않았다.

중국 사신의 행차를 위한 나례는 도성 안팎의 백성들에게 가장 큰 구경거리였다. 임진왜란 이전 경복궁이 소실되기 전에는 모화관에서 광화문에 이르는 노정에서 중국 사신을 맞이하는 여러 가지 행사가 거행되었다. 임진왜란 때 경복궁이 소실된 이후에는 광화문 앞 산대 나례를 거행할 수 없었다. 전란 후에 궁핍한 나라 사정에 대규모의 인력과 물력을 동원하기 어려웠을 뿐만 아니라 창덕궁의 정문인 돈화문 앞이 협소하여 대산대를 세울 수 없었다. 따라서 국왕의 거가환궁 때나 사신의 행차 때는 대산대보다 규모가 작으며 이동할 수 있는 예산대인 헌가를 사용하여 나례를 거행하였다. 헌가 나례의 절차는 헌가와 잡상이 사신의 행차를 전도하고 미리 정해진 지점에 재인들이 대기하고 있다가 행차가 도착하면 잡희를 펼쳐 보이는 방식으로 진행되었다. 칙행을 위한 헌가 나례는 모화관에서 1차 공연을 하고 숭례문까지 행차를 전도하다가 숭례문 밖에 이르러 대기하던 재인들의 잡희가 공연되었다. 조선시대 궁정의 나례는 세 번의 공식적인 예행연습, 즉 삼도습의(三度習儀)를 거쳤다. 정확하게 말하면 나례의 계기가 된 의례나 행사를 위하여 삼도습의를 할 때 함께 참여하여 연습하였다. 국왕의 거가환궁 때나 중국 사신의 행차 때 거행되는 나례는 일정한 의식 절차와 맞물려 있을 뿐만 아니라 산대나 채붕, 헌가와 같은 거대한 무대 설비를 활용하게 되는 까닭에 원만한 진행을 위하여 예행연습이 필수적이었다고 할 수 있다. 인조 이후에는 나례의 행사와 나례도감의 위상이 축소되었지만 나례의 삼도습의는 그대로 유지되었고 길가에서 예행연습을 하는 방식이었다. 이 장면을 구경하기 위하여 일반 백성은 물론 양반 사대부가에서도 길가에 임시 거처인 의막을 가설했고 헌가를 끌고 갈 때 서로 잡상을 만져보려고 다투었다. 병자호란 이후에는 나례도감이 축소되고 나례의 규모도 줄었지만 헌가 잡상의 삼도습의는 종전대로 거행하였다. 중국 사신을 맞이하는 나례에서 삼도습의를 겸하여 사습을 진행하는 관례는 이후로 지속되었다. 삼도습의의 법식을 폐기한 것은 아니어서 사습과 겸행한다는 내용의 계를 올려 재가를 받은 뒤에 진행하곤 하였다. 1784년에 청나라 사신을 맞이하는 나례는 30년 가까이 정지되었다가 정조 즉위 후 처음으로 거행하게 되었다. 오랜만에 설행하는 나례인지라 백성들의 노고에 대한 임금의 배려가 나타난다. 나례의 사습 때 숭례문 밖으로 헌가를 끌고 나가면서 연습하다 보면 밧줄을 끄는 백성들이 익숙하지 않아 다칠 것을 염려하여 별도의 사습을 거행하지 못하게 하였다. 또한 사습 때는 구경꾼을 금지할 필요가 없다고 나례도감에 알리라고 하였으니 모화관의 사습 현장은 도성 안팎 백성들을 위한 놀이판이 되었다고 할 수 있다.

### 5) 대사례(大射禮)

조선시대 대사례는 군사적 의례 행위라기보다는 군자의 덕을 함양하는 수단인 인격 수양의 하나로 인식되었다. 공자가 사례(射禮)를 예악의 도리를 실행하는 실천적 덕목이라고 했듯이 대사례는 문무관료 누구라도 익혀야 하는 기본적인 소양이기도 하였다. 활쏘기의 과정을 관덕(觀德)이라고 한 것에서도 알 수 있다. 유교정치를 표방하던 조선왕조에서는 왕조의 창업과 함께 문묘의 의례를 정비하여 정치적, 사회적 상징성을 높였다.[115]

조선시대에는 모두 8회의 대사례가 거행되었다. 이중 4회는 1471년(성종 8), 1502년(연산군 8), 1534년(중종 29)이며, 나머지는 1743년(영조 19), 1764년(영조 40)이다. 18세기의 대표적인 대사례는 1764년 2월의 대사례였다. 2월 8일, 영조는 경희궁 건명문(建明門)에 나아가 충량과 시험에 친림(親臨)하고 이어서 대사례를 거행하였다. 이때의 대

사례는 성균관에서 거행하지 않았으나, 영조가 직접 웅후(熊侯)와 미후(麋侯)에 활을 쏘고 여러 신하들과 화합한 자리였다. 영조는 자신이 대사례에서 사용한 웅후를 성균관의 육일각에 보관하도록 하였다. 영조가 사위(射位)로 나갈 때는 기신(耆臣)과 문무관이 동서로 나누어 도열하였다. 상호군 어영대장 김한구(金漢耉, 1723-1769)가 결습(決拾)을 올리고, 훈련대장 구선행(具善行, 1709-1775)이 활을 바쳤으며, 금위대장 이장오(李章吾, 1714-1781)가 화살을 바쳤다. 영조는 승시(乘矢)를 쏘아 화살 2개는 날리고 2개로 과녁의 복판과 과녁의 변죽을 연중(連中)하였다. 이때 쏘았던 활과 화살은 기신 판부사 유척기(兪拓基, 1691-1767)에게 주어 기로소의 영수각(靈壽閣)에 보관하라고 하였다. 영조는 신료에게도 쏘라고 명하여 맞힌 사람은 활 하나를 상으로 주고 맞히지 못한 사람은 벌로 풍치(豊觶)를 들게 하였으며 음례(飮禮)를 의식대로 거행하였다. 또한 직접 '망팔에 갑신년(1764년)을 거듭 만나서, 단지 열천(冽泉)만 외우노라[望八重逢只誦冽泉]'의 사언(四言)을 지어 내리면서 여러 신하들에게 화답하여 올리라고 명하였다. 이어서 충량과의 과차(科次)를 매겨 김노순(金魯淳, 1721-?), 김장행(金章行, 1738-?), 김이소(金履素, 1735-1798) 등 3인을 뽑았는데, 무과에 입격한 자도 14명이었다.[116]

결국 영조 대 성균관에서 거행된 대사례는 1743년에 친림한 것이 유일하다. 이후 정조 대에도 문묘 행행과 시취는 이루어졌으나 대사례가 거행되지는 않았다. 따라서 조선시대 왕실 군례로서 대사례는 중종과 영조 대 설행된 것이 유일한 것이라고 하여도 과언이 아닐 것이다.

### 6) 선노포의(宣露布儀)

선노포의는 전쟁시 거행하던 군례로 영조 대 이루어졌다. 1728년(영조 4)에 영조의 즉위를 부정하며 일어난 무신란 혹은 이인좌의 반란은 선노포의가 조선왕조의 왕실 군사의례이면서 국가의례 체제로 새롭게 편입되는 계기를 만들었다.[117] 영조는 자신을 지지했던 노론과 경종을 지지했던 소론의 대립과정을 거쳐 왕위를 승계하였다. 따라서 즉위 초부터 왕위 정통성과 관련한 문제를 해결해야 했다. 이런 상황에서 소론의 일부가 소현세자 후손인 밀풍군(密豊君) 이탄(李坦, 1698-1729)을 추대하면서 영남을 근거지로 반란을 일으켰다. 영조 집권 초반기에 발생한 이인좌의 난은 청주성이 함락되며 정부군의 무능을 보여주기도 했으나, 곧 정국 운영이 노론 일색으로 경도되어 세도정치로 이어지게 만드는 국면 전환의 초기 원인이 되던 대사건의 단초였다. 그런 이유로 군례가 역사적으로 전쟁과 관련된 군사상의 이유로 탄생된 것을 감안한다면 선노포의가 이인좌의 난으로 인해 만들어졌다는 것도 오히려 당연한 결과로 보아야 할 것이다.

원래 노포(露布)란 전승문(戰勝文)이면서 전장에 장군을 보내던 의식의 하나였다. 또한 노포는 전쟁에서 승리한 사실을 '사해(四海)에 퍼트리고[布], 백성들의 눈과 귀에 적신다[露]'는 의미에서 노포라 하였다. 중국의 고사에서 선노포 의례는 후위(後魏)가 전쟁에서 승리하고 그 사실을 천하에 알리고자 명주 천에 기록하여 장대에 매달아 게시한 것에서 시작되었다고 한다. 또한 헌괵은 전투 과정에서 죽인 적의 수급이나 왼쪽 귀를 잘라서 바치는 행위였다. 중국 왕조에서 선노포와 헌괵은 두 가지가 함께 행해지거나 선노포만 거행되기도 하였다. 정기적으로 거행하는 것이 아니라 황제가 친정(親征)하거나 군대가 정벌을 나갔다가 돌아왔을 때에만 행해졌다. 특히 군주와 신하가 의례 거행에 대해 합의했을 때만 시행되었다. 정벌에서 승리한 경우와 지도층의 합의가 동시에 이루어져야 했기에 각 왕조별로 시행 사례는 드물었다. 동시에 의례를 행하는 장소도 상황에 따라 상이했지만 대개 도성의 문루에서 거행되었다.[118]

숭례문에서 영조가 주재한 선노포의 의례의 주요 부분에 대한 연대기 기사를 정리해서 당시의 의례를 보면 다음과 같다. 먼저 전장에서 돌아온 사도도순무사(四道都巡撫使) 오명항(吳命恒, 1673-1728)이 출정 군대를 정돈하여 도성의 남쪽 밖에 진을 쳤으며, 영조는 숭례문 문루에 올라가서 이들을 영접했다. 영조는 궁궐에서 숭례문으로 행차하다가 광통교(廣通橋) 위에서 말을 정지시키고 두 승지를 시켜 도성의 백성들을 위유(慰諭)하였다. 영조는 백성들이 자신의 유시에 반응하여 크게 함성을 지르자 눈물을 흘렸다. 이어서 영조는 승지 조명신(趙命臣, 1684-?), 조현명(趙顯命, 1690-1752)을 시켜 마군(馬軍)과 보군을 위로하였다.

이어서 수가(隨駕)한 군중(軍中)과 순무영의 마보(馬步) 진중(陣中)으로 하여금 함께 승리를 얻게 된 것을 미루어 군악(軍樂)을 연주하게 하였다. 이어서 영조는 오명항의 손을 잡고는 호남과 영남의 흉추(凶醜)들을 깨끗이 소탕해서 종사가 다시 편안해지고 두 분 동조(東朝)까지 칭찬하며 기뻐하는 것이 모두 그의 공이라고 하였다. 영조는 헌괵례를 마치고 환궁한 뒤에는 도순무사(都巡撫使)와 출정했던 중군별장(中軍別將)에게 모두 선정전(宣政殿)으로 입시(入侍)하게 하고 출정 군병들에게는 궁궐 밖에서 호궤(犒饋)하도록 했다. 영조는 오명항이 입시했을 때 안성과 영남의 적변(賊變)이 발생했을 때의 사상(事狀)에 대한 보고를 들은 뒤 선온(宣醞)하라고 명하고 직접 술을 따른 뒤 내려주었다. 오명항은 영조의 뜻을 군중에 효유(曉諭)했는데, 군사들이 눈물을 흘리면서 나라를 위

해 목숨 바칠 것을 원하지 않는 사람이 없었다고 하였다.[119]

그런데 영조가 거행한 헌괵례는 견장 의례 중 헌부(獻俘)에 해당했다. 이때의 선노포와 헌괵의가『국조속오례의』의 군례 중에 규정됨으로써 조선시대 견장 의례는 수절월, 선로포, 헌괵의로 정비되었다. 포로의 수급을 장대에 매다는 절차가 포함됨으로써 무신란 참여 정적에 대한 영조의 의지가 표현되었다. 또한 영조의 정치적 의지가 반영된 군사 활동이 군례로 정비되어 국가의 공식적인 의례로 활용할 수 있는 기반을 만들었다. 영조는 무신란을 진압한 공신들과 회합하여 회맹(會盟) 의식을 하여 무신란의 정당성을 대외적으로 마무리 지었다. 회맹례는 7월 17일 경복궁 신무문 밖에서 이루어졌다 영조는 회맹제가 거행될 7월 18일의 전날 경복궁 신무문 밖에서 재숙한 뒤 회맹단(會盟壇)에서 훈신(勳臣)들과 차례로 삽혈(歃血)하고 의식을 마쳤다.[120] 이때의 선노포의례가『국조속오례의』의 군례로 정비되었다.[121]

선노포가『국조속오례의』에 수록된 것은 영조의 의지가 작용했다고 보아야 할 것이다. 영조가 무신란을 진압한 것을 대내외에 과시함으로서 왕위 계승의 정통성을 확보하려던 것이었음을 짐작하게 한다. 무신란의 진압이 전쟁사적으로 관군의 승리가 아니라 정치사적으로 영조의 왕위 계승에 대한 정통성이 부각되는 것임을 의미하는 것이다. 영조가 도성의 얼굴인 숭례문에서 직접 난적들의 수급을 받고, 그 수급을 장대에 내걸어 보여주게 함으로서 대내외에 왕위 계승에 대한 정당성을 알리는 것과 동시에 자신의 권위에 도전하는 자들에 반대파들에 대한 처벌이 어떠한 것인지를 분명하게 보여주던 정치적 퍼포먼스였던 셈이다. 그 정치적 퍼포먼스가 선노포의라는 군례였던 것이다.

# 군정과 재정의 운용

이왕무



4.

# 1절. 군정의 운영 구조

## 1. 병조의 군사 행정 체제

### 1) 군색(軍色) 체제

조선왕조에서 군대의 운영과 관리를 담당하던 행정적인 조직을 '군색(軍色)'이라고 한다. 왕조 국가에서 '색(色)'이란 ○○의 담당이라는 의미이므로 군사 업무를 담당한 부서명으로도 해석이 된다. 근대적 개념의 행정 조직이라고 해석하기에는 무리가 있다. 일정한 관료 조직의 구조하에 행정 사무가 이루어지는 조직이 아니기 때문이다. 군색 체제는 병조에서 시작되어 군영까지 설치되어 왕조 말기까지 동일한 체제를 유지하였다. 군색은 담당 업무에 따라 군기색(軍器色), 군향색(軍餉色) 등으로 구분되었다. 군색이라는 명칭은 병조에서 처음 나타난다. 병조는 일군색(一軍色)과 이군색(二軍色)으로 군사 부분을 운영하였다. 군색에 소속된 관원은 요직이었다.[1] 그런데 군색의 규모가 일정하게 정해져 있지 않았기 때문에 오늘날의 행정 직계와 같은 관리도를 구성해 내기가 어렵다. 더욱이 일군색이 필요한 물자가 없으면 이군색에서 취해 쓰는 형태였다.[2]

병조의 일군색은 군병의 급여를 담당하던 곳이다. 일군색은 급여만이 아니라 금군의 갑주(甲胄), 환도(環刀), 궁전(弓箭), 편곤(鞭棍), 기치(旗幟), 쟁고(錚鼓), 군막(軍幕), 포장

(布帳), 유둔(油芚), 군복(軍服)의 개비(改備) 및 기타 지급하는 물력까지 담당하였다.[3] 군병의 급여라고는 하지만, 그 안에는 군인으로서 필요한 물품에 해당하는 비용도 모두 포함하였다. 일종의 군수 분야도 일정 부분 담당한 것이다. 일군색을 담당한 관원은 낭청(郎廳)이다. 낭청은 주로 출납을 관장했으므로 매년 연초에 지난해의 수입과 지출을 산출하여 회계한 뒤 신년의 경비안(經費案)을 신청하였다.[4] 영조 대에는 병조와 군영 간의 원활한 관계를 위하여 병조의 낭청을 종사관(從事官)으로 변경하고자 하였다. 군영의 형세가 커진 결과였다. 군영에서 낭청에게 보고서를 올리는 관계로 서차를 정리하면서 유야무야 되었다.[5]

일군색의 낭청은 병조 소속 금군(禁軍)의 보(保), 호련대(扈輦隊), 내취(內吹)의 보에게서 포를 수납하여 장교 및 군병과 원역의 봉급과 급료에 소용되는 자금(資金)을 만드는 일을 수행하였다. 금군은 조선 초기부터 편성된 국왕의 친위병으로서 내금위(內禁衛), 겸사복(兼司僕), 우림위(羽林衛)를 말한다. 조선 후기에는 효종 대에 내삼청(內三廳)으로 편제되었다가 현종 대에 금군청(禁軍廳)으로, 영조 대에 용호영(龍虎營)으로 개편되어 소속된 군인을 말한다. 영조 대의 금군은 700여 명으로 6번 교대로 상번 숙위하는 급료병이었다. 보인(保人)은 1만 5,221명으로 금군 1명당 보인 약 22명이 배속되었다.[6]

일군색은 경기도, 충청도, 전라도, 경상도, 황해도, 강원도 등의 6도에 산재된 금군보, 보직보(褓直保), 호련보(扈輦保), 내취호보(內吹戶保) 등에서 1만 5,221명의 군보(軍保, 보인)에게서 군역세인 군포와 돈을 수세하였다. 보직보는 여정(餘丁), 장인(匠人), 호보(扈保) 등을 합하여 금군의 보로 작정(作丁)한 것이며, 호련보는 국왕이 행행할 때 호위하는 군병인 호련대의 보이다. 내취보는 궁궐이나 행행시 군악을 연주하던 내취의 보이다.[7] 일군색이 급여를 주는 방식인 응하(應下)에는 1년에 1회이거나 수시로 주는 것, 매삭마다 주는 것과 봄과 가을에 주는 양등(兩等)의 방식, 수시로 지출하는 것이 있다. 수시로 지출하는 것에는 군기의 새로운 제조 및 수리비, 장교와 군졸의 군복 대금, 능행시 차비의 건호궤(乾犒饋) 등이다.[8]

병조의 이군색은 군병의 복무와 직무를 관리하던 곳이다. 기병과 보병을 관장하였다. 그들의 보포(保布)와 궁궐 내외의 입직에 관한 업무를 담당하였다. 보포를 담당한 것은 기병과 보병의 입직과 당번에 따른 포의 납부를 말한다. 당번을 정지하게 되는 경우 그 정지된 기간만큼의 포를 납부하였고 이군색에서 이것을 받아 관청의 원역(員役)의 삭료(朔料)로 전용하였다. 원래 원역은 급료는 호조에서 호료(戶料)로 받고 포는 병조에서 병포(兵布)로 받았다. 기병과 보병의 입직 장소는 궁궐의 각 문과 종묘, 사직, 각 전(殿)과

궁(宮) 등이었다. 그들은 1년을 6회로 나누어 당번을 맡았고, 그 당번을 정지하는 경우 포를 납부하였다. 18세기 말 병조 이군색에서 관리한 기병은 5만 7,794명이며, 보병은 3만 7,078명이다.[9] 병조의 일군색과 이군색이 담당한 일을 종합적으로 본다면 군병의 관리이다. 군색이라는 왕조 국가 고유의 행정 관리 조직을 통해 군사 업무를 담당한 것이다.

병조에는 군색 이외에도 도안청(都案廳), 유청색(有廳色), 마색(馬色)의 3개의 군사 담당 부서가 있었다. 도안청은 군병의 수치를 정비하면서 군포 징수의 부정을 막는 부서로 황구첨정(黃口簽丁)이나 백골징포(白骨徵布)를 차단하는 일을 맡았다.[10] 또한 별기병(別騎兵)에게 군포를 징수하여 각사(各司)의 사환(使喚)에게 고가(雇價)를 지불하거나 제향군계의 종사제향비(宗社祭享費)인 공가(貢價)를 지급하는 업무를 담당하였다. 별기병은 충청도, 경상도, 황해도, 강원도에 배정된 것으로 영조 대에 혁파하고 향보(鄕保) 1,500명으로 전환한 뒤 1인당 1포인 1,500포를 징수하였다. 유청색은 조예(皂隷)의 매월 급료를 지급하는 업무를 관장했고, 그 재원은 유청군(有廳軍), 보충대(補充隊), 낙강군(落講軍)에게서 수취하였다. 마색은 입마(立馬), 초료(草料), 노문(路文), 마차, 역보(驛保)에 관한 업무를 관장하였다. 병조 소속의 군색 업무를 정리해보면, 병조가 관할하는 군사 재정의 대부분은 전세 등에 기초한 중앙 재정이 아니라 군역 담당자가 부담하는 군역세에 의한 것임을 알 수 있다.[11]

유청색은 병조 소속의 충순위(忠順衛)·충찬위(忠贊衛)·충장위(忠壯衛)의 순찰군(巡察軍)과 여정의 번포(番布)를 관장하였다. 유청색에 소속되어 군포를 납부하는 이들을 유청군이라고도 하였으며, 그들이 납부하던 군포를 유청가포(有廳價布)라고도 했다.[12] 유청색의 담당인 여정은 여정색(餘丁色)으로도 관리되었다. 여정색의 유래는 병자호란이었다. 병자호란이 시작되던 1627년(인조 5)에 한정(閒丁)을 크게 색출하여 군적(軍籍)에 보충 편입하고, 여정을 병조에 소속시켰다. 그 뒤에 불합격자 및 고시[講]에 낙제한 여정을 비변사에서 병조로 넘겨 보냈다. 숙종 때에는 사정청(查正廳)을 설치하여 충의위에 부당하게 소속된 2만 명을 금위군(禁衛軍)의 보에 분속하고, 그 나머지는 모두 여정으로 돌려 매년 베 200여 동을 징수하게 하였다. 1749년(영조 25)에 비변사의 여정도 모두 추려내고 병조의 보충대와 강(講)에서 낙제한 여정은 본시 베를 징수하여 경비를 쓰던 것이 다른 여정과는 구별이 되므로 여정이란 명칭은 없애고, 보충대, 낙강군이라고 부르다가 여정색을 유청색으로 개칭했다. 당시 유청군 관장은 곧 충순(忠順), 충장(忠壯), 충찬(忠贊)의 3위(三衛)인데, 충순위는 곧 출신(出身)의 아들, 사위, 아우, 조카, 손자이며, 충찬위는 곧 원종공신(原從功臣)의 맏아들 이외의 자손인데 증손까지에만 국한되며, 충장위는 곧 전사한 사람의 자손인데 증손까지에만 국한하는 것이다. 이 3위는 음(蔭)이 있는 자들로 구두(口頭)로 목록을 상주(上奏)하든가 또는 국왕의 결재를 경유하여 증명서를 발부하여 통칭 유청군이라 하였다. 순조 대에는 국왕의 결재는 경유하지 않고 병조에서 증명서만 작성, 발급했다.[13]

마색은 궁궐과 관청의 시위, 행사에 동원되는 말을 관장하거나, 중앙의 관료들이 지방에 공무로 여행할 때에 입마, 노문, 초료 등에 관한 일을 담당하였다. 본래 내사복(內司僕)인 승여사(乘輿司)의 일을 담당하였다. 승여사에서는 노부(鹵簿)와 연(輦)·여(輿)를 관장했었다. 병조의 승여사를 마색이라 고쳐서 역전(驛傳)을 관장하게 한 것이다.[14] 조선 후기에는 청파(靑坡)와 노원(蘆原)의 두 역에서 매일 각각 25필씩 입번하게 하여 기마(旗馬), 둑마(纛馬), 판서와 참의(參議) 및 일군색과 이군색 낭청의 조습(調習), 비변사 낭청의 입직마 등을 제공하였고 주야로 전령을 보내기 위해 대령하였다.[15] 마색에 소속되었던 역마를 담당하던 민호(民戶)인 마호(馬戶)에서는 역을 감당하기 어려워 역전(驛田)을 사사로이 매매하는 폐단이 발생했다.[16]

## 2) 삼군영의 관리 체제

조선 전기부터 국가의 관방과 치안을 담당한 병조의 업무를 분할하여 담당하기 시작한 것이 임진왜란기부터 설치되었던 군영이다. 그중 서울 도성의 안보를 담당하였던 훈련도감, 금위영, 어영청의 '삼군영(三軍營)'에 대한 관리 체계를 살펴보도록 하겠다.

훈련도감은 임진왜란이라는 왜적의 침략 전쟁 상황하에서 명나라의 『기효신서(紀效新書)』에 의거해 군대를 포수(砲手)와 살수(殺手), 사수(射手)로 구성하고, 식년(式年)마다 지방에서 건장한 양인 장정을 차출하여 장번군(長番軍)으로 운영하던 권설아문(權設衙門)이었다. 도감군은 양란을 거친 후 그 중요성이 강조되면서 군액이 크게 증가하였으며 마병, 별무사, 무예청 등 군종도 다양해졌다. 그러나 18세기 초 대외정세가 안정되는 가운데 도감군의 양료(糧料)가 호조의 경비부담을 초래하는 주요인으로 지적되면서 축소와 통합 논의가 불거졌다. 그럼에도 불구하고 훈련도감은 19세기까지 5,700여 명의 군액을 유지하는 가운데 국왕을 호위하고 도성을 방어하는 주요 군문으로 그 위상을 유지하였다.[17]

훈련도감 조직의 전체 구도를 살피기 위해 18세기 말 도성 내에 위치하였던 훈련도감의 관서 위치를 보면 다음의 [표 4-1]과 같다.

**[표 4-1] 훈련도감 공해**

| 공해(公廨) | 위치 | 규모 |
|---|---|---|
| 북영 | 원동(창덕궁 북쪽) | 235칸[間] |
| 남영 | 창덕궁 돈화문 밖 | 32칸 |
| 서영 | 경희궁 숭의문 밖 | 9칸 |
| 북일영 | 경희궁 무덕문 밖 | 16칸 |
| 광지영 | 창덕궁 북 응봉 아래 | 15칸 |
| 신영 | 경희궁 홍화문 밖 | 197.5칸 |
| 하도감 | 훈련원 동쪽 | 390칸 |
| 군향색 | 북영 남쪽 | 112칸 |
| 염초청 | 청계천 마전교 | 211칸 |
| 약방 | 동현 | 25칸 |
| 직방 | 상덕궁 돈화문 밖 | 16칸 |
| | 창덕궁 금호문 밖 | 10칸 |
| | 창경궁 홍화문 밖 | 8칸 |
| | 경모궁 밖 | 8칸 |
| 양어소 | 보제원 | |

전거 : 『만기요람』 군정편2, 훈련도감, 공해

훈련도감의 관서와 시설은 도성의 한 곳에 집중적으로 위치한 것이 아니라 산재해 있었다. 훈련도감의 설립 초기인 1594년(선조 27)부터 남대문 인근에 전영(前營)을 설치하여 포수와 살수 1초씩을 배치했고, 후영(後營)은 종학(宗學) 근처에 두었으며, 동대문 내에는 좌영(左營)을 두고, 서소문 내에는 우영(右營)을 두고, 중영(中營)은 남별궁(南別宮) 근처에 두고 포수와 살수 1초씩을 배치하였다. 각 영에 배치된 군병은 직숙하며 윤회 근무하였다.[18] 따라서 위의 [표 4-1]의 훈련도감 분영의 위치는 시대별로 변화된 상황을 가미한 것이다.

위의 [표 4-1]에서 훈련도감의 주요 관서는 대부분 창덕궁과 경희궁의 주변에 위치하고 있다. 군병의 군향을 담당하는 군향색의 건물은 북영, 염초청, 신영 다음의 네 번째 규모이다. 군병, 군기, 군향의 순으로 건물의 규모가 정해져 있음을 알 수 있다. 그런데 군향색의 위치가 북영의 남쪽이라는 점을 고려한다면 그 중요성의 순위는 달라진

[그림 4-1] 경희궁 무덕문 밖의 북일영 (김홍도, 〈북일영도(北一營圖)〉, 고려대학교박물관 소장)

다. 북영은 창덕궁 북쪽에 위치하고 있었다. 군향을 조선 후기의 정궁이라고 할 창덕궁의 안쪽에 두어 유사시 궁궐의 안위에 사용하거나 정예병인 훈련도감의 군병을 유지시키기 위한 방편이었다고 생각된다.[19]

훈련도감은 임진왜란 이후 신설 군문에서 군현에 군포(軍布)와 보미(保米)를 거두어 상번(上番)과 부방(赴防)하는 군사에게 급료로 지급함으로써 조선 후기 신설 군문은 재정기구로서의 성격을 띠게 되었다. 군문들 역시 군포 수취 과정에서 점퇴(點退)와 방납(防納)의 문제에 봉착하여 군포의 규격을 정식화해 나갔으며, 둔전(屯田)과 주전, 환곡의 모곡 수취를 통해 재정 부족을 만회해 나갔다. 그뿐만 아니라, 산성 축조와 칙수 비용 마련, 준천 등의 국역에 필요한 재원을 공동 분담함으로써 정규세입으로 감당하지 못하는 과외의 비용을 보전해주는 역할을 하였다.

훈련도감은 1593년(선조 26) 10월 전란의 위기 속에서 500명도 채 안 되는 도성의 기민(飢民)을 모아 신설군문으로 출범하였다. 당시 중앙정부는 당속미(唐粟米) 1천 석을 군량으로 내어 도감군에게 1인당 2승(升)씩 급료로 지급하고 조총술을 익히게 하였다. 애초에 포수로만 구성되었던 훈련도감은 1594년 4월 의용대 출신의 살수를 도감군에 편입시키고 같은 해 6월 사수를 합류시킴으로써 포수-사수-살수의 삼수병 체제를 갖추었다. 여기에 임란 이후 북방에 후금 세력이 성장하자 보군(步軍) 조치가 추가된 것으로 보인다. 삼수병에 더해 기마전술을 구사할 수 있는 마병(馬兵)을 신설하고, 인조 대 이후 훈련대장의 지휘체계에 두었다. 또 병자호란 당시 전공(戰功)을 세운 도감군을 국출신(局出身)으로 승격시킴으로써 도감군은 17세기 중반 보병과 마병, 국출신으로 구성된 군대로 확대, 재편되었다. 그런데 보병과 마병은 1606년(선조 39) 겨울부터 매년 각 도에서 승호(陞戶)를 차출하여 장번(長番)을 서게 하는 방식으로 운영되었기 때문에, 선조 말기 1~2천 명에 불과하던 군사는 1616년(광해군 8) 무렵 4천 수백여 명으로 군액이 크게 증가하였다. 또 효종 대 북벌정책을 거치면서 별승호제(別陞戶制)의 시행으로 군액이 다시 증가하여 1662년(현종 3)에는 7,000명에 이르게 되었다. 그러나 1682년(숙종 8) 금위영의 신설로 군총(軍摠)을 정비하면서 군액을 5,707명에서 5,000명으로 하향 조정한 후 19세기 무렵까지 도감군은 5,700명 수준을 유지하였다. 문제는 이처럼 토지에서 유리된 수천 명의 승호군을 도성에 거주시킴으로써 조선 정부는 이들을 부양할 군사재원을 마련해야 하는 숙제를 안게 되었다는 점이다. 이에 훈련도감은 병사(兵事)와 재정(財政)을 동시에 주관하는 아문으로 직제를 확대 정비해갔다.[20]

금위영은 1682년(숙종 8) 중앙 군영의 하나로 창설되었다. 본래 훈련도감이 임진왜란 중에 설립되어 서울 방어와 임금의 시위를 담당하였는데, 단독으로 이러한 역할을 수행하기에 여러 가지 어려움이 있었다. 이에 금위영은 훈련도감과 함께 대내적으로 국왕을 시위하는 역할부터 대외적으로 외적을 방어하는 역할을 분담하기 위해 만들어졌다. 금위영은 훈련도감의 역할을 분담하였지만 운영에 있어서는 큰 차이가 있었다. 가장 큰 차이점은 훈련도감군이 서울에 거주하며 임무를 수행했던 군사로 이뤄진 것과 달리, 금위영은 일정 기간 동안만 번상(番上)하는 향군(鄕軍)이 주력이라는 점이었다. 특히 금위영은 훈련도감이 장번군을 운영하면서 생길 수 있는 경제적 부담을 경감하기 위해 신설되었으므로 보인을 두어 번상하는 군사를 유지해가고 있었다.

금위영은 권설아문으로 삼정승이 예겸(例兼)하는 정1품의 도제조와 호조판서 및 병조판서가 겸직하는 정2품의 제조 당상(堂上)으로 수뇌부가 구성되었다. 금위영이 독립된 군영으로 탄생한 것은 1754년(영조 30)에 병조판서가 겸하는 것이 아니라 별도로 대

[표 4-2] 금위영 공해

| 공해(公廨) | 위치 | 규모 | 비고 |
|---|---|---|---|
| 본영 | 금호문 밖 | 362칸[間] | |
| 남별영 | 묵동 | 139칸 | |
| 남창 | 남별영 남쪽 | 101칸 | |
| 하남창 | 묵동 | 104칸 | |
| 화약고 | 남별영 북쪽 | 17.5칸 | |
| 약방 | 동현 | 12칸 | |
| 직방 | 관상감 고개 | 11칸 | |
| 서영 | 경추문 밖 | 11.5칸 | |
| 남영 | 경희궁 개양문 밖 | 12칸 | |
| 직방 | 경희궁 동구 안 | 8칸 | |
| 양어소 | 왕십리 | | 붕어 양식 |

전거 : 『만기요람』 군정편2, 금위영, 공해

장을 설치하였던 것이 계기였다. 조직 편제도 어영청과 유사하게 1영 5부 25사 125초의 향군 번상숙위제도로 정비되었다. 지휘 체계를 보면 최고 책임자에 해당하는 정1품 도제조(都提調) 1명, 병조판서가 으레 겸임하는 정2품 제조(提調) 1명이 있으며, 실질적인 책임자인 종2품 대장 1명, 군사 책임자라고 할 수 있는 종2품 중군(中軍) 1명, 정3품 별장(別將) 1명, 정3품 천총(千摠) 4명, 정3품 기사장(騎士將) 3명, 종4품 파총(把摠) 5명, 문경 등의 수령이 겸임하는 종4품 외방겸파총(外方兼把摠) 12명, 하급부대 지휘관이었던 종9품 초관(哨官) 41명이 있었는데 여기까지가 지휘부에 속했다. 이외에 종6품 종사관 문·무관 각 1명씩을 두어서 군무를 관장하도록 했다. 교련관(敎鍊官) 12명, 기패관(旗牌官) 10명을 두어 군사훈련을 담당하도록 했다. 별무사(別武士) 30명, 군관(軍官) 5명, 별군관(別軍官) 10명, 권무군관(勸武軍官) 50명, 기사(騎士) 150명, 별기위(別騎衛) 32명 등의 장교급 인원들이 배치되었다. 군병으로는 기사, 향군(鄕軍), 표하군(標下軍), 그리고 기타 여러 부류로 구분된다. 설치 당시의 향군은 보병이었다. 그 후 마병으로 해서별효위(海西別驍衛)가 성립되었고, 다시 숙위기사(宿衛騎士)로 바뀌었다가 기사로 되었다. 향군은 6도 고을에서 번상하였다. 표하군은 군사 활동보다 각종 잡무에 종사하였다. 이외에도 별파진(別破陣) 등의 군사들도 있었다.

금위영은 독자적인 군영으로 규모가 확대됨에 따라 본영(本營) 이외에 남별영(南別營), 서영(西營), 남영(南營) 등의 영사(營司)가 설치되었다. 그리고 양향(糧餉)을 저장하는 남창(南倉), 하남창(下南倉) 등도 두었으며 약방(藥房), 직방(直房) 등도 있었다.

어영청은 인조반정과 밀접한 관련을 맺고 탄생하였다. 반정 공신의 핵심이었던 이귀(李貴, 1557-1633)는 개성유수겸어융사(開城留守兼御戎使)로 임명된 것을 계기로 정예병 260여 명을 모집하고자 했으나 미처 마치지 못하고 서울로 귀환하였다. 그러나 해산시키지 않고 이귀가 1624년(인조 2)에 어영사(御營使)에 제수된 것을 계기로 왕권 호위에 임하게 하였으니, 이것이 어영청 설치의 시초가 되었다. 곧이어 일어난 이괄의 난을 계기로 병력이 증강되었다. 그럼에도 일시적으로 총융청(摠戎廳)에 소속시켰다. 그러나 1627년(인조 5)경부터 어영청으로 독립되었고, 그 무렵에 이서(李曙, 1580-1637)를 제조로, 구인후(具仁垕, 1578-1658)를 대장(大將)으로 임명함에 따라 한층 위상이 높아졌다. 1652년(효종 3) 효종의 북벌 계획 추진에 따라 이완(李浣, 1602-1674)을 어영대장에 제수하면서 확대 개편하여 안으로는 왕권 수호의 정예군으로, 밖으로는 북벌의 선봉군으로 삼으려 했다. 이때에 비로소 명실상부하게 군영으로서의 면모를 갖추었다. 어영청의 공해는 다음의 [표 4-3]과 같다.

**[표 4-3] 어영청 공해**

| 공해(公廨) | 위치 | 규모 | 비고 |
|---|---|---|---|
| 신영 | 이현 | 505칸[間] | |
| 남소영 | 남소동 | 194칸 | |
| 동영 | 선인문 밖 | 74칸 | |
| | 경희궁 개양문 아래 | 10칸 | |
| 집춘영 | 집춘문 밖 | 16칸 | |
| 남창 | 남소동 | 137칸 | |
| 화약고 | 남소영 안 | 52칸 | |
| 북이영 | 경희궁 무덕문 밖 | 68칸 | |
| 약방 | 저전동 | 22칸 | |
| 직방 | 금호문 밖 | 22칸 | |
| | 경희궁 흥화문 밖 | 10칸 | |
| 식목소 | 경모궁 앞 산 | | 금양 |
| | 관현 | | 금양 |
| | 흥인문 안팎 | | 금양 |
| 양어소 | 흥인문 밖 | | 붕어 양식 |

전거 : 『만기요람』 군정편2, 어영청, 공해

어영청은 설립 초기의 조직 체계는 의정(議政)이 겸임하는 도제조 1명, 병조판서가 예겸(例兼)하는 제조 1명, 종2품 대장 1명으로 최고 지휘부를 구성하고 그 아래 군사에 관한 사무를 담당하는 문무낭청(文武郎廳) 각 1명씩을 두었다. 군액은 2만 1,000명으로 6번으로 나누어 번상 근무하게 하였고, 이들을 경제적으로 도와주는 보인들로 구성되었다. 급료병으로 장기 근무하도록 되어 있던 훈련도감과는 다른 방식으로 운영되었다. 상층 지휘부로는 의정이 겸임하는 도제조, 병조판서가 예겸하는 제조, 대장까지는 변함이 없었다. 종2품 중군 1명, 종3품 별장 1명, 정5품 천총 5명, 영종첨사 겸임의 정3품 별후부천총(別後部千摠) 1명, 정3품 기사장 3명, 종4품 파총(把摠) 5명, 군위 등 수령 겸임의 종4품 외방겸파총 10명, 종9품 초관 41명이 있었다. 그 밖에 종6품 종사관 문·무관 각 1명을 두어서 군무를 관장하도록 했다. 교련관 12명, 기패관 11명을 두어 군사 훈련을 담당하도록 했다. 별무사 30명, 군관 38명, 별군관 10명, 권무군관 50명, 가전별초(駕前別抄) 52명, 기사 150명 등의 장교급 인원들이 배치되었다. 군병으로는 각 도에서 번상하는 향군, 별파군(別破軍), 경표하군(京標下軍), 수문군(守門軍), 그 밖에 여러 종류의 군사들로 되어 있었다. 이들은 대체로 번상 근무할 때 보인들로 나오는 수입 등으로 경제적인 보상을 받았다. 여러 가지 이유로 군액이 몇 차례 변동되었다. 규모가 확대됨에 따라 본영 이외에 신영(新營), 동영(東營), 북이영(北二營), 집춘영(集春營) 등의 영사가 설치되었다. 그리고 양향을 저장하는 남창도 두었다.

[그림 4-2] 도성 내 삼군영의 주요 시설 (「도성대지도(都城大地圖)」, 서울역사박물관 소장)

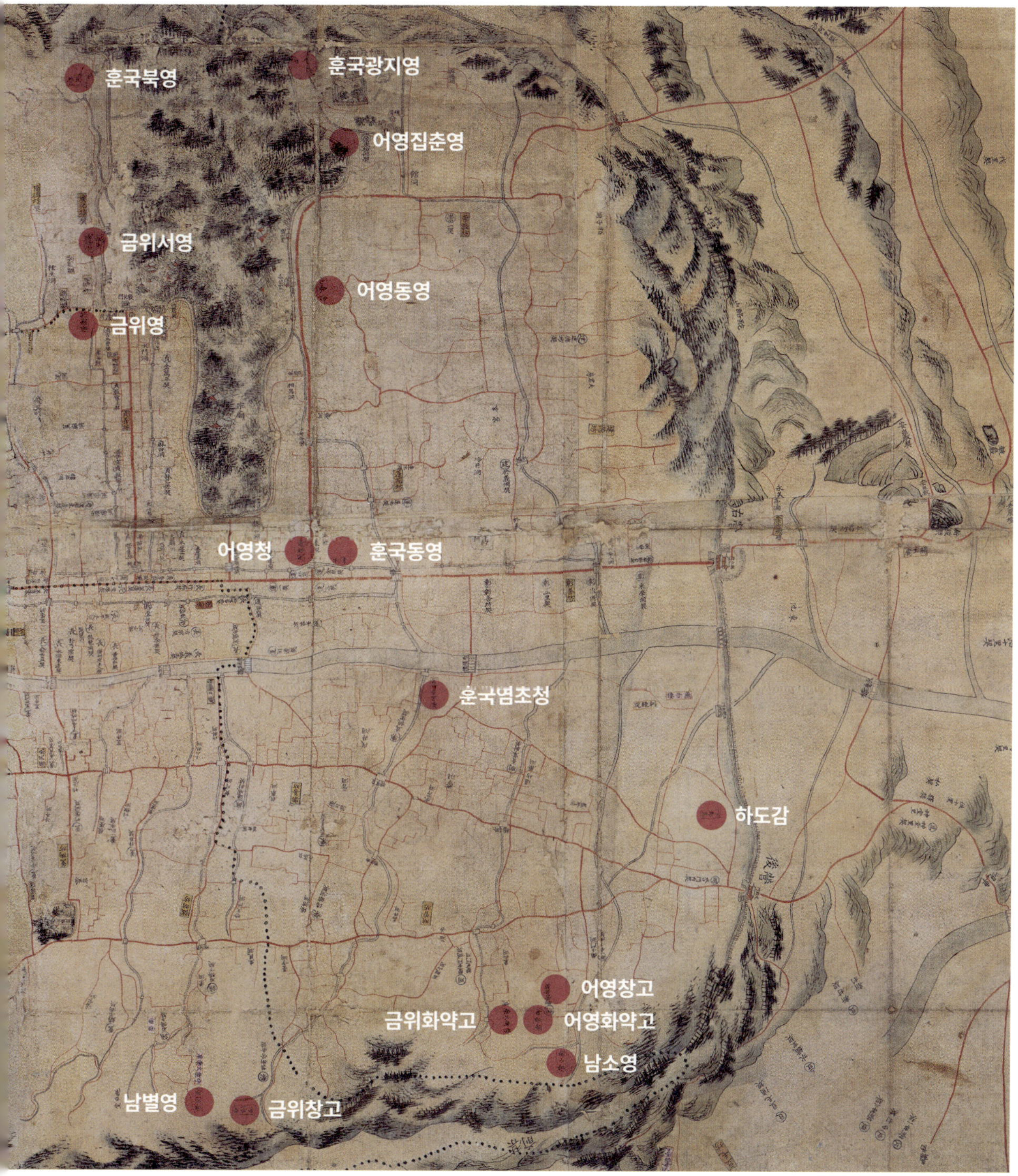
훈국북영
훈국광지영
어영집춘영
금위서영
어영동영
금위영
어영청
훈국동영
훈국별초청
하도감
어영창고
금위화약고
어영화약고
남소영
남별영
금위창고

## 2. 병종의 구성과 정원

### 1) 훈련도감

삼군영은 각기 구체적인 조직과 직무의 내용이 달랐으나, 전반적으로 『기효신서』의 속오(束伍) 편제에 따라 편성되었다. 훈련도감은 급료를 받는 병력을 중심으로 편제되었다. 반면 금위영과 어영청은 군역의 의무에 따라 복무하는 상번군(上番軍)인 향군이 주축을 이루었고, 급료를 받는 병력은 소수였다. 훈련도감은 사수와 포수, 살수의 삼수병으로 구성되었으며, 금위영과 어영청은 기병과 보병 위주였다. 18세기에 이르러서는 도성의 방어가 더욱 중요시되면서 군영이 도성과 수도를 분담하여 방어하는 핵심 병력으로 구축되었다. 당시 도성을 수비하던 병력 구성을 군영별로 분류하면 다음의 [표 4-4]와 같다.

**[표 4-4] 5군영 군병의 병종 구성**

| | 훈련도감 | 금위영 | 어영청 | 수어청 | 총융청 |
|---|---|---|---|---|---|
| 장번(長番) | ● | ▲ | ▲ | △ | △ |
| 번상(番上) | × | ● | ● | × | × |
| 속오(束伍) | × | × | × | ● | ● |
| 납포(納布) | × | × | × | ▲ | ▲ |

전거 : 『만기요람』 군정편, 『육전조례』
비고 : 비중은 ● - ▲ - △ - × 순서, 편제에 없는 경우는 × 처리, 군보(軍保)제외

[표 4-4]는 도성과 수도권을 방어하던 5군영 편제의 비중을 병종별로 간단하게 정리한 것이다. 급료를 지급받는 병종은 실제로 복무하는 장번군과 번상군이었다. 삼군영의 군병이 급료를 지급받는 장번군과 번상군 병종이었다. 삼군영은 이 두 병종을 중심으로 구성되었다. 반면 수어청과 총융청은 소수 장번군 외에는 군영에서 복무하는 병력이 없었다. 따라서 군영에서 복무하며 급료를 지급받는 장번군과 번상군이 많은 삼군영이 수어청·총융청보다 더 많은 재정을 운영하였다. 5군영의 연간 수입은 크게 세 종류로 구분할 수 있다. 첫째, 군영이 주로 군보를 통하여 확보한 자체 수입이다. 둘째, 균역청이 균역법 실시 이후 각 군영의 군보 수입 감소분을 보전하기 위하여 급대(給代)한 것이다. 셋째, 호조가 훈련도감 군병에게 급료를 지급한 것이다.

위의 [표 4-4]에서 장번은 훈련도감 군병 전체, 금위영·어영청 기사·경표하군·아병

(牙兵), 수어청·총융청 표하군을 포함한다. 다만 수어청의 경우 표하군 중 상당수가 급료를 받지 않은 것으로 확인된다. 1795년(정조 19) 수어청 경청(京廳)을 폐지할 당시 기록에 따르면 표하군 579명 중 급료가 지급되는 인원은 162명뿐이었다. 따라서 수어청 표하군 중에서도 납포(納布) 인원의 비율이 장번보다 높다고 추정되지만, 표하군은 일단 모두 장번으로 분류하였다. 번상은 금위영·어영청 향군·향표하군(鄕標下軍)·별파진을 포함한다. 속오는 수어청·총융청 속오군을 포함한다. 1798년(정조 22)에 장용영이 수원과 5개 속읍의 군액(軍額)을 정리해 보고한 바에 따르면 수어청·총융청의 속오군은 실역(實役)을 담당하는 무포군(無布軍)으로 파악하고 있다. 따라서 이들은 아병·장초(壯抄)처럼 납포군(納布軍)으로 파악된 인원과는 구별할 필요가 있다. 납포는 수어청·총융청, 아병·장초 두 군영의 둔전에 소속된 둔아병(屯牙兵)·둔장초(屯壯抄)를 포함한다. 두 군영에 이들이 처음 설치되었을 당시에는 부실해지는 속오군을 대체하며 번상 복무도 수행하였지만, 1750년(영조 26)부터는 신역가(身役價)를 납부하게 되었다. 이로써 아병·장초의 복무 형태는 군보(軍保)와 동일하게 되었다. 하지만 아병·장초는 번상 복무를 한 전례가 있고 여전히 초(哨) 단위로 편성되었기 때문에 군보와는 구별할 필요가 있다.[21]

18세기 전후 훈련도감의 군병은 마병과 보군 4,000명 내외와 기타 각색(各色) 표하군으로 구성되어 있었다. 19세기 전반기에도 이 군액은 그대로 유지되었는데, 『만기요람(萬機要覽)』과 시기를 달리하여 작성된 『훈국총요(訓局總要)』를 통해 군액의 추이를 살펴보면, 훈련도감 병력은 『기효신서』의 속오법(束伍法)에 따라 일정한 인원으로 구성된 사(司)와 초(哨)로 편제되어 있었지만, 실제로는 적지 않은 병력이 훈련도감 내 다른 잡역에 종사하고 있었다. 1845~1849년 사이의 훈련도감 군액을 기재한 『훈국총요』에 따르면, 전체 군액 5,736명 중 무예별감, 수문군, 금송군(禁松軍), 포군, 아기수, 원류군, 경복궁 별패군을 제외한 5,337명 중에서 명목상 대오에는 편제되어 있으나 실제로는 각종 잡역에 종사하는 군액이 1,300명이었다. 원래 훈련도감은 각 초별로 120명 내외의 병력을 두어 초 - 기(旗) - 대(隊)로 이어지는 유기적인 상하 관계의 하부 구조로 편제되어 있었다.[22] 훈련도감 전투 병력의 편제가 이미 이루어진 상황에서 여러 잡역을 담당하는 병력을 보군에서 초정한 것은 결국 훈련도감 편제를 유명무실하게 하고 조직력을 부실하게 만드는 요인이 될 수밖에 없었다. 다음의 [표 4-5]는 18세기 중후반의 훈련도감 편제로 구성되었던 인원과 병종을 정리한 내용이다. 영조 대 『속병장도설(續兵將圖說)』과 순조대 『만기요람』을 기준으로 작성한 것으로 60여 년의 시간차가 있으나 정조 대를 거치면서 변화가 있었음을 보여준다.

**[표 4-5] 훈련도감의 인원 구성과 병종**

| | 『속병장도설』(1749년, 영조 25) | | 『만기요람』(1808년, 순조 8) | |
|---|---|---|---|---|
| 도제조 | 1원(員) | 시원임대신(時原任大臣) | 1원 | |
| 제조 | 2원 | 호조, 병조판서 | 5원 | 호조, 병조판서, 대장이 조총, 화약, 군색겸직 |
| 대장 | 1원 | 각색제조겸(各色提調兼) | 1원 | |
| 낭청 | 6원 | 1문, 2음, 3호조 | 종사관 6원 | |
| 중군 | 1원 | 종2품 | 1원 | |
| 별장 | 2원 | 정3품 | 2원 | 이하는 대장이 임명하고 상주 |
| 천총 | 2원 | 정3품 | 2원 | |
| 국별장 | 3원 | 정3품 | 3원 | |
| 파총 | 6원 | 종3품 | 6원 | |
| 초관 | 33원 | | 34원 | |
| 아병장 | 1원 | 한인(漢人) 자손 | 금송참군 1원 | |
| 지구관 | 12원 | | 10원 | |
| 기패관 | 22원 | | 20원 | |
| 도제조군관 | 5원 | | 5원 | |
| 본청군관 | 12원 | | 권무군관 50원 | |
| 별군관 | 10원 | | 감관 6원 | |
| 침의(鍼醫) | 1원 | | 1원 | |
| 약방(藥房) | 1원 | | 1원 | |
| 마의(馬醫) | 1인(人) | | 1인 | |
| 별무사 | 68인 | | 군관 12원 | |
| 국출신 | 150인 | | 150인 | |
| 마병 | 6초(哨) | | 7초 | 833명, 매초119명 |
| 보군(步軍) | 27초 | | 26초 | 포수20초(2,440명) 살수6초(738명) |
| 각색표하군(各色標下軍) | | | 1,230명 | |

전거 : 『속병장도설』, 『만기요람』 군정편

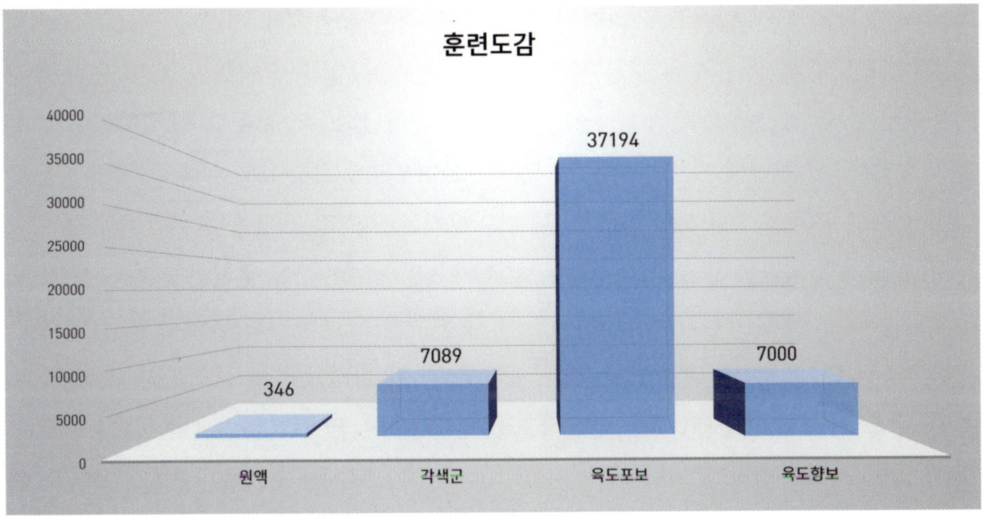

[그림 4-3] 훈련도감의 군액 (전거 : 『만기요람』 군정편, 훈련도감)

[표 4-5]의 훈련도감 인원의 구성에서 정조 대의 변화는 군병의 증가이다. 보병과 기병의 기본 무력은 큰 변화가 없는 가운데 각색표하군이 1,000명 이상 증가하였다. 각 부서에 소속된 표하군은 임진왜란 이후 군영에서 대장이나 장관(將官)에게 소속시킨 수하친병(手下親兵)이었다. 군영 대장이 직접 통솔하는 군병이 증가하였음을 알 수 있다.

위의 [그림 4-3]은 훈련도감 군병의 수치인 군총과 그들의 생활에 필요한 식량과 의복을 제공하던 지방의 보인들을 정리한 것이다. 각색군이 기병과 보병 등의 훈련도감 군병이며 육도의 포보와 향보가 보인다. 훈련도감은 4만 5,000여 명의 보인을 각 지방에 보유하면서 그들이 제공하던 군포와 미곡을 사용하여 7,000여 명의 군병을 양성하고 있었다. 호조와 병조 등의 중앙정부로부터의 재정적 지원의 규모보다 각 지방에 산재한 보인들을 통해 독자적인 재정 구조로 운영되고 있었음을 시사해 주고 있다.

훈련도감은 독립된 재정을 가진 아문으로 그 경비 대부분은 전투 병력과 각색표하군의 급료, 무기 및 제반 물품 구입 등으로 집행되었다. 별다른 수입 증대 없이 19세기 전반기 동안 훈련도감의 재정은 앞과 같이 운영되는 추세였다. 따라서 앞서 언급한 것처럼 군영 운영에 필요한 각종 잡역 담당의 병력을 증액하지 못하고, 보군 내의 병력을 초정하여 충당할 수밖에 없었던 것이다. 거기다 다음 장에서 살펴볼 금위영과 어영청 정번(停番)으로 인한 공역(公役) 증가는 훈련도감의 재정 부담을 더욱 가중시키고 있었다. 훈련도감의 재정 압박으로 나타난 가장 큰 문제는 군졸에게 지급할 급료 부족이었다. 훈련도감의 일반 군졸은 매월 쌀 9두에 달하는 급료를 지급받았지만, 19세기로 접어들면서 제때 지급하지 못하는 사태가 빈번히 나타났다. 이에 주요 당국자들이 변통을 요구하여, 1803년(순조 3)에는 훈련대장 김조순(金祖淳, 1765-1832)이 군졸에게 지급할 지방(支放)의 부족을 호소하였고, 1857년(철종 8)에는 우의정 조두순(趙斗淳, 1796-1870)이 장사(將士)에게 지급할 급료가 부족함을 호소하였던 것이다. 이 문제는 단순히 재정 궁핍으로 끝나는 것이 아니라, 군졸 전체의 기강 해이를 초래하기도 하였다. 그런데 훈련도감의 재정이 처음부터 부족했던 것은 아니었다. 1808년(순조 8) 김조순의 계(啓)에 따르면, 당초 훈련도감의 역(役)은 번잡하지 않아 세입에 잉여가 있었으나, 점점 사역(事役)이 늘어 재정적 여유가 없어지게 되었다고 하였다. 김조순은 1807년(순조 7)에도 훈련도감의 대소 공역은 증가했으나, 세입이 늘어난 공역의 지출을 따라가지 못하고 있음을 지적한 바가 있었다. 이러한 문제의 누적이 급료의 부족과 군졸의 기강 해이로 이어졌던 것이며, 결국 훈련도감의 재정 확충 요구로 이어지게 된다.

그런데 훈련도감 군액의 증액 및 비용 마련을 요청할 때를 보면, 다른 군영과의 차별을 강조하고 있다. 1807년에 훈련대장 김조순은 각 초 원액 가운데 뽑아 쓰던 무예청 문기수 30명의 가설(加設)과 장용영에서 이속되었으나 자리가 없어 승진하지 못한 군사들로 마병 1초를 만들자고 건의하였다. 이때 좌의정 이시수(李時秀, 1745-1821)는 서울의 친병은 훈련도감의 병력뿐이라는 명분을 내세워 마병 증액을 동의하기도 했다. 또한 김조순은 증액 된 마병 마련의 명목으로 호조에 이속된 훈련도감 겸료미(兼料米) 환속(還屬)을 청했는데, 이때도 훈련도감의 특별함을 강조하였다. 훈련도감이 겸료미 800여 석과 월과미(月課米) 30석을 보유하고 있었지만, 정조 연간 장용영으로 이속되었다. 그러나 겸료미와 월과미는 장용영 혁파 후에도 돌려받지 못하였다. 1801년(순조 1) 공노비(公奴婢) 혁파에 따른 호조의 재원 부족 때문에 노비공(奴婢貢) 급대라는 명분하에 호조로 이속되었기 때문이다. 결국 겸료미와 월과미는 김조순의 청원과 당시 호조판서 서영보(徐榮輔, 1759-1816)의 적극적인 동의하에 1807년 7월에 훈련도감이 돌려받도록 결정된다.[23]

훈련도감에 대한 특별 조치는 군병에 대한 무예 시험인 중순시(中旬試) 설행을 통해서도 확인된다. 훈련도감의 중순은 군졸들의 무예 기량을 점검하고 상을 내려 사기를 고취시킨다는 목적하에, 1616년(광해군 8) 이래 매월 설행하는 것을 원칙으로 삼고 있었다. 그러나 상격(賞格)으로 사용할 물력의 부족으로 3개월마다 1회, 6개월마다 1회, 혹은 1년에 1회씩 설행 횟수가 단축되어 갔으며, 영조 대에는 6~7년, 심지어 10년 동안 설행되지 않는 지경에 이르게 된다. 이에 1793년(정조 17)에는 중순이 군졸에 대한 '위열지방(慰悅之方)'이라는 명분으로 애초의 취지에서 크게 후퇴한 5년에 1회 설행으로 조정이 이루어졌다. 유명무실해진 중순의 정례화가 결정되자 이번에는 상격으로 사용할 물력 조달이 중요한 과제가 되었다. 19세기 전반기에도 이 문제는 지속적으로 논의되는데, 먼저 1807년 훈련대장 김조순이 중순 물력의 조달을 청하였다. 이에 비변사는 해서(海西)의 수영(水營)이 맡아 관리하고 있는 군량소미(軍糧小米) 2,860석을 무명 100동 가격 수준으로 획송(劃送)한 다음, 이것을 병조에서 저축하고 있는 무명과 바꾸도록 조치하게 된다. 하지만 1807년의 대책은 일시적인 것이어서 여러 해가 지나 중순 물력은 다시 고갈될 수밖에 없었다. 이에 1828년(순조 28) 훈련대장 조만영(趙萬永, 1776-1846)이 항시적인 대책을 내놓게 된다. 조만영은 당시 이루어졌던 주전의 잉여 6,000냥을 곡식으로 바꾸어 평안병영(平安兵營)과 남병영(南兵營)에 보내 환곡을 놓아, 4년마다 그 이자를 취합하여 올리면 중순의 물력으로 충분하다고 제안하여 허락을 받았다.[24]

한편 훈련도감의 창설 초기에 4,000명 정도의 마병과 보군의 군액으로는 중앙 군영의 역할을 전담하기에는 무리가 있었다. 군병들이 급료를 받는 구조로 되어 있었기 때문에 운영에 있어 재정적 부담이 적지 않았다.[25] 군액 증강과 재정 궁핍이라는 모순된 과제 속에 당국자들은 절충안을 찾게 되고, 상번향군(上番鄕軍)으로 구성된 어영청과 금위영을 차례대로 창설하기에 이른다. 어영청은 인조 초반 향명배금책(向明排金策) 속에 후금의 침입을 방어하기 위해 만든 국왕 친위병에서 시작하여, 이괄의 난을 계기로 중앙 군영으로 새롭게 창설되었다. 금위영은 1682년(숙종 8) 기존의 정초군(精抄軍)과 훈련별대(訓鍊別隊)를 통합하여 창설한 군영인데, 정초군은 현종 연간 급료병인 훈련도감의 대체 군영으로 논의되기도 했으며,[26] 훈련별대는 1669년(현종 10) 급료병인 훈련도감을 경번군(更番軍)으로 전환하기 위한 사전포석으로 창설된 군영이다. 어영청과 금위영이 차례로 창설되면서 조선 후기 중앙 군영은 장번급료병(長番給料兵)으로 이루어진 훈련도감을 중심으로 지방에서 상번하는 향군 주축의 금위영과 어영청이 새의 두 날개처럼 좌우를 맡으며, 도성 방위와 궁궐 숙위의 임무를 가지는 삼군영을 형성하게 된다.[27]

### 2) 금위영

금위영은 1682년(숙종 8)에 정초군과 훈련도감의 급료병을 줄이기 위해 설치했던 훈련별대를 합하여 만든 군영이다. 금위영은 5부(部)-20사(司)-105초(哨)로 편제하고, 10번으로 나누어 교대로 번상하게 하였다. 이후 금위영은 평안도 아병으로 편제된 별좌우사(別左右司) 10초, 별중초(別中哨) 1초 등이 추가되어 135초로 편제되었다. 양역변통론의 일환으로 금위영에 대한 혁파 논의가 있었으나, 금위영 편제는 1704년(숙종 30)에 5부-25사-125초로 규모를 줄여 완성되었다. 1초의 규모가 많게는 135명에서 적게는 120명 선에서 정해졌으므로 금위영을 구성하는 군사의 전체 규모는 만 명을 훨씬 넘었고, 이들이 돌아가며 번상을 설 때에는 도성에서 금위영군을 포함한 삼군영 군사들을 유지하는 것이 큰 부담이 될 수밖에 없었다. 금위영은 1704년 이후 10초가 두 달간 상번하던 것을 5초가 두 달간 상번하는 방식으로 운영 방식을 바꾸었다. 금위영의 주요 임무는 기본적으로 도성 중심의 수비였다. 금위영 군사들은 궁궐의 입직, 숙위, 순라 등 기본적인 역할을 수행하였고, 이후 점차 담당하는 역할이 늘어났다. 그러나 금위영은 근본적으로 훈련도감이 운영되면서 발생하는 재정적 부담을 경감하기 위한 목적도 수행해야 했다. 따라서 금위영의 운영은 재정적 필요에 따라 큰 변동을 보일 수밖에 없었다. 금위영 운영에 가장 큰 영향을 끼치는 요인은 역시 군문의 전체적인 규모였다. 금위영의 상번군은 호수와 보인 체제로 운영되었는데 주력군이었던 향군과 별파진은 3명의 보인을 배정 받아 이들이 납부한 쌀이나 포로 운영되었다. 19세기 전반을 기준으로 해당하는 번을 서기 위해 도성에 상번하는 향군은 637명이었고, 여기에 각색경표하군(各色京標下軍), 수문군, 수직군 등 병력을 합하면 한꺼번에 2,000명에 가까운 병력이 도성에 상주하였다. 그러나 금위영의 구성은 시간에 따라 변동하였고, 19세기 전반 금위영의 군총은 대략 9만 명을 넘는 수준이었다.[28]

금위영의 운영상 큰 변화가 나타난 것은 1750년(영조 26)에 시행된 균역법(均役法)을 통해서였다. 균역법은 군포로 납부하는 면포(綿布) 2필을 1필로 감해주다 보니 금위영에서 거두는 포의 양도 절반으로 감축될 수밖에 없었다. 따라서 균역법이 실시되면서 부족한 군액을 메꾸지 못해 일부 군영은 군액이 감소하였고, 상번하는 군사의 숫자를 줄여 소비하는 전체 액수를 조절하였다. 특히 군포를 반액으로 줄이면서 금위영을 유지하기 위한 수입원이 큰 변화를 맞게 되었다. 금위영의 군액 규모는 균역법 이후에 약간 감소했지만, 전체적인 규모는 크게 줄어들지 않았다고 할 수 있다. 금위영이 유지된 가장 큰 이유는 금위영이 맡고 있는 도성의 수비 범위가 물리적으로 훈련도감이나 어영청과 거의 같았고, 도성의 수보와 같은 항시적인 관리도 금위영이 맡고 있었기 때문에 필수적인 인원이 확보되어야 했기 때문이다.[29]

다음의 [표 4-6]은 18세기 중후반의 금위영 인원과 병종을 정리한 내용이다. 영조 대 『속병장도설』과 순조 대 『만기요람』을 기준으로 작성하여 영조, 정조, 순조 대를 거치면서 나타난 변화상을 보여준다.

**[표 4-6] 금위영의 인원 구성과 군총**

| | 『속병장도설』(1749년, 영조 25) | | 『만기요람』(1808년, 순조 8) | |
|---|---|---|---|---|
| 도제조 | 1원(員) | 시원임대신<br>(時原任大臣) | 1원 | |
| 대장 | 1원 | | 1원 | 병조판서 겸 |
| 낭청 | 2원 | 군색(軍色)1 문(文)<br>향색(餉色)1 무(武) | 종사관 3원 | |
| 중군 | 1원 | 종2품 | 1원 | |
| 별장 | 1원 | 정3품 | | |
| 천총 | 5원 | 정3품 | 4원 | |
| 기사장(騎士將) | 4원 | 종4품 | 3원 | |
| 파총 | 25원 | | 5원 | |
| 초관 | 125원 | | 41원 | |
| 교련관(敎鍊官) | 15원 | | 15원 | |
| 기패관 | 12원 | | 5원 | |
| 도제조군관 | 5원 | | 5원 | |
| 별군관 | 10원 | | 10원 | |
| 침의(鍼醫) | 1원 | | | |
| 약방(藥房) | 1원 | | | |
| 별무사 | 30인(人) | | 30인 | |
| 별기위(別騎衛) | 62인 | | 32인 | |
| 마의(馬醫) | 1인 | | 1인 | |

전거 : 『속병장도설』, 『만기요람』 군정편

| | 『속병장도설』 (1749년, 영조 25) | | 『만기요람』 (1808년, 순조 8) | |
|---|---|---|---|---|
| 숙위기사(宿衛騎士) | 14번(番) | 선기사(善騎射) | 금송참군 1명 | |
| 기사표하군(騎士標下軍) | | | 기사 150명 | |
| 각색표하군(各色標下軍) | | | 764명 | |
| 별파진 | 15번 | | 160명 | |
| 공장아병(工匠牙兵) | | | 50명 | |
| 보군(步軍) | 125초(哨) | | 125초 (15,925명) | 관보 53,380명 |

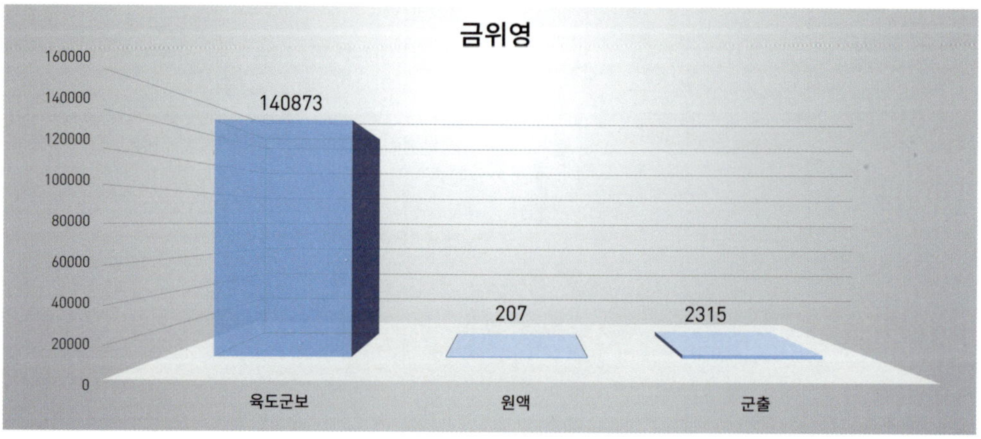


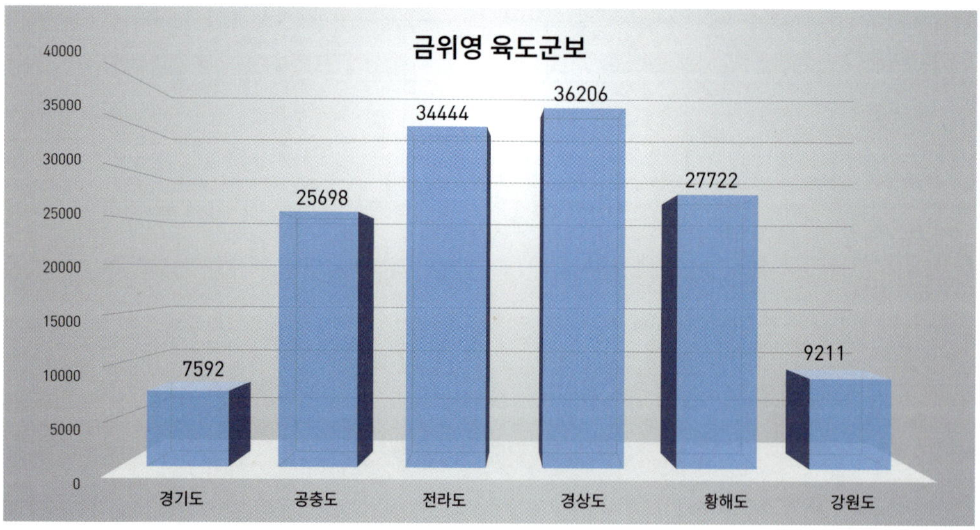


[그림 4-4] 금위영의 군액 (전거 : 『만기요람』 군정편, 금위영)

[표 4-6]에서 18세기 중후반에서 19세기 초를 거치면서 관원의 지위인 파총과 초관 등의 장신(將臣)들의 수치는 가감되고 있으며 표하군 등의 군병은 증가세를 나타내고 있다. 정조의 왕권 강화와 왕실 행사 수행 인원의 필요에 따른 결과라고 보인다. 정조가 수원에 현륭원(顯隆園)을 조성한 뒤 정기적인 원행(園幸)을 거행하면서 동원하는 행차 수행 인원이 증가되었던 것이 주요한 배경이라고 생각된다. 표하군은 국왕의 행행에서 호위를 담당하는 병종이었다. 또한 금위영의 대장을 병조판서가 겸임하도록 하여 군권이 병조의 행정 계통에서 관할하게 하는 형태로 변경되고 있다.

금위영의 군병이 대폭 증가되는 배경에는 각 지방에 군보가 산재되어 있었으므로 가능했다고 보인다. 앞의 [그림 4-4]는 19세기 초에 정리된 18세기에 변화된 금위영의 군액이다. 금위영에 소속된 지방의 군보가 14만이 넘고 있으며, 변방 방어를 위해 함경도와 평안도를 제외한 경상도, 전라도, 황해도, 충청도[공충도], 강원도, 경기도의 6도에서 보인을 담당하였다.

### 3) 어영청

어영청은 훈련도감 및 금위영과 달리 인조 대 이괄의 난이 발생하자 국왕의 호위를 위해 긴급히 편제한 부대였다. 1624년(인조 2) 이괄의 난이 일어나자 인조는 충청도 공주까지 몽진하였는데, 연평부원군(延平府院君) 이귀는 공주에서 인근 군현의 산포수(山砲手)를 군대로 편성하여 어영군의 기초를 다졌다. 그들이 이괄의 난에서 인조를 호위한 역할은 새로운 군영을 설립하는 결과를 야기하였다.[30] 인조의 호위를 담당할 친병(親兵)을 양성하기 위해 공사천(公私賤)을 막론하고 무예를 지니고 있으면 구성한 것이다. 당시 선발한 4,000여 명은 포(砲) 쏘기를 원하는 자는 포 쏘기를 시험하고 활쏘기를 원하는 자는 활쏘기를 시험하고 힘이 센 자는 모래주머니와 돌을 들게 하여 그 힘을 시험한 뒤에 뽑아 처음에는 어영군병(御營軍兵)이라고 불렀다.[31]

도성에 주둔하는 군병을 위해 원호(元戶) 2만 1,000여 호에 각각 보인 3명을 주고, 매양 1,000명으로 서울에 천경(踐更)하게 하고 두 달을 채운 뒤 교대하게 하였는데, 1년 열두 달의 상번하는 숫자가 총 6,000여 명이었다. 보인 3명 가운데 1명을 뽑아내어 호수(戶首)로 하여금 그 번포를 징수하여 본군(本軍)이 상번하기 위해 왕복할 때의 비용으로 삼게 하였다. 그 나머지 보인 2명은 산군(山郡)에 있는 자는 포(布) 2필을 거두고 해읍(海邑)에 거주하는 자는 쌀 12두를 거두었는데, 포는 200여 동이 되었고 쌀은 1,300여 석이었다. 어영청에서는 경강(京江)에 창고를 두고 해마다 수송해 들여서 군량으로 사용하였다. 호조의 재정을 사용하지 않는 건전한 군사 재정 운영의 사례를 보여주었다. 대장이 군무를 주관하게 하고, 도제조 한 사람을 두어 대신이 겸하게 하고, 병조판서로 제조를 으레 겸하게 하였다. 또한 문관·무관 낭청을 각각 한 사람씩 두어 군병의 양향(糧餉)을 나누어 관리하게 하였다.[32]

어영청은 인조 대 창설된 이후 효종 대에 개편이 이루어졌다. 효종 대 어영청의 개편은 군액 증강과 보인제의 개편이 주요 골자이다. 어영군의 향군 호수를 2만 1,000명으로 확정하고, 여기에 각각 보인 3명을 편제하는 것이었다. 그런데 호수가 편제된 보인의 역가(役價)를 모두 수취하는 것이 아니었다. 보인이 납부하는 역가 중 일부는 어영청의 재정으로 활용되었다.[33] 효종은 별마대(別馬隊)와 별파진 등 부대를 창설할 때도 호수와 보인제를 활용하여 호수의 입역 비용과 어영청의 운영비용을 같이 마련하였다. 어영청은 호수와 보인제의 확립을 통해 독자적인 재정구조를 갖출 수 있었다. 어영청의 규모가 확대되면서 호조가 재정 지원에 어려움을 겪었다. 효종 연간 조정에서는 어영군 1명에게 배속된 보인의 숫자를 늘려 이들에게서 받은 역가의 일부를 어영청의 재정에 전용하는 방식으로 재정을 확보했다. 이후 어영청의 재정은 효종 때 마련된 방식이 그대로 유지되었다. 다만 영종진이나 강화 유영(留營) 등 분영진(分營鎭)들이 생기면서 재차 규모가 커졌다.[34]

다음의 [표 4-7]은 18세기 중후반의 어영청 인원과 병종을 정리한 내용이다. 영조 대 『속병장도설』과 순조 대 『만기요람』을 기준으로 작성하여 영조, 정조, 순조 대를 거치면서 드러낸 변화를 알 수 있다. 어영청이 상번군을 이용하여 군사력을 유지하던, 1초에 130여 명인 보군 125초 1만 6,300명은 그대로 존속되고 있다. 훈련도감 및 금위영과는 달리 마군, 표하군 등은 편제되지 않았다.

어영청은 보병 위주의 농민 출신 군병으로 구성되어 있었음을 보여주고 있다. 18세기 후반인 정조 대에 나타난 어영청의 변화상에서, 가장 큰 비중을 차지하는 것은 관원의 지위에 해당하는 파총과 초관의 대폭적인 감소이다. 파총은 25명에서 5명, 초관은 125명에서 41명으로 축소되었다. 반면 권무군관 50명이 신설되었다. 권무군관은 조선 후기 군영에 설치되던 군직으로 양반 자제들에게 무예를 익히게 하기 위해 만든 자리이다. 실제적인 직무를 수행하는 자리가 아닌 무예를 권장하고 관직만을 수여하는 지위로서 어영청의 군사력 증강과는 거리가 먼 지위이다. 어영청이 호조를 통한 국가 재정의 지원에만 의존하지 않고 농민의 인력, 물력을 위주로 운영되던 군영이었음을 시사해주고 있다.

[표 4-7] 어영청의 인원 구성과 군총

| | 『속병장도설』(1749년, 영조 25) | | 『만기요람』(1808년, 순조 8) | |
|---|---|---|---|---|
| 도제조 | 1원(員) | 시원임대신겸(時原任大臣兼) | 1원 | |
| 제조 | 1원 | 병조판서겸(兵曹判書兼) | | |
| 대장 | 1원 | | 1원 | |
| 낭청 | 2원 | 군색1 문, 향색1 무 | 종사관 3원 | |
| 중군 | 1원 | 종2품 | 1원 | |
| 별장 | 1원 | | 기사별장 1원 | |
| 천총 | 5원 | 정3품 | 5원 | |
| 기사장<br>(騎士將) | 4원 | 종4품 | 3원 | |
| 파총 | 25원 | 종4품 | 5원 | |
| 초관 | 125원 | | 41원 | |
| 교련관 | 12원 | | 12원 | |
| 기패관 | 10원 | | 11원 | |
| 도제조군관 | 5원 | | 5원 | |
| 본청군관 | 15원 | | 15원 | |
| 별군관 | 10원 | | 10원 | |
| 출신청군관<br>(出身廳軍官) | 18원 | | 21원 | |
| 별부료군관<br>(別付料軍官) | 3원 | | 권무군관 50원 | |
| 가전별초무사<br>(駕前別抄武士) | | | 52원 | |
| 침의(鍼醫) | 1원 | | | |
| 약방(藥房) | 1원 | | | |
| 마의(馬醫) | 1인 | | 1인 | |
| 별무사 | 30인 | | 30인 | |
| 숙위기사<br>(宿衛騎士) | 14번(番) | | 금송참군 1인 | |
| 기가표하군 | 6초(哨) | | | |

전거 : 『속병장도설』, 『만기요람』 군정편

| | 『속병장도설』(1749년, 영조 25) | | 『만기요람』(1808년, 순조 8) | |
|---|---|---|---|---|
| 각색표하군(各色標下軍) | | | | |
| 별파진 | 15번 | | | |
| 경기치중복마군(京畿輜重卜馬軍) | | | | |
| 보군 | 125초 | | 125초 | 16,300명 |

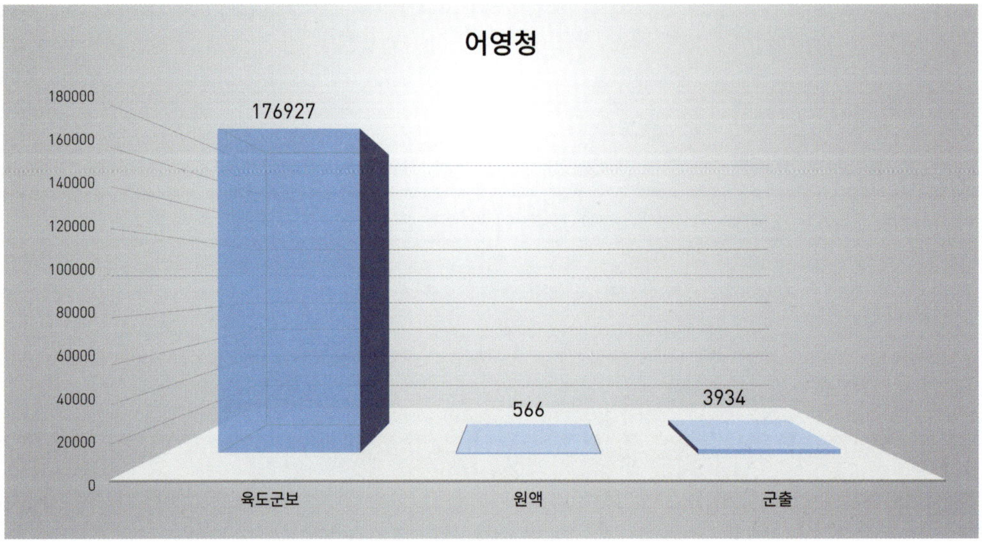


[그림 4-5] 어영청의 군액 (전거 : 『만기요람』 군정편, 어영청)

어영청의 재정이 지방 농민에게 의존하고 있다는 것은 위의 [그림 4-5]에서 육도에 분포된 군보 17만 6,927명의 규모를 보아도 알 수 있다. 어영청의 군병을 유지하기 위한 군량과 군포를 조달하기 위한 수단으로 항상적 재원 출처라고 할 농민들을 활용하고 있는 모습이다. 그럼에도 군영의 무력을 강화 및 유지하기 위해 선결해야 하는 문제는 재정 조달이었다. 어영청의 재정 문제는 창설 초기부터 논의되었다. 1624년(인조 2) 8월에 어영군의 재정 조달 문제에 대해 비변사는 병조에서 병력을 모집하고, 호조에서 어영군의 급료를 마련하는 방안을 제안하였다. 이에 어영청의 운영비용은 호조의 재원을 통해 충당하게 되었다.[35]

예컨대 17세기 당시 호조가 어영청에 지급한 비용은 크게 두 가지였다. 첫째, 급료이다. 1628년 조정에서는 어영청 향군의 신분을 양인과 천인으로 구분하고, 양인인 경우 보인 1명을 지급하고 천인인 경우 복호 50부를 지급하는 조치가 있었다. 이로 인해 어영군이 입역하는 데 필요한 비용을 공급하는 규정이 일부 정비되었지만, 이 조치는 어영군이 상번을 위해 서울을 왕복하는 데 필요한 노자를 마련하기 위한 것이지 입역 기간 동안 소요되는 경비를 충당하라고 지급한 것이 아니었다. 따라서 도성에 체류하는 비용은 별도의 급료라는 형태로 지급해주었다. 어영군의 규모와 급료는 1629년에 정해졌다. 당시 어영군 3,600명이 1번당 450~460명씩 8번으로 편성하여 10월부터 1번이 2개월씩 근무를 서게 하는 규정이 마련되었다. 호조는 입역 규정이 정비되자 어영군 한 명에게 매달 미(米) 9두씩 지급한다는 가정하에 매년 어영청에 지급할 비용을 책정하였다. 당시 호조는 1년에 어영군의 급료로 미 3,240여 석을 책정하였으며, 매달 270여 석씩 분납하였다.[36] 이와 함께 어영군의 군기를 제작하는 장인에게도 급료를 지급하였다. 1641년(인조 19) 어영청에 입역하는 장인의 급료는 훈련도감이 소속 장인에게 지급하는 것보다 적었다. 훈련도감의 장인은 미 12두와 포 1필을 지급받고, 장인의 역을 돕는 조역자는 미 12두만 지급받는 상황이었다. 반면 어영청의 장인과 조역자는 미 9두만 지급받았다.[37] 둘째, 훈련 비용이다. 1626년에 어영청 군병의 상번 기간 동안의 훈련 횟수가 결정되었다.[38] 이렇게 규정이 정비되면서 훈련에 필요한 호궤(犒饋)와 상격 비용 마련 문제도 논의될 수밖에 없었다. 예컨대 1628년에 호조는 어영청의 호궤에 들어가는 소가 10마리를 넘었는데, 모두 호조에서 마련한 돈으로 장만하였다.[39]

## 3. 부서별 운영의 실제

군영은 임진왜란이라는 국난을 거치면서 창설된 임시방편의 군사 기구였으므로 병조가 관할하던 지휘 계통과는 다소 상이하게 지휘 계통이 운영되었다. 군영에서 각 부대 단위의 임명 전령 문서 양식을 보면 군영의 경우 법전에 문서의 형식 규정이 없지만 모두 일정한 형식으로 발급되고 있었다. 삼군영이 설치되면서 병조에 집중되어 있던 무반의 인사권이 분산되었으며, 군영에서는 새롭게 무반의 인사권을 거행하기 위해 법전에는 없지만 기존의 인사 임명 문서와 유사한 형태로 유지하였다. 삼군영에서는 독자적인 인신을 소유하였으므로 문서의 발급이 가능하였다.[40]

대체로 국가의 통치와 지배를 안정적으로 지속시키기 위해서는 문서를 바탕으로 하는 행정 전달 체계가 일정한 원칙을 유지해야 한다. 국가적 문헌에는 각 시기마다 행정 전달에 대한 규정이 마련되어 있다. 『고려사』의 공첩상통식(公牒相通式)과 『경국대전』의 용문자식(用文字式)은 국가 공문서 전달 체계를 규정하는 법령이었다. 조선왕조가 통치 체제에 적합한 새로운 문서 행정 체계를 『경국대전』 같은 법령에 구축하는 것에는 100여 년의 시간이 소요되었다. 『경국대전』으로 체계화된 조선왕조의 통치 구조는 국왕-중앙-지방이라는 3개의 행정 단위가 계, 관(關), 첩정(牒呈) 등의 문서를 중심으로 골격을 유지하였다. 조선시대 중앙이나 지방 아문(衙門) 사이에 문서를 주고받을 때에는 아문의 품계에 따라 서로 다른 문서를 사용하였다. 『경국대전』에서는 아문 사이에 행용하는 문서에 대해 규정하였는데, 품계가 동등 이하의 아문에게는 관을 사용하고, 동등 이상의 아문에는 첩정을 사용하며, 7품 이하의 아문에는 첩을 사용한다고 규정하였다.[41]

『경국대전』 체제로 보면 군영은 별개의 행정조직 체계였다. 군영은 육조와 같은 2품 아문으로 국왕에게 직계(直啓)를 할 수 있었다. 제조가 군영의 긴요한 일을 병조의 부서를 거치지 않고 계본(啓本)과 계목(啓目)으로 보고를 했다. 조선왕조의 공문서 체제에서 동등 이하의 관서는 관을 사용하고 그 이상에는 첩정을 올렸다. 지방의 제장들이 병조에 첩정을 올린 것이 그 사례이다. 또한 모든 공문서는 입안(立案)을 두어 전거로 활용하였다. 국왕 - 육조[중앙 관서] - 지방으로 이어지는 공문서의 전달 체제가 유지되어 있었다.[42] 삼군영은 중앙의 관서로서 병조와 대등한 정도로 운영되었다고 해석할 수 있는 부분이다. 『경국대전』의 규정에 따라 중앙의 비변사와 육조에 첩정이나 관을 통해 군영에서 발생하는 사안을 보고하거나 전달하였다. 군영과 육조는 정2품 아문으로 동등한 품계의 기관이었기 때문에 공적인 업무로 문서를 주고받을 때에는 『경국대전』의 규정에 따라 관을 사용한 것이다.[43]

삼군영에서 발급한 관원의 임명 문서에서는 기관명과 대장이라고 문서에 밝히고 있다. 군영별로 보면 훈련도감은 임명 문서에 훈련대장이라고 하였고, 금위영에서는 금위대장, 어영청에서는 어영대장이라고 하여 모두 삼군영 소속 대장임을 밝히고 있다.[44] 다만 어영대장은 어영사라고도 호칭되었다. 정조 대 장용영의 대장을 장용사라고한 것도 동일한 사례이다.[45] 그런데 금위영의 경우 다른 군영과 다른 운영상으로 인해 그 위상에 차이가 있었다. 숙종 대 금위영은 병조판서가 대장을 예겸하는 것이 장기간이었으므로 오히려 군영의 대장이 자주 바뀌어 군무를 통솔하지 못하는 사례가 있었다.[46] 물론 금위영의 대장이 자주 교체되었다고 하여도 군영의 운영에 큰 차질을 주지는 않았다. 금위영의 중군이 대장이 역할을 겸하면서 군영을 운영하였으므로 인사 행정을 비롯한 조련과 시위 등의 군정을 정상적으로 진행하였다.[47] 실제로 중군은 금위영만이 아니라 삼군영의 창설 때부터 대장이 유고하면 조련을 대신 거행한다는 규례가 있었다. 중군이 유고하면 가중군(假中軍)이 대신 거행하기도 했다.[48]

군영 내의 행정 조직도 독자적인 문서 작성 체제를 지니고 있었다. 훈련도감의 4색에서 양향색(糧餉色), 조총색, 화약색은 군포와 군량을 담당하는 사무가 있어서 별도의 인신을 지니는 부서였으며, 군색도 해당 당상관이 자리를 비울 경우 인신을 사용하지 못한다는 이유로 낭청의 인신을 지니는 부서였다. 결국 4색 모두 독자적인 인신을 지니고 문서를 발송할 수 있었다.[49] 왕조의 말기인 고종 대까지도 군영 대장이 인사권을 행사하였다. 각 군영에서 인사권을 행사한 지위를 보면 대장과 중군이 별장, 천총, 파총, 초관까지 임명하였다. 또한 품계가 없는 군관과 병방에 이르기까지 임명하였다. 훈련도감에서 오위장을 군관에 임명할 경우나 어영청에서 출신을 초관에 임명하는 것은 전령을 통해 시행했다.[50]

초관의 임명은 군영의 대표적인 권한이기도 하였다. 1763년(영조 39)에 군문 초관부직절목(哨官付職節目)이 설정되었다. 군영에서 천거(薦擧)가 있으면 차인(差人)의 성명·이력삭수(履歷朔數)와 모천(某薦)을 열서(列書)하여 성책(成冊)을 작성해서 병조에 보냈다. 인사 임명에 대한 주요 내용을 보면, 주부는 12월 도정(都政)부터, 판관은 6월 도정부터, 첨정은 12월 도정부터 시작하는 것으로 거행했다. 주부 3과(窠)는 어영청에서 1과, 금위영과 어영청의 매번 도목에서 1과, 수어청과 총융청의 삼도목(三都目)에서 1과를 의망(擬望) 차출하였다. 매번 1과에 3명을 천거하고, 천거할 자가 적으면 꼭 숫자에 준(準)할 필요는 없고, 없으면 없다라고 했다. 판관과 첨정 각각 1과도 삼군영에서 성명과 아무의 천거 및 모년 모월에 주부(主簿)에 차제(差除)한다고 작성해 올렸다. 병조에서는 누구의 천거인가를 살피고, 또 차제의 구근(久近)과 공론(公論)의 가부를 고찰하고 통틀어 배정(排定)하여 삼망(三望)을 갖추고, 장부 외에는 거론하지 않고 일도목(一都目)에 감하(減下)하며 첨정(僉正)은 비록 판관을 거쳤다 하더라도 선천(宣薦)이 아니면 거론치 않았다. 주부에 적합한 사람은 초관에서 근무일을 채운 자를 천거하여 순차로 추려 보고하면 다시 논의할 것이 없었다. 판관이 전도목(前都目)에서 주부를 역임한 자, 종전에 주부 등 직함이 있는 자, 또 공론에 따라 가려서 보고하며 첨정도 전도목에서 판관을 역임한 자와 종전에 판관 등 직함이 있는 자로 분별하여 보고하는 등의 임명 체제였다.[51]

이와 같이 초관 등의 실무 관원을 선발하는 것이 군영에서 전담했다고는 하지만 인사 행정 처리에서는 병조가 상위 기관이었다. 병조가 훈련도감과 어영청에 첩정을 보내던 것에서도 군영의 위상을 알 수 있다.[52] 이런 현상은 조선 후기에 의정부를 대신하여 국정을 논하던 묘당(廟堂)인 비변사에 대한 군영들의 위치를 보아도 유사하다. 군영에서 공사(公事)가 있으면 낭관(郎官)이 매번 비변사 낭청에게 관문을 보내고 제사(題辭)는 대신이 하였다. 이런 행정 절차에 대해 체면을 손상시킨다는 지적도 있었으므로 군영의 당상이나 혹 낭청이 첩보(牒報)하더라도 비변사 낭청에게는 관문을 보내지 않도록 규식으로 정하여 시행하도록 할 정도였다.[53] 따라서 시대별 차이는 보이지만 군영 내부 부서들은 위계에 따라 운영되었으며 육조를 비롯한 중앙 관서들에 대해서는 하급 부서가 아닌 동급 이상의 위상을 지니고 활동하고 있었다고 할 수 있다.

# 2절. 재정의 운영 구조

## 1. 재용(財用)의 수급

### 1) 일반 재정

18세기의 국가 재정을 정리한 자료인 『부역실총(賦役實總)』에서 중앙 재정은 미(米)로 98만여 석이며 지방 재정은 95만여 석으로, 전체 세입은 193만 석의 규모로 상계된다. 그중 군사 재정으로 지출된 부분은 50여만 석으로 전체 재정의 26%에 해당된다. 왕조 국가 재정의 1/4이 군사 재정이었다.[54] 국가 재정의 1/4을 차지하던 군사 재정의 일부인 군영의 재정은 크게 미와 포로 구성된다. 군영의 재정은 미보(米保)와 목보(木保)로부터 쌀과 무명을 수취하여 쌀을 지출할 곳에는 쌀, 무명을 지출할 곳에는 무명을 지출하는 형식으로 운영되었다. 군영 장병의 군량과 의복에 소용되는 재정을 마련하기 위해 미곡과 포목을 적절한 비율과 액수로 사전에 정한 결과였다.[55] 특히 군사 재정에서 주목되는 부분은 지출 항목이다. 왕조 국가의 재정은 각종 수입을 특정한 지출에 할당함으로써 총수입과 총지출을 파악하지 않고서도 재정의 수지를 맞출 수 있었다. 군영의 수입 항목이 대부분 지출과 연결되어 있다.[56]

**[표 4-8] 정조 재위기 국가 재정 지출**

| | 미(米) | 전미(田米) | 태(太) | 금(金) | 은(銀) | 전(錢) | 면(綿) | 포(布) |
|---|---|---|---|---|---|---|---|---|
| 1777년(정조 1) | 116,610석(石) | 4,358석 | 40,817석 | | 19,578냥(兩) | 374,860냥 | 2,040동(同) 23필(疋) | 186동 36필 |
| 1782년(정조 6) | 103,271석 | 4,940석 | 38,640석 | 13냥 | 2,125냥 | 182,299냥 | 994동 23필 | 118동 18필 |
| 1792년(정조 16) | 117,152석 | 4,074석 | 43,827석 | | 983냥 | 274,890냥 | 1,279동 38필 | 129동 27필 |

전거 : 『만기요람』 재용편4, 호조 일년 경비, 정종조봉입(正宗朝捧入)

**[표 4-9] 정조 재위기 국가 재정 수입**

| | 미(米) | 전미(田米) | 태(太) | 금(金) | 은(銀) | 전(錢) | 면(綿) | 포(布) |
|---|---|---|---|---|---|---|---|---|
| 1783년(정조 7) | 96,728석(石) | 4,233석 | 41,634석 | | 808냥(兩) | 208,959냥 | 1,378동(同) 26필(疋) | 155동 11필 |
| 1785년(정조 9) | 127,620석 | 4,037석 | 41,393석 | | 620냥 | 219,830냥 | 1,440동 12필 | 133동 7필 |
| 1790년(정조 14) | 120,576석 | 3,973석 | 42,856석 | 38냥 | 2,197냥 | 409,997냥 | 1,631동 46필 | 138동 39필 |

전거 : 『만기요람』 재용편4, 호조 일년 경비, 정종조용하(正宗朝用下)

[표 4-8]과 [표 4-9]는 18세기 전성기였던 정조 대 국가 재정을 『만기요람』의 사례를 기준으로 정리한 것이다. 미(米)만을 보아도 10만 석 전후가 대부분이며, 전미도 5,000석 이하이다. 다만 전의 비중이 20만 냥 이상으로 다른 항목보다 높게 나타난다고 보인다. 이와 같은 조선왕조의 국가 재정을 놓고 군사 재정을 논하려면, 우선 군사 재정에 대한 개념 정리가 필요하다. 그렇지 않으면 자칫 조선왕조의 군사 재정이 문란하면서도 비계획적이었다고 비하시키는 결과를 야기할 수 있기 때문이다.

군사 재정은 군인, 군기, 시설, 병참 등에 관련된 예산이라고 정의된다. 왕조 국가의 권력 기초가 폭력적 물리력이며 그 기초인 군사력에 대한 연구는 조선왕조를 조명하는 데 필수적인 부분이다. 왕조 국가의 기초인 군사력을 유지하고 지지하는 것이 군사 재정이라는 것을 고려한다면, 삼군영 재원의 조명은 왕조사 연구라는 거시사적 접근에서도 큰 부분을 차지한다. 더욱이 조선왕조의 군사 재정은 경제사와 밀접한 관련을 맺고 있으므로 조선의 경제 체제 연구에서도 거론되어야 할 부분이다.

조선왕조 군사 재정의 범위는 지방에서 상납하는 것과 중앙이나 지방의 각급 기관에서 이전하는 부분이 포함된다. 그런데 조선왕조의 군사 재정은 근대기 구상된 국방상의 지출이라고 보기에는 차원이 다른 부분이 많다. 왕조 국가의 군사력의 동원이라고 볼 수 있는 군역(軍役) 제도는 군대를 운영하기 위한 제도로 한정하기보다는 신분제 사회를 유지하고 재생산하던 제도로 보는 것이 좋을 것이다. 조선왕조는 병농일치(兵農一致)를 지향한 중세 봉건적 성격을 지닌 정치체로서 근대적 상비군 개념의 군대 양성에는 도달하지 못했다. 오히려 저렴한 비용으로 군병을 확보하고 국가 재정의 일부를 확보하는 제도였다. 군역이 왕조 정부의 재정을 유지하는 수단으로 활용되었기 때문이다. 조선 전기부터 등장하였던 대립제(代立制)와 방군수포(放軍收布) 관행은 군사력 증강을 위해 사용되지 않고 국가 재정의 운영에 주요 재원으로 사용되었다.

조선왕조가 왜란과 호란의 두 차례의 외침을 받았던 것을 고려한다면 국방력 강화에 치중해야 하는 것이 당연한 국정 과제일 것이다. 그럼에도 왕조 정부는 국가 예산에서 군사 재정을 다른 분야에 전용되지 않도록 독자적으로 편성하지 않는 것은 물론 양인(良人)들이 군사 복무를 하는 대신에 납부한 역가를 수시로 전용하였다. 물론 왕조 정부가 군사 재정을 전용할 수 있었던 배경은 중국에 대한 사대(事大)와 일본에 대한 교린(交隣) 관계를 유지한 결과였다. 호란 이후 17세기부터 20세기 초까지 서구 세력의 침입이 있기 전까지 200여 년간 전면전 양상의 전쟁이 없었던 것도 사실이다. 따라서 조선왕조 정부가 전쟁 비용 혹은 군사비를 내수용으로 전환하여 사용한 것은 오히려 현명한 판단이라고도 할 수 있다. 수세기에 걸친 장기 지속적 평화 무드의 국제 환경이 군사적 긴장을 완화시키고 지역간 공동체 질서를 유지시킨 것이다. 반면 이와는 별도의 방향으로 근대적 재정 국가로 전환하여 군대를 양성하고 전쟁을 지속한 것은 유럽 국가였다.

이런 배경에서 조선왕조 정부의 군역체제는 군사적으로 효율적이었다고까지 평가하지는 못하더라도 당시의 국가 재정 운영에 있어서는 매우 유능한 구조였다. 예컨대 인구수에 대비하여 군역을 담당하는 수가 10%도 되지 않았던 효율적 운용이었다. 근대 유럽은 물론 중국과 일본의 경우와 비교하더라도 인구수에 비해 소수의 인원만이 동원되어 운영된 군역체제가 곧 조선왕조 정부의 군사 재정이 지니는 독특한 성격일 것이다. 조선 후기 인구 통계인 『호구총수(戶口總數)』의 전체 인구는 1,800만 명으로 추산되며 그 중 남자 352만여 명에서 군역을 담당하던 55만여 명을 상계한다면 전체 인구의 3% 수준에서 군사 재정이 운영되고 있었다. 이 점은 다음의 [표 4-10]의 5군영의 군총 추이를 보아도 분명하다.[57]

**[표 4-10] 5군영의 시기별 군총(軍摠) 추이**

| 군영 | 1663년(현종 4) | 1702년(숙종 28) | 1743년(영조 19) | 1807년(순조 7) |
|---|---|---|---|---|
| 훈련도감 | 30,000명 | 47,414명 | 44,692명 | 51,940명 |
| 어영청 | 80,808명 | 100,028명 | 84,805명 | 92,939명 |
| 금위영 | 54,700명 | 89,235명 | 83,594명 | 93,229명 |
| 수어청 | 20,000명 | 29,366명 | 11,683명 | - |
| 총융청 | 15,890명 | 24,930명 | 5,128명 | 20,833명 |
| 합계 | 201,398명 | 290,973명 | 229,902명 | 258,941명 |

전거 : 김재호, 2013 「조선후기 군사재정의 수량적 기초: 규모, 구성, 원천」『조선시대사학보』 66, 216쪽

위의 [표 4-10]에서 군영의 군총 추이를 보면 1663년의 20만 1,398명에서 1702년의 29만 973명으로 증가하였다가 1743년의 22만 9,092명으로 감소하였고 1807년에 25만 8,941명으로 재차 증가하였다. 연대기적으로 증감이 나타나고 있지만, 17세기 이후 19세기까지 큰 증감이 없이 일정 수준의 군총이 유지되고 있다. 따라서 앞서 언급한 군역 담당자가 3%였다는 추산을 가감한다면 조선 후기의 군영은 일정한 군병을 유지하면서 다소 안정적인 재정으로 운영하였다고 해석할 수 있다.

한편 훈련도감의 군종과 원역이 늘어나면서 호조 별영에서 급료를 모두 해소하기 어려워지자 겸사복, 마군으로서 말을 가진 자 및 각초의 색서자지[色書字的], 각 초의 복마군(卜馬軍), 금송군과 수문군, 세악수는 훈련도감 군향색에서 급료를 지급하였다.[58] 또한 1758년(영조 34) 이후 마군과 보군의 겸사복으로 승급한 자에게 추가로 지급하던 비용 역시 훈련도감의 겸료색에서 지출하였다. 한편 복마군(卜馬軍)의 말에게 먹이는 콩[馬太]과 원역의 요포(料布)는 양향청에 이속한 적몰 둔의 소출로 지급하였다.[59] 호조의 별영은 1597년(선조 29)에 용산에 설치되었으며, 삼수미를 거두어 도감군에게 급료로 지급하였다. 매달 20일에 훈련도감 군색에서 군병에게 급료를 지급하는 문서를 작성해 보내면 별영에서는 수효를 헤아려 24일에 요미를 방출하였다. 이때 호조의 별영 낭청이 훈국의 낭청[종사관]과 함께 급료를 지급하게 하였으며, 마병장(馬兵將)과 각초 초관이 군병을 인솔하여 급료를 지급하였다.

그렇다면 도감군에게 지급된 삼수미의 규모는 어느 정도였을까? 삼수미는 1602년(선조 35)부터 훈련도감 군인의 급료를 지급하기 위해 평안, 함경도를 제외한 6도의 수전·한전에 1결당 쌀 1두(斗)씩을 징수하는 방식으로 시행되었다가 1608년(광해군 즉위년) 시기결수에 따라 1두를 더 징수하고, 1616년(광해군 8)에 2승(升)을 다시 추가 징수하여

2두 2승을 거두었다. 1616년 한 해 동안 6도에서 거둔 삼수미는 2만 8,000석이었으며, 매달 방출하는 요미는 2,400여 석 정도였다. 이는 당초 삼수미를 거둘 때 책정된 3천 수백 명의 도감군에게 지급하는 데 큰 문제가 없는 양이었다. 그런데 1616년 무렵 군액이 4천 수백여 명으로 늘어난 데다가 장관과 감관·원역의 요미까지 매달 250석 정도 삼수량에서 지급하게 되어 한 달에 지출하는 것이 2,700여 석이 되어, 이로써 1년 지출규모가 3만 2,400여 석에 이르게 되었다.[60] 수입(2만 8,000석) 대비 5,200여 석이 초과 지출된 것이다. 1634년(인조 12) 갑술양전이 행해지면서 과세 기준이 조금 바뀌었는데, 삼남의 삼수미에 한해 1두 감액되어 1두 2승이 부과되었으며, 경기는 병자호란 이후 삼수미를 걷지 않았다. 1672년(현종 13) 이단하(李端夏, 1625-1689)가 훈련도감의 수입과 지출[用下]을 조사하여 보고한 바에 따르면, 훈련도감의 삼수미는 시기결이 가장 많았던 무자년(인조 26)에 3만 9,041석, 그 다음으로 많은 기유년(현종 10)에는 3만 5,583석, 그리고 가장 결수가 적은 해인 신해년(현종 12)은 2만 5,791석으로 집계되었다. 다시 말해 훈련도감의 삼수미는 그해 시기결에 크게 좌우되었다고 해도 과언이 아니다. 1672년 당시 삼수미로 거둔 곡식은 4만 6,300여 석이었지만, 이 역시도 방료에는 못 미치는 액수였다. 도감군의 방료는 현종 대 쌀 5만 5,120석, 콩 5,276석을 지출하고 있었으나, 기근으로 인해 도감군을 감원하면서 쌀 4만 8,908석, 콩 4,339석으로 줄여 지급하였다. 따라서 시기결이 가장 많은 1642년(인조 20)과 1672년의 삼수미만 놓고 보더라도 도감군의 방료로 나누어 주기에는 역부족이었다. 그런데 1682년(숙종 8) 도감군을 5,000명으로 감액하는 과정에서 707명의 요미에 해당하는 삼수미 6,787석 3두를 호조에 환속시켰음에도 불구하고 숙종 대 후반 도감군에게 지출한 요미는 줄어들지 않았다. 1703년(숙종 29) 훈련도감과 금위영의 변통논의가 전개될 무렵, 병조판서 이유(李濡, 1645-1721)는 풍년이 든 해에는 호조의 전세미 22만 석 외에 삼수미 5만 5,000석을 따로 거두었으며, 흉년이 든 해에도 전세곡 18만 석 외에 삼수량으로 4만 9,000석을 수취하였다고 보고하였다. 당시 이유는 13만 석의 국가 세입 중 8만 석이 군량으로 소비된다는 이인엽(李寅燁, 1656-1710)의 말에, 훈련도감의 급료인 삼수미는 호조의 전세와 구별되는 별세(別稅)이므로 군량 때문에 경비가 부족하다는 말은 근거가 없다는 견해를 피력하였다. 그럼에도 불구하고 숙종 대에는 5도에서 올라오는 삼수미만으로 도감군의 요미 지출을 지탱하기가 쉽지 않았기 때문에 호조에서 도감군의 요미를 자주 보전해주어야 했다. 1724년(영조 즉위년) 참찬관 김동필(金東弼, 1678-1737)은 훈련도감 정군 5,000명의 양미를 모두 삼수미 7만 석 안에서 지급하며, 1년에 못해도 4~5만 석에 달한다고 하면서 호조의 수입이 풍년일 때는 12~13만 석이고 흉년일 때는 7~8만 석인데, 일개 도감의 수용이 절반을 넘는 수준이기 때문에 중앙의 재정 궁핍이 여기에서 비롯된다고 하였다. 훈련도감은 삼군문 중에서도 재정상황이 가장 열악하여 1728년(영조 4) 훈련대장 이삼(李森, 1677-1735)은 훈련도감이 오군문 중에서 가장 조잔하여 제대로 운영되지 못한다는 평가를 내렸다.[61]

요컨대 훈련도감이 설립되고 5도에서 거둔 삼수미는 17세기 전반 적게는 2만 5,791석에서 많게는 3만 9,041석 정도였다가, 숙종 대에는 4만 9,000석에서 5만 5,000석으로, 영조 즉위년 한때 7만 석까지 늘어났으나, 영조 대 초반 거듭된 흉년으로 인해 3만 석 규모로 떨어졌다.[62] 반면 도감군이 1682년(숙종 8) 5,000명으로 유지되는 상황에서 도감군에게 지급되는 요미는 평균 4~5만 석 정도가 꾸준히 지출되었다. 따라서 흉년으로 삼수미 수입이 줄게 되면서 호조의 원전세(元田稅)를 돌려쓰거나 강도미를 요청하는 등 호조의 재원을 이획해 쓸 수밖에 없는 구조였다.[63]

이와 함께 훈련도감 군병에게는 요미 외에도 매달 가포(價布)를 의자(衣資)로 지급하였다. 포보가포(砲保價布)는 훈련도감 포수에게 책정된 보인에게 3필씩 거두던 가포를 말한다. 각 군현에서 포보가포를 10월 30일 이내로 상납하면 도감의 제조가 군색을 비롯한 도감의 각색 낭청에게 분부하여 도감군에게 나누어주는 절차를 밟았다.[64] 훈련도감에서는 1년에 3등분하여 도감군에게 의자로 지급하였다. 초기 가포를 수취할 때에는 방납과 점퇴의 폐단이 심하였고, 포의 승척(升尺)도 규격이 정해지지 않아 성기고 가는 가포를 5승포 35척으로 규격화하는 노력이 계속되었다. 그러나 품질 좋은 3필의 가포를 바치는 것은 포보로 지정된 백성들에게 있어서는 막대한 부담으로 작용할 수밖에 없었다. 이에 1662년(현종 3) 가포를 3필에서 2필로 줄이는 대신 포를 납부하는 포보의 수를 3명으로 늘리는 병보제(幷保制)를 시행하였다가, 1713년(숙종 39)에는 포보의 숫자를 3만 7,000명으로 정액화하였다. 이 수치는 1742년(영조 18)에 작성된 양역사정별단(良役査正別單)에도 반영되어 균역법 시행기에도 그 액수가 유지되었다. 훈련도감에서 한 해에 거두는 포보가포는 1,400여 동에 달했으며, 1분기[等]에 도감군에게 지급되는 가포는 보통 350동(同) 정도였다.[65]

어영청의 지출은 크게 미와 포 두 가지 명색으로 이루어졌다. 이를 반영하여 수입도 미와 포로 걷었던 것으로 보이는데 운반 문제를 반영한 조치였다. 산군에서 미와 같은 무거운 물품을 납부하기는 곤란한 점이 많았다. 이에 따라 산군에서는 상대적으로 가벼운 포로 납부하도록 하고, 연군에서는 무게가 나가는 미를 납부하게 함으로써, 운반상의 여러 문제를 일정 부분 해결해 준 것이었다. 조정에서는 각 지역별로 미보와 목보를 배분하는 데에는 산군과 연군 등 지리적 문제뿐 아니라 한양과의 거리도 고려한 결과이다. 도성과 가깝거나 운반이 용이한 지역인 경기, 황해, 충청도는 상대적으로 미 수입의 비중이 높고, 도성과 거리가 멀거나 수로를 이용하기 어려운 지역인 전라, 경상, 강원도는 포 수입의 비중이 높았다. 어영청은 각 도에 거주하는 관납보의 역가를 통해 재원의 대부분을 조달하였다.

어영청은 역가 수입 이외에도 둔전을 통해 얻는 수입이 있었다.[66] 어영청의 둔전은 강화유영둔, 영종진둔, 장연취철소둔, 양주둔, 덕적둔 등 5곳이다. 둔전의 크기는 일정치 않았으며, 면적의 표기 방식도 각 둔전마다 차이가 있다. 강화유영둔은 두락지와 결부법이 혼용되어 있는 데 비해 영종둔은 결부법으로만 표기되어 있다. 그 나머지 둔전의 경우도 전(田)은 일경이나 반일경으로 표시하고 있는 데 비해, 답(畓)은 석락지와 두락지로 표기하고 있다. 둔호는 160여 호에서 없는 곳까지 각 둔전마다 다양하다. 이들 둔전은 주로 둔호에 의해 경작된 것으로 보인다. 둔호가 없는 곳의 경작자는 분소 소속 노복이나 군인 등이었을 것이다.[67]

어영청의 주요 수입원은 보인에게 얻는 역가였기 때문에 현물을 별도로 공급 받을 방법이 없었다. 이 문제를 해결하기 위해 특정 지역을 절수(折受)해 현물을 어영청에 공급하는 방안이 고안된다. 어영청은 이곳에 둔전을 설치해 백성의 생계를 마련해주는 한편, 그에 대한 반대급부로 이 지역에서 생산되는 각종 현물을 바치도록 한 것으로 보인다. 하지만 어영청이 모든 물품을 둔전에서 공급했다고 보기는 어렵다. 둔전에서 조달하지 못한 물품들은 '청구(請求)'라는 명목으로 지방 군문이나 비변사에서 가져다 활용했다. 어영청은 미와 포를 보인의 역가를 통해 충당하고, 현물을 둔전이나 다른 아문에 청구하여 충당했던 것이다.[68]

한편 장교 원역은 어영청에서 근무하는 장교의 급료이다. 호조에서 급료를 받는 장교는 중군 1명, 별장 2명, 천총 5명, 파총 5명, 군관 10명, 마병초관 1명, 교련관 2명, 기패관 3명, 본청군관 15명 등 총 44명이었다. 어영청이 급료를 지급하는 장교는 무군장교군관(無軍將校軍官) 95명, 기패관 5명, 약방 1명, 침의 1명, 군관 15명 등 총 117명이었다. 제색장인은 어영청에 근무하는 장인의 급료이다. 「공역식례(工役式例)」에 따르면 어영청은 군궁, 평궁, 조총, 조철별환도, 소동포, 단동포, 편곤, 도금피갑, 화약 등 각종 무기류와 화약 등을 제작하고 있었다. 이러한 무기 제작을 위해서는 궁인, 실인, 칠장, 야장, 연마장, 초련장, 재련장, 정련장 등을 고용해야 했다. 이들 장인의 급료는 근무 기간과 업무에 따라 다르게 책정되었다. 「야장식례」에 따르면 어영청은 장인을 일반 장인과 군장(軍匠) 등 두

가지로 분류하고 급료의 차등을 두었다. 일반 장인은 포 3필과 미 9두를 지급받는 데 비해 군장은 포 1필과 미 3두를 지급받았다. 별초군관의 급료도 어영청에서 지급되었다. 별초군관은 가전별초나 별초무사(別抄武士)라고 불리며 포수나 항왜(降倭)의 자손을 편성한 부대이다. 이들은 총원이 60명이었는데, 이중 호조와 어영청이 급료를 지급하는 인원이 각각 30명이었다.[69]

삼군영 중에서 마지막으로 설립된 금위영의 재정은 대부분이 보인이 납부한 보포를 기반으로 운영되었다. 그런데 금위영에서 거둔 보포가 급료를 지불하는 이외의 상황에 능동적으로 대처할 수 있을 만큼 넉넉하지는 않았다. 더구나 작황이 좋지 않을 경우 보포의 공급은 안정적으로 유지할 수 없었다. 균역법의 실시로 나타난 부족한 재원은 급대로 지급되었지만, 그 양은 충분하지 않았다. 이를 만회하기 위한 것이 둔전의 경영이었는데,[70] 그 세출도 불충분했다. 금위영 둔전 가운데 가장 규모가 큰 것이 태안둔으로 그 규모가 58결 15부이며, 1년에 거두는 세전이 200냥에 불과했다. 나머지 둔전 가운데에서도 전답을 합해 10결이 넘는 둔전도 두 곳에 불과하여 금위영의 둔전 규모가 영세했음을 확인할 수 있다. 둔전 가운데 가장 많은 세액을 거두었던 양산둔은 매년 200석의 조를 거두었지만, 이를 동전으로 환산할 경우 260냥에 불과하였다. 나머지 둔전은 채 10석의 쌀을 거두지 못하는 곳도 있어 둔전 수입이 금위영의 운영에 큰 도움은 되지 못했다. 따라서 평상시 금위영의 재정에 일시적이거나 혹은 대규모로 필요한 예산을 확보하는 방식은 사실상 거의 없었다고 해도 과언이 아니었다. 금위영의 보포 수입은 풍흉에 따라 변동이 컸고, 둔전 수입은 그 규모가 크지 않았기 때문에 금위영은 운영에 어려움을 겪는 경우가 많았다.

금위영이 만성적인 재정 부족에 시달린 것은 지출규모가 점점 증가한 것이 주요 원인이었다. 삼군영이 도성을 거의 비슷한 크기로 분정하여 수직하였으므로 금위영이 소비하는 비용은 훈련도감이나 어영청과 크게 다르지 않았다. 다른 군영들과 같이 금위영의 운영에 있어서 가장 많은 부분을 차지하는 것은 역시 급료였다. 1690년(숙종 16)의 경우 한 달에 도성으로 번상하는 인원이 1천 명을 넘어서고 있었고, 이들에게 지급하는 쌀이 한 달에 9~12두였으므로 금위영의 예산은 대부분 급료로 지출되었다. 금위영의 지출은 도성의 수비와 시위 그리고 도성의 수축 등으로 내역이 크게 정해져 있다.[71] 금위영은 이 외에도 도성과 관련된 여러 가지 사소한 부분까지 담당하였다. 도성의 금송(禁松)과 준설 업무도 그 하나였는데, 목재와 땔감의 수요가 증가하면서 서울 주위의 산에서 벌목이나 입장 등을 금지해야 했기 때문이다. 따라서 전쟁의 위험이 감소하게 되면서 삼군문은 도성을 수비하고 외적에 대항하여 도성을 방어하는 것이 아니라 내부의 소란이나 서울의 현상을 유지하기 위한 대내적 업무에 치중할 수밖에 없었다. 위와 같은 일상적인 업무는 사실 상번한 향군들이 다소에 따라 탄력적으로 운영할 수 있었다.[72]

호조로 유입되는 재원이 19세기 들어서면서부터 항시적으로 유지되었지만, 반대로 금위영은 도성을 방어하고 국왕을 시위하는 군사적 기능을 유지하기 위해서는 재원이 부족하게 되었다. 따라서 금위영은 군병이 올라와서 복무하는 번상을 중지하는 '정번'을 상례화 하면서 군사를 유지하기 위한 비용을 줄이고 그 비용을 대신 호조의 재정으로 '가입(加入)'시키기 시작했다. 금위영의 정번 내역은 연대기 자료로도 확인할 수 있는데, 19세기에 처음 나타난 현상은 아니었다. 금위영의 정번은 금위영이 창설된 직후부터 나타났는데, 당시 흉년이 들어 금위영의 상번을 유지하기 힘든 상황에서 500명을 정번시켰다.[73] 이후 금위영의 상번이 상시로 정지된 것은 19세기부터로 1816년(순조 16) 호조판서 박종경(朴宗慶, 1765-1817)의 상소에서 확인할 수 있다. 박종경은 무미(貿米)재원을 마련하기 위해 주전(鑄錢)을 실시하자고 제안하였는데, 주전에 필요한 재원이 마련되어 있지 않아 금위영과 어영청의 정번을 통해 확보하자고 건의하였다. 상번하는 향군의 4초 가운데 매초에서 27명씩을 할당하여 총 108명의 정군을 정번하고, 자보(資保)의 포를 거두어 주전의 경비를 활용하였다. 또한 1년여의 정번 기간을 15년으로 연장함으로써 상시적인 재정 효과를 기대하였다.[74] 1836년(순조 16)에 정기적인 정번이 끝나자 호조판서 이지연(李止淵, 1777-1841)은 1835년(헌종 1)부터 금위영, 어영청이 정번을 20년간 지속할 것을 건의해 윤허를 받았다.[75] 19세기의 전반부는 대부분 금위영에 정번이 실시되었다고 해도 과언이 아니었다. 호조에서는 경상비의 증대와 이로 인한 호조 재정의 악화로 어려움을 겪고 있었는데, 금위영과 어영청에서 정번을 하고 그 비용을 호조로 가져오게 되면서 재정적으로 큰 도움을 받고 있었다. 1819년(순조 19) 호조판서 김이양(金履陽, 1755-1845)은 금위영과 어영청의 향군이 1년을 정번하면 호조에서 4만 8,000냥의 돈과 쌀 5,000석을 가져다 쓸 수 있고, 이정도의 비용은 호조를 1년간 지탱할 수 있을 것으로 예상할 정도였다.[76]

다음의 [표 4-11]은 삼군영의 물종별 수입인 미, 목, 포, 태 등을 전으로 환산한 내용이다. 물종의 가격이 시기별 풍흉과 수요의 다소에 따라 차이가 있는 것을 감안하더라도 대략 50만여 냥에 해당하는 수입이 있었음을 알 수 있다.

[표 4-11] 삼군영의 물종별 수입

| | 훈련도감 | 금위영 | 어영청 | 합계 |
|---|---|---|---|---|
| 미(米) | 14,648석(石) = 73,240냥 | 18,382석 = 91,910냥 | 19,131석 = 95,655냥 | 52,161석 = 260,805냥 |
| 전미(田米) | 0 | 39석 = 156냥 | 0 | 39석 |
| 철(鐵) | 81,953근(斤) | 43,393근 | 54,216근 | 179,562근 |
| 목(木) | 36,004필(疋) | 311필 | 18,621필 | 54,936필 |
| 포(布) | 1,250필(疋) | 16,721필 | 1,634필 | 19,605필 |
| 태(太) | 3,700석(石) | 2,019석 | 2,375석 | 8,094석 |

전거 : 김재호, 2013 「조선후기 군사재정의 수량적 기초: 규모, 구성, 원천」『조선시대사학보』 66, 210쪽
비고 : 『만기요람』 재용편에서 쌀과 돈을 환산하는 것을 기준으로 정리하면, 미(米) 1석은 5냥, 전미(田米) 1석은 4냥이며 콩 1석은 2냥 5전이다. 미 1석을 쌀로 도정하기 이전의 조(租)는 2냥이다.

## 2) 둔총

삼군영에서 제일 먼저 둔전이 설치된 곳은 훈련도감이다. 군영의 둔전은 임진왜란기 국가 재정의 타개를 위한 새로운 재원 발굴 및 군량의 확보라는 차원에서 설치되었다. 훈련도감이 왜란의 타개를 위해 설치되기는 하였으나 종래의 상번병이 모두 직속될 수 없는 상황이었으므로 당시 군영의 재원은 삼수미와 둔전의 개척 위주였다고 보아야 할 것이다.[77] 훈련도감의 둔토는 3,000여 결을 한정해서 면세지로 획정하였다. 논밭에 따라 둔세에 차이가 있었으며, 논은 매 두락에 6~8두를 둔세로 수세하였다.[78]

군영의 둔전은 전시(戰時) 상황에서 군량의 보급 없이 현지에서 군병에게 자체 조달할 수 있는 장점이 있었다. 둔전의 설치는 전시에 분산된 인민의 단합, 요해처의 방어, 곡식의 비축, 정병의 양성이라는 전략적 가치가 있다.[79] 전시에 버려진 농지와 황무지를 개척하는 방법에는 첫째, 군사를 동원하는 것, 둘째, 유민을 모집하여 투입하는 것, 셋째, 일반 백성에게 병작을 하게 하는 3가지의 형태가 주를 이루었다. 무엇보다 군영의 군병을 동원하는 것이 예속된 노동력의 이용이라는 점에서 둔전 경작에 유리하였다. 훈련도감의 군병이 둔전의 경영에 처음 동원되었다. 군영 군인 중에서 경작을 원하

는 자를 대상으로 전지를 개간하여 스스로 군량을 확보하는 형태였다.[80] 또한 도감의 군병 중에서 전투에 용이하지 않은 인원을 차출하여 둔전 경영에 투입하기도 하였다.[81] 훈련도감의 사례에 따라 금위영과 어영청에서도 둔전을 경영하게 된다.

훈련도감의 둔전은 교련관과 군관, 아병 등의 군영 소속 인원에게 차등 지급되어 경작되거나 사령, 노비, 청직(廳直) 등에게 분급되어 경작되었다. 이외에도 무학(武學), 속오, 장려(壯旅), 의려(義旅) 등도 경작을 하였으므로 다양한 인원과 직급에서 참여하였다. 동시에 둔전민이라고 하는 일반민이 신역(身役)으로 동원되기도 하였다. 토지가 없는 농민이나 유민들이 정부의 안집(安集) 정책에 따라 둔전의 경작에 예속되었다고 할 수 있다. 이점은 군영의 군량 확보라는 군수 정책과도 일치되는 부분이다. 또한 군역 자원의 확보라는 차원에서도 둔전민의 확보와 정착은 군사적 의미가 있었다. 둔전 경영의 형태가 군사경작(軍士耕作), 모민경간(募民耕墾)이라는 것에서도 확인된다. 특히 둔전민을 유민에서 둔전민-아병으로 양성하는 군사력 확보 방안에서도 효과를 나타냈다.[82] 18세기 훈련도감에 소속된 지방의 둔전 분포를 정리하면 다음의 [표 4-12]와 같다.

**[표 4-12] 훈련도감의 제둔(諸屯)**

| | 담당부서 | 명칭 | 위치 | 설치년도 | 목적 | 상납액 |
|---|---|---|---|---|---|---|
| 1 | 화약색 | 가라동둔(加羅洞屯) | 춘천 | 1639년(인조 17) | 염초 | 300냥 |
| 2 | 화약색 | 감물악둔(甘勿岳屯) | 홍천 | 1639년(인조 17) | 염초 | 50냥 |
| 3 | 화약색 | 수변산둔(水邊山屯) | 양근 | 1623년(인조 원년) | 염초 | 40냥 |
| 4 | | 부파동둔(桴破垌屯) | 안주 | | | |
| 5 | | 망모로둔(望毛老屯) | 가산 | | | |
| 6 | 군색, 신영 | 강월포둔(江月浦屯) | 박천 | 1782년(정조 6) | | 400냥 |
| 7 | 조총색 | 청라동둔(青蘿洞屯) | 보령 | 1736년(영조 12) | | 130냥 |
| 8 | 군향색 | 각시동둔(覺時洞屯) | 이천 | 1792년(정조 16) | | 150냥 |
| 9 | 군색 | 독산둔(禿山屯) | 안악 | 1762년(영조 38) | | 135냥 |
| 10 | | 연진둔(延津屯) | 안악 | | | |
| 11 | | 남이리둔(南二里屯) | 강령 | | | |
| 12 | 군향색 | 천참면둔(泉站面屯) | 파주 | 1775년(영조 51) | | 109냥 |
| 13 | 군향색, 신영 | 마산둔(馬山屯) | 재령 | 1775년(영조 51) | | 300냥 |
| 14 | 군향색, 신영 | 천이면둔(泉二面屯) | 풍천 | 1795년(정조 19) | | 200냥 |
| 15 | 화약색 | 적화현유황참(赤火峴硫黃站) | 충주 | 1701년(숙종 27) | 유황 | 37냥 |
| 16 | | 청천면유황참(青川面硫黃站) | 서원(西原) | | | |
| 17 | 화약색 | 덕유산유황참(德裕山硫黃站) | 안의(安義) | 1718년(숙종 44) | 유황 | 80냥 |

전거 : 『만기요람』 군정편2, 훈련도감 재용, 제둔

[표 4-12]에서 훈련도감의 둔전은 전라도와 함경도를 제외하면 전국적으로 분포되어 있다. 황해도-충청도, 평안도-강원도, 경기도-경상도의 순서이다. 설치 시기로 보면 순번의 6~9, 12~15, 17의 9곳이 18세기 초기부터 말기까지 설치되었다. 17곳의 둔전을 놓고 보면 18세기에 훈련도감의 둔전이 광범위하게 분포되었고, 설치 시기의 순서로 보면 숙종 대인 15의 충청도 충주를 시작으로 17의 경상도 안의, 7의 충청도 보령, 9의 황해도 안악, 12의 경기도 파주와 13의 황해도 재령, 6의 평안도 박천, 8의 경기도 이천, 14의 황해도 풍천 등의 순서이다. 지역적으로는 황해도 4곳, 경기도 3곳, 평안도 3곳, 충청도 3곳, 강원도 2곳, 경상도 1곳으로 특별히 한 지역에 둔전이 집중되지 않는다. 다만 수세하는 금액에 있어서는 6의 평안도 박천 400냥, 1의 강원도 춘천과 13의 황해도 재령이 300냥으로 다른 지역보다 압도적인 금액차를 보이고 있다.

둔전은 금위영과 어영청에도 설치되었다. 금위영은 1685년(숙종 11) 강화유수영에 설치한 진에서 둔전을 관리하였다. 둔전에는 소 73척이 사역되었고 승장(僧將)과 승군 16명이 소속되었다.[83] 18세기에 금위영의 둔전이 강화도에만 설치되었던 것에 반해 어영청 둔전은 경기도 전역에 산재해 있었다. 어영청의 둔전 분포는 다음의 [표 4-13]과 같다.

**[표 4-13] 어영청의 제둔(諸屯)**

| | 담당부서 | 명칭 | 위치 | 설치년도 | 목적 | 상납액 |
|---|---|---|---|---|---|---|
| 1 | 군색 | 왕제둔(汪濟屯) | 장연 | 1659년(효종 10) | 정철 | 40냥 |
| 2 | | 양주둔(楊州屯) | 양주, 철원 | 1678년(숙종 4) | 시탄 | |
| 3 | 기사색 | 태탄둔(苔灘屯) | 장연 | 1751년(영조 27) | | 880냥 |
| 4 | | 원봉둔(元峯屯) | 적성 | 1765년(영조 41) | | |
| 5 | | 성북둔(城北屯) | 혜화문 외 | 1773년(영조 49) | | 2,000냥 |
| 6 | 군색 | 인천둔(仁川屯) | 박천 | 1773년(영조 49) | | |
| 7 | 군색 | 고부둔(高阜屯) | | 1773년(영조 49) | | 500냥 |
| 8 | 군색 | 봉산둔(鳳山屯) | | 1754년(영조 30) | | |
| 9 | | 양화진(楊花鎭) | | 1680년(숙종 6) | | |
| 10 | | 강화유영(江華留營) | | 1680년(숙종 6) | 군량 | |
| 11 | | 영종진(永宗鎭) | | | | |
| 12 | | 장연취철소(長淵吹鐵所) | | | | |
| 13 | | 덕적도(德積島) | | | | |

전거 : 『만기요람』 군정편3, 어영청 재용, 제둔 ; 송양섭, 2006 『조선후기 둔전 연구』, 경인문화사, 53쪽

18세기 중반 군문의 둔전이 분포한 군현의 수를 비교해 보면 훈련도감이 4개, 금위영이 9개, 어영청이 6개, 수어청이 48개, 총융청이 33개의 군현에 둔전이 분포하고 있었다.[84] 17세기 초 지방 관청에 설치 운영한 둔전은 관내 민인을 부역 노동으로 징발해서 경작하도록 하는 방식이었다. 군영의 둔전은 별장과 첨사 등의 군직자들이 주도하였고 그 아래에 둔장(屯長)이 있었다. 둔장은 서원(書員), 고자(庫子), 노(奴), 사령(使令)을 휘하에 두었고 이들은 직임을 수행하는 대가로 급료를 받거나 복호(復戶) 혹은 신역 면제의 혜택을 받았다. 또한 대부분의 둔전에는 농업 생산에 필요한 소, 창고, 운송 수단이 있었다. 둔전 경작자는 둔민(屯民) 혹은 모군(募軍)으로 불렸다. 군영의 둔전 설치는 군수 재정 확보책에서 꾸준히 진행되었다. [표 4-13]에서 강화도 유영 둔전의 경우 강화도 방어 차원에서 진행된 사업의 하나였다.[85]

한편 군영의 둔전은 중앙 정부의 군사 재정 지출이라는 차원에서 논란의 여지가 있는 부분이었다. 그 대표적인 사례가 양향청(糧餉廳)이다. 양향청은 1593년(선조 26)에 임진왜란을 극복하고자 설치한 훈련도감의 재정을 지원하기 위하여 설립되었다. 초기에는 군향청(軍餉廳)으로 불렸으며 양향청으로 명칭이 바뀌었다. 당시 업무는 훈련도감 군병에게 급료를 지급하는 일이었다. 그런데 1602년(선조 35) 삼수미세(三手米稅)를 징수하면서 도감 군병의 급료 지급 방식이 바뀌었다. 삼수미세가 있기 전에 호조에서는 금군 출신의 도감 군병에게, 양향청에서는 한량(閑良) 출신 도감 군병에게 급료를 지급하고 있었다. 삼수미세 징수 이후에는 호조에서 급료를 일괄 지급하는 방식으로 전환된 것이다. 양향청에서 훈련도감 군병의 급료를 지급할 과정이 사라진 것이다. 양향청은 1596년(선조 29)부터 훈련도감의 둔전을 이속 받았다. 양향청은 둔전 수입을 바탕으로 훈련도감의 각종 군수를 지원하는 관청이 되었다.[86]

훈련도감이 양향청에 둔전을 이속시킨 이후 군수로만 지원을 받게 되자 직접 운영했을 때에 비하여 재정 수입이 감소되었다. 훈련도감은 기존 둔전과는 별도로 새로운 둔전을 확보하기 시작했다. 훈련도감의 둔전 의존도는 숙종 대에 최고조에 달했다. 도감의 각종 비용이 모두 둔전에서 나온다는 말이 있을 정도였다. 기존의 둔전들이 지속적으로 경영되는 것이 아니라 혁파되거나 다른 용도로 전환되어 훈련도감의 항상적 재정 기반으로 사용되지 못한 결과였다. 결국 전라도 해변에 제방을 막아 전답을 조성하여 둔전으로 삼는 방안까지 사용하였다.[87]

훈련도감의 둔전은 인조 대에 광범위하게 확대되어 효종 연간에 이르면 63곳에 이를 정도였다. 효종도 훈련도감 둔전이 전국에 없는 곳이 없다고 하면서 도리어 백성들이 피해를 입을 지경이라고 언급할 정도였다. 훈련도감의 둔전을 혁파해야 한다는 주장은 현종 대 들어와 본격적으로 전개되었다. 양향청이 존재하였기 때문에 훈련도감에서 둔전을 다시 설치해야 할 필요가 없었다. 1666년(현종 7)에 훈련도감에 소유권이 있는 둔전조차 양향청으로 이속되었다.[88]

양향청이 훈련도감에 군수 물자를 제대로 지급하지 못한 이유는 대규모의 진전(陳田)에 있었다. 훈련도감에서는 직접 진황처를 관리하겠다는 주장을 하였다. 호조는 적극적으로 반대했다. 호조에서 반대한 논리를 보면, 양향청의 설치는 상신(相臣)이 일을 관장하고, 대장은 군사를 다스리고 탁지(度支)는 재정을 담당하는 모습이라고 했다. 진전은 풍흉에 따라 남기도 하고 모자라기도 하며 기전(起田)이 진전이 되고 진전이 기경전(起耕田)이 되는 것은 너무나 자연스러운 일이라고 하면서 훈련도감의 주장에 반대했다.[89] 양향청은 호조 주관이었으므로 군영과는 입장이 달랐다. 호조가 국가 중앙 기구로서 지방까지 관리 영역을 장악하고자 하는 것이 군영이라는 새로운 독자적 운영 형태의 중앙 기구와 마찰을 일으킨 양상이라고 볼 수 있는 사례이다. 이런 원인으로 군영의 둔전은 체계적으로 운영되기 어려웠고 시기별로도 혼잡한 양상을 보여 체계적인 재정 수치를 산출하기 어렵게 하였다.

### 3) 화폐 주조

조선 후기에 본격적으로 화폐가 유통되기 시작한 것은 1678년(숙종 4)이었다. 화폐가 유통되었던 배경에는 군영의 동전 주조가 큰 역할을 하였다. 숙종 이전에도 군영에서 동전을  주조한 사례가 있다. 1651년(효종 2) 훈련도감에서 동전을 주조하여 사행에 필요한 재원으로 서로(西路)에 공급하던 일이 있었다.[90] 그럼에도 숙종 대에 군영의 동전 주조가 본격적으로 진행된 것은 대외적 여건의 변화가 있었기 때문이다. 17세기 후반에 일본의 구리 생산이 증가하면서 상평통보의 대량 주조가 가능해진 대외적 여건이 있었다. 군영에서는 재정 수단의 하나로 화폐, 상평통보를 주조하여 군량미를 구입하거나 재원의 하나로 사용하였다. 삼군영 재원의 구성에서 특이한 점은 군영마다 동전을 제작하여 군수 비용으로 사용한 것이다.

이런 배경으로 군영도 재정 기관의 범주에 넣을 수 있다. 국가의 재정 수취와 분배에 일정 부분 참여하고 있었다. 군영이 재정권을 부여 받아서 독립적으로 재정을 운영하였다. 군영이 다양한 군사적 기능과 성격을 지니면서 원칙적으로는 국가로부터 재원의 수취와 분배에 대한 권한을 위임받아 각사자판(各司自辦)의 독립적인 재정 운영 주체로 존재한 것이다. 조선왕조의 재정 구조가 재정 관서인 호조 중심으로 중앙과 지방의 국가 기관들이 유기적으로 연결되지 못하고 각사자판이라는 임시적 변통 안에 따라 부족한 예산을 스스로 재원을 창출하여 해결하는 체제였다는 것을 감안하면 당연한 일이었다. 화폐에 대한 입장도 동일한 선상에서 진행되었다. 조선왕조의 관리들에게 돈이란 비록 굶주릴 때 먹거나 추울 때 입을 수 있는 물건은 아니지만 국가에서 통용하는 재화라는 명분하에 취급되던 재원 확보의 한 방편이었다.[91] 예컨대 상평통보는 효종 대의 유통 화폐로 삼았다. 그런데 삼군영에서 재원의 부족분을 변통하기 위해 주전을 하게 되자 호조와 같은 중앙 재정 기관에서 반대를 하였다. 돈이 널리 통용되기 위해서는 표준화된 기준에 따라 일정한 기관에서만 제작을 해야 전국적인 유동이 가능하다는 논리였다. 실제로 각 아문에서 각자 주조하게 하였기 때문에 들어가는 물력을 따져 그 이익의 많음만을 추구하게 되어 화폐의 정추(精麤)에 대해서는 관리할 겨를이 없어서 지방은 통용되지 않는 일도 많았다. 더욱이 철물이 부족하면 납[鉛]을 섞어서 붓기 때문에 때가 끼고 질이 무르고 엷어 손으로 휘면 바로 모양이 망가지고 납이 드러나 상인들은 모두 쓸모없는 물건으로 여기고 통화로 삼으려 하지 않으므로 돈의 가치가 추락하는 일이 왕왕 야기되었다.[92] 또한 각 군영에서 철물을 확보하지 못하면 주전을 못하기도 하였다. 함석의 경우에 청국에서 수입하는 양이 확보되지 않으면 주전하지 못하는 경우도 있었다.[93]

사실 군영에서 주전을 하게 된 시말을 논한다면 효종 초기로부터 시작된다. 1651년(효종 2)에 김육이 차자(箚子)를 올려 산군의 수령이 민간의 동(銅) 조각을 거두어 모으고, 혹은 관수(官需)를 절용(節用)하여 동철(銅鐵)을 구매하도록 요청하였다. 산군에서 돈을 주조하여, 돈으로써 포를 대신하게 하고, 각사 공물의 가격을 간혹 돈으로써 10분의 1, 10분의 2를 내게 하다가 점점 참반(參半)에 이르게 했는데 이것이 동전을 주조한 시초였다. 1678년(숙종 4)에 평안도와 전라도의 감영(監營) 및 병영(兵營)에서 동전을 주조하게 하였으며, 1685년(숙종 11)에는 공조에서 주조했고, 1691년(숙종 17)에는 개성부가 돈을 주조하였으며, 1693년(숙종 19)에는 상평청(常平廳), 훈련도감, 총융청에서 돈을 주조하게 하였다. 1695년(숙종 21)에는 기근으로 인하여 관서, 호남, 영남의 주조를 허락하였고, 1750년(영조 26)에는 삼군영에서 동전을 주조했으며 윤번으로 5년을 간격해서 주조하도록 하였다. 1757년(영조 33)에는 총융청이 주전하였고 1778년(정조 2)에는 어영청이 주전을 실시하였다. 당시까지 주전한 동전의 전문(錢文)은 상평통보(常平通寶)였으며 1문(文)의 중량은 2돈 5푼, 100문이 1냥(兩)이고, 10냥이 1관(貫)이었다.[94]

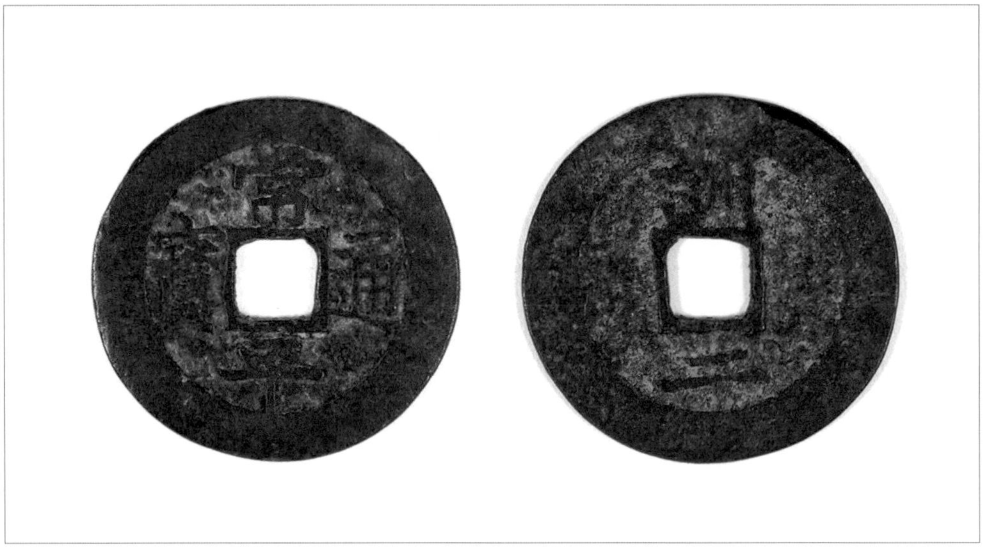

[그림 4-6] 상평통보 (서울역사박물관 소장)

한편 숙종 대 동전을 본격적으로 유통하려던 시기에 주전을 할 수 있는 관서로 호조, 상평청, 진휼청(賑恤廳), 어영청, 사복시(司僕寺), 훈련도감이 선택되었다. 군영에서는 상평통보를 주조하여 돈 400문(文)을 은(銀) 1냥(兩)의 값으로 정하여 시중에 유통하게 하였다.[95] 동전의 유통에 대해서는 다음과 같은 세부 항목을 정했다.

첫째, 돈 값어치가 지나치게 가벼우면 민간에서 사사로이 주조할 폐단이 없지 않고, 지나치게 비싼 경우에는 막히어 유통이 어려울 우려가 있다. 『대명률(大明律)』에 규정된 가치를 상고하고 송도(松都)에서 현재 유통되고 있는 규례를 참고로 하여 400문을 은 1냥 기준으로 삼아 40문을 은 1전으로, 4문을 은 1푼으로 한다. 쌀값은 풍흉에 따라 높낮이가 같지 않아 비록 일정한 규칙을 정할 수는 없으나 우선 현재의 시가(市價)에 따라 400문에 쌀 10두 기준으로 삼아 40문에 쌀 1두, 4문에 쌀 1승을 규정으로 정한다. 둘째, 각 아문에서 주조한 전문을 우선 시전(市廛)에 나누어 주어 교역에 유통이 되도록 하되 3년 동안 이윤을 취하기를 기다려서 이윤을 제외하고 본전의 값을 도로 거두어 받는다. 셋째, 형조, 사헌부, 한성부, 의금부의 각종 속목(贖木)은 모두 전화(錢貨)로 대신 거두어들인다. 넷째, 시전에서도 물건을 내어줄 일이 있는 경우에는 반드시 전문을 거두어 쓰라고 한다.[96]

숙종은 동전의 가치를 은 1냥에 400문이라는 기준으로 정했다. 1문은 동전 1개이다. 동시에 국가의 세수 중의 하나였던 쌀의 가치도 동전에 대입하여 쌀 1두가 동전 40문이라고 규정하였다. 동시에 군영에서 주전한 동전을 강제적으로 도성 내의 시전에 분급하여 유통시키도록 하였으며, 국가 기관에서 수급하던 포목도 동전으로 받도록 하여 상평통보의 유통이 광범위하게 전개되도록 그 토대적 장치를 만들고 있다. 이런 배경에서 군영이 적극적으로 주전에 나선 것은 당연한 결과였다.

그런데 영조 대에 이르면 군영에서 진행한 동전 주조의 폐단이 나타난다. 호조와 선혜청·삼군영에서 일시에 모두 돈을 주조하게 되면 철의 값은 뛰어오르고 재력은 고갈될 것이며 주조한 돈은 그 수가 비록 많으나 한꺼번에 흩어 쓰고서 다시 주조하지 않으면 항상 부족하다는 문제였다. 영조 대까지도 삼군영과 호조가 상호 유기적으로 동전의 유통량과 시중의 화폐의 가치를 감안하면서 주전한 것이 아니라 각 기관의 재정적 문제 해결을 위해 임시방편으로 돈을 만든 결과였다. 이것을 해결하기 위해 삼군영과 호조 등에서 5년 간격으로 주조하게 하여 한꺼번에 주조하느라 재력을 소모하는 폐단이 없게 되고 전화도 없어지게 하는 방안이 시행되었다.[97] 그럼에도 군영들의 주전은 통일되거나 호조와 유기적으로 연결되는 결과를 만들지 못했다. 동전의 제작이라는 근본적인 제작 공정 단계에서의 차이 때문이었다. 예를 들어 1751년(영조 27) 금위영에서 주전한 사례를 보면 잘 알 수 있다. 금위영은 22만 3,000냥을 주전하였다. 동전 주조에 투입된 비용이 14만 5,000냥으로 7만 8,000냥의 이익을 보여 군영의 재원으로 동전을 사용하는 것이 적합했음을 보여주었다.[98] 훈련도감에서는 1751년 2월 28일 시작하여 1752년(영조 28) 6월 29일까지 10만 1,000냥으로 16만 4,000냥을 주전하였다. 동 시기에 어영청에서는 2월 3일에 주전을 시작하여 1752년 6월 29일에 종료하였다. 어영청은 15만 냥으로 24만 냥을 주전하였다.[99] 영조 대 삼군영에서 동전을 주조한 기간과 금액 및 이익을 정리하면 다음의 [표 4-14]와 같다.

**[표 4-14] 영조 대 삼군영의 주전 기간과 금액**

| | 주전(鑄錢) 기간 | 본전(本錢) | 주전량 | 주전 이익 |
|---|---|---|---|---|
| 훈련도감 | 1751. 2. 28 - 1752. 6. 29 | 101,000냥 | 164,000냥 | 63,000냥 |
| 금위영 | 1751. 2. 9 - 1752. 5. 29 | 145,000냥 | 223,000냥 | 78,000냥 |
| 어영청 | 1751. 2. 3 - 1752. 6. 29 | 150,000냥 | 240,000냥 | 90,000냥 |

전거 : 『국역 비변사등록』 영조 27년 2월 26일, 영조 28년 5월 29일, 영조 28년 7월 1일

[표 4-14]처럼 삼군영에서는 동전의 주조를 통해 재정을 독자적으로 확보하였다. 주전을 군영에서도 실시하도록 정부가 허락하면서 군영에서는 일시적으로 재원을 확보하기 위해 동전을 제작할 수 있었다. 군영에서는 예상치 못한 재원이 필요하거나 재해가 거듭되어 운영에 어려움을 겪는 경우 그 활로를 주전으로 인식하고 주전한 동전을 다시 무미(貿米)하여 군영 재원을 마련하였다.[100] 동전은 그 자체로도 가치가 있는 물품이었기 때문에 동전을 제작하여 액면 가치를 높인다면 직접 먹을 수는 없지만, 미포와 같이 창고에 보관하고 있는 자원보다 활용가치가 높았다고 할 수 있다.[101] 당시 재정난의 해결책으로 '주전만한 것이 없다'는 언급은 주전에 대한 당대의 인식을 보여준다.[102]

군영에서 주전을 재정 확보책으로 적극 활용한 것은 주전을 위한 여건을 조성하고 있었기 때문이다. 군영에는 주전비용에서 대략 40%이상을 차지하는 연료비나 고가를 낮출 수 있는 여건이 마련되어 있었다. 이러한 여건이 마련된 것은 이미 이전부터 군문에는 자체적으로 무기를 제조하고 있었기 때문이었다. 또한 삼남월과(三南月課)를 통해 지방에서 제조해야 했던 무기를 삼군영에 배정하여 제작하게 되면서 동전 제작에 유리한 환경이 유지될 수 있었다. 군영의 무기 가운데 조총 및 훈련과 시재(試才)에 사용되는 연환(鉛丸)을 제조했기 때문에 각종 노(爐)가 구비되어 있었고, 이러한 제반시설 덕택에 주전을 하더라도 초기 시설 설치 비용을 절약할 수 있었다. 또한 다른 관서에서 동전을 제작하는 것보다 군영에서 동전을 제작할 경우 임금을 낮출 수 있는 등 유리한 점이 있었다. 특히 군영에는 동전을 주조할 때에 가장 많이 소비되는 원료비 외에 다음으로 많은 비중을 차지하는 연료비와 노임을 절약할 수 있었기 때문에 다른 관서보다 많은 이익을 확보할 수 있었다. 그 결과 군영에서 주전을 실시한 경우 주전 이익이 평상시보다 높게 나오는 것을 확인할 수 있다. 보통 투입된 물량에 비해 산출된 잉여 주전량은 18세기에 접어들면서 20~30%정도로 나타나고 있다. 그러나 어영청과 훈련도감의 경우, 투입된 물량에서 주조된 동전량을 비교해보면 평균적인 잉여 주전량보다 훨씬 높게 나타나고 있다. 이점은 금위영도 동일한데 1772년(영조 48) 시행한 주전의 경우, 투입한 물량 대비 산출된 동전의 양이 약 38%정도로 평균보다 더 많은 것으로 나타나고 있다.[103]

그런데 실제 주전을 통한 재원 확보가 군영에서 선택 가능한 유리한 수단이더라도 주전을 통해 이익을 내는 것은 현실적으로 많은 한계가 있었다. 주전의 목적이 이익을 취하는 것이 아니라 물화의 유통에 있었기 때문이다.[104] 특히 19세기에 접어들면서 이러한 한계는 점점 커지고 있었다. 가장 큰 이유는 원료 공급의 부족이었다. 주전은 원칙적으로 1788년(정조 12) '연례주전법(年例鑄錢法)'이 제정되면서 매년 시행하려고 계획했다. 연례주전법에 따르면 정부는 동전을 필요에 따라 부정기적으로 주조하는 것과 달리 매년 주기적으로 5~6만 냥 씩 주조하려고 계획했다. 다만 원재료인 구리를 왜로부터 대부분 수입하고 있는 상황에서 매년 5~6만 냥의 동전을 주조하는 것은 현실적으로 불가능했다. 또한 1751년(영조 27) 호조와 선혜청, 삼군영이 일시에 모두 돈을 주조하게 되면 재료 가격이 뛰어오르고 재력은 고갈된다고 보아 돌아가며 주조를 계획하던 상황이었다. 따라서 이익을 최대로 하려면 군영에서 주전하는 것이 현실적으로 가장 유리했지만 매년 주전하는 것은 불가능했고 원료 공급이 원활하다는 가정 아래에서도 3~5년 간격으로 관서를 옮겨가며 주전을 할 수밖에 없었다. 원료 공급과 같은 여건이 지속적이지 못했기 때문에 군영의 주전은 자주 시행되지 못했다.[105]

군영에서 동전을 주전하기 어려운 경우에는 청나라에서 역관을 통해 동전을 구매하기도 하였다. 관료들이 주전보다 구매가 더 용이하다고 생각하였다. 효종 대 호조판서였던 원두표(元斗杓, 1593-1664)는 '돈을 주조하는 것보다는 돈을 사 오는 것이 쉬운 방법이다'라고 하였다. 동시에 중국인들도 조선에서 동전을 유통시킬 것이라는 소문에 따라 중국 동전을 요동(遼東)에 싣고 와서  역관과 그 가격을 약정하였다. 조선에서는 은으로 그 동전을 구매하였다.[106]

대개 동전의 주조에 원료비와 인건비 이외에 철물을 용해하는 노와 장인들의 공간을 확보해야하는 시설을 갖추어야 한다. 군영에서는 군기를 제작하는 숙련된 기술자와 제작 시설이 있었다. 삼군영이 조총 위주의 군영이었다는 점을 감안하면 동전과 같은 주조는 용이한 일이었다고 상정할 수 있다. 따라서 군영의 동전 제조는 인력과 시설에 있어서는 장애 요인이 없는 손쉬운 재원 확보책이었다. 문제는 동전 가격의 변동이었다. 구리의 확보와 동전의 유통에 관련된 은(銀)과의 교환 가치 변동이 가장 큰 장애 요인이었다. 은 1냥의 동전 교환 비율이 400~1,000문이라는 변동 시세가 발생하였으므로 동전 가치의 상승세 및 하락세에 따라 군영에서 지속적인 주전을 할 수 있는가라는 전망이 결정되었다. 원료의 구입 가격과 시장에서 유통되는 동전의 가치가 동전 주조의 관건이었다.[107] 18세기 말인 1785년(정조 9)에 삼군영에서 주전에 소용되는 철물의 보유 물력을 보면 다음의 [표 4-15]와 같다.

**[표 4-15] 18세기 말 삼군영과 중앙 관서의 주전 물력**

| | 왜동(倭銅) 및 가전(價錢) | 상동(常銅) 및 가전(價錢) | 합계 |
|---|---|---|---|
| 훈련도감 | 17,650근 / 15,002냥 | 8,260근 / 5,286냥 | 20,288냥 |
| 금위영 | | 6,296근 14냥 / 4,030냥 | 4,030냥 |
| 어영청 | 10,418근 4냥 / 8,855냥 | 8,125근 / 5,200냥 | 14,055냥 |
| 호조 | 45,761근 15냥 / 38,897냥 | 4,687근 / 2,999냥 | 41,896냥 |
| 상평청 | 54, 530근 / 42,986냥 | | 42,986냥 |

전거 : 『정조실록』 정조 9년 10월 14일

[표 4-15]의 삼군영에서 사용하는 동 원료의 분량으로 보면 대표적인 주전 군영은 훈련도감이다. 금위영과 어영청의 물력을 합한 것이 훈련도감의 주전 물력에 해당하고 있다. 물론 호조와 상평청의 물력이 훈련도감의 2배에 해당하지만, 삼군영의 물력을 합한다면, 호조의 주전과 맞먹는 규모임을 볼 수 있다.

주전 물력에서 구리가 주요 요소인 것은 그 배경이 있다. 동전의 제작에 필요한 원료 중에 중심이 되는 구리의 확보는 주전 가격을 좌우하는 핵심적 요건이었다. 문제는 구리, 즉 생동(生銅)의 확보인데 일본에서 안정적으로 수입해야 한다는 점이었다. 동래를 통해 수입되던 일본 생동은 체계적으로 정기적인 유통 구조 아래에서 이루어지지 못했다. 각 기관에서 정해진 양의 한도 이상을 구입하거나, 상인들이 주장에 따라 수입량을 마음대로 정할 수 없었다. 군영의 일시적인 주전 수요에 따라 수입하려던 생동은 지속적인 동전의 주조는 물론 동전 원료의 확보라는 두 가지 목표를 충족시키지 못했다.[108] 그럼에도 군영의 동전 주전은 지속되었으며 호조판서가 공백일 경우에는 훈련도감의 대장이 주전을 주관하는 주전 당상을 겸직하기도 하였다.[109] 군영의 재원에서 동전이 차지하는 비중이 중요하였고, 군영에서 주전을 지속적으로 관여하였다는 반증이다.

군영에서 주조하던 동전의 제작은 무기의 제조와 유사하게 철물을 다루는 공정에 의거해서 진행되었다. 새로운 동전을 1푼(分) 제조하려면 생동(生銅) 9푼(分) 7리(里) 4호(戶) 6사(糸) 6홀(忽) 6미(微), 함석(含錫) 1푼 8리 2호 6사 6홀 6미, 상납(常鑞) 1푼 8리 2호 6사 6홀 6미였다. 신전(新錢)을 10만 냥 만드는 경우에 생동 5만 4,713근, 함석 1만 143근, 상납 1만 143근이 소용되었다. 군영의 공장들이 배치되어 제작하던 노에서의 공정을 보면 다음과 같다. 1개의 노는 보통 5일간 동전에 소용되는 철물들을 합금했다.

생동 123근 1냥 7돈, 함석 22근 13냥 1돈 5푼, 상납 22근 13냥 1돈 5푼을 합한 무게인 168근 12냥에서 만드는 동전이 225냥이었다.[110] 따라서 삼군영에서 주전을 담당한 것은 자체적인 재원 조달 수단으로서 구리만 확보하면 별도의 비용을 추가하지 않아도 용이하게 화폐 제작이 가능했기 때문이라고 보아야 할 것이다.

### 4) 인쇄 및 활자 제작

훈련도감에서는 군병의 급료 및 운영비용의 확대라는 차원에서 활자를 제작하여 서적을 간행하는 방법을 시행했다. 훈련도감의 서적 인쇄와 간행은 국가의 군사 정책의 하나로 시행되었다기보다는 군영 재원의 확보를 위한 일시적인 미봉책으로 진행된 결과이다. 훈련도감은 전시 중의 운영비를 조달하기 위해 둔전법을 실시해 왔지만 그것만으로 자급자족이 어려워 유휴 병력을 이용하여 나무 활자를 만들어 책을 간행하여 경비를 조달했다. 물론 훈련도감이 서적 출판 사업을 하기 위해 인쇄 부서를 새롭게 만든 것은 아니었다. 훈련도감은 기관의 운영 경비 조달을 위한 서적 인출과는 무관하게 내부에 인쇄를 위한 조직을 두고 있었다. 예를 들어 선조는 훈련도감의 둔전을 혁파시키기 이전에 훈련도감에서 『기효신서』를 간행하라고 지시하였다.[111]

훈련도감이 서적을 간행하여 충당한 비용은 군량이었다. 도감의 둔전을 혁파한 이후로는 모든 군량을 충족시키는 방도라면 반드시 세세한 일까지 다 빠뜨림이 없이 추진해 오면서, 간혹 여러 서책을 간행하여 이를 팔아서 군량을 비축하였다. 훈련도감의 서적 간행은 서적 구매자의 취향을 살펴서 진행한 경우도 있을 정도로 재원 마련을 위한 방도를 고민한 것이 보인다. 예컨대 안평대군(安平大君, 1418~1453)이 쓴 인본(印本) 2~3책을 얻어 이를 베껴 새겨서 활자로 만들어 간행한 일이 있었다. 당시 사대부들이 안평대군의 글씨를 좋아하던 문화적 경향을 이용한 사례로서, 훈련도감의 안평대군 글씨 서책은 사대부들의 인기를 얻어 경쟁적으로 구매하는 현상까지 있었다. 다만 훈련도감의 간행본들은 대부분 소질(小秩)을 표준으로 삼아서 팔리기 쉬운 방법을 추구한 것이 지적되던 문제였다. 경서와 같은 많은 양의 서적은 간행하지 않고 휴대에 용이하면서 인기가 있는 소장 가치 위주의 서책을 간행한 것이다.[112]

임진왜란의 전시 중에 군영의 재원 확보라는 차원에서 진행한 것을 감안한다면 학문적인 부담이 상대적으로 적었기 때문에 가능하다고 할 수 있다. 그럼에도 1595년(선조 28)부터 1650년(효종 1) 전후로 훈련도감의 인쇄 활동은 서적 간행에 큰 영향을 미쳤

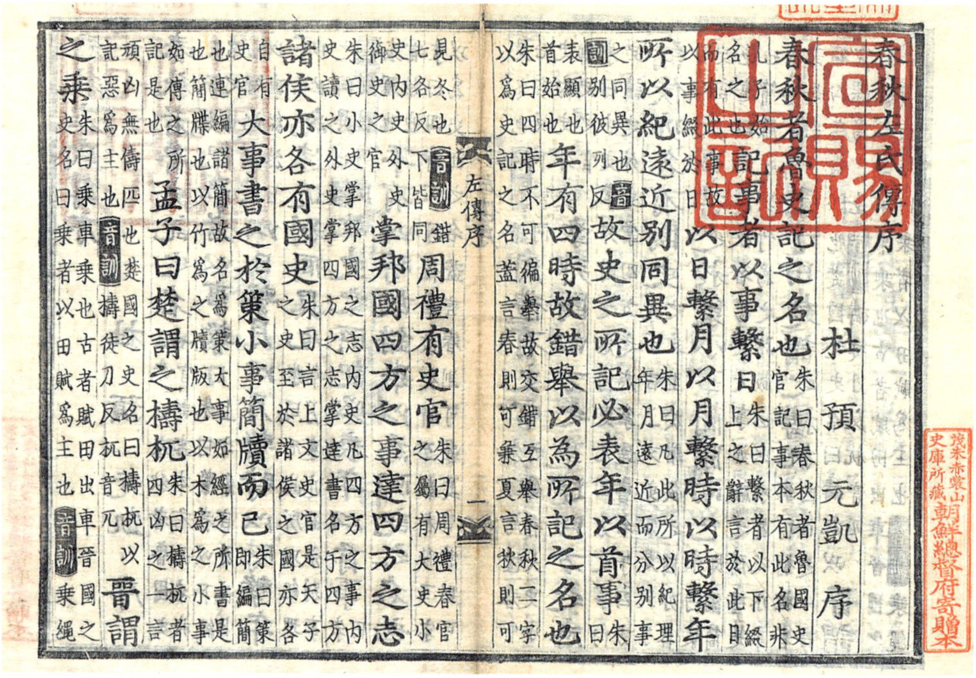

[그림 4-7] 훈련도감 간행 『춘추좌씨전(春秋左氏傳)』(한국학중앙연구원 장서각 소장)

다. 훈련도감이 목활자를 이용한 인쇄는 18세기 후반 이후 전국적인 목활자 인쇄 출판을 활발하게 하였다. 17세기 중반까지 국가의 공식적인 기록물은 대부분 목활자 인쇄 방식으로 간행했으며 실록과 공신녹권이 대표적이었다. 임진왜란으로 소실된 실록의 인출에 훈련도감 소속 장인들이 동원되었다. 훈련도감에서 사용된 활자체는 목활자 위주였으며 선조, 인조, 효종의 실록 간행에 사용하였고 실록자라고 호칭하였다. 다만 이들 활자체는 선조실록자, 인조실록자, 효종실록자라고 구분하여 불렸다. 훈련도감의 활자체는 전쟁 이전의 금속 활자 인본을 바탕으로 만들어 사용했다.[113]

임진왜란 이전에 중앙에서 서적 간행을 주로 담당한 곳은 교서관이었다. 교서관의 주자(鑄字)가 전쟁에서 산실된 뒤 다시 주조하지 못해 목활자로만 책을 인쇄하여 글자 모양이 정미하게 제작되지 못했다. 그런데 훈련도감에서 목활자를 이용한 서적 간행 이후로 금속활자의 제작도 부활시켜서 금속 활자 인본이 제작되게 되었다. 예를 들어 현종 대에 이르러 비로소 동철로 글자를 주조하게 되어서 공사(公私)의 서적이 정미롭게 만들어지는 계기가 마련되었다.[114]

훈련도감에서 인쇄를 담당한 부서는 서국(書局)이었다. 훈련도감 이외에 수어청에서도 금속활자를 이용하여 서적을 간행하였다. 1672년(현종 13)에 수어청이 구리[銅]로 대자(大字) 6만 6,100여 자, 소자(小字) 4만 6,600여 자를 주조하였다고 입계하여, 교국(校局)에 이송하였다. 전 수어사 김좌명(金佐明, 1616-1671) 때에 주조한 글자이다. 김좌명은 수어청을 통해 동철로 금속활자인 '무신자(戊申字)' 11만자 이상을 만들어서 영조 대까지 200여 종에 달하는 서적을 간행하였다. 수어청의 출판부서가 숙종과 영조 대의 서적 보급에 큰 역할을 담당한 것이다. 김좌명의 문집인 『귀계유고(歸溪遺稿)』, 김좌명의 부친인 김육(金堉, 1580-1658)의 『잠곡선생유고(潛谷先生遺稿)』가 수어청에서 간행한 대표적 사례이다.[115]

교서관에서 실록을 간행할 때는 훈련도감의 공장들이 임시로 이동하여 간행 작업을 진행하였다. 당시 장인 1명이 하루에 2장을 인출하는 과정이었다. 따라서 수십 명의 공장이 있어야만 단기간에 실록과 같은 거질의 서책을 간행할 수 있었다. 이에 훈련도감의 숙련된 인쇄 공장들을 대거 실록의 간행에 참여하게 했으며, 훈련도감 활자도 보내게 했다. 그런데 훈련도감에서 인쇄공이 받던 급료보다 적은 8두인 것과 함께 일이 과중되어 도망가는 염려까지 할 정도였다. 이점도 실록의 간행에 대한 재성을 남낭하넌 호조에서 장인들의 급료를 전담하지 않았던 문제였다.[116]

당시 서적 간행을 담당했던 교서관에는 야장(冶匠) 6명, 균자장(均字匠) 140명, 인출장(印出匠) 20명, 각자장(刻字匠) 14명, 주장(鑄匠) 8명, 조각장(彫刻匠) 8명, 목장(木匠) 2명, 지장(紙匠) 4명의 장인이 있었다. 이 가운데 야장, 주장, 조각장 등은 금속활자의 주조에 필요한 장인으로 훈련도감에서 목활자를 제작하는 데에는 필요하지 않기 때문에 제외한다고 하더라도 서적 인출은 균자장, 인출장, 각자장, 목장, 지장의 5개 분야 장인의 협동 작업으로 가능한 일이지 어느 장인 단독으로는 불가능하였다. 따라서 기술을 가진 군병이 일과 이외의 시간에 서적을 인출하여 판매하려면 적어도 이 5개 분야의 장인들이 협동했을 때 가능하다. 그런데 이 시기의 장인들이 스스로 협동하여 서적의 제작, 판매 사업에 참여하는 것은 그들이 자본을 확보하지 않은 상태에서는 어려운 것으로 판단된다. 훈련도감에서의 서적 인출은 병사들이 여가 시간에 사사로이 판매하기 위해 서적을 인출했다기보다는 둔전 혁파 이후 훈련도감에서 서적의 인출을 담당했던 장인이나 병사들이 공식적인 업무로 서적을 인출하여 판매함으로써 훈련도감의 재정 확충에 기여했다고 할 수 있다. 따라서 훈련도감의 판매용 서적의 인출은 광해군 즉위 후부터라고 보면 무방할 듯하다.[117]

이러한 훈련도감의 인쇄 공정 체제에서 처음 인쇄한 서적은 병서였다. 임진왜란이라는 전시 체제에서 군영의 전투력을 향상시키려는 차원에서 병서의 간행은 당연한 수순이라고 할 수 있다. 훈련도감 병서의 간행은 임란 이후에도 지속되었다. 당시 훈련도감에서 간행한 대표적인 병서가 『기효신서』, 『연병실기(鍊兵實紀)』, 『왜정비람(倭情備覽)』, 『조련도식(操鍊圖式)』, 『권보(拳譜)』 등이었다. 병서의 간행은 기존의 서책을 그대로 복사해서 간행하는 수준이 아니라 당시 상황에서 필요한 내용을 삽입하여 편찬하였다. 군사들이 깃발을 사용하는 절차와 수성(守城)·조련 및 기타 조항들을 새롭게 기재하였다. 무엇보다 훈련도감에서 간행하는 서적, 병서들의 출판 목적이 분명했다는 것은 그 책들의 성격과 내용을 사전에 파악하고 간행했다는 점에서 알 수 있다. 『기효신서』는 척계광(戚繼光, 1528-1588)이 절강(浙江)에 있을 때의 초본을 바탕으로 편찬하였고, 『연병실기』는 외적을 방어하는 전법서라는 것을 인지하면서, 화거(火車)에 화기를 싣고서 오랑캐의 군마를 차단하는 방법, 기보(騎步)를 거진(車陣) 속에 숨겨 두었다가 적이 패배할 때를 기다려 나는 듯이 달려가 무찌르는 방법 등을 설명하였다. 또한 조선의 형편에 맞추어 경기, 충청, 전라, 경상 4개 도는 『기효신서』의 전법으로 가르치고, 강원, 황해, 평안, 함경 4개 도는 『연병실기』의 전법으로 가르치도록 하였다. 지역에 따라 훈련도감에서 간행한 병서의 배분이 상이했을 것임을 의미한다.[118] 특히 훈련도감에서 간행한 『연병실기』는 북방의 철기(鐵騎)인 기마병을 상대할 수 있는 전법이라면서 간행하도록 하였다.[119]

이와 같이 훈련도감의 초기 인본은 대부분 병서였다. 현재까지 훈련도감에서 간행한 책의 종류는 90여 개로 확인되며, 광해군 대에 50종 이상이 간행되었다. 이점은 선조 대 훈련도감의 재원 확보로 둔전을 확보하다가 혁파되면서 광해군 시기에 운영자금의 확보를 위해 서적을 간행하고 판매한 것으로 볼 수 있다. 훈련도감 간행 서적이 판매용으로 가능했던 것은 군영의 병서 이외에 경서와 시문집이 출판되었기 때문이다.[120]

## 2. 재용의 분배

삼군영 재용이 주로 사용되는 부분은 군인과 군영의 유지 및 관리를 위한 비용이었다. 군인에 대한 비용은 주로 요미(料米)와 요포라고 할 수 있는 군료(軍料)였다. 이 중 요미는 쌀, 곧 미(米)이다. 조선 후기에 매월 20일이 지나면 병조에서는 다음 달에 관원들에게 지급할 녹봉을 성책하여 호조에 보냈다. 군영의 군인들도 이런 관행에 따라 해당 달의 근무 일수를 계산하여 요미를 지급하였다. 새로 근무를 시작하였으면 그날부터 그달 말까지 계산하였다. 대개 급료는 대삭(大朔)과 소삭(小朔)을 구별하였으며 소삭이면 1일을 감해 지급하였다.[121]

조선시대의 군인 및 관원의 급료는 미가 많은 부분을 차지하였다. 미는 도정(搗精)되기 이전의 낱알이거나 도정 이후의 '쌀'로 크게 구분된다. 삼군영의 군병이 생활에 필요한 쌀을 급료로 받았다고 할 때 그 쌀의 형태가 무엇인지 구별하고 확인할 필요가 있다. 오늘날 조선시대 군인들의 급료를 '미'라고 말할 때, 일반적으로 생각하는 쌀에 대한 '상식'에서 무엇보다 고민할 부분은 경제 구조에 따른 생활 양상의 차이점이다. 조선시대 쌀을 주식으로 활용하는 과정을 고려한다면, 우선 그 취득과 보관부터 가공에서 활용에 이르는 과정을 살펴야 군영병의 급료를 명확하게 이해할 수 있다.

삼군영의 군인들이 받던 요미는 도정된 쌀인 정백미(精白米)이다. 군영의 군향 보인들이 1명당 12두(斗)씩 거둔 것을 숙마(熟麻)로 발을 엮고 꼰 짚으로 빽빽하게 짠 가마니 형태에 넣어 상납하였다.[122] 요미를 낱알의 형태로 주었다면 그 부피에 따른 운반비용과 도정을 위한 노동력과 절구 등의 확보 등이 문제가 되어 군인들에게 실제 급료보다 더 주거나 혹은 그 비용을 개인이 부담하게 하는 문제가 야기될 수 있다. 무엇보다 군인의 급료는 다른 물건을 구매하거나 경제 활동에 사용할 수 있는 '현금' 형태의 도정미가 지급되는 것이 당연하다고도 할 수 있다. 물론 쌀의 장기적인 보관이 어렵다는 것을 감안하면 군인에게 주는 요미가 정미라는 점은 문제일 수 있다. 매일 아침 가족의 생활에 필요한 낱알을 절구로 찧어서 정미한 후 끼니에 사용하는 것이 일반적인 식사 준비였던 시대에 정미한 것보다는 낱알의 형태가 더 보관에 용이하였다. 이점은 벼의 수확과 가공 단계에서도 잘 나타나는데, 다음의 [그림 4-8]과 같이 쌀은 다단계의 가공 과정을 거쳐야 식생활에 활용되고 화폐의 가치로 이용되던 정미가 된다.

삼군영 군인에게 요미를 정미로 준 것은 쌀의 특성과 그 교환 가치의 중요성 때문이다. 예를 들어 조선시대 5일장에서 거래되던 미곡은 낱알이 아닌 도정된 백미로만 거래되었다. 백미를 도정할 경우 많은 양을 도정하려면 연자매나 물레방아가 필요할 것이므로 개인이 시장에서 판매하려던 백미는 절구와 디딜방아로 만들었다고 볼 수 있다. 개인의 경우에는 소량의 거래가 대부분이 될 수밖에 없었으므로 쌀을 자루에 담아 시장에 갔거나 시장에서 쌀을 사왔다고 할 수 있다. 오늘날 쌀 '가마니'라는 말은 개항 이후 일본에서 가마스[叺]란 말이 들어온 이후 사용되었다.[123] 군인을 비롯한 도성인들의

[그림 4-8] 벼의 수확과 가공 단계 (이한철, 《세시풍속도(歲時風俗圖)》 부분, 동아대학교박물관 소장)

일상 속에서 유통되던 쌀은 자루나 포대에 담겨져 개인에 의해 운반되었다고 볼 수 있다. 실제로 도성 내 하급 원역들이 급료를 쌀로 받아갈 경우에는 포대를 사용하기도 하였다.[124] 정부에서도 도정미의 분급을 장려했다. 쌀은 장기간 보관하면 부패할 수 있기 때문에 창고에 보관하는 것에 한계가 있다. 수시로 군인에게 급료로 나누어주거나 조세미의 부패 방지를 위해서도 정부 보관 창고 곡식의 유통이 진행되었고 미곡 유통이 원활하게 이루어지는 배경이었다.[125]

이런 배경에서 조선왕조에서 경제적 등가 가치로 화폐의 역할을 담당하던 것이 쌀이다. 당시의 쌀은 무게가 아닌 부피로 그 가치가 평가되었다. 조선 후기의 쌀값은 미 1석에 3~9냥 사이에서 결정되었다고 분석된다. 국가에서 세금으로 받는 쌀에 대한 돈의 값은 1석에 5냥이었다.[126] 숙종 대는 동전 4문에 1승이었다.[127] 당시의 동전은 100문(文)이 1냥, 1냥이 1관(貫)이었다. 조선 후기의 화폐 가치는 왕조 국가의 기본 경제 토대가 농업 사회라는 점과 호란이라는 대외적 불안 요인들을 감안하면 그 변동률이 시대적으로 큰 등락을 보인다. 1655년(효종 6) 은 1냥은 동전 600문이었고, 1678년(숙종 4)에는 1냥에 400문이었으며,[128] 1680년(숙종 6)에는 800문으로 가치 등락의 폭이 컸다.[129] 물론 시장 경제에서는 동전보다 고액 화폐인 은화를 사용하기도 하였다. 17세기 후반에 도성과 인근의 상업 발달 지역은 은이 소액에서부터 중심 화폐로 사용되었다. 땔감과 채소에 이르는 생활 물품까지도 은화로 결제하는 경우도 있었다. 은화는 상평통보의 유통 이전부터 발행, 보급되었던 배경이 있었기 때문이다. 물론 1678년에 국가가 상평통보를 기준 화폐로 지정하여 대량 주전되면서 은화의 이용은 저하되었다.[130]

그런데 쌀의 시대적 가치 변화를 고려해서 당시 쌀값을 추정할 필요가 있다. 1910년대 일제가 일본으로 쌀을 수출하면서 가마니 무게로 환산하기 이전까지는 부피로 쌀을 가치 부여하는 것이 일반적이었다. 기존 연구를 보면 쌀 1두는 약 6리터의 부피이고 5킬로그램에 가까운 무게이다. 조선시대의 도정 비율은 50% 이전으로 보고 있으며, 절구와 방아를 이용하는 도정 비용은 5%에 해당된다고 연구되었다. 그렇다면, 군인이 급료를 낱알의 형태로 받았을 때는 도정 이후 통상 40% 이상의 부피가 줄게 되는 것이다. 예컨대 쌀 한가마니 80킬로그램을 낱알로 받게 되면 50%가 도정과 그 비용으로 감축되어 40킬로그램만을 받게 되는 공식이다. 조선 후기에 벼 1석인 15두를 도정하면 쌀 6두로 계상할 수 있다. 1두는 5킬로그램 정도의 무게로 추정된다. 2019년 기준에 도정한 쌀 20킬로그램의 가격이 대략 6만원 전후라고 계상하면, 벼 1석을 도정해서 얻어지는 화폐 가치가 오늘날로 환산하면 9만원이며, 1두는 1만 5,000원이다. 조선 후기 상평통

보 1냥은 18세기에 3두로 환산하였으므로 1냥은 오늘날 시세로 4만 5,000원이 된다.[131]

이런 쌀과 화폐의 상관관계를 고려하면서 군병의 급료를 계산해야 당시 군인 급료의 가치와 규모를 명확하게 알 수 있다. 삼군영의 각 부서 소속 군병의 급료는 모두 근무 일수로 계산하여 지급하였다.[132] 각 군영에서 급료를 나누어 줄 때는 각 초관(哨官)이 해당 군영의 군인들을 인솔하여 직접 해당 창고에 가서 요미를 받아 왔다.[133] 군영의 요미는 군향색에서 지급하였다. 훈련도감의 군량은 별영에서 보관하고 지급하였다. 매월 급료를 지급할 때에는 훈련도감의 낭청이 호조의 낭청과 안동(眼同)하여 지급하였다. 1672년(현종 13)에 호조의 별영 낭청으로서 양향색 종사관을 겸관하게 하여 거행하게 했다. 급료를 지급하는 당일에는 기병의 대장인 마병장과 각 초(哨)의 초관이 영부(領付)하였다. 군인들의 급료를 지급하는 방식은 방료식(放料式)이라고 하였다. 훈련도감의 군색은 매월 20일경이 되면 군병에게 급료를 지급할 문서를 작성하여 보내며 수효를 회계하여 마련하여 24일에 지급하는 방하(放下)를 시작하였다. 12월은 15일에 시작하여 20일에 방하를 시작하였다. 훈련도감의 관원인 당상은 미 1석 1두·전미 6석·콩 9두, 참상(參上)은 미 12두·전미 4두·콩 9두, 초관, 지구관(知彀官), 기패관 참상은 미 12두·전미 4두·콩 9두, 7품 이하의 관원인 참하(參下)는 미 9두·전미 2두·콩 6두였다. 군인들인 마병은 미 10두와 콩 9두, 보군은 미 9두를 받았다.[134]

훈련도감의 마병에게 주는 쌀 10두는 오늘날의 화폐로 15만원이지만, 그 가치는 지금보다 더 높으므로 단순 비교는 조심할 필요가 있다. 콩은 말의 먹이로 말을 죽게 할 경우에는 콩을 주지 않았다. 보병은 처음에 쌀 4두를 주었다. 이후 시험을 거쳐 승진하게 되면 7두로 급료를 올려주었고 재차 시험을 치러 승급하면 9두까지 주는 것이 한계였다. 4두는 6만원이며, 9두면 13만 5,000원이다. 또한 보병은 중순(中旬) 시험 때에 각 과목에 따라 급료가 조정되었다. 시험에서 1점을 얻을 적마다 1두씩을 올려 주었다. 임시적인 직무에 따라 급료에 차등이 있었다. 순뢰(巡牢), 승호, 복마군 등은 9두를 주었다. 국왕의 가마를 호위하는 협련군(挾輦軍)으로 30개월 이상 수행한 자도 9두로 올려 주었다. 휴가 중에는 급료를 주지 않았고 복귀하였을 때 대장(臺帳)을 만들어서 호조에 보내어 그 받을 양에 해당한 급료를 일수로 계산해서 주었다. 또한 보직의 겸직 유무에 따라 급료가 추가되었다. 겸사복자(兼司僕者)는 모두 3두를 더 받았다. 행정 일을 담당하던 색서자지는 비록 승급이나 겸임을 하지 않더라도 3두를 더 주었다. 각 초의 금송군과 수문군은 9두였는데, 복무하는 달에만 급료를 주었다.[135] 근무를 서지 않는 군관의 급료는 재감하여 다른 군병에게 지급하는 용도로 사용하였다.[136]

훈련도감의 급료 지급 사례는 군영 운영 체제가 상이한 금위영과 어영청과는 달리 독자적이었다. 금위영의 경우 직무에 복귀한 장병의 급료[追現給料]에 있어서 장교는 10일 이전이면 정례대로 지급하고, 10일 이후이면 일수를 계산하여 지급하며, 20일 이후이면 지급하지 않았다. 군병은 10일 이전이나 20일 이후를 물론하고 보임(補任)된 날부터 일수를 계산하여 지급하는 규정이었다.[137] 어영청의 경우에는 각 군에 새로 임명되는 자는 모두 일수를 계산하여 급료를 지급하였다. 15일 이전이면 지급하되 16일 이후면 지급하지 않았다. 만일 죄를 짓고 제적되면 당월분에서 이미 받은 급료를 도로 징수하여 신임[新差]자에게 넘겨주었다.[138]

특히 훈련도감 군병들에게는 요미와 같은 급료가 지속적으로 지급되었으므로 화폐경제에 노출되는 경우가 당연한 것임을 알 수 있다. 1650년(효종 1) 이후 매년 12만 석 이상의 쌀과 면포가 군인들에게 급료 및 경비로 지급되었다. 군인들은 매달 9두에서 12두의 요미와 1년에 9필의 면포를 지급받기도 하였다. 상번 군병이었던 어영청과 금위영의 군병들도 상번시에는 매달 9두를 지급받았으므로 도성 인근의 군병들이 소모하고 유통시키는 쌀과 포목의 수가 도성 경제에 영향을 미칠만한 규모였음을 충분히 짐작하게 한다.[139] 더욱이 군영에서 군병의 요미를 주지 못하는 경우, 돈을 지급하게 되면 물가에 더 큰 영향을 줄 수도 있었다.

군영에 군량이 부족하여 장관에게조차 급료를 주지 못하는 경우, 호조에서 대신 주기도 하였다.[140] 군병의 경우에는 지방 관아에 부관된 미곡으로 급료를 지급하려고 했다.[141] 그런데 군병들이 물가 변동에 따라 돈으로 지급해 주기를 원하는 경우, 군사의 위로 차원에서도 적극적으로 시행하고자 하였고 항상 돈으로 지급하기 어려운 경우, 1~2개월 정도는 돈으로 지급하려 했다.[142]

그런데 화폐로 추가 이익을 얻는 것 이외에도 추가 근무를 해서 봉급을 늘리는 방법도 있었다. 군영 군인에게 정기적으로 지급하는 요미 이외에 겸직을 한 경우에 주는 비용이 있었다. 겸직으로 받는 요미는 겸료(兼料)이며, 호조에서 훈련도감에 비용을 주어서 군영이 지급하도록 하였다. 이와 함께 일의 과중함에 따라 추가로 급료를 더 주는 군중수미(軍中收米)가 있었다. 군중수미는 각 초색(哨色)의 서자지[書字的]와 패두(牌頭) 등의 사역이 일반 군병보다 더 고되므로 해당 초색에서 원군의 다소에 따라서 그 급료미를 거두어 서자지와 패두에게 더 주는 것을 말한다. 예컨대 훈련도감의 중군소(中軍所) 서자지가 4명으로 쌀을 각 1석 1두, 좌우 별장소의 서자지가 4명으로 쌀 각 1석이며 패두가 2명인데 쌀 각 10두, 좌우부 천총소(千摠所)의 서자지가 4명으로 쌀 각 1석 7두이며 패두가 2명인데 쌀 각 10두, 좌우사 파총소(把摠所)의 서자지가 8명으로 쌀이 각 13두, 중사(中司) 파총소의 서자지가 4명으로 쌀 각 12두씩이며, 6사의 패두가 6명으로 쌀 각 7두, 마병초(馬兵哨)의 서자지가 7명으로 쌀 각 1석 1두이며 패두가 7명으로 쌀 각 10두, 보군 및 난후초(攔後哨) 서자지가 27명으로 쌀 각 13두이며 패두가 27명인데 쌀 각 10두, 대기수 패두가 1명으로 쌀 1석 1두, 취고수 패두가 1명으로 쌀이 1석, 순뇌당아병(巡牢塘牙兵) 패두가 4명으로 쌀 각 13두, 장막군의 패두가 1명으로 쌀 10두, 세악수의 패두가 1명으로 쌀 3두를 주었다.[143]

이외에 훈련도감의 군병이 금위영과 어영청의 군병보다 더 많은 급료를 받는 일이 있었다. 1756년(영조 32)에 금위영과 어영청의 군병이 정번(停番) 됨에 따라 훈련도감의 군병이 금위영과 어영청의 번을 전담하게 되었다. 양영에서는 군병의 요미가 없어서 훈련도감의 군병에게 여수전(旅需錢)을 주었다.[144] 1760년(영조 36)에도 금위영과 어영청의 군병이 정번 되자 훈련도감의 군병이 금위영과 어영청의 번을 담당하였다. 이에 훈련도감의 신입 군병까지도 모두 7두씩을 주게 되면서 그대로 급료 기준이 되었다. 또한 금위영과 어영청의 지방군이 번을 정지하였을 때에 훈련도감의 군병이 대신 입직하면 여비[旅需錢]는 해당 군영에서 발송하여 입직하는 군병에게 지급하였다.[145]

한편 요미의 지급에서 기준이 되는 것이 도량형이다. 삼군영 군병의 요미를 지급하는 도량형의 양기(量器)인 곡자(斛子)를 사용하였다. 군자감의 경우 호조에서 교정하고 낙인한 승(升)·두(斗)의 곡자를 사용하는 것이 일반적이었다. 요미를 지급할 때에는 감찰 관원이 입회하여 요미 지급의 부정을 감시하였다. 당시 관아에서 지급하는 요미는 되에 곡식을 높이 쌓는 고봉(高捧)으로 시행하였다.[146]

군병들이 받는 급료인 요미 이외에 군복을 만들어 입을 요포, 즉 무명[軍布]은 4월과 10월에 걸쳐 3필을 주었다.[147] 군포는 1필당 2냥으로 시기별 시세 차이는 있겠으나 쌀 1석의 1/2에 달하는 가격이었다.[148] 영조 대는 1필당 3냥인 시기도 있었다.[149] 심지어 정포인 오승포가 1필에 1냥 5전인 경우도 있었다.[150] 물론 영조 후반기에는 재차 정포의 기준 가격을 2냥으로 정했는데, 이는 오늘날 금액 9만원이다.[151] 1750년(영조 26) 도성을 수비하는 군영에 수용되는 군포가 46만여 필에 달했으므로 돈으로 환산하면 92만 냥이 넘고 쌀로는 45만 석에 가까운 막대한 금액이었다. 1냥을 4만 5,000원으로 한다면, 오늘날 금액으로도 414억 원에 달하는 천문학적인 액수이다. 쌀과 포목이 군영 군인들의 생활을 좌우하는 것은 물론 도성 경제 활동을 좌우하는 요소가 될 수밖에 없었다. 군영의 막대한 포목은 도성의 시중 물가를 조절하는 기능도 하였다. 도성의 화폐 가치가 현

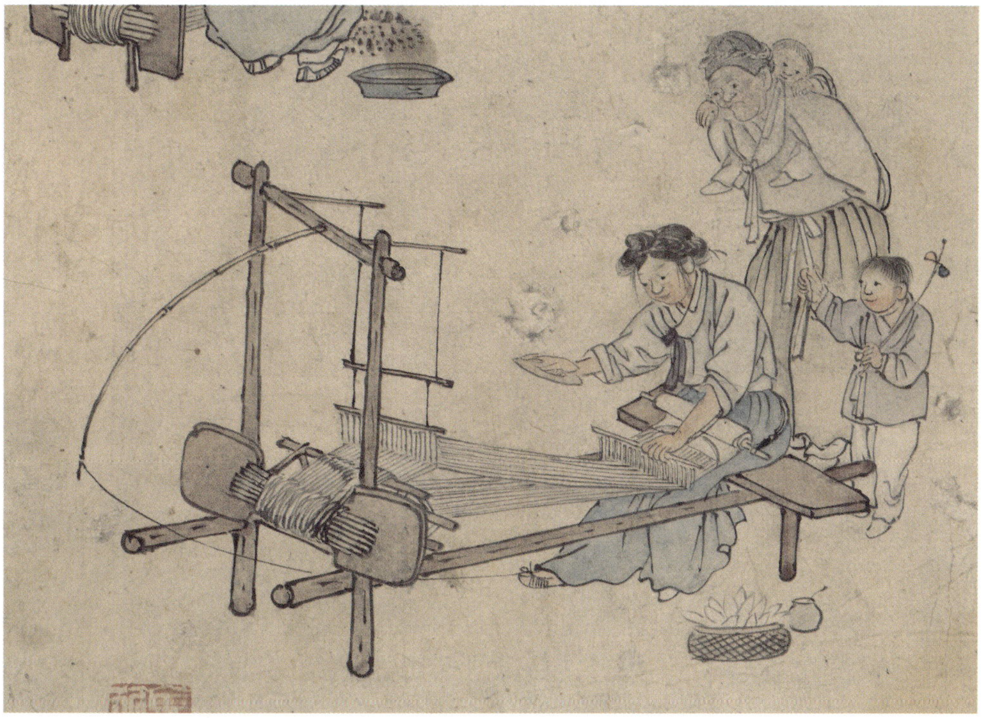

[그림 4-9] 군포의 제작 (김홍도,《단원풍속도(檀園風俗圖)》 중 〈길쌈〉 부분, 국립중앙박물관 소장)

물보다 낮게 하락하는 경우, 군영의 목면(木綿) 수백 동(同)을 시중에 풀어서 돈을 거두어 들여 화폐 가치를 상승시키는 일을 하였다.[152]

이와 같이 삼군영 군인의 생활과 활동에서 기본이 되는 것은 역시 쌀과 무명이었다. 병식일체(兵食一體)라고 하여 군기의 지급만이 아니라 군량의 보급과 배급이 이루어진 결과였다. 쌀과 무명은 정기적으로 지급되는 급료였으므로 안정적 확보가 쉬웠고, 한양 도성인의 일상에서 쌀과 무명은 생필품이었다는 것에서도 군영병의 생활에 주요 근간이었음을 알 수 있다. 예를 들어 삼군영의 군인들은 기근이 들거나 쌀의 가격이 등귀했을 경우에 금전적으로 유리해지는 입장이었다. 그들은 정기적으로 급료를 쌀과 포목의 품목으로 받았으므로 시중에 쌀의 품귀가 발생하면 교환가치의 상승으로 그 차액에 대한 이윤을 얻을 수 있다. 더욱이 군인 가족들이 운영하는 상점을 통해 대량으로 쌀을 유통시킨다면 일정한 자본도 축적할 수 있는 기회를 얻을 수 있다. 이런 경제적 기회는 쌀만이 아니라 포목도 동일하였다.

훈련도감 군병들의 옷감은 으레 1년에 3등분으로 나누어 지급하였으며, 여름철 옷감은 4월에 지급했다.[153] 각 지방에서 훈련도감 군인들에게 보내는 무명, 즉 군포는 쌀이나 돈으로 대신하려고도 했다. 수집과 관리, 운송의 불편이 크기 때문이다. 그러나 훈련도감 군인들은 군복에 사용할 옷감을 직접 받아 사용하는 것이 용이하다는 논리로 군포의 지급을 요구하였다.[154] 그들이 군복 옷감으로 받은 포목으로 장사를 하려던 것임을 쉽게 유추할 수 있다. 군병에게 지급되던 무명 옷감은 품질이 좋은 정포(正布)였으므로 다른 물건과 교환하거나 판매시 큰 이윤이 보장되었다. 이때의 정포란 포목을 짜는 승수(升數)가 5개인 5승에 길이가 35척의 기준을 갖춘 군포를 말한다.[155]

군복이라는 것이 해지는 경우도 있겠으나 사용하는 방법에 따라 사용기한을 얼마든지 늘릴 수 있다는 것이 오늘날에도 통용되는 말이다. 훈련도감 군인들의 입장에서도 쌀이나 화폐 등으로의 교환 가치가 높은 무명을 계속 받기를 원하는 것은 당연하였고, 그것을 통해 상행위를 안정적으로 진행할 수 있었다. 국가에서 주는 급료가 지속되는 한 그들의 '가게'는 닫힐 이유가 없었던 것이다. 더욱이 군인들에게 내려주는 급료 성격의 쌀과 포목 이외에도 국왕의 어가를 수행하기 위해 동원되는 경우에도 쌀과 포목을 받기도 하였다.[156] 국왕의 행사를 호위한 이후에는 임시로 시험을 치러서 무명 등의 상을 내려 주었다. 대표적인 상이 호궤였다. 인조 대 훈련도감과 어영청 군병에게 내리던 호궤는 소고기와 술이었는데, 그 대신으로 쌀 1두를 주었다.[157] 1달에 국왕이 몇 번의 행행을 하면 그 만큼의 쌀이 생기는 것이다. 예컨대 정조 대 수원 화성 원행을 거행하면 국왕이 시위 군병인 군영병들의 노고를 치하하기 위해 호궤를 매번 거행하였다. 따라서 훈련도감의 군인들의 급료가 충분한가의 여부를 떠나서 훈련도감 본연의 의무인 연하지병(輦下之兵)의 역할만 충실히 해도 보너스가 늘 생겼으므로 생계가 위협받는 하급 군인이라고 볼 수는 없었다.

# 3절. 삼군영의 군수 운영 체제

## 1. 군영 창고와 군수 운영

조선 전기에 설치한 도성의 군수 창고는 임진왜란 초기에 방화되면서 모두 소실되었다.[158] 임진왜란이 발생하기 이전에는 한 해의 비용을 계산하여 조목별로 식을 만들어서 각 창고에 나누어 분산해서 보관하는 체제였다.[159] 군사적 기능에 따라 설치된 창고는 군기와 군량을 보관하는 두 가지 목적으로 운영되었다. 대표적인 군수 물자 관리 창고가 군자창(軍資倉)이었다. 군자창은 군수 물자를 비축하는 기능을 했다.[160] 군수 물자에는 매년 공물로 바쳐지는 군기도 포함되었다.[161]

조선왕조 건국 초기에는 군수 물자의 창고가 군자감과 군기감이 대표적이다. 태종 대 건립한 군자감의 주요 창고는 용산강에 위치하였다.[162] 한강을 통해 선박으로 운반된 미곡이 용산에서 하적하기 용이한 결과였다. 용산강의 군자감 창고는 승려들을 동원하여 건축하였다.[163] 태종 대 용산에 건립된 군자감의 창고는 84칸[間]으로서 서강(西江)의 풍저창 창고 70칸보다 큰 규모였다.[164] 군자감의 창고는 용산강 이외에 숭례문과 광통교 사이의 여러 건물에 나누어 보관되어 있었다.[165] 도성 외부인 용산에만 둔 것이 아니라 도성 내에도 보관하여 사용한 것이다. 세종 대에 군자감에는 19만 석의 미곡이 보관되어 있었다.[166] 매년 군자감에 수납되는 전세가 4만 8,000여 석이었으므로 전세 4년 분량의 곡식이 군자감에 보관되어 있었음을 알 수 있다.[167] 세종 대에는 경중(京中)의 군자감의 곡식이 30만 곡(斛)이었다고 하는데, 성종 대에는 100만여 석이었다.[168] 중종 대에는 30만 석이었으며,[169] 명종 대에는 10만여 석이었다.[170] 따라서 도성 내외를 비롯하여 용산에 이르는 군자감의 창고에 곡식이 늘 보관되어 있었음을 알 수 있다. 당시 보관되던 미곡은 정미되기 이전의 상태였다.[171] 또한 그 주변으로 도로가 수치(修治)되어 운반을 하였음을 알 수 있다. 군수 창고를 만들면 도로는 반드시 수치하는 것이 일상적이었다.[172] 특히 조선 전기에 상인이 변방의 군사에게 군량을 회환(回換)하는 제도가 있었다는 것을 고려한다면 상업적 유통망이 도성 내외의 군수 창고 주변에 구축되었음을 생각할 수 있다. 회환은 도성의 상인이 함경도와 평안도의 변방 지방에 군량미를 공급하고 환(換)을 받아오면 근기(近畿) 지방에서 미곡을 지급하던 제도였다.[173]

용산에 군자감의 창고가 설립된 것은 한강의 지리적 요건 때문이다. 용산 인근의 한강에 돌산이 있어서 수중의 물살이 약해져서 정박하기에 용이하였고 수심이 용산 북쪽까지 충분하여 선박이 왕래하기에 적합하였다. 군자감의 삼감(三監) 가운데 하나를 강감(江監)이라고 한 것도 용산에 위치하였기 때문이다. 군자감의 삼감은 경감(京監), 분감(分監), 강감의 세 개였으며 강감만 남게 되었으므로 군자감의 이칭으로 불리기도 하였다.[174]

[그림 4-10] 한강의 주요 창고 위치와 유통망
(『동국여도(東國輿圖)』 중 「경강부임진도(京江附臨津圖)」 부분, 규장각한국학연구원/서울대학교 중앙도서관 소장)

군자감의 창고는 역대 국왕들이 지속적으로 확장하였다. 1463년(세조 9)에는 군자감의 대창(大倉)이 낙성되었다. 당시에 군자곡의 비축이 너무 많아서 창고에 보관이 어려워지자 군자감 인근에서 철거한 인가를 좌우로 나누어 대창을 영조하게 하였다.[175] 세조 대에는 군자감 창고의 대대적인 수축과 개축이 이루어졌다. 군자감의 용산강감(龍山江監)의 각 창고를 송현창(松峴倉)의 사례에 의거하여 건물의 벽 바깥에 담장을 쌓도록 하였다. 이미 군자감에 대창을 영조하였음에도 송현(松峴) 좌우의 행랑고(行廊庫)가 차고 넘치고 그 아래 동행랑(東行廊) 20칸과 서행랑(西行廊) 15칸도 모두 사용되는 실정이었다. 또한 행랑들에는 방화(防火) 담장이 없었다. 이에 따라 행랑도 창고로 전용시켰으며 방화 담장을 쌓아 보관하도록 하였다.[176] 이러한 세조 대의 군자감 관리 강화에도 불구하고 명종 대에 이르면 회계상의 수치와 실제 창고에 보관되는 것이 상반되는 허술한 상황이 발생하였다. 1566년(명종 21) 군자삼감(軍資三監)의 곡식을 회계로 말하면 유고(留庫)된 것이 모두 26만 3,800여 석인데 실수량이 10만 석에도 미치지 않았다. 군자감 창고 관원의 교대시에 허술한 자고(字庫)를 선정하여 반고(反庫)하였더니, 3,000석의 창고는 남아 있는 것이 겨우 300석이고, 2,350여 석의 창고는 남아 있는 것이 260여 석뿐이었다.[177]

임진왜란은 도성 내외의 군수 창고를 모두 파괴시켜서 조선 전기의 군자감 위주의 군수 운영을 재편하도록 하였다. 특히 훈련도감을 위주로 하는 삼군영의 설립은 새로운 군영 창고의 등장을 가져와서 새로운 군수 운영 체제를 구축하게 하는 계기가 되었다. 그럼에도 훈련도감에서는 기존 군자감의 군수 체제를 전혀 무시하고 새로운 창고를 건립해서 사용하지 않았다. 훈련도감에서는 군자감별영(軍資監別營)을 설치하여 서로에서 운반해 온 양곡을 그곳으로 받아들여 남쪽으로 수송했다. 군자감 별영은 한강가에 위치하여 육지로 운반할 경우 말과 마가(馬價)를 많이 허비하지 않았기 때문이다. 다만 창고가 겨우 1만 석 정도밖에 넣을 수가 없었다. 또한 인적이 드문 장소에 세워져 있었고 사방에 담장이 없었으며 문과 벽도 허술할 정도로 임시방편의 창고 수준이었다.[178] 훈련도감이 임진왜란시 운영한 최초의 군수 체제는 기존 군자감의 창고를 중심으로 운영하였음을 시사해 주는 사례이다.

그런데 정조 대에도 도성 인근의 군수 창고는 강변의 공광지(空曠地)에 있어서 유사시에 적에게 약탈되거나 방기될 우려가 있었다.[179] 그런데 조금 의혹인 점은 훈련도감을 비롯한 삼군영의 창고에 군수 물자가 상비되어 있었을 것으로 상정됨에도 창고의 비축 물자가 탕갈(蕩竭)되어 호조의 재정에 의탁하려는 사례가 있기 때문이다.[180] 훈련도감의 군병이 국왕의 지근거리에서 호위하는 연하친병(輦下親兵)으로 다른 군영보다 대우를 받았다. 도감 운영에 필요한 비용을 김해 대산둔(大山屯), 강진 고금도(古今島), 청산도(靑山島) 등의 둔전에서 마련하기도 하였으나 궁가(宮家)에 넘겨주고 새롭게 신지진(薪智鎭)을 신설해서 인근 민호에게 토지를 주어 둔전을 개간하도록 하였으며 인근에 위치하던 다른 아문의 수세지도 인계받기를 요청하는 사례가 있을 정도로 재정의 상태가 좋지 않았다.[181]

이외에도 군영의 화기 물자를 비축하는 창고가 인가에 인접해 있거나, 선혜청 등의 곡식을 보관하지 못해 노적한 것이 많아 부패에 이르게 되어 군영 창고에 보관하는 사례가 있었다.[182] 따라서 조선 후기의 군영 창고는 군영 간에 유기적으로 연결되어 상호 보완하는 체제였다고 말할 수 있겠으나 병조 중심의 군령이 획일적으로 전달되는 형태가 미약하여 전체적인 군수 물자 비축 현황이나 창고의 운영 상황을 설명하기에는 한계가 있다.

한편 조선 후기의 군수 창고는 숙종 대 시작된 북한산성과 탕춘대 영건에 따른 도성 내부로 창고를 이전하기 이전까지 지속적으로 위치하였다. 한강(漢江)·용산강(龍山江)·서강 등 3강에는 각사(各司)의 창곡(倉穀)이 있었다. 광흥(廣興)과 군자(軍資) 두 창고와 각 군영에 있는 곡물까지 합산하면 4~5만 석이 비축되어 있었다.[183] 그런데 숙종 대 삼번의 난을 기점으로 동북아시아에 국가 간에 전쟁이 사라지면서 평화 무드가 정착된 이후에는 삼군영의 군량은 비축미의 기능보다는 환곡으로 기능하였다. 강화도에 설치된 삼군영의 창고에 비축된 군향곡은 지역의 향군에게 제공되기도 하였다. 또한 훈련도감의 군량을 비롯하여 대부분이 강화도의 부민들에게 환곡으로 분배되어 사용되었다.[184] 강화도에는 삼군영의 창고들이 비치되어 있었는데, 훈련도감은 선원면(仙源面), 어영청은 월곶(月串)에 창고를 두었다. 훈련도감은 강화도의 창고를 접근성을 위주로 장소를 변경하여 새롭게 조성하기도 하였다.[185]

어영청에서 용산 연변에 둔 창고의 인근에는 30여 호의 민인이 거주하였다. 어영청에서는 그 민호의 사람들을 동원하여 쌀을 운반하게 하여 생업으로 삼게 하였다. 또한 창고 인근의 미곡 운반 민인들을 하나로 묶어 계를 조직하게 하여 어영청계(御營廳契)라고 하면서 한 개의 동을 이루게 하였다. 이들을 창저민인(倉底民人) 혹은 강민(江民)이라고도 했다.[186]

한편 어영청에서는 1652년(효종 3) 군영을 설치하면서 소속 군병을 상번군으로 운영하는 과정에 창고가 창설되었다. 어영청도 호조의 비용을 사용하지 않고 재원을 독자적으로 마련하는 군영이었다. 상번군의 상경에 필요한 재원을 보인에게서 쌀과 포로 징수하면서 그 미포를 보관할 창고를 두었다. 어영청의 상번군은 2만 1,000여 호로 산군에 있는 자는 포 2필을 거두고 해읍에 있는 자는 쌀 12두를 거두었다. 어영청에서 징수한 포는 200여 동이었고 쌀은 1만 3,000여 석이었다. 어영청 상번군에게 지급할 미포는 경강에 창고를 지어 해마다 수송해 들여서 이것으로 군량에 사용했다. 창고의 군향은 문관·무관 낭청을 각각 한 사람씩 두어 군병의 양향을 나누어 관리하게 하였다.[187] 숙종 대에는 도성 내에 군영의 창고들이 100여 칸 이상의 대형화되는 양상을 보인다.[188]

18세기의 도성 내 삼군영의 창고 위치와 보관 물품 등을 정리하면 다음의 [표 4-16], [표 4-17], [표 4-18]과 같다.

**[표 4-16] 훈련도감의 창고**

| | 창건연도 | 위치 | 조직 | 보관 |
|---|---|---|---|---|
| 신영고(新營庫) | 1593년(선조 26) | 경희궁 외부 | 군색고(軍色庫)<br>책응고(策應庫) | 금(金), 은(銀), 전(錢), 목(木), 포(布) 등 |
| 군향고(軍餉庫) | 1704년(숙종 31) | 원동(苑洞) | | 미(米) 등 |
| 하도감고(下都監庫) | 1593년(선조 26) | 훈련원(訓鍊院) 동편 | 조총고(鳥銃庫)<br>궁전고(弓箭庫)<br>화약고(火藥庫) | 군기, 미(米), 군물, 잡물 등 |
| 외책응소고(外策應所庫) | 1593년(선조 26) | 태평교(太平橋) 남편 | | 군기, 군물 등 |
| 양향청(糧餉廳) | 1593년(선조 26) | 저동(苧洞) | | 문서, 은자(銀子), 전(錢), 필단(匹緞), 황밀(黃蜜), 미(米) 등 |

전거 : 『만기요람』 재용편6, 제창(諸倉)

[표 4-17] 금위영의 창고

| | 창건연도 | 위치 | 조직 | 보관 |
|---|---|---|---|---|
| 신영고(新營庫) | 1692년(숙종 18) | 창덕궁 외부 | 북고(北庫)<br>남고(南庫)<br>궁방고(弓房庫) | 은(銀), 전(錢), 목(木), 군기 등 |
| 남창고(南倉庫) | 1747년(영조 23) | 남산 기슭 | | 군향미(軍餉米) 등 |
| 하남창고(下南倉庫) | 1754년(영조 30) | 남산 기슭 | 조총고(鳥銃庫)<br>궁전고(弓箭庫)<br>화약고(火藥庫) | 소금 등 |
| 화약고(火藥庫) | 1751년(영조 27) | 남산 기슭, 수어청의 화약고 이속 | | 화약, 군기 등 |

전거 : 『만기요람』 재용편6, 제창(諸倉)

[표 4-18] 어영청의 창고

| | 창건연도 | 위치 | 조직 | 보관 |
|---|---|---|---|---|
| 신영고(新營庫) | 1651년(효종 2) | 이현(梨峴) | 군색고(軍色庫)<br>향색고(餉色庫)<br>야소고(冶所庫)<br>군기고(軍器庫)<br>책응고(策應庫) | 문서, 금, 은, 전(錢), 미(米), 목(木), 콩, 군기, 철물, 잡물 등 |
| 남창고(南倉庫) | 1747년(영조 23) | 남소동(南小洞) | | 미(米), 소금, 잡물 등 |
| 남소영고(南小營庫) | 1623년(인조 1) | 남소동(南小洞) | | 군기, 군물 등 |

전거 : 『만기요람』 재용편6, 제창(諸倉)

위의 도표들을 바탕으로 도성 내외에 설치되었던 군영 창고의 위치를 비정하면 다음의 [그림 4-11]과 같다.

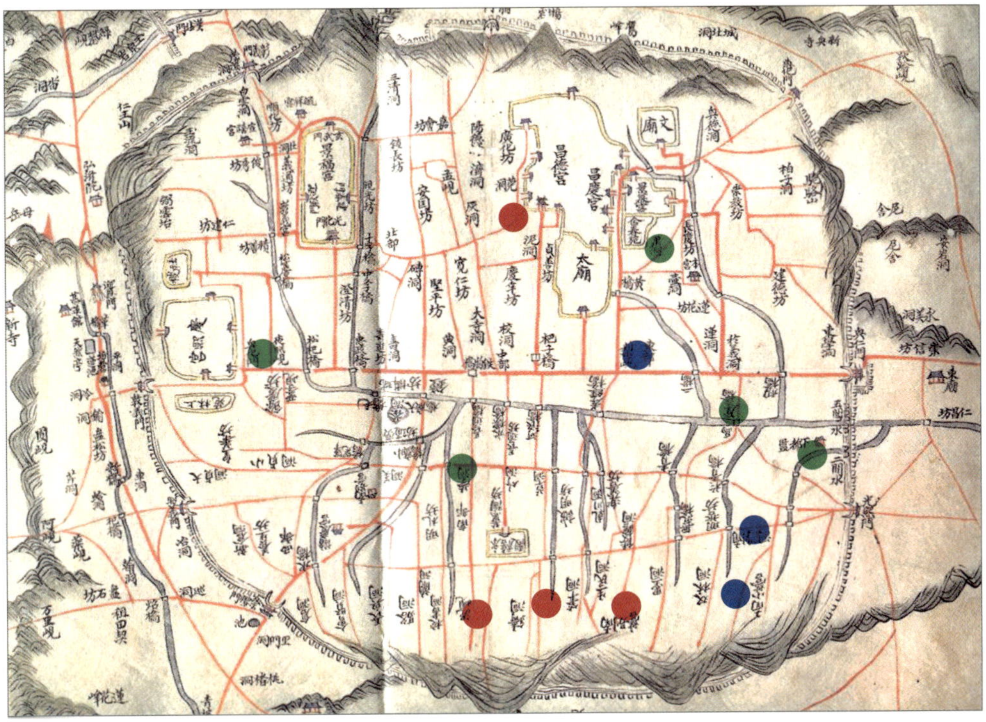

[그림 4-11] 도성 내외 군영 창고(훈련도감 ●, 금위영 ●, 어영청 ●으로 표시)와 주요 도로
(『동여도(東輿圖)』 중 「도성도(都城圖)」, 규장각한국학연구원 소장)

## 2. 군량의 조달과 운용

군영의 군량은 쌀 이외에 잡곡과 고기류도 포함되었으나 미곡이 주종을 이루었다. 삼군영의 군량은 보민들이 내는 보미에서 충당되었다. 보미는 1인당 12두였다.[189] 훈련도감의 군량을 삼수미로 조달하는 체제는 시행 초기에 어염세(魚鹽稅)와 둔전 수입으로 충당하였다. 군량의 조달 방식에는 훈련도감의 창설부터 규정화한 삼수미(三手米) 체제가 대표적이다. 삼수미는 본래 전시에 특별세의 성격을 띤 것이었으나, 1894년(고종 31)의 갑오경장 때까지 계속되었다.

임진왜란 초기인 1593년(선조 26)에 훈련도감을 설치하고 삼남(三南), 해서, 관동(關東)의 5도에서 군영의 사수, 포수, 살수를 특별히 양성하기 위한 군량을 거두어 병식(兵食)으로 삼았으며, 그 명칭이 삼수미였다. 삼남인 충청도, 전라도, 경상도는 토지의 1결마다 쌀 1두 2승을 거두었으며, 해서인 황해도와 관동인 강원도는 쌀 2두 2승을 거두어 사용했다. 그 후 경상도, 충청도, 전라도는 1634년(인조 12) 갑술양전(甲戌量田) 후 1두를 영구히 감액하여 1두 2승씩을 거두었고, 경기도는 병자호란 이후 전액을 면세하였다. 1760년(영조 36)에 국왕의 명령으로 교명(敎命)을 받아 면세된 전토라도 삼수미는 면제를 허락하지 못하게 하였다.[190] 정약용(丁若鏞, 1762-1836)은 삼수미의 수세가 2두라고 하였으며 조운하는 선가(船價)도 포함된다고 하였다.[191] 훈련도감에서 각 지방의 삼수량을 운반하기 위해 4~5척의 대형 배를 건조하여 이용하였다. 훈련도감이 지방에 파견한 배의 사공과 격군은 모두 포수였다.[192]

전국에서 수세하던 삼수미의 양은 3만 4,607석이었다. 팔도(八道)·사도(四都)의 시기전결(時起田結)의 수세 수조(收租)는 해마다 영축(贏縮)되었으므로 한 해 분으로 표준화할 수 없었다. 삼수미의 수세는 경기도와 관서 및 관북을 제외한 지역에서 이루어졌다. 호서(湖西)는 1만 581석, 호남(湖南)은 1만 7,866석, 영남(嶺南)은 4,812석, 해서(海西)는 1,134석, 관동(關東)은 214석이다.[193]

삼수미는 군병들과 그 가족의 일상생활을 보장하는 양식으로 사용되었기 때문에 쌀로 수세하는 것이 원칙이었다. 다만 지역적 특성을 고려하여 미곡의 운반이 어려운 산간 지역은 돈으로 내게 하거나, 면포와 마포(麻布)가 주로 생산되는 곳에 한해서 포로 납부하는 작전작목(作錢作木)하는 것을 허용하였다. 군량의 다른 명칭인 군향(軍餉)에 군향포목이라는 말이 있는 것도 작전을 하는 과정에 발생한 군량에 해당하는 포목을 말하는 것이다.[194] 돈으로 만든 경우에는 군향전이라고 하였다.[195]

이처럼 삼수미는 훈련도감 군병들의 급료로 매달 지급되어 생계용으로 쓰였기 때문에 세수 대상에게 면제 혹은 삭감, 또는 납부를 연기해 줄 수 없는 대표적인 군영의 군량이었다. 훈련도감의 설립 이후 풍년과 흉년에 관계없이 더하고 덜하는 규정이 없었다.[196] 그럼에도 정국의 국면 변화에 따른 훈련도감 군병의 요미가 감축되는 사례가 있었다. 1671년(현종 12)부터 훈련도감 군병의 요미가 1명당 1두씩 감해서 숙종 전기까지 이어지는 사례가 있었다.[197]

그런데 가뭄이나 홍수 등의 자연재해로 인해 흉년이 발생하여 수세하기 어려운 진전과 재결(災結)에 대해 삼수미를 걷는 것은 어려웠다. 덕정(德政)을 강조하던 조선왕조에서 흉년에 군대 양성을 위한 삼수미를 수세한다는 것은 불가능했다. 실제로 흉년이 심해 군향을 준비하기 어려운 경우에는 어영청과 금위영의 상번군을 정번시키는 조치를 취하기도 하였다.[198] 이에 따라 삼수미 수세는 흉년이면 정지되고 호조나 다른 아문의 곡식으로 대체하였다. 그런데 호조의 재정도 농사의 풍흉 시기에 따라 세수의 등락이 변동되었으므로 군영의 군량을 지원하기에 불가능한 시기가 있었다. 이런 이유로 1760년(영조 36)에는 호조의 부족한 세수입을 보충하기 위하여 왕명으로 각종 면세지에도 삼수미가 부과되었다. 이 정책으로 마위전(馬位田)과 훈련도감의 둔전을 제외한 궁방전(宮房田), 영아문전(營衙門田)을 비롯한 모든 면세전에 대해서도 삼수미가 부과 및 징수되었다. 특히 국왕의 명령으로 면세된 전토라도 삼수미는 면제를 허락하지 못하게 하였다.[199]

물론 삼수미의 조달을 유동적으로 하여 운용의 효율성을 높이기도 하였지만, 군병에게 지급하는 것을 조절하기도 하였다. 봄에 세수가 줄어드는 시기에는 9두 및 12두 이상 받던 군병은 1두를 감하였다가 봄보리가 나면 원래대로 주었다. 다만 훈련도감 군병은 국왕을 호위하는 금군이라는 명목에 예외를 두어야 한다는 의견도 있었다.[200] 호란을 거치면서 1637년(인조 15)부터 1643년(인조 21)까지에도 훈련도감 군병의 군량을 1두씩 감했다가 복귀시켰다.[201]

그런데 도성의 삼군영 군병에게 군량을 조달하여 매달 체계적으로 분배하는 일은 경제 정책을 좌우할 정도로 대단위의 물자 유통이었다. 예컨대 효종 대인 1652년(효종 3)에 어영청의 상번 군병을 매달 500명씩 정하여 연간 6,000여 명을 배치하면서 그들의 보인에게 군량 조달의 목적으로 쌀은 2두, 포목은 2필을 걷도록 하였다. 이에 매년 쌀은 1만 3,000여 석이고 포는 200동의 물량이었기 때문에 경강의 연변에 군수 창고를 신설하였으며 양향을 담당할 문관과 무관 낭청 2명도 새롭게 배치하였다.[202] 호조의 1년 경비 중에 도성 군병의 군량으로 들어가는 것이 8만여 석이라고 할 정도로 군량의 조달과 분배는 도성은 물론 국가 경제 규모에서 큰 부분을 차지하였다.[203]

이런 배경으로 정조 대에는 국왕과 신료들이 군량에 대한 인식이 매우 부정적이었다. 화성의 성역을 마친 1796년(정조 20)에 정조는 "재용(財用)은 백성과 나라의 근본이다. 건국 초기에는 호조만 있었는데, 삼군문이 생겨났다. 나라의 경비를 축내는 것으로는 군량보다 더 심한 것이 없다. 훈련도감의 군료만 하더라도 좁쌀이 변하여 쌀이 되고 겸사복에게 주는 요미가 점점 많아지는 등으로 해서 국가의 경비가 점점 줄어들게 되었다. 국가 경비가 대부분 군인을 양성하는 데에 들어간다"[204]라고 하여 삼군영의 군량이 불필요한 곳에 들어가는 낭비적 요소라고 지적하기도 하였다.

한편 군영에 조달하는 군량은 주로 한강을 이용하여 도달하였다. 조선 후기 미곡 유통은 포구 간 수운을 이용하였다. 배 한 척에는 200석 전후를 탑재하였으며 사공과 격군, 그리고 호송 군병인 사수와 포수가 탑승하였다.[205] 그런데 군량이 군영의 창고를 거점으로 조달되는 체계는 처음부터 용이하지 않았다. 각 도에서 납부하는 세미(稅米)가 군자창(軍資倉)과 광흥창(廣興倉) 등의 창고를 구분해서 이용하지 않고 수시로 쌀과 콩을 교환하여 사용하는 경우가 많았다. 한 해의 비용을 계산하여 조목별로 식을 만들어서 각 창고에 나누어 소속시키고 다른 창고로 옮기지 못하게 해야 함에도 여러 항목의 비용과 곡물이 뒤섞여서 이용되었다.[206] 더욱이 세수가 일정하게 유지되지 못하는 흉년에는 다른 항목의 곡식이나 재원을 활용해야 했으므로 군량이라는 명목이 있다고 해도 다른 부분으로 활용되는 경우가 많았다. 1714년(숙종 40)에는 삼수미가 절반만 납부되는 상황도 발생하였다. 강화도와 군영 창고에 보관된 군량을 임시로 활용하여 재원으로 활용하였다.[207] 예컨대 1689년(숙종 15) 경상도의 면화 농업이 흉작이었다. 당시 군포 1필의 가격이 미 20두를 상회하여 3배 이상의 가격차가 발생하였다.[208]

군영 창고의 곡식을 변용하는 것은 일시의 방편으로 필요했으나 보관 중인 군량이 시기와 관계없이 전용되면 원곡(元穀)과 섞여 회계상의 부정이 발생할 수 있었다. 또한 군량 창고의 곡식을 이용하는 사례가 많아질수록 모곡으로 전환하여 이자를 취하는 재원의 대상으로 이용하는 폐단이 생기기도 하였다. 군량을 보관하는 하급 관원들의 경상 비용이 없는 상황에서 군량을 이용한 비용 확보가 필요하기도 하였다.[209] 강화도에서 군문의 군향곡으로 보관하던 곡식은 쌀 2만 4,000석에서[210] 6만 석 전후가 남아 있을 정도로 시기별 군향의 보관량의 차이가 나는 시기가 많았다.[211]

도성 주둔 삼군영 군병의 군량은 양식으로 사용되는 것이 당연한 일이었다. 재해와 풍흉의 정도에 따라 군량의 보관량이 수시로 변화됨에 따라 운용 방식이 유동적이었다는 것이 특징이다. 대개 두 가지로 그 특징을 볼 수 있는데, 첫째, 쌀을 장기간 창고에 보관하면 부패하고 상하는 폐단이 있으므로 군병에게 바로 지급되어야 할 부분을 제외하고 이자를 취하기 위한 방편으로 유통시키기도 하였다. 둘째, 군량 보관 창고들의 형편에 따라 서로 대여 내지는 차용하는 방편으로 하여 쌀을 운영하는 방식이다. 군영에서 군량을 한 곳에 보관하는 것이 분배에 용이하다. 다만 군병에게 군량을 분배하는 곳은 한 군데로 정하고 보관하는 창고는 다수를 이용하는 것이 곡식의 보관을 효율적으로 운용하는 법이었다. 특히 진휼의 시기에는 군량이라도 예외 없이 사용하였으므로 강화도를 비롯한 군량이 보관된 지역의 창고들이 수시로 보관 중인 곡식을 이용할 수 있었다.[212]

물론 군량을 군병들의 양식 이외로 사용하는 경우 본래의 의도와는 달리 개인이 착복하는 비리의 수단으로 사용되는 경우도 있었다. 1778년(정조 2) 삼군영의 대장을 역임하던 무신 가문 출신인 장지항(張志恒, 1721-1778)이 군량 창고의 곡식 등을 임의로 운용하여 적발된 사건이 대표적이다. 그는 훈련도감의 대장으로 당시 창고의 군량에 대한 조사를 받던 와중에 고저(庫儲)가 탕진된 것이 발각되어 귀양에 처해졌다. 창고에 보관중이던 군량 등의 수효를 외수(外授), 산대(散貸), 환무(換貿), 요판(料販) 등의 명색(名色)으로 농간한 죄목으로 처벌되었다. 특히 포는 전(錢)으로 바꾸게 하고 전은 면포로 바꾸게 하는 등의 전형적인 작전을 활용한 것이 문제였다. 기존 강화도의 군량을 활용한 것도 문제였지만, 규정보다 더 많은 양을 전용하여 결국에는 그 수량만큼 전용해 넣지 못한 것이 회계 부정의 근본적 문제였다.[213] 그럼에도 삼군영의 군병에게 군량을 지급하는 것은 개항기까지 이어졌으며, 창고 간에 곡식을 전용하여 분배 및 사용하는 것도 지속되었다.[214]

## 3. 군포의 조달과 운용

훈련도감이 창설되면서 군포는 군영 군병의 군복에 필요한 옷감으로 지급되던 용도로 조달되었다. 훈련도감에서는 매년 보인들이 상납하는 군포를 수합하기 위해 각 도에 차사원을 파견하여 운반해 왔다. 이후 문신 중에 1명을 군색으로 파견하여 차사원이 담당하던 역할을 대신하였다.[215]

훈련도감의 군포는 매년 10월 말에 상납하는 것이 정식이었다. 군영에서 수세하던 군포는 5승목 35척 기준의 포목이었다. 5승목은 조선왕조에서 공인한 정포로서 포목의 올의 수가 5승인 품질을 말한다. 1승은 날의 가닥이 80개로 5승이라는 것은 400가닥의 실이 직조되어 폭은 7촌 길이는 35척의 군포였다.[216] 훈련도감의 군포는 순전히 무명[木]으로 받아들이고 금위영과 어영청의 군보는 돈[錢]과 무명을 반씩 섞어서 징수하게 하였다. 훈련도감의 군포는 포보(砲保)라고도 하였다. 포보는 군보의 하나로서 지방의 포군(砲軍) 4명 중에서 1명은 군역에 복무하고, 3명이 그 보로 쌀이나 베를 바치던 것을 말한다. 군포도 군량과 유사하게 지역적 생산량의 다과를 감안하여 전과 포를 참반하게 하고, 면(綿)이 귀할 때에는 순전(純錢)으로 대납[代捧]하게 하였다.[217]

삼군영의 군포는 군병의 군복 이외에 군영의 재원으로 전용되는 경우가 많았다. 군포를 군영의 재원으로 활용할 수 있었던 것은 쌀과의 등가 교환에 따른 차액이 발생하기 때문이다. 정조 대 장용영의 사례를 본다면, 양인 군보 840명이 각각 쌀 6두, 천인 군보 720명이 각각 쌀 3두를 내는데 쌀을 맡아 거두는 사람 몫을 제하고도 실제 거두는 쌀이 468석이고, 자기 집에 있는 군관 147명과 금군의 군포를 무는 군관 102명이 각각 쌀 6두를 내는데 쌀을 맡아 거두는 사람 몫을 제하고도 실제 거두는 쌀이 97석 3두여서 쌀이 도합 565석 3두였다.[218] 이 중에서 번상하는 군사에게 각종 급료로 지급하는 쌀과 잡비로 쓰는 쌀 373석 11두를 제하고 나면 남는 쌀이 191석 7두가 되었으며 이것을 군영의 여타 비용으로 전용하여 사용하였다.[219]

어영청과 금위영은 번상 군병을 위주로 운영하여 군포 수세의 문제가 훈련도감보다 비중이 높았다. 두 군영의 보군은 해마다 면포를 납부하지만 원군은 번상하는 때에 군포를 납부하였다. 그런데 4년에 한 번 상번하는 군병에게 해마다 군포를 징수하는 폐단이 발생하였다. 상번군의 경영(京營) 잡비도 많아서 결국에는 두 군영의 상번 5초(哨) 가운데 1초를 번(番)에서 제외하는 조치를 내리기도 하였다.[220] 군포를 군병의 의복용이 아닌 군영의 경상 비용으로 전용하려는 의도에서 발생하게 된 문제였다. 이외에 군병에게 주어야 할 군포의 올이 가늘고 품질이 저급하여 군병이 수백 명씩 훈련도감의 낭청의 집에 몰려가 시위를 하는 일까지 있었다.[221]

사실 군포는 조선 전기부터 존재하였다. 오위(五衛) 군사 제도에서 병사를 농사에 붙여 번(番)을 나누어 위(衛)에 들게 하였으며, 병조의 기병과 보병의 가포를 수세하였다. 그런데 삼군문의 군미(軍米)와 군포는 모두 임진왜란 이후에 창설한 것이다.[222] 조선 전기의 오위 제도에서 병사로 복무하는 정군(正軍)에 대해서는 복무에 필요한 경비를 충당하는 보인이 지급되었다. 군포는 보인이 부담한 보포를 가리켰다. 지급된 보인의 수는 정군의 역종(役種)에 따라 상이하였다. 상층 평민이 주로 포함된 갑사(甲士)는 보인 4명, 평민이 다수인 기정병(騎正兵)은 보인 3명을 배당받았다. 보인은 군역에 나아가는 군병에게 면포 1필씩을 납부하여 자신들의 군역 의무를 대신하였다. 이런 군포를 내는 군역자를 군보라고 하였다.

그런데 임진왜란을 거치며 삼군영이 설치되면서 군사를 양성하는 비용을 군보, 즉 군포에 의지하게 된 것이다. 숙종 대에는 군포 2필씩 징수하는 양군(良軍)이 30만 명이 되었고, 영조 대에는 50만 명이 되어 정작 군역에 응하는 자는 빈궁한 백성뿐이었다. 이에 따라 이미 사망한 자에게 여전히 포를 징수하는 백골징포, 어린 아이로서 장정의 일에 응하는 황구첨정(黃口簽丁), 사망자 및 도피자의 친족과 이웃에게 징수하는 징족징린(徵族徵隣)이 나타나는 폐단의 발단이 되었다.[223] 군포의 문제는 그 자체에도 있었다.

군영에 납부하는 품질이 5승목 35척을 유지하는 것이 일반 백성에게 고충이었기 때문이다. 군영의 군병 수용에 맞추어 군포를 수세하지 않고 다른 비용도 군포로 전환하여 거두었기 때문에 민폐가 되었다. 이에 각 지방의 하리들이 군포의 품질을 따지며 수납의 가부를 정했으므로 정액 이외의 군포를 더 걷는 일이 발생하였다. 심지어 6~7승목에 40척의 군포를 거두는 농간도 있었다. 그 결과 군포가 10월 말에 납부되지 않고 해를 넘겨도 상납되지 않는 경우가 있었다. 군포를 10월 말까지 수납하는 것은 군병들이 그것을 바탕으로 겨울옷을 만드는 밑천으로 삼았기 때문이다.[224]

또한 군포는 쌀과 마찬가지로 작전이 가능한 물품인 것이 문제였다. 조선 후기에는 공식적으로 군포 1필이나 쌀 6두, 조 8두, 콩 12두, 그리고 동전으로는 2냥을 납부하였다. 그런데 군포를 돈으로 대납하는 규정이 부정확하기도 하였으며, 시기별로 동일하지 않아서 면포 값이 오를 때면 4냥씩 되기도 하였다. 이에 따라 삼군영의 군포를 모두 순전한 돈으로 작전하도록 허락하는 것을 영구히 정식으로 삼기도 하였다. 군포의 상납을 전운(轉運)하는 것도 폐단이었다. 하삼도에서 도성까지 군포를 운반하는 일에 추가되는 비용이 발생하기 때문이었다.[225] 이런 비용들이 모두 군포에 추가되었으므로 민폐의 원인이 되었다. 결국 영조 대에 1필 이상의 부담을 줄여서 군포를 1필로 균일화하는 균역법이 시행되는 배경이 되었다.

이와 같이 군영의 군병에게 의복용으로 지급하려던 군포는 조선 후기로 갈수록 군영의 재정 비용으로 전용되었다. 18세기 중엽 이후에는 군병을 군보로 전환시켜 군포만 수세하려는 경향이 가속화되었다. 군역의 정액이 지역별 군총으로 합산되어 그 지역 전체의 군역 부담으로 계산되면서 지역 주민의 공동 납부 형태인 총액제로 전환되는 사례를 야기하였다. 이에 지방에서는 군현의 행정단위를 통해 군포 부담을 면리 단위로 할당하기도 하였다. 지역 주민은 그 대책으로 군포 공동납부 조직을 결성하는 경우도 많았다. 군포의 납부를 목적으로 조직된 군포계(軍布契)가 등장하기도 하였다. 군역전(軍役錢), 군근전(軍根錢), 역근전(役根錢), 군전(軍錢)이 그 산물이기도 하다. 1871년(고종 8)에 종래의 군포를 호포로 개칭하고 신분 계층의 상하를 막론하고 각 호마다 균일하게 군전을 부과하면서 군포를 통한 군역의 부담이 완화되게 된다.[226]

# 4절. 무기 제조 수공업의 운영

## 1. 군기시에서 군영 제조 체제로의 변화

조선왕조에서 군기 제조 체제는 도성을 중심으로 구축되었다. 조선왕조 최초의 군기 제작 기관은 군기감(軍器監)이다. 군기감은 병기, 기치(旗幟), 융장(戎仗), 집물(什物) 등의 일을 관장하였다. 1405년(태종 5) 육조의 직무 분담과 소속 관사를 정할 때 병조의 속아문(屬衙門)이 되었다.[227] 1466년(세조 12) 관제 개혁에서 군기감을 군기시(軍器寺)로 변경하였다. 군기시를 두기 시작하면서 조총청, 훈련도감, 화기도감, 군기별조청 등의 순으로 주요 군기 제작 기관이 설립되었다. 이 군기 제작 기관들이 중앙만이 아니라 지방에 배치하는 군기까지 제작하였다. 물론 지방에서도 주요 군사기지인 병영과 수영 등에서 군기를 제작하였으나 도성의 군기 제작과는 비교가 되지 않았다.

도성에서 군기를 제작하던 장인들은 관영수공업장에서 근무하였다. 도성에 근무하는 장인은 경공장(京工匠), 지방은 외공장(外工匠)이라고 불렀다. 공장들은 관청에 등록되어 있었는데, 공조와 각처의 소속 관서에서 그들을 관리하였다.[228] 공장들은 집단으로 조직되지 않았고 독립적이고 개별적인 수공업자의 입장에서 활동하였다. 그들은 관청에서만이 아니라 개인이 운영하는 사영수공업장에서 자유롭게 활동할 수 있었다. 다만 매년 군역과 같이 의무적으로 윤번제에 따라 관영수공업장에서 근무를 하면 되었다.

공장들은 국가에 장세(匠稅)를 납부하는 대신 관영수공업장에서 관역(官役)을 하였고 그 기간을 제외한 시기에는 자율적인 생산 활동이 가능하였다.[229]

조선 초기 무기 생산의 중추는 군기시였다. 군기시는 국가의 군기가 모두 이곳으로부터 나온다고 하여 무고(武庫)라고도 하였다.[230] 따라서 군기시에 소속된 무기 제작 공장들이 당시 조선의 군기 제작 규모를 가늠하게 하는 기준이었다고 할 수 있다. 군기시의 경공장은 16개의 수공업 분야에 644명이었다. 당시 도성의 경공장은 130개 분야의 2,841명으로 군기시 공장이 20% 넘게 차지하고 있었다.

군기시의 군기 제작은 장인들이 제작 공정을 분업화하여 이루어지고 있었다. 공장들은 개별적인 분야에만 국한하여 기술을 연마하는 것이 가능했고 이들을 조직화하는 군기 제작 기관이 이들의 기술을 종합화했다고 말할 수 있다. 조선 초기 도성을 중심으로 이루어진 군기 제조는 전문화된 공장들이 분업화하여 완성하는 체계적인 시스템으로 진행된 것이다. 그런데 임진왜란을 겪으면서 왜군에게 도성이 함락되고 군기시의 기능이 정지되어 조선 초기의 군기 제조 시스템은 붕괴되었다. 인조 초기에 도성의 공장들이 이산되어 궁장(弓匠)은 4명만이 남아 있었고 대부분 노약자였다.[231] 더욱이 군기시 구성원의 부족 이외에도 각 지방에서 보급되던 물자들이 다른 아문으로 반출되어 재원이 축소되는 실정이었다.[232] 또한 전쟁의 여파로 군기 제작에 필요한 유황 등의 원료 무역이 줄어들고 각지에서 보급되던 공물도 원활하게 공급되지 않아 운영에 큰 장애가 되었다.[233] 임진왜란은 군기시가 정상적인 기능을 할 수 없는 상황이 되는 전환점이었다. 그 중심이 훈련도감을 비롯한 군영이었다.[234] 특히 중심이 된 군기가 임진왜란으로 대거 도입되어 삼군영의 군병의 주무기가 되었던 조총이었다.

조총을 전문적으로 제조하기 위해 설립한 기관은 조총청(鳥銃廳)이었다.[235] 그 후 조총 제조기관의 설치는 지속되어 광해군 대에는 화기도감을, 인조 대에는 군기시에 별조청(別造廳)을 별도로 설립하여 조총을 비롯한 화기 제작에 박차를 가했다. 1614년(광해군 6) 7월 14일 기존의 조총청이 화기도감으로 바뀌면서 조총만이 아닌 각종 화기류의 생산으로까지 확대되기에 이르렀다. 화기도감은 총포(銃砲)의 제조를 위해 병조가 임시로 설치한 기구였다. 광해군 대 후금 세력이 급속히 확대되자 이것을 방어하기 위해서는 화기의 제작에 역점을 두어야 한다는 의견에 따라 조총청을 화기도감으로 개칭하였던 것이다.[236]

그런데 조총의 제작은 삼군영의 무기 제작과 긴밀한 관련을 지니고 있다. 훈련도감을 비롯한 어영청과 수어청, 장용영 등의 군영에서는 자체적으로 무기를 제작 및 수리하였다. 군영은 군기 제조에 필요한 자체적인 재원을 확보하고 있었고, 무엇보다 조총을 사용한 후 유지 및 보수에 필요한 인원을 구비하고 있었기 때문에 무기 제조가 가능하였다. 더욱이 대동법 체제 이후 월과화기(月課火器)가 본격적으로 실시되면서 군영에서는 월과로 확보된 재원을 바탕으로 조총과 각종 화기들을 안정적으로 제조할 수 있었다.

## 2. 군영 내부의 군기 제조 체제

### 1) 조총 제조 기관의 증설

조총은 기존의 휴대 화기와 달리 휴대성이 높으면서 명중률과 관통력이 높았다. 사거리도 150m이상 확보되는 최첨단의 무기였다. 특히 조총의 기능 중에서 주목되는 것이 방아쇠이다. 방아쇠는 화기의 조준과 사격을 통제하면서 명중률을 높이는 기능을 하였다. 기존의 화기는 주물(鑄物)로 제조하여 정교한 부분이 필요 없는 형태였다. 조총의 방아쇠와 총열은 정교하면서도 강해야 했으므로 장인이 부속품을 일일이 만들고 총열은 단조(鍛造)해야 하는 공정이 필요했고, 이에 다양한 군기 제조 분야의 수공업자들이 참여하게 되었다.

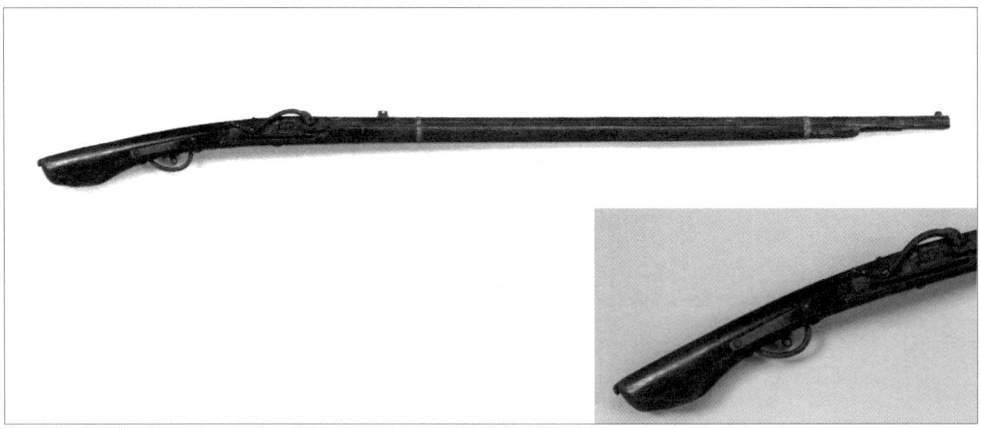

[그림 4-12] 조선 후기의 조총 (국립중앙박물관 소장)

[그림 4-12]에서 조총은 방아쇠를 당겨 심지가 이약통을 발화시켜 총열 안의 화약이 연소되어 철환을 발사시키는 군기임을 보여준다. 그 외에 총열과 방아쇠를 결합시키고 유지시키는 나무가 감싸고 있다. 따라서 조총은 여러 공장들이 협업을 이루어야 제작이 가능하다는 것을 확인해 준다. 이것을 타개한 것이 훈련도감을 비롯한 군영의 무기 제조였으며 그 대표적인 군기가 조총이었다. 그 배경에는 정부의 적극적인 군기 제조 정책의 변화가 있었기 때문이다. 조선왕조 정부는 임진왜란 초기 왜군의 공격 무기 중 조총의 위력을 감지하고 이것에 대응하기 위한 대책의 하나로 훈련도감을 설립한다. 훈련도감 군병의 주요 군기가 조총이었다. 전시 중의 도성에 기존 군기 제조 체제가 복귀되지 않은 상황이었으므로 조총을 제작한 곳은 훈련도감이었다. 전쟁의 와중이기는 하였지만 어떤 배경으로 군영에 군기 제조 전문 공장들이 대거 영입되었는지에 대한 의문이 있을 수 있다. 그 배경에는 신역이 임금제로 변화하던 시대적 요구에 군기 제조 공정이 응대한 결과라고 말할 수 있다.

조선 초기부터 왕조 국가의 신민들이 담당해야 하는 국가적 부담이 신역으로 부과되었듯이 공장들에게도 군기 제작이 국가적 의무였다. 공장들은 국가의 신역을 담당하기 위해 군기시를 비롯한 군기 제조 아문에 소속되어야 했다. 사적 수공업 생산에 종사할 수 있는 체제였지만, 정해진 신역을 부담하지 않으면 자신이 원하는 직종에 임할 수 없는 신분적 한계를 지닌 입장이었다.[237] 왕조 국가의 신분제를 바탕으로 한 폐쇄적인 군기 생산 체제로는 효과적인 생산은 물론 신무기의 개발도 한계에 봉착하였다. 신역을 통해 생산된 것보다 임금을 지출해서 만든 군기의 성능이 뛰어날 수밖에 없었다.

국가에서도 생산력이 떨어지는 강제적 성격이 강한 신역보다는 제품의 완성도가 높은 임금 노동으로 전환하고자 했다. 국가적으로도 관영수공업 체제는 운영비용에 비해 생산성이 떨어지므로 차라리 신역을 충당하는 장세(匠稅)를 받아 필요한 군기를 매입하는 체제로 전환하고자 했던 것이다. 그래서 공장이라도 자신의 신역에 해당하는 비용인 군포만 국가에 지불하면 자유롭게 물건을 제조하여 판매하며 생활을 할 수 있었다. 국가에서도 공장이 지불한 군포를 가지고 완성도가 높은 군기를 생산할 수 있는 장인을 고용하는 편이 더 용이한 것이다. 반면 조선 초기의 공장들은 법적으로 군기를 사조사매할 수 없었으므로 관장(官匠)으로 존재할 수밖에 없었다. 그런데 신분제 아래에서 공장들에 대한 대우가 개선되기는 어려웠다. 공장들은 생활이 궁핍해지고 생계 보장도 안 되는 지경에 이르기도 하였다. 결국 군기 제조 공장이 되려는 사람은 점점 줄어들고 기존 공장들은 책임량을 채우기에 급급한 상황이 벌어졌다.[238] 이런 상황에서 왜군의 침략을 당하자 조선왕조의 군기 체제가 유지되는 것은 불가능한 일이었다.

임진왜란으로 조선 초기의 군기 제조 체제가 붕괴된 상황을 대처하기 시작한 것이 임시 부설 군기 제조기관들이다. 그중 대표적인 기관이 조총청, 훈련도감, 화기도감, 군기별조청 등의 권설아문이다. 이 중 화기도감과 훈련도감을 통해 조선 후기 화기 제조 체제의 변화를 살피겠다. 임진왜란 이후 새로 도입된 신무기인 조총 및 화기 제조에는 많은 재원이 필요하여 공장, 조역군(助役軍) 등의 인력과 요미, 가포 및 원료, 연료 등의 기존 예산에서 책정하지 않았던 물력이 소요되었다. 이에 따라 임란 중 설치했던 조총청에서 사용하던 것을 활용하던 것과 동시에 각처의 긴급하지 않은 일들은 전부 중지시킨 뒤 그 물력을 화기도감에 집중시켰다.[239] 권설아문인 화기도감에 자체적인 재원이 있을 수 없었다. 녹사 1명, 산원 1명 등은 호조에서, 서리 4명, 서원 2명, 고직 2명, 사령 10명은 병조에서 급료포(給料布)를 지급하게 하였다.[240] 또한 도감에 종사할 장인들과 함께 각 아문의 조예(皂隸), 나장(羅將), 궁가장인(宮家匠人) 등을 차출하여 도감의 사환일을 담당하게 하였다.

한편 훈련도감은 말 그대로 임시성이 강한 도감이었으나 기존 병조를 중심으로 하는 군사통치 체제가 복귀되지 않아 5군영 체제로 전환되면서 그대로 존속되었다. 그 외의 군기 제조 기관은 임시로 부설되었다가 사라졌다. 그 기능들은 기존의 군기시와 군영들이 흡수하였다. 특히 군영에서 대부분의 군기 제조 기능을 담당하였다. 일반적으로 군영이 증설되면 군기시의 역할이 더욱 증대되리라고 생각할 수 있다. 군영이 확대되고 증설되면 무기의 수요가 필요하기 때문이다. 훈련도감을 시작으로 어영청, 금위영 등의 삼군영이 설립된 것을 감안하면 군기시의 기능이 대폭 확대되었을 것이라고 생각할 수 있다. 그러나 군영의 증설은 오히려 군기시의 쇠락을 야기하였다. 왕조 정부는 새로 증설한 군영들에 재원과 물력을 마련하여 자체적인 운영이 가능하도록 하였다. 군기 역시 군영이 자체적으로 제작시설과 공장들을 두어 수요에 대처하였다. 훈련도감은 기존에 군기시가 담당하던 군기의 제작까지 담당하기도 했다. 군영의 기능이 강화되면서 조선 후기에 군기시의 역할은 축소되었고, 궁궐이나 사신 대접에 사용되는 의장용 군기 제작을 담당하는 정도로 규모와 기능이 축소되었다.[241]

## 2) 조총의 제조와 공정

임진왜란을 겪었던 선조는 조총이 신기(神器)라고 하였다.[242] 전쟁은 국왕만이 아닌 조선왕조의 관료부터 상민(常民)에 이르기까지 누구라도 조총이 최고의 무기라는 이미지를 가지게 만들었다. 군사적으로 조총이 실제로 어떤 무기이며 그 성능이 어느 정도인지의 논의가 없었던 상황에서 정부 차원의 적극적인 제조가 이어졌다. 실제로 임진왜란 직후의 조총은 기존의 군기를 압도적으로 제압하거나 효율적인 기능을 지니고 있다고 평가하기는 어려웠다. 무엇보다 우천시에는 전혀 사용할 수 없는 화기였으며, 화약과 연환이 없는 조총은 어떤 무기도 될 수 없는 막대기에 불과했다. 그럼에도 조선왕조 정부가 왕조 말기까지 조총의 제작에 심혈을 기울인 이유는 무엇인가? 주의해서 주변 국가의 상황을 보면 조선왕조와는 달리 조총의 개선에 주력했다. 청나라와 에도 막부는 유럽의 머스켓 총까지 수입하면서 조총의 성능을 개선시키고자 했다. 반면 조선에서는 조총의 개선보다는 제작에 중점을 두었다. 조총의 성능을 개선시켜야 할 만큼 국내외적인 위협을 느끼지 않았던 것이 배경이라고 생각한다. 조선왕조는 조총의 무기적 중요함은 인정하였지만 그 개선보다는 제작에만 중점을 둔 것이다. 국가의 군제가 조총 위주로 변경된 상황이었으므로 조총의 생산은 지속되었다.

조선왕조 정부는 양차의 왜란과 호란을 겪은 후 중앙은 물론 지방에서도 조총 제조를 활발하게 진행하였다. 그렇지만 도성을 중심으로 하는 중앙의 제조에는 상대가 되지 않았다.[243] 무엇보다 중앙에는 훈련도감을 비롯한 다양한 군기 제조 기관이 있었던 반면 지방은 군사 거점들 이외에 체계적으로 조총을 제조할 만한 곳이 없었다. 훈련도감의 경우 조총 제조 관련 공장인 야장, 연장, 주장 등이 소속되어 군기 제조 공정을 유지하는 데 문제가 없었다. 물론 훈련도감의 공장 중에는 사장인도 있었다. 훈련도감에는 자체적으로 선발한 군인에게 조총 제조를 전습(傳習)하게 하거나 도감아동군(都監兒童軍)들에게 공장들의 기술을 전수 받아 군영의 군기 제조에 충당하였다. 도감아동군은 훈련도감에 소속되어 있던 공장들의 족속으로 이들이 대대로 기술을 전습하던 군기 제작 전문가였다. 훈련도감에서는 이들 이외에도 한시적으로 양인들의 자식을 공장으로 충당하기도 하였다.[244]

훈련도감에서는 임진왜란기부터 조총을 제작하기 시작하여 호란 이후에도 지속하였다. 훈련도감에서는 호란 이전에 보관하고 있던 석철(錫鐵) 등을 이용하여 별국(別局)에서 조총을 타조(打造)하였는데 1,000자루[柄, 병] 이상씩 제작하였다.[245] 당시 훈련도감에서는 조총 이외에도 화약과 궁시도 제조하여 화기는 물론 무기의 대부분을 자체적으로 조달하고 있었다. 훈련도감에 소속된 군기 제조 장인은 140여 명이었다.[246] 이들은 자체적으로 군기를 제작하기도 했지만 다른 군영과 철물 및 재원을 합하여 제조 공장을 증설해서 조총을 제작하기도 하였다.[247] 훈련도감의 조총 제작은 정묘호란 이후에 지방의 수요에도 대처할 수 있을 정도로 증가되었다.

예컨대 1636년(인조 14) 훈련도감이 자체적으로 소화한 조총이 1,000자루이며, 지방에 분배해서 보낸 것은 1,920자루였다. 당시는 병자호란을 앞둔 시기로 1년에 3,000여 자루에 달하는 조총을 생산한 것이다.[248] 조총 제조를 위한 야로는 17개가 설치되어 있었고 매월 170자루를 만들어서 한 개의 야로에서 10자루의 조총을 생산하였다.[249] 1638년에도 훈련도감에는 3~4개의 야로가 증설되어 조총의 생산이 증가되었다. 훈련도감의 공장들이 조총 제조에 능하게 되자 총융청과 수어청에서 이들을 이속(移屬)하기도 하였다. 이에 훈련도감에서는 다른 기관과 세가(勢家)의 야장들을 사용하기도 했다.[250]

따라서 인조 대 훈련도감에는 자체적인 조총 제조 시스템을 구축하고 있었으며 중앙은 물론 지방에 필요한 조총까지 생산할 수 있는 능력을 보유하고 있었던 것이다. 인조 대 호란을 대비하기 위한 방책에서 훈련도감의 조총 제조 체제가 구축되고 증가된 것은 당연한 일이라고 평가할 수 있다. 그런데 임진왜란 시기 이순신 함대에서 조총을 제작하던 상황을 고려한다면 인조 대 훈련도감의 조총 양산은 경이적인 일이라고 판단된다. 이순신 함대에서는 1개월에 겨우 1자루의 조총을 만들었기 때문이다.[251]

조총의 정묘함과 기능에 있어서도 괄목할 만한 변화였다. 인조 즉위 초에도 국내 제작 조총은 사격시 명중률이 떨어지는 것은 물론 쉽게 파열되어 인명이 손상될 우려가 많았다. 인조 대 후금의 방어에 조총이 필요하다고 하면서 자체적으로 제작한 조총에 대해 부정적 견해를 보였다.[252] 인조 즉위 초기이며 정묘호란을 앞둔 1627년까지도 조선에서 제작한 조총은 군기로 사용하기에 적합하지 못했고 '원수국'이었던 일본의 조총을 수입하는 실정이었다. 이런 문제점을 극복하고 1640년(인조 18)에는 1개월에 71자루를 만들던 것이 1640년에는 100자루를 만들었으며 그 성능도 우수하였다.[253] 따라서 임진왜란을 극복하고 불과 50여 년 만에 수천 자루의 조총을 만드는 제조 체제를 갖추었으며 그 성능도 우수하다는 것은 기술자의 양산과 공정이 완비되었음을 의미하는 것이다. 더욱이 지방에서도 제작이 가능해졌으므로 조선왕조가 조총의 제조를 언제든지 지속할 수 있음을 보여주었다.[254]

물론 조선왕조의 공장들에게 조총이 새로운 무기이며 신기술이 필요한 것은 사실이나 기존에 화포를 능숙하게 제조하던 노하우로 충분히 극복할 수 있는 군기였다. 조총 제조 공장들은 조선 초기 군기시의 제작 방식을 그대로 답습하였을 것으로 생각된다. 조선 초기부터 군기시는 국가의 모든 무기를 생산하던 곳으로 그 제조 체제가 그대로 전승되었을 것이다. 군기시의 군기 제작방법은 오늘날과 같은 분화된 작업으로 이루어졌는데, 여러 명의 장인이 각기 다른 공정을 맡아 양질의 무기를 생산하였던 것이다.[255] 이 방법은 시간과 노동력을 최대한 효율적으로 사용하면서 정밀성을 기할 수 있다. 빠른 기한 내에 많은 양의, 양질의 무기를 생산할 수 있는 방법이었다.

조총과 같은 무기의 제작은 좌변(左邊), 우변(右邊)의 무낭청(武郎廳) 또는 감조관(監造官)의 지도하에 각 장인들이 좌우변에 나뉘어 진행되었다. 총류는 좌우변 각 10개씩의 노야(爐冶)를 중심으로, 화포류는 좌우변 각 2개씩의 대권로(大權爐)를 중심으로 작업하였다.[256] 총류 생산에 종사한 장인은 야장, 주장(注匠), 천혈장(穿穴匠), 조성장(照星匠), 두석장(豆錫匠), 목수(木手), 소목장(小木匠) 등이 있었다. 이들은 기존의 조총청, 군기시 등에서 해당 부분의 기술을 연마한 숙련장이었다. 대권로는 길이가 3칸, 넓이가 1칸, 높이가 5척이 되는 건물을 지은 뒤 지형이 낮고 서늘한 곳에 좌대(坐臺)를 높이 쌓은 뒤 설치하였다.[257] 노를 이용한 화기의 제작은 계절에 따라 제한되었다. 동절기가 되어 화로의 물이 얼면 대포의 주조가 어려워 화기의 생산이 봄철로 연기되기도 하였다.[258]

공장들은 일별 혹은 월별로 생산량을 파악할 수 있었다. 화기의 제조는 공장들의 생산 능력에 기초하여 생산 목표량과 생산 일정이 계획된 가운데 이루어졌다. 예를 들면 권노장(權爐匠) 1명이 하루에 생동 450근을 취련(吹鍊)할 수 있었다. 야장 1명은 3일에 삼안총(三眼銃) 1자루, 2일에 소승자총(小勝字銃) 1자루, 2일에 쾌창(快鎗) 1자루를 타조(打造)할 수 있었다. 주장(注匠) 1명은 3일에 불랑기4호(佛狼機四號) 1위(位), 5일에 불랑기 5호(佛狼機五號) 2위, 4일에 삼안총 1자루, 1일에 승자총 1자루를 주련(注鍊)할 수 있었다. 천혈장(穿穴匠) 1명은 1일에 쾌창 13자루와 불랑기 13위, 현자총통 6위, 백자총통(百字銃筒) 7위, 승자총 10자루, 삼안총 10자루를 천혈할 수 있었다. 조성장(照星匠) 1명은 1일에 승자총통 2자루를 조성하고, 목수 1명은 1일에 5자루를 건조(乾造)할 수 있었다.[259] 이와 같은 사항은 화기 제작이 분업적 협업의 형태에서 공장들이 부품별 생산 공정에 종사하였음을 말해주고 있는 것이다.

즉 공장들은 일정한 기간 신역을 제공하고 교대로 번을 서는 형태로 귀가한 후에는 사적인 생산에 종사할 수 있었다. 그리고 이들을 보조하는 조역군들은 모립된 자들로 공장과 같이 매월 급료를 받으며 생산에 종사하였다. 또한 병조의 역군 15~20명을 임시로 동원하여 긴급한 도감의 일에 사용하기도 하였다.[260] 다만 다른 군기 제작기관의 사례와 같이 군기의 제작은 엄격한 규정에 따라 행해졌는데 만약 법규대로 제작하지 아니하거나 조악하게 하였을 경우는 태형에 처하였다.[261]

### 3) 제조 공정의 변화와 기술의 축적

조총 제조에 대한 엄격한 규정이 있었어도, 공장들이 조총 제조 노하우를 쌓아갈수록 더 좋은 조총이 생산될 것이라고 추정할 수 있지만 결과는 그렇지 않았다. 오히려 불량 조총이 지속적으로 양산되었다. 1728년(영조 4) 영조 집권 초기에 이인좌의 난을 겪으면서 조총을 비롯한 군기에 대한 점검이 있었다. 그런데 이인좌의 난을 진압하기 위해 출정하는 군영병의 조총이 문제가 되었다. 조총이 발사할 연환이 총구에 들어가지 않을 정도로 부실하였다. 그 근본적인 원인은 관영수공업 체제로 만든 조총이 아니었기 때문이었다. 이인좌의 난을 진압하기 위해 동원된 군영병이 소지한 조총은 국가에서 제공한 것이 아니었다. 군영병이 스스로 장만한 것이었으며, 그들은 사영수공업자들이 제조한 조총을 구입하여 출정하려 한 것이다. 사영수공업자들은 총을 만들면서 구멍을 파는 데 공역(工役)이 많이 드는 것을 혐의하여 구멍을 적게 뚫었기 때문에 연환이 들어가지 않는 폐단이 발생했다. 조총에 삽입되는 연환은 3전(錢)의 무게로서 총열은 2전 5푼 가량의 구멍이 뚫려 있어야 발사가 가능하였다.[262]

물론 영조는 엄격한 기준을 적용하여 조총을 제작하도록 명령을 내렸다. 그럼에도 영조 후반인 1760년(영조 36)에 이르러도 훈련도감 등의 군영이 만드는 조총에서 불량한 것이 계속해서 나타났다. 총 구멍과 연환의 제도가 서로 일치하지 않아 총구멍은 크고 연환은 작거나 혹은 연환은 크고 총 구멍은 작은 문제가 발생하였다.[263]

조총의 가장 큰 문제는 여전히 총열의 지름이었다. 총열은 조총이 제 기능을 발휘하는 여부를 가늠하는 가장 중요한 부분이었다. 총열의 내부가 직선이고 고르게 원형을 이루어야 철환을 정확하게 목표로 발사할 수 있다. 조선의 공장들은 총통과 같은 거대화포를 제작하던 주물 노하우는 충분히 지니고 있었으나 조총과 같은 소형 화기의 단조법을 익히기는 시간이 필요했다. 더욱이 총열과 연환의 크기를 전국적으로 정한 표본이 없었던 것도 큰 문제였다. 정부에서 엄격하게 제작을 지휘하더라도 제작 모본(模本)이 없는 상황에서 문제는 계속 나타날 수밖에 없었다.

조총의 총열은 가늘고 얇아서 3~4회 발사하면 곧바로 터져서 갈라지는 경우가 많았다. 총열이 얇기 때문에 장약하는 화약의 무게가 조금이라도 많으면 몇 번 쏘지도 못하고 파손되었다.[264] 총열은 체철이라고 하였다. 총열이 약해서 방포시 파열되는 것은 숙종 후반기에도 지속되었다.[265] 숙종 대에는 각 군문의 조총 제조 공장들이 물력을 적게 쓰고 공역을 쉽게 마칠 것만을 생각하였으므로 총열이 얇은 조총이 생산되었다. 그래서 시험발사 때에 부서지고 찢어지는 일이 많았다. 이에 각 군문 소속의 조총 제조 공장들의 성명을 각기 만든 조총에 새기게 하여 시험발사 때에 만약 부서지는 근심이 있으면, 그 장인을 무거운 벌로 논죄하는 방안이 강구되기도 하였다.[266]

그런데 공장들이 조총을 부실하게 제조했는지의 여부는 신중하게 고려할 필요가 있다. 조총의 총열은 주물로 만드는 것이 아닌 공장이 금속을 이용하여 구멍을 만드는 것이다. 공장 2명이 한 조가 되어 총열을 연마하고 절삭해서 완성하였다. 조총이 처음 도입되었던 선조 대에는 2명이 3일에 한 개의 총열을 만들었다. 사실 조총 제조에서 가장 중요하고 어려운 공정이 총열의 제작이었다. 조총이 처음으로 만들어졌을 때는 총열의 외부가 6각이나 8각이었다.[267] 제조 공정의 어려움과 불량품으로 인해 인조 대에는 대량으로 일본의 조총을 수입했다.[268] 여기서 조총의 제조 공정을 말하면서 총열의 제작을 설명하겠다.

조총의 제조는 주조법(鑄造法)과 타조법(打造法)이 사용되었다. 주조법은 초기 제조법으로 총통과 대형 화기 제조처럼 주물 제작 후 연마 과정을 거치는 것이다. 주조법은 많은 양을 단기간에 저렴한 비용으로 생산할 수 있는 장점을 지녔다. 반면에 주물 제작이므로 장기간 사용할 때 총열이 파열되는 위험성이 있었다. 타조법은 총열을 연마 절삭하는 방법으로 주조법보다 시간이 오래 걸리는 방법이다. 반면 타조법은 총열 안의 둘레가 고르고 장시간 방포해도 안정적인 장점이 있었다. 타조법에 의한 조총 제조 공정은 총신타조(銃身打造)→주련(注鍊)→착혈(窄穴)→부착물 접착→총신 제조→장가(粧家) 부착 등의 6개 과정으로 구분된다.[269] 총열이 탄생하는 과정이 총신타조→주련→착혈의 단계이다. 특히 착혈이 총열의 내부를 정연하게 만드는 순서이다. 착혈이란 말 그대로 총신의 내부를 파내어 철환이 발사되는 관을 만드는 것이다.

조총의 초기 형태에서는 총통(銃筒)과 같이 한쪽에만 구멍을 내어 수차례의 방포 이후에 내부 청소를 제대로 하지 않으면 발사력이 저하되는 문제가 있었다. 공장들이 이 문제를 해결한 방법이 나사(螺絲)의 부착이었다. 조총 총신의 양쪽을 관통하는 착혈을 한 후 한쪽에는 나사 장치를 달아 방포 이후 나사를 풀고 청소하는 방법을 채택한 것이다. 총열의 한쪽만 착혈하는 것으로는 균일하게 내부를 만들기 어려웠으므로 나사를 채용한 이후부터는 총열의 성능이 개선되었다. 따라서 공장이 조총을 부실하게 만들었다는 것은 제조 방법이 초기 단계였거나, 새로운 단계로 진입하지 않은 경우로 파악하는 것이 좋다고 본다. 또한 조총 제조는 1명의 공장이 중심이 되어 제조되었다기보다는 여러 제조 공정을 담당하는 전문 수공업자들의 협업체제로 진행되었다고 보아야 할 것이다. 협업체제는 조총 제조를 세분화, 전문화하여 대량 생산할 수 있는 단계로 가는 공정이었다는 점도 주목할 부분이다. 다만 전문화된 숙련 장인의 확보가 가능해야 이루어지는 체제이다. 실제로 군영에서는 전문 공장을 확보하기 위해 독점적으로 소속시키거나 혹은 돌아가면서 활용하기도 했다.[270]

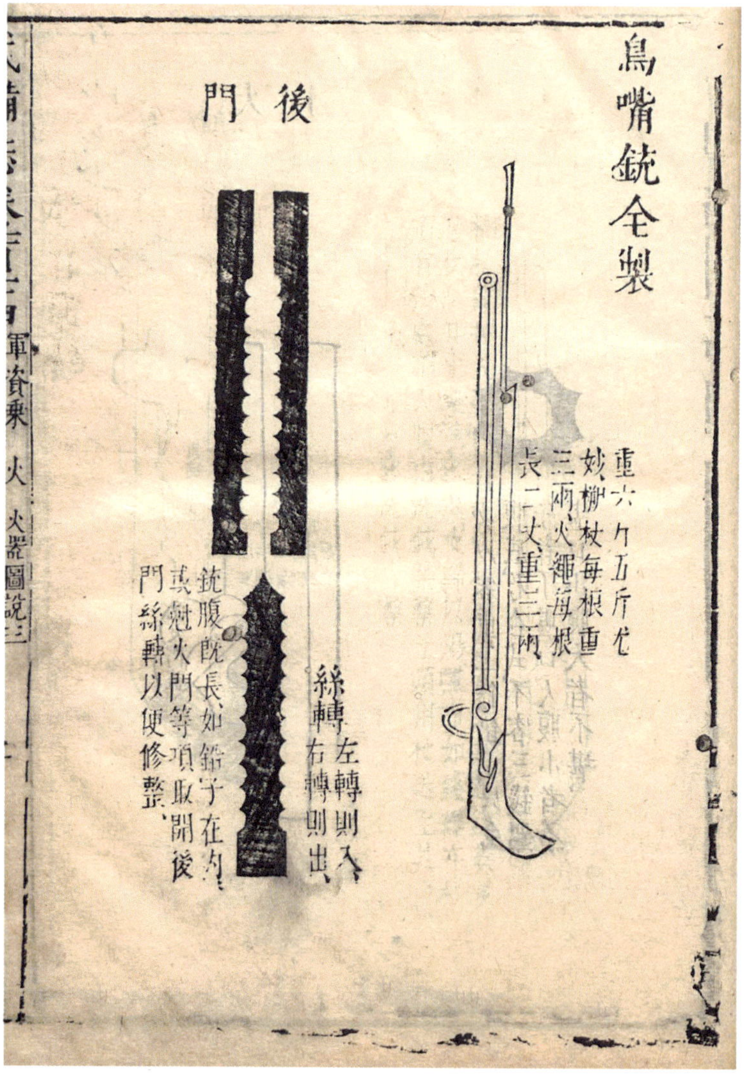


[그림 4-13] 조총의 나사 부분 (『무비지(武備志)』 화기도설(火器圖說), 국립중앙도서관 소장)

조총 제조 장인은 각 군영에서 양성하는 경우도 있지만, 다른 아문에서 이동시키는 일도 많았다. 조선왕조의 군기 제조공업이 기계를 사용한 대량 체제가 아닌 장인이 중심이 되어 생산하는 수공업 체제였으므로 조총 제조를 위해서는 숙련된 장인의 확보가 필수였다. 조총은 여러 부분으로 제조 공정이 분리되어 있으므로 해당 부분의 장인을 모두 확보해야 조총이 완성되었다. 훈련도감을 비롯하여 각 군영에서는 조총의 수리를 위해서 공조에 소속된 숙련 장인을 빌려 사용하기도 하였다. 그런데 조총의 수리가 모두 끝나면 당연히 원래의 아문으로 복귀하게 해야 함에도 해당 군영에서 강제로 머물게 하는 폐단이 있었다. 1686년(숙종 12) 수어청이 공조로부터 오랫동안 데려다 조총을 제조하는 데 이용한 장인인 야장 박성건(朴成建, 1684-1702)을 공조에서 복귀시켜 달라는 요청을 받았다. 수어청은 광주로 본진을 옮긴 이후 조총의 수리를 지속적으로 하기 위해 박성건의 복귀를 막고 계속 수어청에 소속되도록 하였다. 박성건은 조총의 총검을 잘 만들어 군영에서 경쟁적으로 데려가 사용하던 인물이었다.[271]

조총 제조에서는 훈련도감이 두각을 보였다. 훈련도감은 자체적인 생산 이외에 지방의 공장들을 훈련시킨 뒤 지방의 군기 제조처로 파견할 정도로 인원이 충분하였다.[272] 조총의 생산 이외에도 기존의 것을 수리하는 수량도 많았다. 영조 대에는 1년에 1천여 자루를 보수하여 재지급하였으며, 보수해서 새로 지급하더라도 겨울과 봄의 습진(習陣)을 치르게 되면 남는 것이 없어서 새롭게 생산할 경우에도 부족한 생산량을 채울 정도로 많았다. 더욱이 조총은 무더운 장마철이 되면 만들 수 없었다.[273] 따라서 다수의 공장이 단시일에 제조했다고 보아야 할 것이며, 단기간에 대량생산이 가능했다는 것은 협업체제로 진행되었다고 추정할 수 있는 부분이다. 물론 공장들이 조총의 제조에 집중하기에 어려운 사정도 있었다. 공장들 역시 일반 군병처럼 국왕의 호위에 동원되거나 도성의 경계 임무를 담당하였기 때문이다.[274] 이런 경우들은 예외이므로 조총 제조에 큰 영향은 주지 않았다고 생각된다.

## 3. 월과 군기의 제조 및 운영 체제

조선 초기에는 지방에서 매달 정해진 양의 무기를 제조하고, 그 수량을 회계하여 중앙정부에 보고하는 월과(月課) 군기제가 시행되었다. 왕조 국가에서 군주에게 물품을 진상하는 방법에는 크게 명일(名日)과 월과 진상이 있었다. 명일은 삼명일(三名日)이라고 하여 연초의 정조(正朝), 탄일(誕日), 동지일의 3일에 진상하는 것을 말한다. 월과는 매달 부과된다는 뜻에서 시작되었다. 조선 초기에 군기를 조달하는 방법은 두 가지였다. 첫째는 중앙의 군기감에서 경공장(京工匠)들을 사역하여 무기를 제조·조달하는 방법이고, 둘째는 도 단위로 무기를 제조하게 하여 진상하게 하는 방식이었다. 1392년(태조 1) 군기 수요가 많았던 서북면을 대상으로 도순문사의 책임 아래 월과제로 군기를 제조하도록 하였다. 전국적으로 시행되지 못한 월과 군기제가 본격적으로 제도화된 것은 1397년(태조 6)이었다. 각 도에 군대 단위로서 진이 설치되면서 월과 군기 제도는 전국적으로 확대되었다.[275]

중앙에서는 군기의 견본을 제작하여 지방에 보내, 이에 따라 치밀하게 제조하도록 하였다. 1451년(단종 1)에는, 경기는 '기(畿)', 나머지 도는 첫 자를 교서감에서 전자(篆字)로 쓰고, 공조에서 주인(鑄印)하여 각 도에 보내, 관찰사영에 보관하다가 제작된 군기에 찍도록 하였다. 도장을 찍기 어려운 칼과 철갑옷은 대신 글자를 새기도록 하였다. 지방의 영(營), 진(鎭)에는 무기를 전문으로 제조하는 장인이 소속되어 있었다. 이들은 보통 '월과장인'으로 불리며, 특히 영에 속한 월과장인의 경우 '속영장인'이라 불렀다. 장인에는 갑장(甲匠), 야장, 궁인(弓人), 시인(矢人), 궁현(弓弦)장, 목장, 피장, 칠장, 유장(鍮匠), 마조(磨造) 장인 등이 있었다. 이들은 활, 화살, 창, 검, 환도(還刀), 철갑, 지갑(紙甲) 그리고 가슴을 가리는 갑옷인 엄심(掩心) 등 군기를 매월 정해진 액수대로 제조하였다.[276]

1603년(선조 36)에는 각 읍이 사용할 염초를 자체 생산하도록 하는 각읍월과자초법(各邑月課煮硝法)이 제정되었다. 이 법에 규정된 각 읍의 월 생산액은 대읍 40근, 중읍 30근, 소읍 15근이었다.[277] 이 월과법은 각 진의 화살 생산에도 적용되었다. 이것이 각진월과궁전법(各鎭月課弓箭法)이다. 광해군 때에는 조총, 화살, 연환을 각 읍에서 자체 조달하도록 하는 각읍월과군기법이 제정되었다. 정부는 각 읍에 총약환(銃藥丸)의 월별 생산액을 배정하고, 총약환의 법정가도 정하였다. 조총은 1자루에 쌀 3석 5두, 화약은 1근에 10두, 연환은 100개에 5두였다. 각읍월과군기법의 목적은 각 읍이 의무적으로 무기를 자체 생산하도록 하는 것이었다. 그러나 염초를 제외한 유황, 연철 등을 각 읍이 직접 생산하기 힘들었기 때문에 이를 구입해 충당할 수밖에 없었다. 각읍월과군기법의 시행은 철, 유황, 아연 등을 생산할 수 있는 광산 개발을 촉진하였고, 총약환의 상품화를 진전시켰다. 월과 조총, 화약, 연환은 상당한 이윤이 보장되는 상품이고, 전국을 상대할 수 있는 판로가 보장되는 물종이었다. 서울의 부민(富民)들은 점차 총약환의 무기 제조장을 개설하여 운영하게 되었다. 그에 따라, 우수한 공장(工匠)들이 서울로 모여들었다.

무기 제조업이 성장하면서 지방에도 무기 제조에 필요한 원료를 생산·판매하는 수공업이 발달하고, 이를 매매하는 상인도 등장했다. 각 읍 수령들은 서울의 부민이 생산한 총약환을 구입하여 월과 군기에 충당하였다. 월과 군기가가 대동미에 포함되지 않았지만, 수령들이 민결(民結)에서 염출하였고, 민간 제조업자들이 월과의 군기 가격을 받고 정기적으로 총약환을 제조 납품하는 등 사실상 공물의 방납 형태가 형성되었다.[278]

1652년(효종 3)에 충청도에 대동법이 실시되면서 각 읍의 월과 군기가를 대동미에 포함시키는 각읍월과총약환법이 제정되었다. 이 법은 그 후 전라도, 경상도에 확대 적용되어, 전결 수에 따라 대, 중, 중소, 소, 잔읍에 월과 총약환의 제조에 소용되는 월과미가 차등 있게 배정되었다. 삼남 각 읍의 월과미를 1654년(효종 5)에 충청도, 1663년(현종 4)에 전라도, 1681년(숙종 7)에 경상도 대동미에 각각 포함시키면서 조총·화약·연환이 새로운 공물 물종으로 확정되었다. 경기도는 1624년(인조 2)에 총융청, 1626년(인조 4)에 수어청을 설치하면서 각읍월과군기법을 혁파하고, 총약환을 소속 군문에서 제조하게 하였다. 평안도와 함경도는 각읍월과군기법이 그대로 적용되었고, 황해도와 강원도는 1708년(숙종 34)에 적은 액수이지만 월과미가 상정가(詳定價)에 포함되었다.[279]

1686년(숙종 12)부터는 삼남의 각 읍 월과 총약환을 훈련도감, 어영청, 금위영의 삼군영에 균분하여 방납하도록 결정하였다. 이는 서울의 민간 제조업자가 방납해 왔던 전국 각 읍의 월과 군기 중 삼남의 각 읍 월과 총약환 방납권을 삼군영에서 흡수한 것이었다. 또한 대동법이 적용되지 않는 각 도의 감영에서도 월과 군기가와 생산가 사이의 차액을 얻기 위하여 관내 각 읍의 월과 군기를 방납하기 시작하였다. 이에 민간 제조업자는 상진청(常賑廳)이나 군기시와 결탁하여 군문과 다투면서 총약환의 공인제(貢人制)를 성립시켜 나가기 시작하였다. 상진청과 결탁한 민간 제조업자는 1685년(숙종 11)에 삼남월과연환계(三南月課鉛丸契)를 창설하고, 1704년(숙종 30)에는 삼남월과화약계, 1710년(숙종 37)에는 해서월과총약환계를 성립시켰다. 이 3개의 계는 1754년(영조 30)에 총융청에서 관장하도록 했다.[280]

## 4. 월과 조총의 제조와 관리

중앙의 일부 군영에서 제조하는 조총만으로 지방군의 수요를 감당하기는 어려웠다. 1642년(인조 20) 속오군(束伍軍)이 스스로 마련한 조총은 5,000자루 이상이었다.[281] 훈련도감에서 1년에 3,000여 자루를 만들던 당시의 시스템을 감안하면 적어도 2,000여 자루는 훈련도감 이외의 군영이나 지방에서 제조했다고 보아야 한다. 특히 경상도, 전라도, 충청도의 삼남 각 읍의 월과(月課)에 사용하는 조총을 중앙의 군영에서 제조하도록 하면서 조총 제조는 새로운 단계로 진화한다.[282] 월과로 조총을 마련하는 법은 광해군 대에 실시되었다.

광해군 대의 각읍월과군기법(各邑月課軍器法)은 지방의 속오군 포수에게 지급할 조총·화약·연환을 각 읍에서 자체적으로 생산하도록 한 제도였다. 각 읍에 배정된 월과 조총의 생산량은 읍의 대소에 기준을 두지 않고 대부(大府), 도호부(都護府), 부(府), 군(郡), 현(縣) 등 관위(官位)의 차등에 두었다. 각 읍의 수령은 자체적 재원과 인력을 동원하여 매월 일정량의 조총, 화약, 연환을 제조하도록 되어 있었다. 무기의 특성상 원료와 기술의 확보에 제약이 있었기 때문에 중앙에서 구입해 조달할 수밖에 없었다. 지방에서는 우수한 인력과 기술을 확보한 중앙의 군영, 민간 수공업자 등을 통해 월별 생산량을 확보하였다. 광해군 대의 월과 조총은 대동법의 실시와 함께 더욱 발전하였다. 1652년(효종 3) 충청도에 대동법을 실시하면서 각 읍의 월과 군기가를 공물 값의 일부로 대동미 내에 산정하는 각읍월과총약환법(各邑月課銃藥丸法)이 시행되었다. 이후 삼남의 각 읍월과총약환법에서는 전결수를 기준으로 월과액에 해당하는 대동미를 부과하여 각 읍의 관위가 아닌 읍세(邑勢)에 따라 세역을 부과하였다. 이로 인해 17세기 중반부터 조총을 자체 제조하려는 군영, 관청, 민간의 수공업자 사이에 방납권의 확보를 놓고 치열한 경쟁이 발생하였다. 이와 함께 민간에서 조총의 사사로운 제조 및 판매가 성행하였다.[283]

월과로 납품될 조총의 제작을 위해 중앙에서 그 표본을 만들어 지방에 내려보냈다. 각 읍의 월과조총에서 총구는 작으나 철환이 큰 것이 있고 철환은 작으나 총구가 큰 것이 있었다. 크고 작은 것이 서로 맞지 않아 정밀하게 발사할 수 없으므로 급한 일이 있을 경우 사용하기 어려웠다. 이에 군영에서 대소와 경중을 헤아려 그 표본을 각 읍으로 내려 보내 표본에 준하여 제조하도록 했다.[284]

대동법의 시행을 정리한 『호남청사례(湖南廳事例)』에 의하면 월과 총약환을 각 읍에서 마련하는 법은 혁파하고 중앙의 군영에서 제작하여 내려보낸다고 하였다. 당초 대읍은 매월 조총 2자루·화약 8근·연환 400개, 중읍은 조총 1자루·화약 4근·연환 200개, 소읍은 매 2삭에 조총 1자루·화약 4근·연환 200개, 잔읍(殘邑)은 매 6삭에 조총 1자루·화약 4근·연환 200개였다. 연환은 1681년(숙종 7)부터 매년 대읍 1,344개, 중읍 672개,

소읍 332개, 잔읍 112개를 더 마련하게 되었다. 조총은 1자루에 가미(價米) 3석 5두, 화약은 매 근당 가미 10두, 연환은 100개당 가미 4두를 각 읍에 획급해 마련하여 회록(會錄)했다. 각 읍에서 착실히 마련해 상납하지 못하자, 1666년(현종 7)에 비로소 중앙 군영에서 만들어 보냈다.[285]

월과 연환은 1686년(숙종 12) 상평청에 이송하고 공인을 두어 만들어 보냈다. 월과 화약은 1704년(숙종 30) 진휼청에 이송하여 5군영과 군기시 및 공인에게 나누어 지출해 만들어서 각 읍에 보냈다. 조총가는 1715년(숙종 41) 비변사의 정탈(定奪)로 인해 5군영 및 군기시에 지급하고 분배해 만들어 내려보냈다. 그러나 1716년(숙종 42) 흉년으로 조총을 모두 정감(停減)했다. 1737년(영조 13) 비변사의 정탈로 인해 조총 전체 수량 중에 3분의 1을 덜어내고 170자루는 천보총(千步銃)이라고 이름 붙여 군기시 공인에 속하게 하여 삼남청(三南廳)이 돌아가며 값을 지급해 만들어 보냈다.[286]

1757년(영조 33) 천보총이 연환에 부적합하기 때문에 다시 평총(平銃)으로 제작했다. 총융청이 연융대(鍊戎臺)로 진을 옮긴 이후, 군영의 형세가 조잔(凋殘)해지자, 1754년 군문에 분배했던 것 중 총융청 조총 78자루를 복구하여 급가(給價)하고 각 읍에 나누어 보내게 했다. 군기시는 천보총을 매년 대·중·소·잔으로 구분해 만들어 보냈다. 천보총은 매년 대읍 7관에 각 8자루씩, 중읍 14관에 각 4자루씩, 소읍 26관에 각 2자루씩, 잔읍 6관에 각 1자루씩 군기시 소속 공인이 만들어 보냈다.[287]

이와 함께 영주 대에는 주총의 제주 절목이 완성되어 부다 체계적이며 대량ㅇ루 주총을 제작하는 체제가 구축되었다. 당시 중앙의 군영에서는 조총을 잘 제작하지 않아 간혹 깨지면서 사람을 상하게 하는 일이 있었고 화약은 흙으로 변하는 사태가 발생한다고 보고하였다. 이에 따라 조총과 화약의 제조하는 방법을 절목으로 마련하여 준수하게 했다. 지방의 경우, 영조 초기인 1729년(영조 5)에도 조총 제조는 용이하지 않았다. 당시 월과로 배정된 조총은 총열의 길이가 짧고 총구가 좁아 2전 5푼에서 3전 무게의 철환이 삽입되지 않았다. 지방의 공장이 규정에 맞는 형태의 조총을 제조할 수 없었기 때문이다. 총열의 입구에 2전 5푼 무게의 크기에 결합되는 구멍을 뚫는 것이 어려웠다. 조총 제조 공장을 관리하고 감독하기 위해 완성품에 변수(邊首)의 이름, 제조년, 제조 아문을 각표(刻標)하여 5년 내에 탈이 생기면 법에 따라 처리 후 해당 조총은 개조해서 보내는 규정이 만들어졌다.[288] 더욱이 영조 대에는 조총 제조와 관련된 절목이 있었다. 영조 대 구축한 조총과 화약 제조 절목의 세부 항목은 다음과 같다.

① 군기 제조 아문을 훈련도감·금위영·어영청·수어청·총융청·군기시·진휼청으로 한다.

② 조총의 감조변수(監造邊首)와 타조장인(打造匠人) 및 찬혈장(鑽穴匠)의 성명과 아무 아문의 모년호(某年號)임을 총의 겉면에 새겨 후일 상고해 처치할 수 있도록 한다.

③ 화약은 조총의 경우와 달라 제조한 장인의 성명을 새겨 표기할 수 없다. 아무 아문의 한 자와 모년호의 두 자를 합하여 석 자를 양각(陽刻)으로 찍는데, 다듬어서 반듯하게 모양을 만드는 도침(搗砧)을 할 때에 화약의 조각 위에 찍고 감제감관(監製監官)·변수(邊首)·장인 등의 성명을 각각 그 아문이 그 제조 연월에 따라 책자에 기록하고 도장을 찍어 비치해 두고 관장하되 일정 기한 안에 탈이 생기면 그 성명을 상고하여 죄를 논한다.

④ 조총은 옛 제도에 의하여 구멍을 뚫되 3전 무게의 연환이 들어갈 수 있게 한다. 만약 연환이 총구에 들어가지 않으면 제작한 찬혈장으로서 10자루 이하는 곤장 30도를 치고, 20자루 이상은 50도를 친 뒤에 그 장인에게 다시 뚫게 한다.

⑤ 조총을 잘 만들지 않아 쏠 때 부러지거나 깨져 사람을 상하게 한 경우에는 이를 만든 장인에게 곤장 40도를 치고 그 장인에게 개조하게 하되 인명을 치사하게 한 경우에는 엄하게 곤장을 치고 도(徒) 3년에 정배한다.

⑥ 화약의 제조를 화포의 식례(式例)에 의하여 염초를 3번 불리고 유황가루를 합제(合劑)해서 세게 찧으면 몇 년이 지나더라도 맹렬한 효과가 없을 리 없다. 그러나 5년 안에 혹 맹렬하지 못하다면 이를 만든 장인을 100근 이하는 곤장 30도를 치고, 200근 이상은 50도를 친 뒤에 그 장인에게 개비하도록 한다.

⑦ 모든 도의 각 읍에서 월과 조총과 화약을 받아간 뒤에 5년 안에 화약이 맹렬하지 못하거나 조총이 파상되어 연환이 총혈에 들어가지 않으면 당초에 보낸 각 해당 아문의 공장 등에게 도로 보내 절목에 의하여 처치한 뒤에 개비해 내려 보내게 한다.

⑧ 조총과 화약에 탈이 있게 되면 감조감관은 곤장 20도를 치고, 변수는 30도를 쳐 다른 사람에게 징계가 되게 한다.

⑨ 지방 각 읍의 조총이 견고하지 못하고 화약이 맹렬하지 못함은 모두 헐한 값으로 서울의 전방에서 사오기 때문이다. 사사롭게 제조하고 사사로이 사오는 폐단을 엄격히 방지하지 않으면 지방의 군기는 점점 무용지물이 되고 만다. 이번에 국왕의 재결이 있은 뒤 혹 사사로이 제조하다가 적발이 된 자는 포도청으로 보내 치도율로 다스리고 그 가운데 가장 심한 자의 경우는 포도청에서 처치한 뒤에 도 3

년에 정배한다. 이는 곧 법을 엄중히 세워 간사한 짓을 막으려는 것으로서 만약 간사한 꾀를 내어 각 아문의 인표(印標)를 위조해서 제조한 자는 사주전법(私鑄錢法)에 의하여 처단한다.

⑩ 각 읍의 월과 조총과 화약으로서 금번 이 절목을 임금의 재결 전에 받아간 경우는 비록 탈이 있다 하더라도 각각 그 고을에서 개수한다. 진휼청의 월과계(月課契)에서 물력이 넉넉하여 남는 것이 많은 것만을 취하고 전혀 힘을 기울이지 않아 그 정밀하고 맹렬함이 군문에서 만든 것만 못한 경우에는 각별히 신칙하여 전과 같은 폐단이 없게 한다.[289]

조총과 화약 제조 절목에서 ①은 조총을 전담해서 만드는 제조소를 말해주고 있다. ②에서는 ①의 조총 완성품 표면에 제조 기관과 시기는 물론 감조변수와 타조장인 및 찬혈장의 성명까지 표식한다는 것이다. ④, ⑤, ⑦, ⑧, ⑨는 조총에 문제가 발생하면 해당 감독관과 공장을 처벌하는 규정이다. 조총에 문제가 있으면, 찬혈장은 곤장 30~50도를 맞은 뒤 다시 작업을 해야 하고, 감조감관은 곤장 20도, 변수는 30도에 처해졌으며, 인명을 치사하게 한 경우에는 해당 공장은 도 3년에 정배하도록 했다. 특히 ⑨에서는 조총 제조 아문 이외에서 사조사매하는 일을 막기 위한 것이다. 사조사매는 지방보다 중앙에서 이루어진 것을 본다면, 군기 제조 아문에 속해있던 공장들이 암암리에 제조했다고 추정되는 부분이다.

결국 월과 조총이 등장한 배경은 지방에서 규정대로 조총을 제조하기 어려웠기 때문이다. 조총은 궁시와 제조 공정이 달라 일정 기준의 기술과 제조 체제가 갖추어지지 않으면 만들 수 없는 무기였다. 지방에서 만들려고 해도 공장들이 없으면 만들 수 없는 화기였다. 지방에서 제대로 된 조총을 마련하는 방법은 중앙에서 구입하는 것이 가장 용이한 수단이었다. 월과 이외에도 지방군이 자신의 조총을 마련하는 방법으로 중앙에서 구입하는 경우가 있었기 때문이다.[290]

## 5. 군기 제조 공정과 공장(工匠)의 역할

조총은 강철을 생산하여 전문적인 기술자가 가공하는 정밀 무기였다. 제철 기술이 발달해야 조총을 생산할 수 있었다. 조선은 고려 때부터 화기 제작 기술의 전통을 이어

왔으므로 제철 기술이 발달되어 있었다. 먼저 조총에 사용하는 철을 만들기 위해서는 1,200도를 넘는 고온에서 철광석을 제련할 수 있는 시설이 필요했으며, 이를 위해 고온을 발생시키는 목탄과 석탄이 있어야 했다. 조선 왕조에서는 대형 화기를 만들던 노하우가 있었으므로 철을 다루는 것은 문제가 아니었다.[291]

그런데 조총의 기술적 개량 면에서는 후진적이었다. 훈련도감이 조선 말기까지 대체적으로 삼수병 체제를 유지한 것은 우천시 조총을 다루기 어려웠기 때문이다. 훈련도감 군병이 사용한 조총은 화승을 이용한 점화식 발사 방법이었다. 따라서 비가 내리거나 바람이 세게 불면 정확한 발사가 어려웠다. 일본에서는 동일한 문제가 생기자 화승이 점화되는 부분에 작은 우산을 부착하여 해결하고자 했고, 점차 유럽의 총들과 같이 부싯돌을 이용하는 수석식(燧石式) 조총으로 개량되었다. 수석식은 부싯돌에 마찰열을 발생시켜 화약이 점화되는 발사방식이다. 수석식총은 화승총보다 재장전시간이 단축됨은 물론 우천시에도 사용할 수 있었다. 수석식총의 효시는 1670년(현종 11) 프랑스에서 개발되어 1777년(정조 1) 네덜란드 군대가 정식 군용 소총으로 채택한 게베르(Geweer)이다. 게베르는 네덜란드어로 소총을 의미한다. 반면 훈련도감을 비롯한 조선의 조총은 초기 형태에서 큰 변화가 없었다. 특히 총신 부분이 개량되지 못한 것도 큰 문제였다.

오늘날에도 군대에서 총을 발사한 후에는 총신의 내부를 닦고 기름칠을 하여 유지한다. 총알이 발사될 때 발생하는 가스의 찌꺼기가 총신의 내부에 잔재하면 연속적인 발사에 장애가 생기고 발사력이 떨어진다. 조선 조총의 총신은 내부를 소제할 수 없는 전장식(前裝式)이었다. 조총을 쏜 뒤에는 꼬챙이로 내부를 소제하는 것 외에 다른 방도가 없었다. 그런데 일본에서는 나사를 발명하여 문제를 해결했다. 총신의 뒷부분에 나사를 설치하면 연환을 발사한 뒤에 나사를 풀어서 총신의 앞에서 뒤까지 손쉽게 소제할 수 있었다. 조선에서는 이런 기술들이 나타나지 않았다. 효종 대 하멜(Hendrik Hamel, 1630-1692)이 표류해오자 이들을 통해 새로운 조총을 만들기도 하였으나, 조총의 기술적인 문제는 의병항쟁까지 이어지는 고질적인 현상이었다. 이런 문제의 해결을 위해 일본에서 대량의 조총이 수입되기도 했으나 새로운 조총을 개량하기 위한 모델로 사용하는 것이 아닌 일시적인 조총 수요를 맞추기 위한 미봉책이었다. 동시에 19세기에 이르면, 유럽에서는 수석식총이 뇌관총(雷管銃)으로, 활강총이 선조총(旋條銃)으로, 전장식에서 후장식으로, 단발총에서 연발총으로 무기혁명이 진행되었다.

그럼에도 불구하고 조선에서는 개항기까지 훈련도감을 중심으로 조총병을 양성하고 조총을 지속적으로 생산하였다. 조선에서 조총을 자유롭게 제작할 수 있던 시기는 정묘호란 이후이다. 임진왜란을 통해 조총이 본격적으로 도입된 지 30년 만이었다. 조총의 발사 장치는 방아쇠와 화승물림, 용수철 등의 정밀한 기계가 있어야 작동하는 것이었다. 따라서 30여 년 만에 조선에서 조총을 자체적으로 생산할 수 있었다는 것은 기계 공업의 발달을 의미하기도 한다. 예컨대 조총을 만드는 장인에는 야장, 찬혈장, 연마장, 두석장(豆錫匠), 조가장(造家匠), 장가장(粧家匠), 기화장(起畵匠), 칠장(柒匠) 등의 제작 공정별 인원이 필요했다.

조총 제조의 첫 공정은 총신을 만드는 것으로 초기에는 반원통형의 철물을 접합하는 것이었으나 방포시 파열되는 사례가 많아서 점차 장인이 총신에 구멍을 뚫는 형태로 바뀌었다. 총신이 만들어지면 연마장이 표면을 다듬었고 두석장이 발사 장치를 부착했으며, 조가장이 총신을 지지하는 총가를 만들면 장가장이 그곳에 장식했다. 기화장이 총에 문양을 놓으면 칠장이 색을 칠하고 피장은 가죽을 대어 한 자루의 조총을 완성했다. 이 과정을 정리하면 총신 타조, 찬혈, 연마, 부착물 장착, 총가 장착 등의 수순이었다.

한편 조총에 사용하는 화약과 연환도 조총을 이용하기 위해 지속적으로 생산해야 했기 때문에 군수공업이 발전하는 배경이 되었다. 조총에 사용하는 강철은 조선 전기에 대량으로 생산하던 학꾸가 거푸집을 이용하는 주물로 생산하던 것과는 달리 쇠를 담금질하는 연조법 혹은 타조법으로 만들었다. [그림 4-14]에서처럼 단조를 하는 이유는 주물로 만들 경우 장기간 사용시 총열이 파열되어 인명이 손상되기 십상이었기 때문이다. 철의 조직을 강하고 밀도 있게 만드는 단조가 필수적이었다. 따라서 훈련도

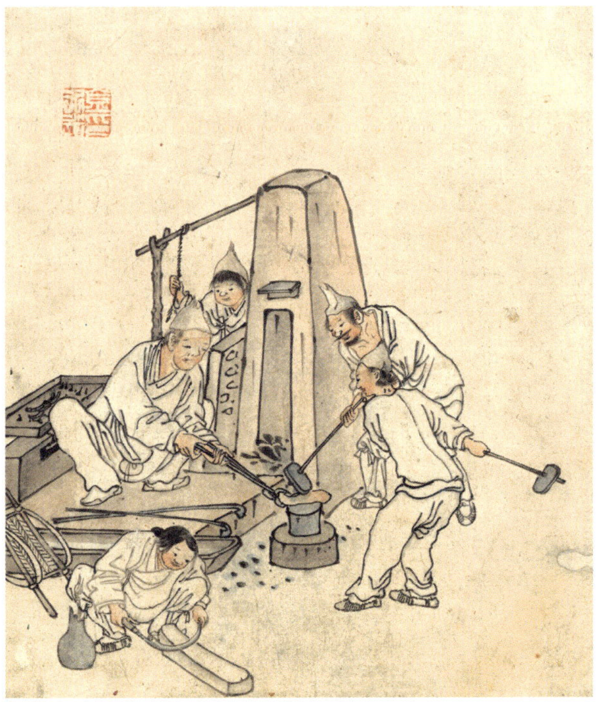

[그림 4-14] 김홍도, 《단원풍속도(檀園風俗圖)》 중 〈대장간〉 (국립중앙박물관 소장)

감 등의 군영에는 조총을 자체적으로 제작하기 위한 장인과 부속시설을 부대 안에 보유하고 있었다.

[그림 4-15]는 정조 대 장용영의 도성 내 이현(梨峴)에 있던 본영의 군기 제작소이다. 군기 제작소는 주변이 외부와 이중 담장으로 차단되었고 내부에는 대장간을 시작으로 군기별 장인의 제작처가 배열되어 있다. 군영의 군기 제조는 외부와 연락이 차단된 공간에서 독자적으로 생산하는 체제인 것이다. 장용영 본영 군기 제작소의 중심에는 군기대청(軍器大廳)이 있고 그 좌측에는 궁방(弓房)이 있으며, 좌측에는 무기 제작과 유지 및 운용에 사용한 것으로 짐작되는 서고가 있나. 좌우의 건물에는 각색 장인이 위치하

[그림 4-15] 군영의 군기 제작소 (『본영도형(本營圖形)』 부분, 한국학중앙연구원 장서각 소장)

고 남쪽의 건물에는 대장간으로 짐작되는 야장이 위치하고 있다. 궁방이 위치한 건물의 지붕에는 다락이 설치되어 화살 제작시 활용할 건조 공간을 둔 것으로 사료된다. 군기대청에 군기 제작을 지휘하는 관원들이 배치되었고 그들이 무기별로 제작 공정을 감독했음을 알 수 있다.[292]

군기 제작 장인의 역할은 철물의 제련부터 단조, 연마에 이르는 여러 공정들을 순차적으로 담당하였을 것임을 위 그림의 장인 배치 공간으로 볼 수 있다. 예컨대 조총 장인 중에 철물을 다루는 공장은 단조로 만든 강철을 연마절삭(鍊磨切削)하여 총신과 부속물을 만들었다. [그림 4-15]에서 남쪽의 건물은 모두 야장이 차지하고 있을 정도로 무기 제작에서 철물을 다루는 것이 주역이었음을 보여준다. 또한 야장이 있는 곳은 방이 아닌 기둥만이 있어서 제련과 주물 등의 과정이 진행되던 노천이었음을 알 수 있다. 총신은 2명이 한 팀이 되어 제작하였다. 총신 전체에 연환이 일정한 공간을 차지해 발사되는 형태로 만들기 위해서는 원통형으로 제작해야 했는데, 총신의 양쪽에 공장이 위치하여 작업하였다. 총신의 내부는 원형이었으나 외부는 단조하기 쉬운 육각면 혹은 팔각면으로 만들었다. 총가(銃架)인 나무를 다루는 각색 소속의 공장은 부착물을 제작했으며, 철물과 나무로 만든 부분들을 합하여 조총으로 완성시키는 단계로 완성되었다. 따라서 군영의 군기 제조 공정은 분업화 되어 있었으며 공장들은 자신의 기능에 따라 역할을 담당하는 체제로 운영하였음을 시사해 주고 있다.

# 5. 군병의 생활상과 생업

고동환

# 1절. 조선 후기 한양의 인구 추세와 군병

## 1. 17세기 후반 한양 인구의 급증

조선시대 전국의 인구는 15세기 이후 16세기 말까지는 꾸준히 증가하다가, 17세기 중엽까지는 급격히 감소하였고, 1650년(효종 1)부터 1680년(숙종 6)까지는 급격히 증가하다가, 그 뒤 19세기까지는 완만하게 증가하고 있다.[1] 한양의 인구도 이와 같은 전국의 인구 변동과 유사한 모습을 보이고 있다. 한성부에서 공식적으로 조사한 한양의 인구 변동 상황을 정리하면 다음 [표 5-1]과 같다.[2]

[표 5-1]에 의하면 1657년(효종 8) 한성부의 호수(戶數)와 구수(口數)는 각각 1만 5,760호와 8만 572명이었는데, 1669년(현종 10)에는 2만 3,899호와 19만 4,030명으로 급증하였다. 불과 12년 사이에 인구는 11만 3,458명, 호수는 8,139호가 늘어난 것이다. 1669년 이후 한양의 인구 추세는 완만한 증가를 나타내고 있다. 구수는 1876년(개항)까지 20만 명 내외로 적은 폭의 증감을 나타내고 있는 반면, 호수는 1723년(경종 3) 3만 호를 넘어서고, 1786년에 4만 2,786호로 증가한 뒤, 그 뒤 19세기에는 줄곧 4만 5,000여 호 수준을 유지하고 있다.

이러한 상황에서 볼 때 적어도 조선시대의 한양 인구는 17세기 중엽을 전후하여 커다란 변동이 있었던 것으로 추정된다. 15, 16세기의 인구 증가(人口增加)는 향약의술(鄕

**[표 5-1] 조선시대 한성부의 인구 변동**

| 연도 | 호수 | 구수 | 연 도 | 호수 | 구수 |
|---|---|---|---|---|---|
| 1409년(태종 9) | 11,056호 | | 1768년(영조 44) | 38,770호 | 188,884명 |
| 1428년(세종 10) | 18,522호 | 109,372명 | 1771년(영조 47) | 38,497호 | 196,219명 |
| 1432년(세종 14) | 18,830호 | | 1774년(영조 50) | 38,531호 | 197,558명 |
| 1435년(세종 17) | 21,891호 | | 1777년(정조 원년) | 38,593호 | 197,957명 |
| 1438년(세종 20) | 20,352호 | | 1780년(정조 4) | 38,742호 | 201,070명 |
| 1593년(선조 26) | | 39,931명 | 1783년(정조 7) | 42,281호 | 207,265명 |
| 1648년(인조 26) | 16,006호 | 95,569명 | 1786년(정조 10) | 42,786호 | 195,731명 |
| 1657년(효종 8) | 15,760호 | 80,572명 | 1789년(정조 13) | 43,929호 | 189,153명 |
| 1663년(현종 4) | 21,399호 | | 1792년(정조 16) | 43,963호 | 189,287명 |
| 1669년(현종 10) | 23,899호 | 194,030명 | 1795년(정조 19) | 43,890호 | 191,501명 |
| 1678년(숙종 4) | 22,740호 | 167,406명 | 1798년(정조 22) | 44,945호 | 193,783명 |
| 숙종 초기(?) | 30,584호 | 233,961명 | 1807년(순조 7) | 45,707호 | 204,886명 |
| 1694년(숙종 20) | 32,000호 | | 1837년(헌종 3) | 45,640호 | 203,925명 |
| 1717년(숙종 43) | 28,356호 | 185,872명 | 1852년(철종 3) | 45,678호 | 204,053명 |
| 1723년(경종 3) | 31,859호 | 199,018명 | 1863년(고종 즉위년) | 45,162호 | 204,624명 |
| 1726년(영조 2) | 32,747호 | 188,597명 | 1864년(고종 원년) | 47,565호 | 202,639명 |
| 1729년(영조 5) | 32,372호 | 186,305명 | 1865년(고종 2) | 46,662호 | 206,980명 |
| 1732년(영조 8) | 35,768호 | 207,733명 | 1866년(고종 3) | 45,646호 | 200,059명 |
| 1735년(영조 11) | 33,836호 | 187,756명 | 1867년(고종 4) | 45,605호 | 207,271명 |
| 1738년(영조 14) | 35,576호 | 194,432명 | 1868년(고종 5) | 45,598호 | 207,206명 |
| 1741년(영조 17) | 34,886호 | 189,985명 | 1869년(고종 6) | 45,898호 | 206,967명 |
| 1747년(영조 23) | 34,153호 | 182,584명 | 1870년(고종 7) | 45,928호 | 207,062명 |
| 1750년(영조 26) | 34,652호 | 180,090명 | 1871년(고종 8) | 46,503호 | 200,804명 |
| 1753년(영조 29) | 34,953호 | 174,203명 | 1872년(고종 9) | 46,556호 | 200,819명 |
| 1756년(영조 32) | 38,108호 | 197,452명 | 1873년(고종 10) | 45,734호 | 197,377명 |
| 1759년(영조 35) | 36,467호 | 172,166명 | 1874년(고종 11) | 45,301호 | 191,445명 |
| 1762년(영조 38) | 39,926호 | 183,782명 | 1875년(고종 12) | 45,299호 | 200,951명 |
| 1765년(영조 41) | 39,344호 | 194,634명 | 1876년(고종 13) | 44,607호 | 198,372명 |

藥醫術)의 발달과 저평지(低平地)·저습지(低濕地) 개간, 그리고 제언(堤堰)·보(洑)의 확대 등 농업생산력이 발전한 데 따른 것이었다.[3] 임진왜란, 정묘호란, 병자호란 등 16세기 말에서 17세기 전반까지 연이은 전란으로 인구는 급격히 감소하였다. 17세기 후반은 이러한 전쟁의 피해를 극복하여 사회가 안정을 되찾았기 때문에 인구가 급격히 증가할 수 있었다.

이 시기 인구 증가의 원인은 실제 인구의 증가보다는 인구 파악 능력의 제고에 따른 결과라고 이해하고 있다. 정부의 공식적인 한양 인구 자료에서 1657년에 비해 1669년의 인구가 2배 이상 급증한 원인은 호구 파악이 그 전에 비해 철저해졌기 때문이다. 1666년(현종 7)의 기록에서도 "한성부의 호적사목은 매우 엄격해서 누락된 민호(民戶)가 거의 없다"고 평가하고 있기 때문이다.[4] 그러므로 17세기 후반 한양 인구가 12년 사이에 거의 두 배 가까이 증가한 원인은 인구 파악 능력의 제고에서 찾아야 마땅하다.

그러나 한양의 인구 증가는 인구 파악 능력의 제고라는 점 외에도 실제 거주 인구의 증가도 있었음을 주목해야 한다. 한양 인구가 크게 증가한 17세기 후반은 대동법(大同法)이 삼남지역에까지 확대 시행되는 시기이자 한양의 상업체계가 전반적으로 변동하는 시기였다. 1657년부터 호남과 영남의 대동창(大同倉)이 차례로 용산에 설치되었다. 한양으로 반입되는 공물(貢物)이 특산물이 아니라 화폐 성격을 띠는 미(米)·포(布)로 전환됨으로써 한양에서 유통되는 상품의 양은 늘어났다. 이에 따라 1660년(현종 1)을 전후하여 한양에서는 많은 시전이 창설되었다. 1660년경에는 서강미전(西江米廛)이, 1671년(현종 12)에는 서소문 밖에 외어물전(外魚物廛)이, 1680년경에는 마포미전(麻浦米廛)과 문외미전(門外米廛)이 창설되었으며, 계아전(鷄兒廛), 남초전(南草廛), 양태전(涼台廛), 문외우전(門外隅廛), 문외상전(門外床廛) 등도 이 시기를 전후하여 창설되었다.[5]

17세기 후반에 집중된 신설 시전의 증가 현상에서 주목해야 할 것은 미전(米廛)·어물전(魚物廛)이다. 미곡과 어물은 도성민(都城民)의 일용 소비품이었기 때문에 이를 판매하는 시전의 증가는 소비인구의 증가를 상정하지 않고는 생각하기 힘들다. 그러므로 17세기 후반의 통계에 나타나는 한양의 인구 증가 현상은 실제 거주 인구의 증가를 일정 부분 반영한다고 해석되어야 하는 것이다. 특히 싸전이나 어물전이 도성 밖과 경강변(京江邊)인 서강(西江)·마포(麻浦)에 새로 설치되었다는 점은 증가된 인구의 거주지가 도성 밖, 특히 경강 변이었음을 짐작하게 한다.[6]

1660년대에 한양 인구를 늘린 사람들은 어떤 사람들이었을까? 먼저 주목해야 할 사람들은 흉년 등 각종 자연재해의 피해를 입은 유민(流民)들이다. 조선왕조 역사상 가장 큰 기근은 1670년(현종 10), 1671년(현종 11) 두 해에 걸쳐 연이어 발생한 경신대기근(庚辛大饑饉)이다.[7] 이러한 대기근으로 전국을 떠도는 유민들은 한양에 대거 몰려들었다. 지방 고을에서는 자기 고을에 등록된 유민들에 한해서만 진휼을 실시했지만, 왕도(王都)인 한양에서는 출신지를 가리지 않고 모든 유민들에 대해 진휼을 실시했기 때문이다. 이 시기 서울로 몰려든 유민들은 흉년의 여파로 한양에 들어왔다가 풍년이 들면 다시 고향으로 귀환하는 사람만이 있었던 것은 아니었다. 1703년(숙종 29) 이인엽(李寅燁, 1656-1710)은 당시 한양에 몰려든 유민들에 대해, "각 도의 유민을 살펴보니 대부분은 실민(實民)이다. 모든 가족이 유사(流徙)한 것이다. 전처럼 한두 사람이 걸인이 되어 온 경우와는 다르다"고 보고하고 있다.[8] 이때의 유민들은 한양에 정착을 목적으로 몰려드는 실민이라는 점을 강조하고 있는 것이다. 이들 유민 대열에는 굶주린 백성이 아닌 시골에서 농사를 짓기 싫어하는 백성들도 합류하고 있었다.[9]

그러므로 17세기 후반 이후 유민들의 한양으로의 인구이동은 흉년을 피해 나타나는 일시적인 것이 아니라 도시화된 한양에 정주(定住)를 목적으로 이동한 것이었다. 이들이 한양으로 몰려드는 까닭은 '한양에는 살아갈 방도'가 있기 때문이었다.[10] 이들 유민, 실민, 농사를 게을리 하는 부류[懶農之類]들이 한양에서 살아갈 방도란 다름 아닌 고립화(雇立化)된 각종 요역(徭役)에 노동력을 제공하여 그 대가를 받는 일이었다.

인조 대까지만 해도 도성 내 영건공사에 충청, 영남, 호남, 경기, 강원, 황해 6도에서 승군(僧軍)이 징발되었지만, 현종 대 이후 이와 같은 승군 징발이 사라졌다.[11] 지방에서 많은 기민(飢民)들이 한양으로 몰려와, 당시 급가모립(給價募立)되던 산릉역(山陵役), 영건역(營建役)에 종사하면서 생계를 이어갔던 것이다. 실제 1703년(숙종 29)에는 한양으로 몰려든 기민에 대한 대책으로 기민 1만 명을 고가모립(雇價募立)하여 생계를 마련해 주자는 논의가 제기되기도 하였다. 현종 대 이후에도 계속 도성 수축, 북한산성 축성, 궁궐 영건, 산릉 조성 등 대규모 토목공사가 이어졌고, 이에 필요한 노동력을 대부분 한성부 백성에 대한 방역(坊役) 징발이나 급가모립 방식으로 충원했다고 볼 때, 이것은 한양의 실거주 인구의 증가를 상정하지 않고는 생각하기 어려운 현상이다. 이와 같이 한양에 대규모 토목공사에 필요한 노동력이 집중되었을 것임은, 1734년(영조 10) 전주의 축성역에 경고군(京雇軍) 200명이 고용노동력으로 동원되었다는 기록에서도 확인할 수 있다. 이로써 보건대 18세기 한양에는 토목기술을 가진 토목노동자층이 광범하게 형성되어 있었을 것이다.[12]

이러한 유민들은 호구파악에서 대부분 누락되고 있었기 때문에 조선 후기 한양의 실제 인구는 [표 5-1]에서 집계된 수보다 훨씬 많았다고 보인다. 기왕의 조선시대 인구 추세 연구에 의하면 정부의 집계는 실제 인구의 40% 정도만을 반영하고 있다는 것이 통설이다. 그러므로 17세기 후반 이후 한양의 실제 거주 인구는 정부의 공식 통계상에서 집계된 수치보다 훨씬 많았다. 최근 조선 후기 한양의 실제 인구를 추정한 연구에 의하면, 한양의 인구는 17세기 후반~18세기 초 25만 명, 18세기 중 후반 30만 명, 19세기 초 중반 34만 명 수준으로 평가되고 있다.[13]

## 2. 훈련도감 승호제(陞戶制)와 삼군영의 상비군화

17세기 후반 한양의 인구를 늘린 요인은 지방에서 한양으로 몰려든 유민만이 아니었다. 병농일치의 원리를 무너뜨리고 급료병 체제로 운영된 훈련도감의 군병은 한양에 상주한 상비군의 성격을 지녔으므로 가족들까지 모두 한양에 올라와 거주하였다. 훈련도감의 창설로 고용된 군인들도 이 시기 한양 인구를 늘려간 요인의 하나였다.

훈련도감은 임진왜란으로 의주로 피신했던 선조가 환도한 직후인 1593년(선조 26) 10월에 설립되었다. 초기 훈련도감에서는 역(役)의 유무(有無)와 공사천(公私賤)을 가리지 않고 군병을 모집하였다. 당시 지원한 자들은 전쟁으로 오랫동안 굶주린 백성들이 대부분이었다. 전쟁이 종료되어 경제가 어느 정도 회복되자 훈련도감 군병들의 도망과 이탈이 늘어났다. 전쟁 중에 굶주림을 면하기 위해 군병에 지원했지만, 전쟁이 끝나서 생계를 이어갈 수 있는 다른 방편이 많아지자 군인들은 군대를 감옥처럼 여기면서 도망자가 속출했던 것이다. 훈련도감 군병들은 다른 군영의 군사와 달리 한양에 상주하면서 급료를 받고 근무했다. 60세까지 늙고 병들어 더 이상 일할 수 없을 때까지 근무한 까닭에 보통 '장번(長番)'이라 표현했다. 60세까지 군병으로 근무하는 것이 원칙이었기 때문에 훈련도감에서는 도망군 문제 이외에도 노약 군병을 빨리 제대시키고 젊고 건장한 신병을 모집하는 문제도 해결하여야 했다. 이러한 문제를 해결하기 위해 도입된 것이 훈련도감 군병의 승호제(陞戶制)였다.[14]

승호제는 3년[式年]마다 각 지방에 일정 수의 승호군을 할당하여 훈련도감 군병을 충원하는 제도로서, 1606년(선조 39) 처음 시행되었다. 초기에는 지방 출신 200명이 3년마다 훈련도감 군병으로 충원되었다. 그 이후 1638년(인조 16)에는 경기도와 개성부 216명, 충청 141명, 강원 78명, 황해 275명 등 총 710명이 충원되었고, 1656년(효종 7)

에는 전라도에서 새로 104명의 승호군을 선발하였다. 1658년(효종 9)에는 북벌정책의 추진으로 훈련도감 승호군의 정원을 700명으로 증액하였다. 그 후 1662년(현종 3)에는 지방에서 승호군 200명과 한양에서 220명의 군병을 모집해 420명을 충원하는 것으로 변하였다. 한양의 220명은 대부분 훈련도감 군병의 자식들을 충원하는 것으로, 이를 대년군(待年軍)제도라고 했다. 각 지방에서 훈련도감 군병을 차출하는 승호제의 정원은 시기에 따라 약간의 변동은 있었지만, 훈련도감이 해체될 때까지 존속하였다. 19세기 초에 승호제 정원은 경기 25명, 강원 20명, 황해 30명, 전라 50명, 공충 40명, 경상 30명, 개성 5명, 한성부 30명으로 총 230명이었다.[15]

승호군은 원래 3년마다 충원되는 것이 원칙이었지만, 3년마다 충원되는 승호군으로는 부족한 군인을 채울 수 없을 때가 많았기 때문에 식년(式年)이 아닌 해에도 승호군을 충원하기도 했다. 식년이 아닌 해에 뽑는 승호를 별승호(別陞戶)라고 불렀다. 북벌정책을 강력하게 추진했던 효종은 훈련도감을 보다 더 강한 군영으로 발전시키기 위해 자주 별승호를 실시하였다. 그러나 효종이 승하하고 현종이 즉위하면서 북벌정책이 후퇴하면서 훈련도감 강화 정책은 재정 부담을 이유로 내세운 실용주의적 관료들의 견제로 차질을 빚게 되었다. 1659년(현종 즉위) 12월 공조판서 민응형(閔應亨, 1578-1657)은 "훈련도감 군액이 처음에는 3,000명에 불과했지만, 점점 늘어 지금은 6,000명에 달하고, 호조의 1년 경비가 12만석(萬石)인데 그 중에 군향(軍餉)으로 들어가는 경비가 8만석(萬石)"이라는 논리를 내세워 군비 감축을 주장하였던 것이다.[16]

훈련도감 군대 정원은 1625년(인조 3)과 1631년(인조 9) 4,000명 수준이었다가, 1649년(인조 27) 5,440명, 1657년(효종 8) 5,650명, 1658년 6,350명으로 점점 증가하였고, 1662년(현종 3) 7,000명으로 최고에 달했다. 그 이후 1669년(현종 10) 훈련별대(訓鍊別隊)의 창설, 1682년(숙종 8) 금위영의 신설로 군총이 정비되면서 훈련도감 군병의 정원은 5,000명 수준으로 감소하였다. 5,000명 규모의 훈련도감 군병은 19세기 전반까지 그대로 유지되었다.

훈련도감의 직제는 의정(議政)이 겸하는 도제조(都提調) 1명, 그 밑에 병조판서와 호조판서가 겸하는 제조를 두고, 군사를 직접 지휘하는 대장(大將) 1명(종2품)과 그 밑에 중군(中軍) 1명(종2품), 별장(別將) 2명(정3품), 천총(千摠) 2명(정3품), 국별장(局別將) 3명(정3품), 파총(把摠) 6명(종4품), 종사관(從事官) 4명(종6품), 초관(哨官) 34명(종9품)으로 지휘체계를 편성하였다.[17] 그리고 조직 편제는 좌(左)·우(右) 양부(兩部)=6사(司)=33초(哨)[마병(馬兵)과 사수(射手) 7초, 포수(砲手) 20초, 살수(殺手) 6초]로 구성되었다. 이외에도 군관(軍官) 10명, 별군관(別軍官) 10명, 지구관(知彀官) 10명, 기패관(旗牌官) 20명, 권무군관(勸武軍官) 50명, 도제조군관(都提調軍官) 5명, 감관(監官) 6명, 약방(藥房)·침의(鍼醫)·마의(馬醫) 각 1명 등 군사훈련이나 도감의 각종 행정에 종사하는 군관들이 있었다.[18] 그리고 훈련도감에는 일반군 이외에 별무사(別武士) 68명, 한려(漢旅) 33명, 국출신(局出身) 150명, 무예별감(武藝別監) 198명 등의 특수병도 있었는데, 이들은 대부분 군공(軍功)을 세운 공로로 주어지는 대우군직(待遇軍職)이었다. 이외에도 각색표하군(各色標下軍)이 1,230명이 있었다.

이긍익(李肯翊, 1736-1806)의 『연려실기술』에 의하면 18세기 후반 훈련도감 군병은 별무사 68명, 국출신 150명, 마병 6초(哨), 보군(步軍) 26초, 난후별초(攔後別哨) 1초, 표하군(標下軍) 1,120명, 승호(陞戶) 195명으로 구성되어 있다.[19] 1초의 군병수를 대략 120명으로 계산한다면, 18세기 후반 훈련도감 군대는 장교층을 포함하여 대략 5,500명 정도였다. 전체 군사의 20%를 차지하는 표하군은 훈련대장의 직할 군병으로 뇌자(牢子), 순령수(巡令手), 대기수(大旗手), 취고수(吹鼓手), 당보수(塘報手), 등롱수(燈籠手), 장막군(帳幕軍) 등을 칠색표하군(七色標下軍)이라고 했다. 뇌자는 주장(朱杖)이나 곤장(棍杖)을 담당하고, 순령수는 영기(令旗)나 순시기(巡視旗)를 들어 부대 내에 명령 전달을 담당했으며, 대기수는 여러 깃발을 드는 병종이고, 취고수는 군악을 담당하였고, 당보수는 전선에서 적을 정탐하는 척후병으로 당보기(塘報旗)로 신호를 전달했다. 등롱수는 야간에 등불을 비춰 길을 밝혔으며, 장막군은 야외 숙영할 때 군막 설치를 담당하는 병사들이었다. 19세기 초의 사정을 전하는 『만기요람(萬機要覽)』에 의하면 훈련도감 군병의 구성은 별무사 68명, 한려 33명, 국출신 150명, 무예별감 198명, 마병 7초(1초 119명) 833명, 포수 20초(1초 122명) 2,440명, 살수 6초(1초 123명) 738명, 표하군 1,230명[20]으로 총 5,690명이었다.[21]

한편 훈련도감의 보인(保人)에 대한 정원은 1734년(영조 10)에는 양역이정(良役釐定) 작업의 일환으로 조정되었다. 포보(砲保)는 3만 7,000명이 정원이었는데, 이 정원보다 많은 75명을 감축하였으며, 향보(餉保)의 정원은 7,000명인데, 이보다 많은 180명을 감액하였고, 원류군(願留軍)의 정원은 134명인데 이보다 많은 10명을 감축하였으며, 330명 정원인 복마군(卜馬軍)에 334명이 소속되어 있으나, 정원보다 많은 4명은 군문의 사정상 감액하지 않고 그대로 두었다. 또한 25명 정원인 별세악수(別細樂手)는 이정청절목(釐正廳節目)에 포함되지 않았기 때문에 모두 감축하였다.[22]

훈련도감 군병을 지방의 양인 농민을 뽑아서 충원하는 승호제는 점차 문제를 야기하고 있었다. 특히 지방에서 승호군을 뽑는 과정에서 많은 문제가 야기되었다. 이에 대해 1797년(정조 21) 대사간 성정진(成鼎鎭, 1738-?)은

> 승호군의 폐단은 그 군액은 가장 적으면서도 그 폐단은 가장 많으니 변통하지 않을 수 없습니다. 승호군을 뽑고자 하면 그 지역이 온통 소요가 일어나며, 젊은 날에 역을 져서 올라온 다음, 백발이 되어서야 고향에 돌아가게 되니 도망자가 속출합니다. 이제 만약 한양에서 생활 근거가 안정되고 군에 적합한 자를 가려 뽑아 그 수를 채우고, 소요 비용은 지방 군인과 보인(保人)에게서 제번전(除番錢)으로 받아들인다면 한양의 많은 한민(閑民)들이 반드시 풍문을 듣고 원하여 몰려들 것이고, 지방의 오래된 폐단도 조금 사라질 것입니다.[23]

라고 하여, 지방에서 승호를 뽑는 과정에서 발생하는 문제를 해결하기 위해서는 승호제를  폐지하고 뚜렷한 일자리가 없는 한양 거주 한민들을 모집하여 충원할 것을 건의하고 있다. 이러한 건의는 바로 실행되지 못하였고, 승호제의 문제는 19세기에 이르러서도 계속되고 있다. 그러므로 1829년(순조 29) 호조판서 조만영(趙萬永, 1776~1846)은 승호제 문제의 해결방안을 다음과 같이 제시하고 있다.

> 훈련도감의 승호를 뽑아 올리는 일은 법이 매우 엄하고 중하다. 근래에 승호를 뽑아 올릴 때 지방의 면리(面里)에서 조금 부유한 자들을 모두 침탈하여 살아갈 수가 없게 되었고, 이는 리교(吏校)들의 이익의 원천이 되었다. 나중에는 의지할 데 없는 부랑(浮浪), 파락호(破落戶)들이 부자들이 내주는 돈을 받아 모집에 응하여 한양으로 올라온다. 또한 한양에 있는 무뢰배들은 지방에 내려가 승호역을 담당하겠다고 하고, 승호역을 대신 지다가 조금 있다가 도망하는 자들이 줄지어 생겨났다. (중략) 지금 훈련도감의 승호로 역을 지는 군총은 불과 800명에 불과하다. 6도에서 뽑는 곳은 300개 군현이고, 각 읍에서 1호씩 승호를 뽑는 것을 정식으로 한다면, 한양에 머무르는 자는 300명 이하일 것이다. 만약 정원에 모자라게 되면 식년이 아니어도 그때마다 새로 뽑게 되면 훈련도감에서는 승호의 이름은 남고, 지방에서는 승호를 뽑는 폐단이 사라질 것이니 양쪽이 모두 좋은 방책이다. (중략) 각 군현에서는 그 전처럼 승호안(陞戶案)에서 뽑되, 한양으로 올려보내지 말고 지방에 머무르게 하고, 그 대신 면포를 걷는 예에 따라 돈을 대신 거둔다면 (중략) 한양의 군영과 외읍이 모두 편할 것이다.[24]

호조판서 조만영은 300개의 군현에서 식년에 배정된 승호들은 한양으로 올려보내

지 않는 대신 돈을 내게 하고 이 돈으로 한양의 훈련도감에서 직접 한양 주민들을 모집하여 군사를 충원하면 훨씬 편할 것이라고 제안하는 것이다. 이러한 제안은 당시 대리청정을 담당하고 있는 효명세자의 재가를 얻어 실현되기에 이른다.

1829년 당시에는 5,000명 정도의 훈련도감 군병 중에서 승호를 통해서 지방에서 충원되는 병력은 800명에 불과했으며, 이마저도 1829년을 계기로 300명으로 감축되고, 나머지는 모두 한양 주민들을 대상으로 모집하여 충원하게 된 것이다. 이렇듯 19세기에 오면 훈련도감 군병의 대부분은 한양 주민의 모병제로 충원되고 있었다. 승호제가 축소 약화되는 추세는 그 이후에 계속되다가 1861년(철종 12) 드디어 승호의 번상이 폐지되있다. 이어 1881년(고종 18)에 군제 개혁으로 별기군(別技軍)이 설치되어 신식 군내 조직이 이루어지자 그 이듬해 훈련도감은 폐지되었다.

훈련도감과 달리 어영청과 금위영의 군사들은 모두 번상병(番上兵)이었다. 어영청은 1623년(인조 1) 반정에 성공한 인조가 후금의 침략에 대비하기 위한 국왕 호위군대로 창설하였다. 어영청의 군액(軍額)은 이괄의 난으로 인조가 공주로 피난할 때 600여 명의 포수들을 모집하여 운영되다가, 인조가 공주에서 환도한 이후 1,000명 수준으로 유지되었다. 1,000명의 어영군은 훈련도감 군병처럼 한양에 상주하는 것이 아니라 500명씩 교대로 번상하는 번상병 체제로 운영되었다. 그 이후 정묘호란, 병자호란을 겪으면서 어영군의 정원은 7,000명으로 증가했으며, 효종 때 북벌정책이 강화되면서 1652년(효종 3) 2만 1,000명 수준으로 대폭 확대되었다. 2만 1,000명에 달하는 어영군은 6번으로 나누고, 다시 21개 집단으로 편성해 1년에 두 달씩 1,000명이 한양에 번상하여 국왕을 호위하는 군대로 운영되었다.

효종 사후 북벌정책이 폐지되면서 어영청의 군액도 줄어 1704년(숙종 30)에는 1만 6,300명으로 정착하였고, 이들은 25번으로 나누어 5초씩 번상하여 2달씩 한양에서 복무했다. 18세기 후반 한양에 상주하는 어영청 군병 중 한양에 상주하는 병력은 대략 1,500명으로, 별무사 30명, 기사(騎士) 150명, 표하군 783명, 별파진(別破陣) 160명, 수문군(守門軍) 40명, 치중군(輜重軍) 50명, 상번군인 보군 5초(500명 내외)로 구성되었다. 어영청의 상번군(上番軍)은 500명 수준으로 전체 군병의 1/3에 불과했고, 나머지 2/3는 마병으로서 장교격인 별무사, 대포를 취급하는 별파진, 마병인 기사, 수송을 담당하는 치중군 등 특수병과의 군인들과 군영 내 각종 잡역을 취급하는 표하군 등은 모두 한양에 거주하는 사람들로 채워지고 있었다.[25]

한편 어영청 보인의 정원은 1734년에는 양역이정 작업으로 조정되었다. 별마대(別

馬隊)의 자보(資保)와 마보(馬保) 정원은 각각 800명인데, 각각 840명씩 있었고, 관보(官保)의 정원은 2,400명인데 2,520명으로, 정원보다 200명이 초과된 상태로 유지되었다. 공장(工匠) 아병(牙兵)의 보인은 100명에서 50명으로 감축하였고, 대년군 50명은 그대로 두었으며, 재가별초(在家別抄)의 보인 249명은 모두 없앴다.[26] 순조 이후 어영청은 장어영(將禦營), 총어영(總禦營) 등으로 바뀌었다가 1894년(고종 31)에 폐지되었다.

금위영은 1682년(숙종 8) 병조 소속의 정초군(精抄軍)과 훈련도감 소속의 훈련별대 등이 합쳐 창설된 군영이다. 금위영도 어영군과 마찬가지로 번상체제로 운영되었다. 금위영의 군사력을 좌우하는 것은 각 도에서 차출된 번상군이었는데, 그 규모는 500명에서 637명 내외였다. 금위영에는 상번하지 않는 군사로 각색경표하군(各色京標下軍) 764명, 뇌자 76명이 있었고, 순령수 76명, 취고수 100명, 대기수 108명, 당보수 52명, 등롱군 33명, 장막군 40명, 좌아병(左牙兵) 70명, 창검군(槍劍軍) 50명, 우아병(右牙兵) 70명, 별장표하군(別將標下軍) 21명, 천총표하군(千摠標下軍) 41명, 파총표하군 39명, 기사장(騎士將) 표하군 13명, 세악수(細樂手) 25명 등이 있었다. 이들에게는 상번군과 달리 급료가 지급되었다.[27] 18세기 후반 한양에 상주하는 금위영 군대는 별무사 30명, 기사 150명, 별기위(別騎衛) 32명, 표하군 1,177명, 별파진 160명, 상번군인 보군 5초로 대략 2,000명 수준이었다. 금위영의 상번은 흉년이나 전염병의 유행 등을 이유로 정지되는 경우가 많았다.[28] 금위영의 정원도 1734년에는 양역이정 작업의 일환으로 조정이 이루어졌는데, 276명의 아기수(兒旗手) 중 정원 100명을 초과한 176명의 아기수를 감축하였다.[29]

번상병 체제로 운영되었던 금위영과 어영청의 군병들도 고립제의 확산으로 점차 상비군화 되었다. 금위영과 어영청의 창설 초기에는 군병들의 부담이 상대적으로 적었기 때문에 충실한 번상병을 확보할 수 있었다. 그러나 번상병들을 한양 도성 수축, 북한산성 축성 등 각종 토목공사에 동원하자 번상병들은 번상을 기피하기 시작했다. 때문에 번상병에게서 군포를 거두어 고립군(雇立軍)을 고용하는 경우가 많아졌다. 예컨대 1647년(인조 25) 궁궐 안의 토목공사에 필요한 일꾼으로 번상군을 동원하기로 했다가 도시민을 고용하였으며,[30] 19세기에는 기병과 보병을 관장하는 이군색(二軍色)에서 원래 기병에게 궁궐 안팎의 청소나 물 긷는 일, 경비 등을 시켰는데, 기병보다는 고군(雇軍)이 편하므로 기병에게서 면포를 받아 이러한 일을 면제시켜주고 대신 고용노동력을 동원하여 이 일을 수행하였다.[31] 18세기 이후 기사 등 특수 병종의 번상이 축소되면서 상비군으로 전환되는 경향이 심화되어 갔다. 예컨대 금위영의 기사 정원은 150명인데, 1750년(영조 26)부터는 지방군의 상번을 폐지하고 한양과 지방의 출신(出身) 중에 말을 금위영에 납부한 자 중에서 시험을 보아서 뽑았다.

한편 금위영과 어영청 번상군에 대한 정번(停番)도 여러 이유로 점차 관례화되었다. 숙종 때와 영조 때 흉년이 들거나 전염병이 퍼졌을 때 특별 조치로 정번이 실시된 바 있었다. 그러나 정조 이후에는 번상병에게 징수한 군포를 국가 재정에 충당하기 위해 정번을 시키는 일이 잦았다. 특히 정조 때 화성을 쌓는 경비를 마련하기 위해 금위영과 어영청 번상병에 대해 15년 이상 감번(減番)하였다.[32] 이후 1808년(순조 8)부터는 계속적으로 감번을 실시하여 번상병 대신 한양에서 용감하고 씩씩한 자를 모집하여 중앙의 1개 초를 장번군(長番軍), 즉 상비군으로 만드는 한편, 각종 잡무에 종사하는 표하군을 늘려갔다. 1개 초의 상비군을 확보하기 위해서는 적어도 6개 초 이상의 향군의 번상을 중지시켜 포를 납부 받아야 했기 때문에 실제 군인의 숫자는 줄었다. 이같이 줄어든 향군도 때로는 '10년 정번', 때로는 '20년 정번' 등 여러 이유로 정번을 거듭하니, 이들 향군들은 거의 모두 포만 납부하는 자들로 바뀌고 말았다. 결국 1867년(고종 4)에 경군(京軍) 4초를 설치하였고, 1874년(고종 11) 상번군의 상번을 영원히 정지시키고 포를 납부하도록 함으로써 금위영과 어영청은 훈련도감과 다를 바 없는 용병적 상비군으로 변모하였다.[33]

상번군의 정번 관례화와 궤를 같이 하여 한양에 상주하는 어영청, 금위영의 장교와 표하군 및 원역(員役)의 정원도 점차 증가하였다. 금위영과 어영청의 상층부에는 필요보다 훨씬 많은 장교가 근무하였다. 향군의 정번이 관례화되는 상황에서 장교의 수를 줄여야 마땅했지만, 무과에 급제한 양반들이 크게 반발하여, 장교의 숫자는 오히려 점차 증가하였다.[34] 또 각종 잡무에 종사하면서 군사 활동을 돕는 보조 군인 표하군과 사무 담당 서리인 원역도 점점 늘어나 표하군과 원역을 합치면 상번군 숫자의 거의 두 배에 달할 정도였다. 이들 원역과 표하군도 모두 상비군으로 급료를 지급받았다. 양반 사회가 무수히 배출한 무과 합격자와 한량들의 구제 기관이 되어 버린 금위영과 어영청은 실제 하급 군병인 농민들의 번상은 이루어지지 않는데 보조 군인들의 수만 늘려가는 모순을 드러내고 있었던 것이다.[35] 이러한 모순에 대해 국가가 채택한 해결 방안은 실질적인 군사력을 한양 도시민 가운데에서 모집하여 용병제적 상비군을 구성하는 것이었다. 이 방안은 경중초(京中哨)→별아병(別牙兵) 신규모집→경군 4초의 성립이라는 과정을 거치면서 단계적으로 실현되어 용병제적인 방향으로 나아갔다.[36]

18세기 한양 인구 중 한양에 상주하는 군인들의 숫자는 훈련도감 군병 5,000여 명, 어영청 1,500명, 금위영 2,000명과 삼군영의 장교와 군관들을 합하여 대략 1만 명 내외였을 것이다.[37] 이처럼 훈련도감, 어영청, 금위영이라는 도성 방위의 핵심 삼군영의 군병들은 점차 한양에 상주하는 상비군으로 전환되었으며, 이러한 전환은 한양 도시민의 구성에도 군인들의 비중을 높여가는 중요한 원인이 되었던 것이다.

## 3. 조선 후기 한양의 인구구성과 군병의 비중

조선 후기 한양의 인구구성에 큰 변화를 보인 계기는 임진왜란, 병자호란, 이괄의 난 등 여러 차례의 전란보다는 이러한 전란이 끝난 이후 발생한 흉년, 전염병 등의 각종 자연재해였다. 전란은 도시시설을 완전히 파괴하고 도시민들의 유리(流離)를 촉진하는 데 비해, 전국을 휩쓴 흉년 등의 자연재해는 사람들을 한양으로 몰리게 만드는 구심력을 강력하게 발휘했기 때문이다. 자연재해의 결과 한양으로 몰려든 사람들이 대부분 유민이라고 한다면, 전란의 여파로 한양으로 몰려든 사람들은 훈련도감 군병을 비롯한 삼군영의 군인들이었다.

17세기 후반 이후 한양의 인구가 증가하면서 한양의 인구 구성도 크게 달라지고 있었다. 대동법 실시 이전인 1638년(인조 16) 한양 주민은 주로 종실(宗室), 부마(駙馬), 사대부, 의관, 역관, 아전, 시전상인이 중심이었다. 즉 대동법 실시 이전에는 상업도시로서의 주민보다는 행정·군사·정치 중심지로서 그 특성에 들어맞는 주민 구성을 갖춘 것으로 이해되는 것이다. 그러나 대동법 실시 이후 한양에서 다양한 일거리를 확보할 수 있었기 때문에 한양 인구의 구성은 크게 달라졌다. 19세기 초반 한양 주민의 구성을 보여주는 자료를 보면 다음과 같다.

> 도성 안 주민들 중에서 부리(府吏), 서리, 군병, 졸병 등은 모두 넉넉하게 먹고 사는 자들이며, 기타 유민은 좌판행상(坐販行商)하여 입에 풀칠을 한다. 또한 각 시전의 장사치들은 공물이 있다. 강상거민(江上居民)은 오직 전세선(田稅船)이 정박할 때 세곡(稅穀)을 각 창고에 운반하여 고가(雇價)를 받아 살아간다.[38]

> 한양 주민들 중에서 직임자(職任者)는 봉록(俸祿)을 받아서 살며, 서리는 초품(稍稟)으로 살고, 예군오자(隸軍伍者)는 군포를 받아서 살고, 영세 소상인들은 조그만 이익에 의지해서 살고, 수공업자는 공력을 들여 물품을 제조 판매하여 생계를 유지한다. 그리고 아침에 모였다가 저녁에 흩어지고, 동서로 몰려다니면서 농사도 짓지 않고, 옷감을 짜지도 않으면서 놀

고먹는 한잡류(閑雜類)가 무려 수십만이나 된다. 공인(貢人)과 시인(市人)은 한양 주민 중에서 가장 생활이 안정된 자들이다.[39]

19세기 초 한양 인구는 직임자, 서리, 공인, 시전상인, 군병, 영세 소상인, 수공업자, 한잡류로 구분되고 있다. 이 중에서 농사짓거나 옷감을 짜지 않으면서 살아가는 한잡류들이 수십만 명에 달하였다. 이들 한잡류들은 첫 번째 인용문에서 확인되듯이 유민이나 한강 변에 거주하는 사람으로서 지게꾼으로 생계를 유지하는 날품팔이 노동자들이었다.

그러면 시전상인을 비롯한 상업 인구수는 과연 어느 정도였을까. 구체적인 자료가 없기 때문에 단편적인 자료를 통해 추정하는 수밖에 없다. 우선 시전상인의 경우를 살펴보면, 어물전 상인은 17세기 말 243명이었지만, 18세기 초에는 300여 명으로 증가했으며, 18세기 전반 육의전 중의 하나였던 백목전(白木廛) 상인 수는 400여 명에 달하였다. 그리고 18세기 전반 성 내외 무뢰한잡인(無賴閑雜人), 군병마후배(軍兵馬後輩)가 설립한 절초전(切草廛) 상인은 3,000~4,000명에 달하였으며, 엽초전(葉草廛) 상인은 3~40여 명에 불과하였다. 또한 1744년 창설된 도자전(刀子廛)의 경우는 창설 때 참여한 20여 명의 장인들과 시전상인들이 연합하여 창설한 시전이었다. 또한 도성 내 12개 곳에 있었던 상전(床廛) 상인들은 18세기 후반 400~500명을 헤아리고 있었으며, 잡철전(雜鐵廛) 상인은 100여 명, 신철전(薪鐵廛) 상인은 500~600여 명 정도였다. 조선총독부 중추원에서 조사한 시전에 관한 조사에 따르면, 육의전에는 600명에서 1,200명 정도의 상인이 있었다고 한다.[40] 육의전을 구성하는 시전이 8개 시전이라고 본다면, 하나의 시전당 상인 수는 80명에서 150명 정도 수준이라고 볼 수 있을 것이다. 이를 평균하면 115명으로 파악된다.

이러한 단편적인 자료에서 보듯이 시전상인의 수는 시전의 성격에 따라 매우 다양했다. 18세기에는 시전이 급격히 증대하여 120여 개나 헤아리고 있었고, 이들 시전은 전일적인 단일한 조합을 형성하는 것이 아니라 각기 독립적인 동업조합으로 조직되어 있었다. 육의전이 아닌 일반 시전의 경우에도 각전 조합의 상인수가 대개 수백 명에 달했던 것으로 추정되고 있다. 그러나 세력 없는 소소한 시전인 경우에는 상인의 수가 십여 명 규모였다. 그러므로 1개 시전당 평균 상인수를 대략 80명으로 추정한다면, 18세기 후반 평시서 시안에 등록된 시전의 수가 총 120여 개였으므로 시전상인의 수는 대략 1만 명 내외로 추정할 수 있다. 시전상인 1만 명의 가족 숫자를 합한다면 대체로 5만 명의 인구가 시전상인과 관련된 인구로 파악된다.

시전상인 외에도 시전에서 물건을 떼어다가 일반 소비자에게 판매했던 영세 소상인층과 난전상인, 중도아(中都兒) 등을 합하면 상업 인구는 크게 늘어날 것이다. 예컨대 어물전 상인은 18세기 초 300여 명으로 헤아리고 있었지만, 이현(梨峴)과 칠패(七牌)를 무대로 중간 도매업을 하는 중도아들이 있었으며, 또한 중도아에게 어물을 떼어다가 동네 골목을 돌아다니면서 판매하는 '호창행매지류(呼唱行賣之類)'들인 어물 행상도 있었다. 이처럼 시전에서 물건을 떼어다가 동네를 돌아다니면서 판매하는 행상층은 어물류나 미곡류 등 일용 소비품을 판매하는 시전에는 대부분 존재하였다.

주로 쇠고기를 판매함으로써 생계를 이어갔던 성균관 전복(典僕)들의 숫자도 1724년(영조 즉위) 5천 명에서 점차 증가하여, 1736년(영조 12)에는 거의 1만 명에 달하고 있었다. 또한 돼지고기를 판매했던 저육전(猪肉廛)도 판매처가 17세기 말 6~7곳에 불과했으나, 18세기 전반에는 70~80여 곳으로 늘었다. 또한 경강 변(京江邊)이 상업 중심지로 변모되면서 경강 변 수만 명의 인구도 대부분 상업을 통해 생계를 이어가고 있었다.

이렇게 볼 때 1781년(정조 5) '도하민(都下民) 중에서 각사이예(各司吏隸)를 제외하면, 상업으로 살아가는 자가 10명중 8, 9명'이라는 장령(掌令) 구수온(具修溫, 1724-?)의 얘기는 당시 한양 인구 구성의 특징을 잘 드러내는 표현이 아닐 수 없다.[41] 18세기 후반 한양 인구를 30만 명 내외로 추정한다면, 25만 명가량은 상업과 관련된 인구라고 판단해도 틀리지 않을 것이다.

한양 주민들 중 관원은 몇 명이었을까? 17세기 후반의 경우 1품관에서 9품관까지의 문무관리 595명, 녹사 45명, 서리 475명, 조예(皂隸)와 종 3,005명, 소사 985명 등 총 5,105명으로 추산되고 있다.[42] 17세기 후반 관원 가족은 2만 5,000여 명으로 추산된다. 그러나 관원의 가족 외에 노비를 합하면 이보다 훨씬 늘어날 것으로 추정된다. 예컨대 1663년(현종 4) 『북부장호적(北部帳戶籍)』에서 문무 관리인 양반이 소유한 가내노비는 각 호당 평균 7.2명이었다.

한편 한양에는 특별한 직업 없이 구걸로 생계를 유지하던 거지들도 많았다. 1827년(순조 27) 12월 추운 겨울 거지들을 구휼하기 위해 조사한 자료에 따르면 동부 효경교에 45명, 중부 광통교 주변에 69명, 서부 남대문 밖 반송방 지역에 12명 등 총 124명의 거지가 조사되었다.[43] 조사 자료가 선전관(宣傳官) 조존중(趙存中, 1789-?)의 조사 당시에 있었던 거지 숫자만을 기록한 것이기 때문에 실제 거지의 수는 이보다 훨씬 많았을 것으로 생각된다. 이들 거지들도 독자적인 조직을 갖추고 있었고, 이중 두목인 경우는 한양

안에서 일정한 영향력을 지니고 있었다. 예컨대 한문단편 「개수(丐帥)」에서 보이는 거지 두목은 당시 한양 안의 권세가조차도 초빙하기 어려운 용호영 군악대를 삼청동에 초치하여 거지들끼리 잔치를 벌일 정도였다. 도시의 하층을 구성하고 있었던 영세 소상인이나 날품팔이 노동자, 또는 거지들은 대부분 17세기 후반 이후 한양으로 유입된 유민들이었다.[44]

이처럼 인구 구성이 다양해지고, 주로 상업 인구가 도성 인구의 중심을 차지하게 되면서 한양 인구의 중심은 상업 인구 중에 가장 견실한 기반을 가지고 있었던 공인과 시전상인으로 인식되기에 이른 것이다. 18세기에 공인과 시전상인은 '서울 주민의 근본[都民之根本]'이라는 인식이 널리 공유되고 있었다.[45] 심지어 17세기 후반 윤휴(尹鑴, 1617-1680)는, 비록 시전상인들의 돈을 받고 그들의 이익을 옹호하려는 입장에서 말한 것이지만, 시전상인을 '나라의 근본[國之根本]'이라고까지 말하고 있을 정도였다.[46] 비록 윤휴의 언급이 실제 내용을 담는 것이 아닌 수사적인 형태로 표현된 것이라고 해도 농민을 나라의 근본으로 여겼던 성리학적 지배 이념에서 볼 때 커다란 변화가 아닐 수 없다. 이는 한양이 유교적 정치의 중심인 왕도로서의 성격에서 벗어나 상업도시로서 그 성격을 변모시키고 있음을 반영하는 것이다.

요컨대 18세기 한양의 상업도시로의 성장은 도시 외관만이 아니라 도시민의 성격에 질적 변화를 초래하였다. 특히 대동법은 도시 구성원의 계층과 직업을 다양하게 분화, 고정시켰고, 그 결과 봉건적 권력의 구속을 벗어난 상인, 수공업자와 임노동자층이 출현하였으며, 이들이 18세기 이후 한양 주민의 대부분을 차지하게 된 것이다.

이처럼 다양한 한양의 인구 중에서 군인들이 차지하는 비중은 얼마였을까? 훈련도감 군병의 숫자는 19세기 초 각종 원역을 포함하여 7,600명 수준이었고, 금위영과 어영청은 각 1,000여 명 수준이었다.[47] 18세기 이후 한양의 군인 숫자는 1만 명 이상에 달하는 것으로 이해된다. 19세기 한양 인구를 30만 명으로 추정하면 군인의 비중은 3.5% 내외이다. 한편 1903년, 1906년 교토대학 소장 한성부 호적을 분석하여 직업 비중을 규명한 연구에 의하면, 20세기 초 한양에서 군인을 직업으로 한 인구는 군인 2.9%, 병사 1.3%로 집계되고 있다. 전체 한양 인구에서 군인 관련 직업이 차지하는 비중은 4.2%로 파악되고 있다.[48] 이를 토대로 이해한다면 조선 후기 한양 인구 중에 군인의 비중은 대략 5% 내외였을 것이다. 군인 가족을 포함한다면, 한양 인구 중 군인 관련 인구는 15% 내외로 추정한다면 크게 틀리지 않을 것이다.

# 2절. 군병의 군대생활

## 1. 군사훈련과 전쟁수행

훈련도감 군병이 되면 실질적인 전투 병력인 포수, 또는 살수가 되기도 했지만 일부 보조적인 역할과 각종 잡일을 맡는 각색표하군으로 배치되었다. 전투에서 싸우는 것이 군대의 주요 임무이기 때문에 훈련도감 군병은 병자호란과 이인좌의 난, 홍경래의 난을 진압하는데도 동원되어 전투를 벌였다. 전투가 없을 경우에 이들은 대체로 약 10~15일 정도 군병으로서 각종 습진(習陣), 즉 훈련에 참가하거나, 번을 나누어 사대문과 궁궐 각처의 입직, 행순(行巡), 왕의 호위업무 등을 수행하였다. 17세기 후반 이후 몇 차례의 반란 사건을 제외하고 외적의 침입이 없이 평화가 오랜 기간 지속되었기 때문에, 비전투 임무인 왕의 호위, 입직, 행순 등이 군병들의 주된 업무로 고정되어 갔다. 이하에서는 훈련도감 군병의 군대생활을 군사훈련, 전쟁수행, 평화시 각종 입역(立役), 군대생활에서의 포상과 처벌, 청원 활동 등으로 나누어 살펴보고자 한다.

### 1) 훈련도감의 군사훈련

훈련도감은 도성 안에 상주하면서 군사 업무만을 전적으로 담당하는 상비군이었다.

그러므로 이들은 전쟁을 대비하여 조총과 활은 물론 검과 창을 잘 다루는 훈련을 받았으며, 다양한 진법에 기초하여 전쟁을 예비하는 훈련도 받았다.

가장 중요한 군사훈련은 매년 두 차례 정기적으로 시행하는 진법 훈련인 습조(習操)였다. 중앙의 군영과 지방군 모두 습조를 행하였는데, 습조는 조선 후기에 매우 활발하게 이루어졌다. 임진왜란 이후 도입된 절강병법(浙江兵法)은 개인의 무예 위주인 기병 중심의 전술이 아니라 보병 중심의 집단 전술이었다. 예를 들어 전투 상황에서 포수와 화전수(火箭手), 궁수(弓手) 등이 차례로 무기를 발사하고 이어서 여러 단병기를 든 근접전 군사들이 나아가며 공격하도록 전술이 구성되어 있었다. 따라서 군사들이 일정한 장소에 모여 합동 훈련하도록 하는 것이 절대적으로 필요했다. 그러므로 부대별 집단 훈련인 습조가 정기적으로 시행되었다. 습조는 포수와 사수, 살수 및 기병 등 여러 병종을 통합하여 체계적으로 이루어지는 부대별 집단 훈련이었다. 그러므로 습조는 일정한 시기에 정기적으로 행하였을 뿐만 아니라 그 종류도 매우 다양하였다.

17세기 후반 현종 대에는 어영청과 훈련도감 및 정초군 등은 매월 전 군사들이 습조를 하도록 규정되어 있었다.[49] 이후 18세기 초 영조 대 편찬된 『속대전(續大典)』에서는 어영청, 훈련도감, 금위영 등의 도성에 주둔하는 세 군영은 한양의 교외(郊外)에서 매월 세 차례 진법을 익히도록 법적으로 규정하였다.

습조는 습진과 사습으로 구분된다. 습진은 각종 전투 대형을 짓는 진법 연습으로 대규모 공동 훈련이었다. 습진은 본래 2, 3, 4, 8, 9, 10월의 6개월 동안 9일, 19일, 29일 세 차례 실시했다. 혹서기인 5~7월, 혹한기인 11~1월은 습진을 하지 않았다. 그러다가 1664년(현종 5)에 9일과 19일 두 차례로 변경되었고, 그 대신 혹한 및 혹서기여서 훈련을 정지한 1월과 5월에 한 차례씩 실시했다. 매달 정기적으로 거행하는 습진은 훈련도감군의 정체성과 자긍심을 심어주는 중요한 훈련이었다.

습진은 여러 이유로 중단되곤 했다. 가장 잦은 이유가 훈련대장의 건강이 좋지 않다는 것이었다. 또 습진하는 날이 국가 제사나 국상(國喪), 과거시험 합격자 발표 등 국가 행사와 겹치거나, 외국 사신이 오면 중단했다. 또 비가 내리면 실시하지 못했다. 흉년이나 가뭄 등 자연 재해를 겪을 때에도 민생을 고려해 훈련을 중단했다.

사습은 각 부(部)의 사, 초 단위로 쪼개서 하는 훈련이다. 습진을 실시하기 전에 군사 개개인이 기예를 숙달하기 위해 실시하는 훈련이었다. 훈련 일수는 숙종 연간엔 한 달에 6일 정도로 습진의 두 배였으나, 이후 점차 감소하여 19세기 초에는 3일로 줄었다. 사습은 매달 1일, 11일, 21일 세 차례 시행했는데, 11월과 12월, 1월은 혹한기여서 훈련

[그림 5-1] 훈련도감 마병의 훈련장면
(《훈련도감별무기초군대습도(訓鍊都監別武騎哨軍大習圖)》 중 〈합인속환눌함진(合寅速環吶喊陣)〉, 국립중앙도서관 소장)

하지 않았다. 사습은 활쏘기, 기사, 조총, 검 등을 훈련했으며, 진법도 함께 훈련하였다.

북벌을 추진한 효종은 훈련도감 군병 1만 명을 목표로 마병과 보군의 정원을 늘렸으며, 네덜란드 선원 하멜 일행을 훈련도감에 배속시켜 신식 조총을 제작하도록 했다. 이와 아울러 군사훈련도 자주 실시하고 직접 참관하기도 했다. 1654년(효종 5) 효종은 훈련도감, 어영청, 금군을 사열하고 진법 연습을 참관하는 열무(閱武)를 열었다. 효종은 열무가 열리기 이틀 전에 훈련대장 이완(李浣, 1602-1674)을 노량으로 보내 미리 진법 연습을 시킨 이후에 열무를 열었다. 효종은 세자와 함께 노량으로 거둥하였고, 훈련대장과 어영대장이 진을 치고 미리 노량에서 대기했다. 임금의 신변을 보호하기 위한 척후는 열세 곳에 두었고 복병도 세 곳에 배치했다. 열무에 참가하는 군사들의 복장도 화려했으며, 훈련대장 및 어영대장 이하 여러 장수들은 모두 갑옷을 입었다. 이때의 진법훈련은 아군과 적군으로 나누어 가상전투 방식으로 진행되었다. 진법 훈련 도중 효종은 금군별장 남두병(南斗柄)과 조필달(趙必達, 1600-1664)을 불러 비밀리에 마군을 이끌고 행군하는 훈련도감의 부대로 돌진하게 했다. 그런데 효종이 명령을 내리기 전에 보병이 아닌 마병 부대를 공격해 무기를 빼앗고, 몇 번이나 징을 울렸는데도 물러나지 않고 효종이 앉아 있는 어전까지 돌진해 전투를 벌이는 돌발 상황이 벌어졌다. 이 일로 마병 별장과 금군별장 모두 의금부로 끌려갔다. 효종이 비밀리에 금군을 보내 훈련도감군의 실력을 알아본 이 방식은 그 이후에도 계승되었다. 숙종도 군사훈련시에 훈련도감, 금위영, 어영청을 하나의 영(營)으로 합쳐서 행군하게 한 다음 몰래 마군(馬軍)을 시켜 불시에 진을 공격하게 했던 것이다.[50]

군사훈련 장소는 서대문 밖의 모화관, 비파정, 살곶이[箭串], 동소문 및 서소문, 남소문 밖, 연미정 등도 이용했다. 모화관은 대규모 열무를 시행하기에는 장소가 협소했다. 이에 조정에서는 1655년(효종 6)부터는 모화관 대신에 한강 노량의 백사장을 군사훈련 장소로 사용하였다. 노량은 '노들'이라고도 했다. 도성 남쪽 10리 지점에 있는 모래사장인데, 군사훈련장의 규모는 사방 1,200보 정도였다.[51]

## 2) 세 차례의 전쟁과 삼군영

훈련도감이 창설된 이후 치러진 가장 큰 규모의 전쟁은 병자호란이었다. 이외에도 이인좌의 난과 홍경래의 난을 진압하기 위해 출정하여 전투를 벌였다. 이 중에서도 1636년(인조 14) 병자호란과 1728년(영조 4) 이인좌의 난, 그리고 1811년(순조 11) 홍경래의 난을 진압하는 과정을 기록한 자료들이 남아있어 훈련도감 군대가 어떻게 전쟁을 수행했는지를 단편적으로 알려준다. 병자호란에 대해서는 나만갑(羅萬甲, 1592-1642)의 『병자록(丙子錄)』, 남급(南礏, 1592-1671)의 『병정일기(丙丁日記)』, 김상헌(金尙憲, 1570-1652)의 『남한일기(南漢日記)』가 있다. 이인좌의 난에 대해서는 난을 진압하는데 종군했던 훈련도감 마병이 남긴 한글 일기 「난리가」가 남아있으며, 홍경래의 난에 대해서는 진압군에 편성된 좌초관(左哨官) 방우정(方禹鼎, 1772-1820)의 종군일기인 『서정일기(西征日記)』 외에도 관변 측 자료가 상당수 남아있다. 이 자료들을 토대로 훈련도감 군병이 어떻게 전쟁을 수행했는지를 살펴보고자 한다.[52]

### (1) 병자호란

병자호란 당시 인조는 한양을 떠나 강화도로 피신하고자 했지만, 청군 마부대(馬夫大)의 선봉대 300여 명이 길을 차단했기 때문에 다시 한양으로 돌아왔다가 1636년(인조 14) 12월 14일 남한산성에 입성하였다. 이 과정에서 인조를 호종한 군대는 당연히 훈련도감 군사들이었다. 그 이후 1637년(인조 15) 1월 30일 인조가 항복하기까지 47일 동안 남한산성에서 일어난 일들을 기록한 자료들이 『병자록』, 『병정일기』, 『남한일기』, 『남한해위록(南漢解圍錄)』 등이었다.

이들 기록에 의하면 당시 남한산성을 지키는 군병은 1만 7~8,000명과 성 안의 백성과 호종한 관료들의 종, 각사의 서리와 시종, 관노 또한 700~800명가량이 있었다. 성의 동서남북을 책임지는 훈련대장 신경진(申景禛, 1575-1643)과 구굉(具宏, 1577-1642), 이서(李曙, 1580-1637), 이시백(李時白, 1581-1660)과 이들을 보좌하는 중군들이었다. 이들 주요 지휘관들이 겁을 먹고 나가 싸울 생각을 하지 않아, 포위를 뚫고 나갈 수 있는 기회를 살리지 못하고 있었다. 12월 29일 영의정인 도체찰사(都體察使) 김류(金瑬, 1571-1648)가 네 명의 장수에게 남한산성 아래 적군의 진영이 엉성하다고 판단하여 공격하도록 명령하였다.

그러나 대장들은 이와 같은 적의 진영이 유인책이라는 점을 간파하고 명령에 따르지 않았지만, 김류는 비장(裨將) 유호(柳瑚)를 시켜 나가지 않는 자를 목 베게 하였다. 이에 온 군사가 내려가면 반드시 죽을 것을 알면서도 내려갔다. 이 당시 전투상황을 호종한 석지형(石之珩, 1610-?)의 『남한해위록』에는 다음과 같이 묘사하고 있다.

[그림 5-2]『동국여도(東國輿圖)』 중 「남한산성도(南漢山城圖)」 (규장각한국학연구원/서울대학교 중앙도서관 소장)

북성(北城) 밖에 주둔하고 있던 청나라 군대는 다섯 군데에 진을 치고 있었는데, 모두 노략질하러 나가고 다만 아주 적은 수의 수비군만 있었다. (중략) 우리 군사들은 종일 송성(松城) 밖에서 호각(號角)을 불고 적진을 향해 일제히 고함을 질렀으나, 청나라 군사들은 교전할 뜻이 없었다. 이에 우리 군사들은 모두 편안하게 쉬면서 어울려 있었으나, 청나라 군사들은 처음처럼 정돈하고 있었다. (중략) 해가 저물녘에 도체찰사부(都體察使府)에서 사람을 시켜서 성 위에서 우리에게 고함을 쳐서 군사들을 철수시켰다. 청나라 군사들이 낱낱이 듣고 고삐를 당겨 채찍을 휘둘러 우리 군사가 보이는 곳에 미쳐서 일시에 발길을 돌려 5대의 군사가 갑자기 변하여 3대가 되었고, 성 위를 바라보며 말을 치달려 가로로 쇄도하여 오는 것이 빠르기가 마치 번개와 같았다. 우리 군사가 미처 산발치에 오르지도 못했는데 청병은 이미 우리 뒤에 이르렀다. 우리 군사들은 질겁하고 크게 혼란하여 각자 살려고 도망치며 싸우고자 하는 마음은 없었다. 두 명의 병사가 연달아 총을 쏘았는데, 청병의 두 기마가 총소리에 놀라 넘어졌다. 그 뒤로 총소리는 들리지 않았다. 청병은 우리 군사의 배후와 좌우로부터, 각각 화살을 쏘는데 마치 메뚜기가 달려드는 것 같았다. 우리 군사들은 활시위 소리에 맞추어서 쓰러지며 언덕으로 거꾸로 떨어지는 것이 마치 나부끼는 버들개지 같았다. 죽은 시체가 구렁에 가득하고 병기가 산에 가득하였다. 사대부 중에 성 위에서 지켜본 자들은 모두 핏기가 없었고 얼굴을 가리고 차마 보지도 못하였다. 당일 우리 군사 중에 성문을 나선 자는 천에서 수백 명이었으나, 패하여 남은 자들은 백여 명도 못되었다. 청나라 군사들은 패한 우리 군사들이 이미 산허리에 올라간 것을 보고, 또한 스스로 거두어 후퇴하면서 우리 군사가 버린 활과 검과 조총과 방패를 취하여 물러갔다.[53]

이 전투는 훈련도감 군대의 철저한 패배였다. 우리 군사들은 총 한 방, 화살 한 번도 쏘지 못한 채 순식간에 밟혀 죽은 자가 거의 수백 명에 달했고, 지휘관인 별장 신성립(申誠立), 지여해(池汝海, 1591-1636), 이원길(李元吉, 1580-1636)도 모두 사망했다. 청군 사망자는 두 사람뿐이었다. 이 전투의 패배로 조선 군대는 사기가 크게 떨어졌다. 이에 훈련도감 군병들은 남한산성 농성 중에 척화파를 공격하는 집단행동도 감행했다. 훈련대장 신경진을 중심으로 훈련도감 초관 수백 명이 행궁 앞에 모여 척화한 신하를 내어달라고 시위를 벌였으며, 도체찰사부로 몰려가 칼을 어루만지며 도체찰사인 김류를 협박하였다. 이에 김류는 훈련도감의 요청을 들어주겠다고 약속하지 않을 수 없었다.

한편 1월 23일 밤 삼경에 적이 성 서쪽 이시백이 수비하는 곳에 몰래 운제(雲梯)를 설치하고 성을 넘어 쳐들어 왔다. 졸던 군사들이 모두 일어났지만, 창졸간에 미처 활을 쏘지 못하고 먼저 큰 돌로 내리치고, 다음에는 쇄마철(碎磨鐵)을 쓰고 이어 화포(火砲)를 쏘았다. 적은 크게 무너져 퇴각하고 말았다. 밤이 칠흑같이 어두워서 처음에는 적을 얼마나 죽였는지 몰랐는데, 이튿날 아침에 보니 적이 시체를 끌고 내려가 얼음과 눈 위가 모두 피로 새빨갛게 되어 있었다. 적의 기습공격을 훌륭하게 막아낸 것이다. 이처럼 소규모 전투에서 승리한 적이 있지만, 결국 청군의 포위를 견디지 못하고 인조는 항복하고 말았다.

한양으로 돌아온 인조는 남한산성에 임금을 호종한 관료는 물론 성을 지킨 일개 병사들의 명단인 호종록(扈從錄)을 작성하여 이들의 노고를 치하하고 특별한 대우를 베풀었다. 호종한 음관(蔭官)과 선비에게는 문과(文科)를, 성을 지키던 훈련도감 군사에게는 무과(武科)를 보게 하였다 한양과 지방의 공사천과 훈련도감의 포수들이 모두 참여했는데 활과 총을 15번 쏘아 한 번 이상 맞추는 사람을 합격시키는 규정으로 말미암아 무려 6,500명의 합격자가 나왔다. 조정에서는 이들을 처리하기 위해 1,000명을 한 국(局)으로 하여 7국으로 나누고 차례를 정하여 번을 들게 하고, 늠료(廩料)를 주었다. 특히 포수였던 사람들은 국출신으로 편성하여 특별히 우대하였다.

이 과정에서 인조를 호종한 훈련도감 소속 포수 10명을 기린 작품 『호종십로전(扈從十老傳)』이 병자호란이 끝난 지 60년이 지난 뒤에 출현했다.[54] 인조를 호위한 훈련도감 포수 백여 명은 목숨을 걸고 인조를 호위했다. 포수들은 화살과 돌에 맞는 것을 무릅쓰면서 밤이나 낮이나 눈을 맞아가면서도 지키기를 게을리하지 않았다. 인조가 "나중에 돌아갈 수 있다면 그대들을 잊지 않겠노라"고 약속하였고, 한양으로 돌아온 뒤에 자신을 호종한 포수 백여 명에게 각기 차등이 있게 벼슬을 주고 유사(有司)에게 명하여 옷과 음식을 주어 영화롭게 하였다. 의복과 음식 지급은 인조 이후 임금의 탄생일에 매년 지급되었으나 숙종 때에 이르러 중단되었다. 생존자가 거의 없었기 때문이다. 60년이 지난 시기에 백여 명에 달했던 포수 중에 살아있는 사람은 겨우 열 명이었다. 모두 여든이 넘어 말을 제대로 할 수 없는데, 오직 엄기생(嚴起生)만이 당시의 일을 이야기하였다. 열 사람의 이름은 조중립(曹重立), 이억남(李億男), 박중난(朴仲難), 안응현(安應賢), 민무선(閔武善), 김사룡(金士龍), 윤영(尹永), 홍대선(洪大善), 김배명(金培命), 엄기생이었다.

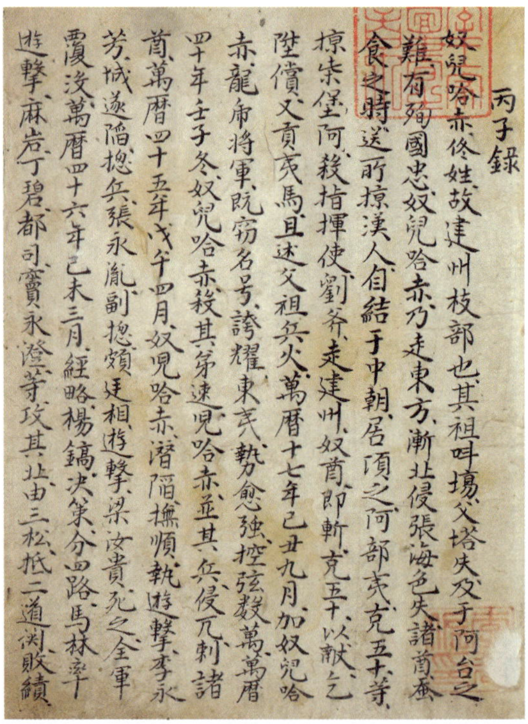
丙子錄
奴兒哈赤佟姓，故建州枝部也。其祖叫場，父塔失，及子阿台之
難，有殉國忠。奴兒哈赤乃走東方，漸壯，侵張海色失諸酋，奄
食之時，送所掠漢人，自結于中朝，居頃之，阿部芙克五十等，
掠宋堡，阿殺指揮使劉斧，走建州，奴酋即斬克五十以獻之，
陞償，又貢芙馬，且述父祖兵火，萬曆十七年己丑九月，加奴兒哈
赤龍虎將軍，既窃名号，誇耀東夷，勢力愈強，控弦數萬，萬曆
四十年壬子冬，奴兒哈赤殺其弟速兒哈赤，并其兵，侵兀剌諸
酋，萬曆四十五年戊午四月，奴兒哈赤潛陷撫順，執遊擊李永
芳，城遂陷，總兵張永胤，副總頗廷相，遊擊梁汝貴死之，全軍
覆沒，萬曆四十六年己未三月，經略楊鎬決策，分四路，馬林率
遊擊麻岩，丁碧，都司竇永澄等，攻其北，由三松抵二道關，敗績，

[그림 5-3] 나만갑(羅萬甲)이 지은 『병자록(丙子錄)』
(한국학중앙연구원 장서각 소장)

### (2) 이인좌의 난 출정과 마병(馬兵)의 일기 「난리가」

병자호란의 참전 기록은 대부분 양반관료들이 기록한 것이지만, 「난리가」는 이인좌의 난을 진압하기 위하여 관군으로 참전한 한 군졸이 그해 1728년(영조 4) 3월 17일부터 4월 19일까지 약 33일간 체험한 일들을 노정에 따라 일상적 구어체로 한글로 쓴 것이다.

1728년 발생한 이인좌의 난을 진압하기 위해 동원된 군사는 3월 18일 1차로 훈련도감에서 392명, 금위영에서 1,065명 등 총 1,457명이 참전하였다. 훈련도감에서는 마병 357명, 경표하군(京標下軍) 14명, 별장 1명, 초관 3명, 교련관(敎鍊官) 1명, 별무사 10명 등이 참전했으며, 금위영에서는 경표하군 392명, 5초군 572명, 별효위(別驍衛) 55명, 별무사 23명, 별장 천총 1명, 파총 1명, 초관 10명, 군관 4명, 교련관 3명, 기패관 2명, 침의 1명 등이 참전하였다. 3월 22일에는 2차로 어영청의 5초병 572명과 개성부(開城府)의 마병 2초 200명 등 총 772명이 추가로 참전하였다.[55]

「난리가」는 1차로 참전한 훈련도감 마병이 기록한 것이다. 「난리가」의 작가는 하급 장교가 아닌 하층에서 문서 실무를 담당했던 서자지[書字的]로 추정되고 있다.[56] 서자지는 조선시대 각 군영에서 문서의 작성과 기록을 맡아 보던 하급 군졸이었다. 훈련도감에는 마병 1초마다 서자지가 1명씩 배치되어 있었다. 「난리가」 속에는 임금의 전지(傳旨), 반란군의 격문(檄文), 지휘관의 훈시(訓示) 등이 충실하게 수록되었으며, 무신란에 참여했던 다수 인물들의 지위와 성명, 무신란이 끝난 이후 임명되거나 봉훈(封勳)된 직위 등이 정확하게 기술되어 있다. 문서의 작성에 관여하는 병사가 아니라면 이러한 정보를 접하기 어려웠을 것이므로, 「난리가」의 작자를 서자지로 추정하는 것이다.

[그림 5-4] 이인좌의 난 진행도

「난리가」에 의하면 3월 17일 한양을 출발한 훈련도감의 300명의 행로는 다음과 같다. 노량-금천(衿川)(3.18)-과천-수원(3.19)-진위(振威)(3.21)-소사벌(3.22)-안성(3.23)-청룡산(3.24)-죽산(3.25)-청주(3.27)-문의(3.29)-영동(4.01)-황간-추풍역-금산(金山)(4.02)-지례(知禮)(4.03)-우도티고개-거창(4.07)-안음(4.08)-함양-운봉(4.09)-남원(4.10)-오수역-임실(4.12)-만막골-전주(4.13)-삼례역-여산-과천-노량(4.18)-숭례문(4.19)-돈화문(4.19)으로 귀환하였다.[57]

3월 21일 훈련도감 마병이 진위에 도착했을 때 반란군의 기습공격도 받았다. 이인좌는 반군의 선봉장인 이배(李培, 1682-1728)에게 50명 정예병을 딸려 보내 오명항(吳命恒, 1673-1728)이 지휘하는 관군을 공격하였다. 이 공격은 관군의 총사령관 오명항을 처치하기 위함이었다. 관군은 조직이 채 정비되기 전이었고, 강행군 끝에 진위에 도착한 터였으므로 습격에 제대로 대처하지를 못했다. 극도의 혼란 속에 관군들은 허둥거릴 뿐이었다. 서로 밟고 밟히는 혼란 속에서 관군들은 정신이 없을 지경이었다. 작가는 그 점을 '혼백이 몸에 붙지 않았다'고 표현했다. 더구나 반란군 이배의 정예병사들은 오명항이 있는 중앙 막사까지 습격하였다. 이 공격으로 선전관이 부상당할 정도로 타격을 입었으나, 관군은 곧 전열을 재정비하여 반군의 공격을 물리쳤다. 반군의 선봉 이배는 관군에 사로잡혔다가 탈출에 성공하여 달아났다. 공습을 물리친 훈련도감 군대는 계속 진군하여 3월 24일 청룡산에 도착하였다. 이곳은 반군의 주력부대가 진을 치고 있는 곳이었다. 이곳에서 전투가 벌어졌는데, 이 광경을 「난리가」에서는 다음과 같이 묘사하고 있다.

> 청룡산에 다라르니 적병이 진세를 일위시며 산남 높은 곳에 홍냥산 휘황한데 일산 네히 버려졌고, 오방깃발과 표미기예 숙정패, 사명기를 정제히 세웠는데 백포장군이 백포군병을 거느리고 중앙에 서있고, 도적놈 박종원은 제장수를 거느리고 황신기를 둘러 군병을 지휘할 때 관군에서 방포일성이 뇌고하며 터아성을 부니 마보군병이 일시에 납함하고 좌우로 협공하여 도적을 싀살하여 적장도 버히며[58]

청룡산에서 적장 박종원(朴宗元, ?-1728) 부대를 관군에서 대포를 발사한 뒤에 기병인 마병이 좌우로 협공하여 적군을 사살하고, 적장 박종원도 사살한 것이다. 이때 마병부대를 지휘한 자는 별장 이수량(李遂良, 1673-1735)이었다. 기병인 마병부대는 항상 돌격 선봉대로 활약했다. 훈련도감 소속 마병은 철갑, 보병은 피갑(皮甲)을 각각 착용하였다.

갑옷의 길이도 마병은 짧고 보병은 길었다. 마병은 활을 주무기로 하며, 환도(環刀)와 편곤(鞭棍)을 보조무기로 휴대하였다. 「난리가」에서는 철갑을 두르고 날쌘 말과 함께 선봉에 서서 돌격하는 마병들의 힘찬 위세에 적들이 오합지졸로 되어 모두 흩어지고 결국 적장을 생포하고, 적군을 무찌르니 주검이 산을 이루고 피가 흘러 강이 될 정도였다고 전투상황을 묘사하고 있다.

훈련도감 군대의 지휘관은 다양했다. 종사관 박문수(朴文秀, 1691-1756), 도집사(都執事) 백시철(白時哲), 채응관(採鷹官) 권희학(權喜學, 1672-1742), 금위중군(禁衛中軍) 박찬신(朴纘新, 1679-1755), 별초 별장 전라병사 이익필(李益馝, 1674-1751) 외에도 곤양군수, 안성군수, 상주영장(尙州營將) 등이 지휘관으로 거론되고 있다. 작가는 이러한 인물 중에서 종사관으로 참전했던 박문수에 대해 '마병과 보병을 자식 같이 사랑'한 인물로 칭송하면서, 중국 전국(戰國) 시대의 오기(吳起) 장군의 고사에 견주었다.[59] 이에 비하여 무능하고 비겁한 지휘관들의 행태에 대해서는 날카로운 풍자와 조롱을 가하였다. 특히 도집사 백시철, 채응관 권희학, 금위중군 박찬신, 전라병사 이익필은 많은 군사를 거느리고도 적과 전투에서 선봉에 서서 싸우지 않고 비겁하게 산꼭대기로 도망갔다고 그들을 비난하고 있다. 더구나 비겁하게 도망갔으면서도 무신란이 평정되고 난 이후 권희학은 공신으로 화원군(花原君)에, 박찬신은 양무원종공신(揚武原從功臣) 2등에 책록되었음을 비판하고 있는 것이다.

이처럼 훈련도감 군병인 마병의 기록에는 박찬신이 전투에서 싸우지 않고 도망갔다는 점을 폭로하고 있지만, 영조실록의 기록에는 박찬신이 적극 전투에 임하여 적군 여러 명을 죽이고, 적장 박종원의 머리를 함에 담아 군관 신만(申漫)에게 주어 임금에게 보고하라고 했다고 기록하고 있다.[60] 동일한 전투를 묘사함에 있어서도 병사의 시각과 조정의 시각은 크게 달랐음을 알 수 있다.

지휘관과 달리 병사의 입장에서 전쟁은 언제 죽을지 모르는 매우 힘들고 고달픈 것이었다. 특히 전투와 끊임없이 이어진 행군은 매우 힘든 것이었고, 행군과 전투 중에 지급되는 식량의 부족 또한 젊은 병사가 감내하기 매우 어려운 것이었다. 기병이었기 때문에 갑옷으로 중무장해야 했는데, 시기가 늦봄이어서 더운 날이 많았다. 그러므로 갑옷을 입고 전투와 행군하는 것이 어려움을 토로하기도 했다.

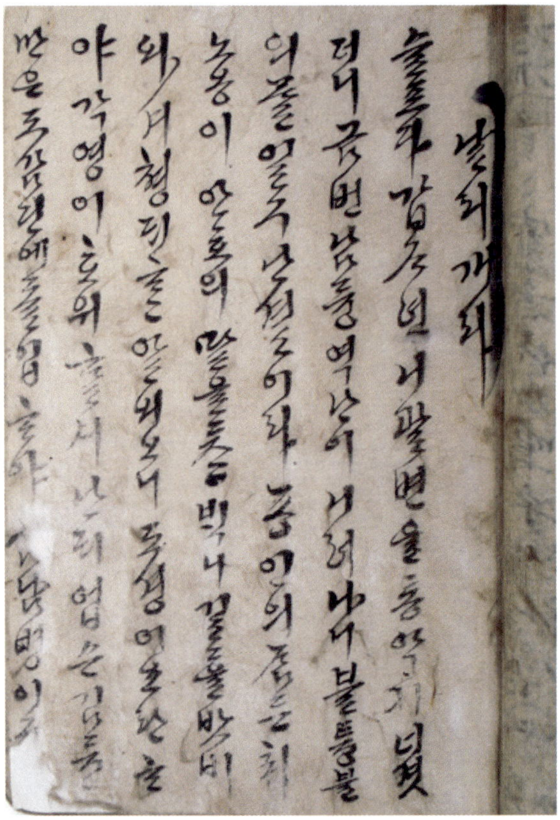

[그림 5-5] 훈련도감 마병의 출전일기 「난리가」

마병들의 식사모습은 통노구[61]에 지은, 돌과 뉘가 뒤섞여 있는 밥을 나무젓가락도 없어서 손에 쥐고 식사를 했다고 묘사하고 있다. 이렇게 돌과 뉘가 섞여 있는 밥을 먹을 수 있으면 그나마 다행이었다. 4월 3일 지례에 도착했을 때는 지례원(知禮院)이 적군의 습격을 받아 창곡(倉穀)과 군기(軍器)를 모두 빼앗겼기 때문에 군병들은 불가피하게 하루 종일 굶기도 했다. 이처럼 불가피한 사정으로 굶주린 경우도 있었지만, 금위중군 박찬신의 횡포로 인해 굶주리기도 했다. 4월 22일 반란군을 진압하고 한양으로 귀환하는 과정에서 박찬신은 병졸들에게 하루치 양식을 미리 지급했다는 이유로 양식을 제공하지 않았다. 그러자 마군 300명은 한양으로 올라가 급료로 갚을 테니 하루치 양식을 달라고 집단으로 청원을 하였지만 거절을 당하였다. 이로 인하여 마군 300명은 하루를 꼬박 굶을 수밖에 없었던 것이다.

한편 「난리가」에서는 전투와 행군 장면만이 아니라 전쟁 과정에서 죄 없이 죽어간 백성들에 대해서도 기록하였다. 특히 이인좌의 난의 진압 과정에서 1,000여 명의 백성들이 도적을 피해 피난하려고 산에 올랐다가 남녀노소 남김없이 모두 관군에 의해 살육을 당했다고 관군의 잔인함을 고발하기도 했다. 일반 백성들에 대한 이 같은 공감의 표현은 하급 병사의 사회적 지위와 처지가 그들과 다를 바 없었기 때문이었을 것이다.[62]

### (3) 홍경래의 난 출정과 『서정일기(西征日記)』

훈련도감을 비롯한 삼군영 병사들은 1811년(순조 11) 12월 평안도에서 발생한 홍경래의 난을 진압하는 데도 출동하였다. 12월 18일 평안도에서 홍경래의 난이 발발하였고, 이 소식은 발발 이틀 뒤인 20일 평안병사 이해우(李海愚, 1760-1832)의 밀계(密啓)에 의해 한양에 알려졌다. 이에 조정에서는 선무사(宣撫使)를 파견하고 가산, 곽산, 정주, 선천, 용천 등 함락된 지역의 군수와 현감을 새로 임명하고, 23일에는 정만석(鄭晩錫, 1758-1834)을 관서위무사겸감진사(關西慰撫使兼監賑使)에 임명하였고, 24일에는 이요헌(李堯憲, 1766-1815)을 양서순무사(兩西巡撫使), 박기풍(朴基豊)을 순무중군(巡撫中軍), 서능보(徐能輔, 1769-1835), 김계온(金啓溫, 1773-?)을 종사관으로 임명하고 순무영을 금위영에 설치하여 홍경래의 난 진압을 위한 군대를 편성하였다. 진압군은 훈련도감 마병 2초, 보군 3초, 금위영, 어영청의 기사 각 일번(一番)과 경중초, 소모군(召募軍) 2초로 편성되었다.[63] 진압군은 모두 삼군영 군사로 구성된 것이다.

진압군은 12월 27일 한양을 출발하여 장단부, 개성부, 금천군(金川郡), 평산부 등을 거쳐 1월 6일 평양에 도착하였다. 각 군현을 통과할 때 각 지역의 수령들은 군병들에게 음식을 접대하거나 또는 돈 1전을 지급하기도 했다. 재정이 풍부한 개성부에서는 특별히 짚신 1,000켤레, 마철(馬鐵) 100부(部), 육촉(肉燭) 400자루, 황촉(黃燭) 등의 군사물자를 공급하였다. 또한 마병의 무기가 편 채찍[鞭]·몽둥이[棍]·화살[弓矢]에 불과하였기 때문에 개성부에 보관하고 있는 협도(狹刀) 4자루를 빌리기도 했다.[64]

진압군의 행군은 음력 섣달그믐에서 정월 초에 걸쳐 이루어졌으므로 날씨가 매우 추웠다. 그럼에도 불구하고 군사들의 행군은 멈추지 않고 계속 진전했다. 서흥부(瑞興府)에서 병사와 말이 얼음과 성에가 넘치는 큰 하천을 밤에 건넜으며, 이때 횃불을 제대로 밝히지 못한 서흥부 좌수(座首)와 공형(公兄)은 처벌을 받았다.[65] 정월 4일 황주에 도착해서도 황주부사와 병사(兵使), 우후(虞候)가 돈 80냥을 내어 모든 군병에게 1전 2푼씩 나누어주었고, 황주부사는 술과 고기로 군병들을 접대했으며,[66] 5일 중화부(中和府)에서도 모든 군병들에게 2전 7푼을 나누어주었다.[67] 정월 6일에는 평양성에 입성하고, 마병, 보병들이 대동강 변에서 대규모 행진을 거행했고, 이때 평양감영군 5,000명이 진압군에 합류하였다. 평안감사는 은 500냥을 군수(軍需)로 내었으며, 화약 300근, 화승(火繩) 10원(圓), 황촉, 월도(月刀) 30자루, 편곤(鞭棍) 8자루, 삼혈총(三穴銃) 1자루, 갑주(甲冑) 2벌, 편곤 50자루를 공급받았다. 이외에도 된장이나 식량 및 마철 100부를 제공받았다.[68]

정월 10일에는 정주(定州)의 송림(松林)에 도착하여 홍경래 군과 전투를 벌였는데, 진압군은 청천강을 건너 풍포(楓浦)에 주둔하고, 홍경래 군은 짧은 무기만을 가지고 있었고, 기마병은 30여 명에 불과했다. 그리하고 좌우익이 먼저 적을 향해 돌격하였고, 중군이 그 뒤를 따라 진격하여 홍경래 군 200명을 베고, 30여 명을 포로로 잡는 큰 승리를 거두었다. 송림전투에서 패한 홍경래 군은 정주성으로 퇴각하여 농성을 시작했다.

정주성을 포위한 관군은 정월 15일 4경에 밥을 지어 먹은 다음, 5경에 군장(軍裝)을 꾸리고 마침 눈이 엄청 쏟아지는 날씨에 여명을 틈타 5갈래로 총공격을 감행했다. 그러나 홍경래 군은 성위에서 일제히 발포하여 관군이 결국 퇴각하기에 이르렀다. 퇴각하면서도 관군은 총을 맞아 사망한 순무영 군관 김대택(金大宅, 1762-?)과 군졸 2명의 시신도 거두어 퇴각하였다. 전투에서 패배했음에도 동료의 시신을 적에게 빼앗기지 않고 거두어 퇴각했던 것이다.[69]

1월 15일 1차 공격에 실패한 관군은 1월 19일, 2월 4일, 2월 25일 등 4차에 걸쳐 대공격을 감행했지만 완강한 홍경래 군의 반격에 정주성을 함락시키지 못했다. 결국 4월 3일 관군은 정주성 아래에 땅굴을 파서 성벽을 무너뜨리는 전략을 구사했다. 성벽 아래까지 굴착이 끝난 4월 19일 동틀 무렵 관군은 굴 안에 화약 1,800근을 쌓아 폭발시켜 성벽을 무너뜨렸다. 3개월 이상을 버티던 정주성이 끝내 관군에 의해 함락된 것이다. 홍경래는 사망했고, 홍경래 군의 선봉장 홍총각(洪總角, ?-1812), 김리대(金履大, 1771-1812) 등은 생포하였다. 정주성에 피신한 주민 2,983명 중에서 여자 842명과 10세 이하 아동 224명을 제외한 나머지 1,917명은 모두 효수하였다.[70]

홍경래 진압군은 한양의 삼군영 군대[京營軍]가 724명, 송영(松營)의 기사 105명, 병우후(兵虞候) 이해승(李海昇)과 이익(李益) 진(陣) 교졸 699명, 순중군(巡中軍) 이정회(李鼎會, 1771-?) 진 교졸(校卒) 837명, 박천군수(博川郡守) 이운식(李運植) 진 교졸 243명 외에 평안도 각 군현에서 동원된 군사와 의병부대를 합해서 총 8,797명이었다. 진압군 중에서 최정예부대는 한양에서 파견된 삼군영 병사였다. 이들은 전체 진압군의 8% 정도를 차지하였다.[71]

[그림 5-6] 정주성(定州城)을 포위한 관군의 모습(〈홍경래진도(洪景來陣圖)〉, 규장각한국학연구원 소장)

## 2. 군병의 각종 입역과 저항

삼군영 군병들은 군사훈련, 전쟁수행이라는 본래적 임무만이 아니라, 평상시에 왕의 호위와 궁성 경비, 도성의 수축과 도성방어, 도성 내외의 순라, 도성의 유지 관리 등 다양한 임무에 동원되고 있었다. 조선 후기 평화가 오래 지속되었기 때문에 삼군영 군병들은 평화시 임무인 다양한 역을 수행하는 것도 매우 중요했다. 이 절에서는 평화시에 군병들이 담당했던 각종 역에 대해 살펴보기로 한다.

### 1) 국왕 호위 및 궁궐 숙위(宿衛)

원래 국왕의 호위를 맡는 군대는 금군(禁軍)이었다. 금군은 건국 초 겸사복(兼司僕), 내금위(內禁衛), 우림위(羽林衛)가 담당하다가, 1656년(효종 7) 금군청을 설치하였고, 1754년(영조 30) 용호영(龍虎營)을 설치하고, 이 군대를 병조판서가 지휘하게 하였다. 금군의 정원은 효종 대에 1,000명으로 증원되었다가 현종 대 이후 700명 수준으로 정해졌다.[72] 이처럼 국왕 호위를 전담하는 군대는 금군이었지만, 국방을 담당하는 삼군영 군대도 국왕의 호위와 궁성경비를 담당하였다.

훈련도감에서는 국왕이 왕릉이나 종묘 등에 행행(行幸)할 경우 왕의 행차를 수행(隨行)하여 호위하였고, 왕의 행차 전후에 척후와 복병을 두는 일도 담당했다. 왕이 궁궐 안에 머무를 때에도 삼군영에서는 궁성의 경비를 담당했다. 궁성의 경비업무는 파수와 순라로 나뉜다. 파수는 일정한 곳에서 숙직하면서 지키는 행위이다. 순라는 도둑이나 화재 따위를 경계하여 일정한 구역을 순찰하고 파수를 점검하는 일을 말한다. 밤에 파수 지역을 일정한 간격으로 돌기 때문에 행순 또는 야경(夜警)이라 부르기도 한다. 원래 숙위는 경비를 위해 머물러 숙직하는 일 또는 그 사람을 일컫는 말이기는 하지만, 파수와 순라를 포함하는 용어로 사용하기도 했다.[73]

각 군영의 경비구역은 시기에 따라 달랐는데, 1682년(숙종 8)에는 훈련도감이 창덕궁 정문인 돈화문에서 창경궁 정문인 홍화문까지, 총융청이 창덕궁 집춘문에서 창덕궁 북문인 광지문 밖의 광지영(廣智營, 훈련도감 분영)까지, 금위영은 광지영에서 창덕궁 금호문(金虎門)까지 경비를 담당했다.[74] 북한산성 축성 이후 총융청이 북한산성을 거점으로 도성 외곽의 방어를 책임지게 되면서 궁궐 숙위구역은 변했는데, 훈련도감에서는 금호문에서 돈령부 앞길까지, 어영청에서는 어영청 동영에서 광지영까지, 금위영에서

[그림 5-7] 훈련도감군 파수직소(把守直所) (《동궐도(東闕圖)》 부분, 고려대학교박물관 소장)

는 광지영에서 금호문까지 숙위를 담당했다.[75] 『훈국총요(訓局摠要)』에 따르면 훈련도감의 금호문의 파수를 담당하는 자는 파총과 초관 각 1명, 군병 100명이었고, 광지영의 경우는 초관 1명과 군병 50명, 홍화문은 초관 1명과 군병 100명이 파수를 담당했다. 이들에게는 각 파수 구역을 경비하는 것 외에 경비구역의 궁장이 무너지면 수축하는 임무도 주어졌다.[76]

만약에 임금의 신변에 이상이 생기거나 외적의 침입 등 비상이 걸리면, 훈련대장은 중군 이하의 기고대(旗鼓隊)를 인솔하여 돈화문을 파수하며, 보군은 금호문 남쪽에서 어영청 동영(東營)의 서쪽까지 담당하고, 마병은 파자교(把子橋) 앞길에 진을 쳤다. 금위대장(禁衛大將)은 중군 이하의 기고대를 인솔하여 금호문을 파수하되 보군은 금호문 북쪽에서 광지영 서쪽까지 담당하고, 기사는 요금문(曜金門)에서 공북문(拱北門)까지 진을 친다. 어영대장(御營大將)은 중군 이하의 기고대를 인솔하여 홍화문(弘化門)을 파수하되 보군은 어영청 동영의 북쪽에서 광지영까지 담당하고, 기사는 관현(館峴)에 진을 쳤다. 수어사(守禦使)는 중군 이하의 기고대를 인솔하여 비변사의 서문 밖에서 진을 쳤으며, 총융사(摠戎使)는 중군 이하의 기고대를 인솔하여 금위영의 동문(東門) 밖에서 진을 쳤으며, 호위별장(扈衛別將)은 군관을 인솔하여 금호문 북쪽에서 공북문 바깥까지 진을 친다. 용호장(龍虎將)은 금려가후(禁旅駕後)를 인솔하여 돈녕부(敦寧府) 앞길에 진을 쳤고, 가전별초(駕前別抄)는 선인문(宣仁門) 밖에서 진을 쳤다.[77] 훈련도감에서는 궁궐의 각 문을 지키는 수문군을 두고 운영하였다. 돈의문과 창의문에는 6명의 군사가, 숙정문에는 2명이 군사가 근무하였는데 매월 4명씩 돌아가면서 근무하였다.[78]

국왕이 창덕궁이 아닌 경희궁에 있을 때에는 삼군영 군대가 이동하여 경희궁의 궁궐경비를 분담하였는데, 경비구역은 훈련도감이 개양문(開陽門)에서 무덕문(武德門)까지, 금위영이 개양문에서 숭의문(崇義門)까지, 어영청에서 무덕문에서 숭의문까지 경비를 담당하였다.[79]

삼군영에서는 궁궐 밖의 순라도 담당하였다. 훈련도감의 순라 범위는 파수 범위와 일치한다. 순라는 궁성 밖 각 영에 번을 서는 초관 1명이 군사 20명을 거느리고 경(更)을 나누어 순행하는 것이 원칙이다. 남영은 초경(初更, 저녁 7시~밤 9시), 서영은 이경(二更, 밤 9시~11시), 광지영은 삼경(三更, 밤 11시~새벽 1시), 집춘영은 사경(四更, 새벽 1시~3시), 동영은 오경(五更, 새벽 3시~5시)에 돈다. 마친 후 다시 시작하여 돌면 각 두 차례가 된다. 궁장 밖의 군사 주둔처는 삼군영(훈련도감, 금위영, 어영청)을 합쳐서 20개소로, 훈련도감 구역에 6개소, 금위영 구역에 8개소, 어영청 구역에 6개소를 설치하고 각각 군사 2명씩 주둔하도록 했다. 순라는 각 영에서 행순하는 것 외에, 삼군문의 패장 1명이 입직군 5명을 거느리고 각기 담당 구역을 따라 밤새도록 별도로 도는 별순(別巡), 삼군문의 입직장관 각 1명은 군사 5명을 거느리고 파루(罷漏)를 칠 때부터 날이 샐 때까지 담당 구역을 살피는 검찰, 장교와 군졸 각 1명씩을 선정하여 각 군영 순라의 근무 태도를 조사하는 도순(都巡)의 방식을 두어 궁성의 야간 수비가 철저히 이루어지도록 하였다.[80]

한편 궁궐 내 숙위는 순라에 한정된다고 볼 수 있다. 궐로 드나드는 모든 문은 수문장이 지켜 호위하고, 궁장은 삼군문에서 나누어 지키기 때문이다. 그러나 궐문을 닫아버린 캄캄한 밤, 궐내의 순라를 검찰하고 문이 잘 잠겼는가를 확인하는 일은 별도의 담당자가 필요했다. 이를 맡은 것이 병조와 세조 때부터 궁궐의 숙위를 맡아오던 도총부다. 자물쇠를 검사하는 영역은 병조가 건양의 서편을, 도총부가 건양문의 동편을 담당했다. 궐내의 순라는 도총부의 위장과 부장이 군사 5명씩을 거느리고 시간을 나누어 행순하여 이루어졌다. 동궐의 순라 구역은 대보단의 서편에 자리한 명례문에서 창경궁의 통화문까지 이르는데, 동서남북 4소로 나누어 각 소가 담당했다. 이 중 북소는 창경궁의 통화문에서 집례문까지고, 동소는 집례문에서 건양문까지다. 남소는 건양문에서 창덕궁의 경추문까지며 서소는 경추문에서 명례문까지다.[81] 국왕의 거둥이나 무재(武才)를 참관할 때 또는 궁성을 호위할 때에 참가하지 못한 군병은 모두 파면하였다.[82]

한편 1778년(정조 2)부터는 궁궐의 담벼락이 무너지거나 손상을 입었을 경우, 이에 대한 수리 보수 업무도 경비와 순찰을 맡은 삼군영에서 담당했다. 다만 수리비용은 호조에서 지급하였고, 담벼락의 보수에 필요한 기와와 처마 목재들은 자문감에서 제공하였다. 이처럼 경비와 물자를 호조와 자문감에서 제공한 것은 이들 기관이 원래 궁궐 담장의 수리 업무를 담당하는 기관이었기 때문이다.[83]

## 2) 한양 도성의 수축과 북한산성 축성

태조 때 완성된 한양도성은 세종 때 대대적인 개축공사를 통해 석성으로 완성되었다. 임진왜란 당시 일부 무너진 곳을 광해군이 1616년(광해군 8)에 개수하였으나 병자호란 때 다시 일부 무너졌다. 그러나 '성벽을 쌓지 않고 보수도 하지 않는다'는 청나라와의 조약으로 계속 방치되다가 숙종 대에 이르러 도성방어를 책임진 군사력이 동원되어 1704년(숙종 30)부터 시작하여  점진적으로 수축하였다. 공사는 성벽 보수를 먼저 한 다음, 여장 공사를 진행했다. 공사 구역은 비교적 평탄한 동쪽과 서쪽 성벽을 먼저 수리 보수하고, 산세가 험한 북쪽과 남쪽은 그다음에 진행했다. 평탄한 지역의 성벽 훼손이 심했기 때문이다.

1705년(숙종 31) 8월에는 수어청이 동쪽 도성 120보(步)를 개축하였고, 어영청이 서쪽 도성 75보를 개축하였으며, 1707년(숙종 33)에는 어영청에서 숙정문 서쪽 성첩이 허물어진 곳을 다시 쌓았다. 1710년(숙종 36)에는 금위영에서 여장 및 북성(北城)의 성벽 70여 칸과 북성의 성벽 13여 칸을 수축하였고, 1711년(숙종 37)에는 훈련도감에서 우수대(牛首臺) 근처의 성벽과 여장과 인왕산 꼭대기의 성벽 등을, 어영청에서 도성 남쪽의 여장을, 금위영에서 성벽 440보, 여장 4,866보를 수축하였고, 수구문과 돈의문 문루도 개건하였다. 수구문에는 홍예(虹蜺)를 새로 세우고 문루를 갖추었다. 1712년(숙종 38)에는 어영청에서 성벽과 여장에 대한 보완 공사를 계속하였으며, 훈련도감에서는 인왕산 자락의 성벽 1칸을 수축하였다. 1714년(숙종 39)에는 금위영에서 창의문 동변, 서소문 북변의 무너진 성벽을 수축하였고, 1719년(숙종 44)에는 훈련도감에서 벌아치(伐兒峙, 버티고개) 주변의 성벽 10여 칸을 수축하였고, 1721년(숙종 46) 에는 훈련도감에서 흥인문, 숭례문, 인왕산 근처의 여장을 수축하였다. 이렇듯 무너진 곳을 우선 보수하는 방식으로 도성 수축이 매우 천천히 이루어진 것은 청나라의 추궁을 피하기 위한 방책의 일환이기도 했다.

한편 영조 대에도 삼군영에서 도성 수축이 이루어졌다. 1745년(영조 21)부터 시작된 도성 수축 공사는 훈련도감이 숙정문 동변 무사석에서 돈의문 북변까지 4,850보, 금위영이 돈의문에서 광희문 남촌(南村)까지 5,042.5보, 어영청이 광희문에서 숙정문까지 5,042.5보로 전체 1만 4,935보를 각각 분담하여 이루어졌는데, 1747년(영조 23)에 완결하였다. 영조 이후에도 한양 도성의 부분적인 수축을 지속적으로 이루어졌고, 이 수축 공사는 대부분 삼군영 군사들이 담당하였다.

삼군영은 도성 성벽의 유지 보수도 담당했다. 만약 도성 성벽 중 무너진 곳이 있으면 삼군영에서 보수를 책임졌다. 각 군영이 담당한 구역은 훈련도감에서는 숙정문에서 돈의문까지, 금위영에서는 돈의문에서 광희문까지, 어영청에서는 광희문에서 숙정문까지를 담당했다.[84]

한편 1711년 축성된 북한산성의 건설에도 삼군영 군사가 동원되었다. 북한산성은 남한산성과 달리 한강을 건너지 않고 바로 피신이 가능했으며, 산세가 험해 방어에 유리했다. 도성 수축에도 청나라의 눈치를 살피면서 매우 천천히 공사를 진행했던 조정에서 과감하게 북한산성을 축성한 까닭은 당시 청나라 옹정제가 조선에 해적의 침략에 대비하여 해안지방의 경비를 강화할 것을 요청했기 때문이다. 조선 조정에서는 이와 같은 청나라의 요청을 북한산성 축성의 계기로 삼았던 것이다.

북한산성은 1711년 4월 3일부터 공사를 시작하여 6개월 후인 10월 19일 완공하였다. 북한산성의 축조는 삼군영에서 영역을 나누어 축조하였는데, 훈련도감은 용암봉(龍巖峯) 남쪽에서 보현봉(普賢峯)까지 2,821보를, 금위영은 수문(水門) 남쪽에서 보현봉까지 2,507보를, 그리고 나머지 구간은 어영청에서 담당하였다. 각 군영에는 책임 감독관으로 낭청(郎廳)을 두었으며, 또 그 아래에 내책응(內策應), 외책응(外策應), 독책장(督策將)을 두었다. 공사별로 부석패장(浮石牌將), 축성패장(築城牌將), 수구패장(水口牌將), 운석패장(運石牌將), 치도패장(治道牌將)과 니장변수(泥匠邊首), 야장변수(冶匠邊首), 석수변수(石手邊首), 목수변수(木手邊首) 등으로 공사를 감독하도록 하였다. 축성에 필요한 노동력은 삼군영 군사 외에도 한양의 주민과 승려들이 동원되었고, 그 밖에 모군(募軍)과 각종 공장이 동원되었다.

삼군영에서 북한산성 축성에 지출한 경비를 보면, 훈련도감에서 쌀 5,381석, 무명 246동(同) 47필, 돈 1만 1,200냥, 정철(正鐵) 1,255근, 신철(薪鐵) 8만 4,426근, 석회

2,813석, 숯 5,259석, 생갈(生葛) 891동, 사승포(四升布) 1동, 소모자(小帽子) 300립(立)을 지원했으며, 어영청에서는 쌀 5,000석, 무명 233동 2필 24척 2촌, 돈 1만 500냥, 정철 630근, 신철 6만 6,621근, 석회 1,996석, 숯 4,695석, 생갈 478동 15사리, 사승포 1동, 소모자 300립, 무명 29필, 돈 199냥 3전을 지출하였고, 금위영에서는 쌀 6,000석, 무명 286동 34필, 돈 1만 2,900냥, 정철 900근, 신철 8,498근, 석회 4,829석, 숯 4,905석, 생갈 633동, 사승포 2동, 소모자 300립을 지원하였다. 삼군문에서 총 지출한 경비는 쌀 1만 6,381석, 무명 767동 12필 24척 2촌, 돈 3만 4,799냥 3전, 정철 2,785근, 신철 22만 9,180근, 석회 9,638석, 숯 1만 4,859석, 생갈 2,002동, 사승포 4동, 소모자 900립에 달하였다.[85]

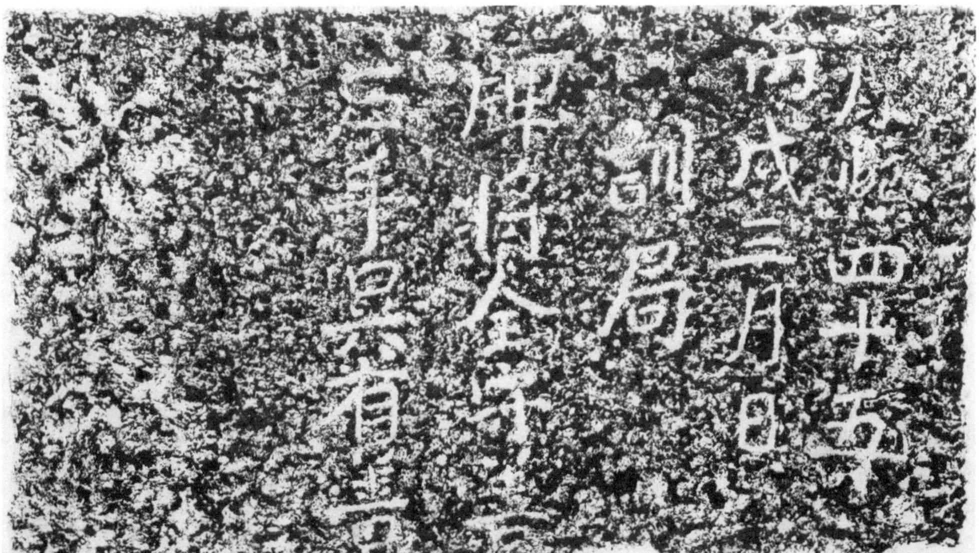

[그림 5-8] 한양 도성에 새겨진 석각
강희사십오(康熙四十五) | 병술삼월일(丙戌三月日) | 훈국(訓局) | 패장전수선(牌將全守善) | 석수오유선(石手吳有善)

### 3) 삼군영의 도성방어

훈련도감, 어영청, 금위영의 삼군영이 도성방어의 핵심 군영으로 정비된 것은 1704년(숙종 30) 12월의 군제변통을 거치고, 1728년(영조 4) 이인좌의 난을 진압한 이후였다. 영조는 이인좌난을 진압한 이후 도성방어의 필요성을 절감하여 1746년(영조 22) 「수성절목(守城節目)」을 반포하여 도성수비체제를 확립하였다.[86] 이에 의하면 한성부 5부의 백성들을 모두 삼군영에 소속시키고, 매 식년마다 소속된 방(坊)·계(契)의 호구를 조사하여 각 해당 군영과 병조에 보고하도록 했다. 또한 삼군영은 도성 구역 전체를 나누어 방어했는데, 각 군영에서는 전(前), 좌(左), 중(中), 우(右), 후(後)로 순차를 정하여 돌을 세우고 훈전(訓前), 훈좌(訓左), 훈중(訓中), 훈우(訓右), 훈후(訓後) 등으로 각자(刻字)하여 방어구역을 표시했다. 삼군영의 군병, 도성 주민, 도성방어 구역을 일체화하여 외적으로부터 도성을 방어하고자 한 것이 이때 확립된 「수성절목」의 핵심이었다.

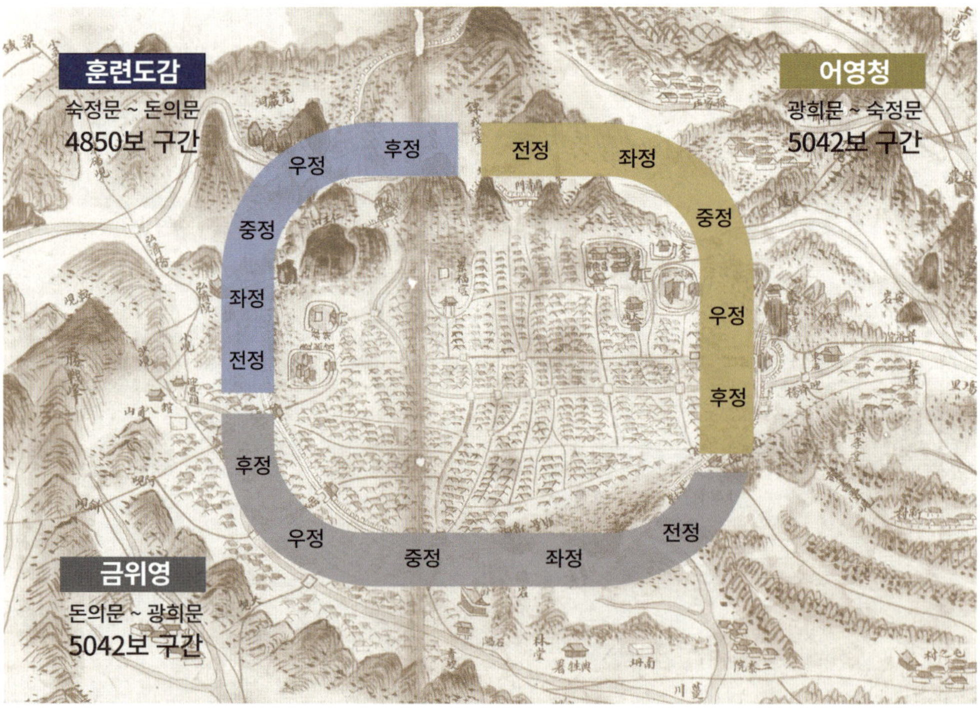

[그림 5-9] 삼군영의 도성 방위 구역

도성 방위를 위해 삼군문에서는 도성 곳곳에 초소를 두어 지켰는데, 훈련도감의 초소는 북영(北營), 금호문, 홍화문, 집현문(集賢門), 영숙문(永肅門), 남영(南營), 광지영, 군향색(軍餉色), 신영(新營), 흥화문, 숭의문, 서영(西營) 등지였고, 금위영의 초소는 신영, 서영, 남별영(南別營), 화약고(火藥庫), 건양문(建陽門), 동룡문(銅龍門), 남창(南倉), 숭례문(崇禮門), 소의문(昭義門), 연화문(延化門), 남영, 어영청의 초소는 신영, 동영, 집춘영(集春營), 남소영(南小營), 화약고, 남창, 북영 등지였다.[87]

### 4) 치안을 위한 도성 내외의 순라(巡邏)

조선 후기 한성부 전 지역의 순찰은 형조 소속인 좌우포도청과 좌우순청에서 담당하였으나, 17세기에 이르러 무뢰배에 의한 우마(牛馬) 절도가 극심해지자, 훈련도감의 포수와 살수를 5영으로 나누어 한성부의 치안 업무를 임시적으로 부여하였다.[88] 이후에도 간헐적으로 훈련도감 군병들은 도성 안 순라를 담당하다가 1670년(현종 11)에 삼군영에서 각각 1패에서 8패까지 순라패를 나누어 도성 내외의 구역을 정해 순찰하는 규정이 제정되었다. 이로써 삼군영 군병이 도성방어라는 국방의 임무뿐만 아니라 도성 안팎의 치안을 담당하는 임무도 맡게 된 것이다. 도성에 상주하는 상비군으로서 국방과 치안의 임무를 동시에 떠맡는 것은 전근대 사회에서 일반적인 일이기도 했다. 삼군영 각 패가 담당하는 순라 구역을 보면 다음의 [표 5-2]와 같다.

각 군영의 1패에서 4패는 도성 안 구역을 5패에서 8패는 도성 밖 지역을 담당하였다. 도성 안의 경우 훈련도감은 종각에서 돈의문 남북지역, 관현, 이현 일대를, 금위영은 흥인문 주변 지역과 돈의문에서 안국동, 삼청동 일대를, 어영청은 오간수문을 기준으로 천변을 따라 광통교까지 이르는 지역과 돈의문 남북에서 종각까지로, 주로 청계천 주변을 순찰하였다.

도성 밖 지역은 훈련도감의 경우 동대문과 남대문 밖 지역에서 경강인 서강, 한강, 두모포에 이르는 곳을, 금위영은 홍제원에서 모화관, 아현(鵝峴)을 거쳐 이태원 주변 지역과 마포에서 서빙고(西氷庫), 토정에서 망원정에 이르는 경강 구역의 순라를 담당하였다. 어영청은 동대문 밖 왕십리, 제기동, 종암동, 수유현(水踰峴)까지 순라를 했으며, 남대문 밖은 청파, 서빙고, 마포, 용산, 양화진을 행순하였음을 알 수 있다.

순라는 훈련도감은 초일(初日), 금위영은 중일(中日), 어영청은 종일(終日)의 3교대로 이루어졌다. 순라군은 군호(軍號)를 받아야 하고 대궐 안에 상주하는 사람이나 궁성 밖 주민들을 다른 군영의 초소에서 만나면 서로 신호하여 신분을 확인해야 했으며, 파루가 울려 통금이 해제되면 순찰을 중지하였다. 순찰 중에 다른 군영의 순찰 병사를 만나면 군호를 물어 서로 통하지 않으면 통행금지를 위반한 죄인으로 체포하였다.[89]

**[표 5-2] 조선 후기 삼군영 군병의 도성 내 순라구역**

| 훈련도감 | | 금위영 | | 어영청 | |
|---|---|---|---|---|---|
| 패 | 구 역 | 패 | 구 역 | 패 | 구 역 |
| 1패 | 관현(館峴) ~ 이현(梨峴), 효교(孝橋), 산림동(山林洞), 주자동(鑄字洞) 동(東) | 1패 | 흥인문 북변 ~ 전의감, 안국동 동(東) ~ 삼청동 | 1패 | 오간수문 북(北) ~ 대광통교(大廣通橋), 삼청동 이동(以東) |
| 2패 | 장원서(掌苑署) ~ 안동(安洞), 전동(典洞), 종각, 동현(銅峴), 명동, 남산동 이동(以東) | 2패 | 흥인문 남변 ~ 종각, 동현, 명례동, 남산 아래 ~ 율전동 이동(以東) | 2패 | 오간수문 남(南) ~ 대광통교남문내 이남(以南) |
| 3패 | 종각 ~ 돈의문 이남 | 3패 | 돈의문 남변 ~ 종각, 동현, 명례동, 남산 아래, 율전동 이서(以西) | 3패 | 돈의문내 북(北) ~ 종각사거리북 |
| 4패 | 종각 ~ 돈의문 이북 | 4패 | 돈의문 ~ 전의감동, 안국동 ~ 삼청동 이서(以西) | 4패 | 돈의문내 남(南) ~ 종각남문내 서(西) |
| 5패 | 남대문외 ~ 초교(哨橋), 아현, 늑교이북(勒橋以北) ~ 서강 | 5패 | 홍제원 ~ 모화관 삼문 밖 ~ 아현, 이태원 | 5패 | 서문 외 아현 ~ 모화관, 홍제원 |
| 6패 | 남대문외 ~ 초교, 만리현이남(萬里峴以南), 노여리(盧閭里), 둔지산(屯之山), 이태원, 와서(瓦署), 빙고, 한강 | 6패 | 마포 ~ 빙고 | 6패 | 동문 외 ~ 왕십리, 뚝섬, 제기, 종암 |
| 7패 | 동대문외 ~ 안암동, 왕십리, 두모포, 동수철리(東水鐵里), 뚝섬 | 7패 | 토정리(土亭里 ) ~ 서강, 망원정 | 7패 | 남문 외 ~ 청파, 서빙고, 마포, 용산 |
| 8패 | 만리현 이서(以西) ~ 서삼강(西三江) | 8패 | 동교부자내전당(東郊部字內全當) | 8패 | 대현 ~ 옹막(瓮幕), 서강, 양화도 |

전거 : 『만기요람』 군정편 2, 훈련도감 군정편 3, 금위영, 어영청, 성내외순라자내(城內外巡邏字內)

## 5) 도시 유지를 위한 각종 입역(立役)

삼군영 군사들은 국왕의 호위와 궁성경비, 그리고 도성 순찰 등 치안 목적으로 동원되었을 뿐만 아니라 도성의 상비군이었기 때문에 도시 시설의 유지와 운영에 필요한 각종 역에 동원되었다. 대표적인 것인 개천을 준설하는 작업, 도성 내사산(內四山)의 소나무 벌채를 단속하는 금송역(禁松役), 인왕산이나 경복궁 등지에 호랑이가 출현했을 때의 착호역(捉虎役) 등이었다.

원래 소나무 벌목을 단속하는 일은 한성부 소속의 참군(參軍)이 담당하는 일이었지만, 1754년(영조 30)에 한성부 참군을 폐지하고 동, 서, 남쪽의 산은 훈련도감, 금위영, 어영청에서 담당하게 하고, 북쪽의 산은 총융청이 맡게 하였다. 훈련도감에서는 금송역을 담당하기 위해 20명을 정원으로 하는 금송군(禁松軍)을 운영하였다. 20명은 내산(內山)에 4명, 외산(外山) 6명씩 배치되어 교대로 근무하였다.[90] 내산은 숙정문, 삼청동천(三淸洞川)의 서쪽, 북악에서 돈의문의 북쪽까지, 외산은 사현(沙峴)에서 북으로 서곡성(西曲城)까지, 남으로 안현(鞍峴)까지이며, 사현에서 서쪽으로 홍제천(弘濟川)을 거쳐 양철평(梁鐵坪), 말흘산(末屹山), 정토(淨土), 가좌동(加佐洞), 성산리(城山里)까지 담당했다. 금위영에서는 도성 안의 경우 돈의문 남쪽부터 광희문 남쪽까지와 도성 밖의 만리창(萬里倉)에서 한강진, 두모포, 원현(院峴)까지를 담당하였다. 어영청에서는 광희문에서 숙정문까지, 혜화문에서 호유현(胡踰峴)까지, 홍인문에서 안암동, 차현(車峴), 제기현(祭基峴), 소묵아(小墨兒), 벌리(伐里), 수유현까지를 담당하였다.[91]

한편 삼군영에서는 도성 중앙을 흐르는 개천의 준천을 담당했는데, 훈련도감에서는 송기교(松杞橋)부터 장통교(長通橋)까지, 금위영에서는 장통교부터 태평교(太平橋)까지, 어영청에서는 태평교에서 영도교(永都橋)까지를 담당하였다. 또한 개천의 지류인 동대천(東大川)[흥덕동천(興德洞川)]의 백동(栢洞) 벌정(伐井) 앞의 장경교(長慶橋)로부터 개천 합류지점까지의 준설은 어영청에서 담당하였다.[92]

이외에도 삼군영 군병들은 중앙 각 아문의 물자를 운송하거나 왕의 행차시에 필요한 각종 물자를 옮기는 일인 부지군역(負持軍役)에도 동원되었다. 부지군은 물건을 옮기는 일을 했기 때문에 담부군(擔負軍)이라고도 했는데, 이 일은 어영청, 금위영의 경기병(京騎兵)이나 상번군이 담당하는 것이었다. 이처럼 군병이 담당하는 역이었는데, 부지군역을 담당하는 경기병과 상번군의 부족으로 1716년(숙종 42)부터 한성부 주민을 고립(雇立)시켜 동원하였다. 한성부 주민의 방역으로 정착된 것이다. 이 부지군역은 방역 가운

[그림 5-10] 『어전준천제명첩(御前濬川題名帖)』 중 「수문상친림관역도(水門上親臨觀役圖)」 (부산박물관 소장)

데 가장 힘든 고역(苦役)의 하나였다. 이에 1729년(영조 5) 한성부에서는 절초전인(折草廛人) 300여 명을 정하여 부지군역을 담당하게 하고, 그 대가로 절초(折草)의 독점판매권을 부여하였다.[93] 이로써 군병과 한성부 주민이 담당하던 부지군역은 완전히 폐지되었다.

한편 1669년(숙종 25)에는 각 군영에서는 호랑이 잡는 구역을 미리 나누어 정하여, 만약 그 구역에 호랑이가 출현했을 때 담당 군영에서 출동하여 호랑이를 잡도록 했다. 훈련도감이 담당한 구역은 고양, 파주, 장단, 개성, 풍덕, 교하, 적성, 마전, 삭녕, 가평, 영평, 연천 지역이었다. 금위영은 양천, 인천, 남양, 김포, 시흥, 부평, 교동, 강화, 진위, 통진, 안산, 양성, 수원지역을 담당했으며, 어영청에서는 광주(廣州), 양근, 지평, 음죽, 죽산, 용인, 과천, 안성, 포천, 양주, 여주, 전관, 장내 지역을 담당했다.[94]

### 6) 역부과에 대한 군병들의 저항 - 1735년(영조 11) 마계(馬契) 습격사건

삼군영 군병들은 평화시에도 한양이라는 도시의 치안과 위생, 안전 등을 위해 다양한 역에 동원되었으므로 한성부 주민들이 담당하는 방역은 면제받았다. 그러나 1670년(현종 11) 한성부에서는 한강 주변에 거주하는 군병들에게 장빙역을 부과하였다. 장빙역은 경강 주변 백성들에게만 부여된 역이었기 때문에 군병에게도 부과한 것이다. 이에 훈련도감에서는 군병들에게 장빙역을 부과하는 것은 부당하다고 항의하여 결국 군병에 대한 장빙역 부과는 취소되었다.[95] 한성부에서 한강 주변에 거주하는 군병들에게 장빙역을 부과하는 시도는 이후에도 여러 차례 있었지만, 훈련도감의 강력한 반대로 장빙역 부과는 매번 취소되었다.[96] 이외에도 내사산의 송충이를 잡는 일에 군병이 동원되기도 하였지만, 군사훈련과 겹치는 날에 동원하지 않도록 조정하고 있다.[97]

이처럼 조정에서는 열악한 군병들의 사회적 처지를 고려하여 각종 잡역을 면제해주고 군역에 충실할 것을 유도하였다. 그러나 1735년(영조 11) 한강 변의 각종 물자를 말을 통해 운송하는[駄運] 마부들의 영업체였던 마계에서 재정손실을 이유로 한강 변에 거주하는 삼군영 군병들에게 동전(洞錢)을 부과하자, 이에 격분한 삼군영 군병들이 중심이 되어 마계를 습격한 사건이 발생하였다.

마계는 1707년(숙종 33) 용산에 사는 유마지인(有馬之人) 50여 명이 정부 공용물자의 운반을 담당하는 공인계로서 창설되었다. 마계에서는 호조에서 지급하는 1태(駄)당 운임 쌀 6승(升)과 한강 지역 주민 1,300호에서 매년 3냥씩 거두는 동전 4,000냥을 재정으로 한강에 배로 들어오는 물자들의 운송을 전담하였다. 그러나 마계는 얼마 되지 않아 재정이 파산지경에 이르렀다. 파산에 직면한 마계인들은 한성부와 결탁하여 마계재정을 안정적으로 확보할 수 있는 방안을 강구하였다. 1735년(영조 11) 한성부에서는 한강 지역 주민 중에 응역호(應役戶)에 한해서 호당(戶當) 매년 동전 3냥씩 걷는 방법을 폐기하고, 역을 부담하지 않는 사대부, 군병, 중앙 각사의 하인, 액정서 소속의 관리와 아전 등 역(役)의 유무에 관계없이 재산에 따라 대중호(大中戶)는 5전(錢), 소잔호(小殘戶)는 3전씩 집집마다 돈을 내게 하는 방안을 마련하였다. 이러한 조치는 연강(沿江) 각계(各契)가 징수 책임자가 되어 가좌(家座)에 따라 동전을 징수하는 것으로 마계의 재정 부족을 현실적으로 해결할 수 있는 방안이었다. 기존에 동전을 냈던 응역호의 입장에서는 액수가 3냥에서 3~5전으로 줄어 큰 이익이었으나, 동전을 내지 않았던 군병들은 불만이 컸다. 그러므로 각계로부터 돈을 거두기도 전에 각 군문 등에서는 자기 기관에 소속된 연강민(沿江民)들에 대한 동전 징수(洞錢徵收)를 탈급(奪給)해 달라는 요청이 쇄도하였다. 그러므로 한성부에서는 돈을 거두는 것을 일시 중지하도록 각 동(계)(洞(契))에 명령하였다.

한성부의 동전 징수 유예 결정에도 불구하고 1735년 윤4월 서빙고의 홍삼팔이(洪三八里), 이태윤(李泰運), 용산방(龍山坊) 탄항계(灘項契)의 김두배(金斗培), 사촌리계(沙村里契)의 최개동(崔介同), 마포계(麻浦契)의 김흥준(金興俊) 형제, 최응두(崔應斗), 서강방(西江坊)의 김선달(金先達) 등 10여 명이 강촌(江村)의 각계 군병 400여 명과 더불어 한강 백사장에 모여 모의한 후, 강변 마계 계인인 신명상(申命相), 신창섬(申昌暹), 조상렴(趙尙廉), 손영석(孫永碩), 정만윤(鄭萬潤), 김용원(金龍元), 박태도(朴泰道), 송두추(宋斗樞) 등의 집을 습격하여 남녀노소를 결박 구타하고, 건물과 기물을 부수고, 돈과 재물을 탈취하는 등 폭동이 일어났다. 이 같은 습격은 네 차례나 있었다. 강촌 계인들이 이러한 사정을 한성부에 호소하자, 한성부에서는 이 사건의 수창자(首倡者)인 홍삼팔이 등 10명을 엄치(嚴治)하고, 서빙고 1계, 마포, 사촌, 탄항(灘項), 옹리(瓮里), 도화동(桃花洞) 등의 임장배(任掌輩)들을 사건을 미리 막지 못했다는 이유로 무겁게 처벌하였다. 이 폭동의 주도자들은 용산에 거주하는 출신, 만호(萬戶), 통덕랑(通德郞), 유학(幼學) 등 유력자들이었다. 이 사건을 초기에 조사한 포도청의 보고에서는 이들을 '호민(豪民)', '비무뢰상류(非無賴常類)', '양반급군병(兩班及軍兵)' 등으로 분류하고 있다. 종전에 면역되었던 군병이나, 양반층들의 주도로 난이 일어난 것이다. 이들은 용산의 탄항계, 서빙고, 옹리, 용산 등지에 거주하였고, 군병 400여 명은 각 동임들의 주도하에 동원되었다. 이들은 각 동마다 1차 집결지에 모였다가 한강 백사장에 있는 마계인의 집을 습격하였다. 이때 참여자들은 강촌 37리(里) 민인으로 3강의 대부분 지역이 참여했음을 알 수 있다. 400여 명에 달하는 군병들은 경강 변에 거주하면서 군문에 투속하여 마계세전(馬契貰錢)을 면제받았던 사람들이었다. 그러므로 당시 지평(持平) 이성효(李性孝, 1697~1740)는 이 사건을 '삼강군병지취회작나사건(三江軍兵之聚會作拏事件)'으로 규정하고, 조사 주체는 포도청이 아니라 군문이 되어야 한다고 주장하기도 하였다. 이 사건은 경강이 상업중심지로 변하면서 각계의 유력자들이 경강 변에 자본을 투자하는 과정에서 경각사(京各司)의 서리(胥吏)나 말예종실(末裔宗室)이 마계에 투자하였고, 급기야는 이들이 한성부와 비변사를 움직여 경강민들의 부담을 높여 자신의 이익을 보존하려다가 경강 변 민인들의 반발로 일어난 사건이었다. 이는 경강 변 '유세부호지인(有勢富豪之人)'인 마계인들과 경강 변 면역자들의 대립이었다. 이들 면역자들은 도시빈민인 군병이면서 동시에 경강을 근거로 상업활동을 하는 영세 소상인들이었다. 이 사건은 군병이 대다수인 도시빈민에 대한 수탈을 통해 공계인(貢契人)의 이익을 보존시키려는 한성부의 증세(增稅)조처에 반대해서 발생한 사건이었다.[98]

## 3. 군병의 포상과 처벌

### 1) 군병의 포상

삼군영에서는 상벌 규정을 마련하여 군대를 효율적으로 통솔하였다. 상(賞) 중에서도 가장 중요한 상은 품계를 올려주는 가자(加資)였다. 가자에 해당하는 공훈은 사형에 해당하는 죄인 5명을 체포하거나 흉포한 도적 1명을 체포한 자, 호랑이 5마리 이상을 잡은 자, 선행으로 굶어죽게 된 사람을 15명 이상 구제한 자에게 수여하였다. 만약 노비가 이러한 공을 세운 경우는 양인으로 신분을 올려주었다.[99]

한편 군사훈련에서 뛰어난 성적을 거둔 군인들에게도 성적에 따라 상을 주었다. 훈련도감에서는 마병의 기추(騎蒭)와 유엽전(柳葉箭), 편전(片箭)과 편추(鞭蒭)의 4과목 시험에서 우수한 성적을 거둔 자와, 보병의 조총(鳥銃), 유엽전, 등패(籐牌)·낭선(狼筅)·장창(長槍)의 검술, 곤방·보편(步鞭)의 권법(拳法)의 4과목 시험에서 우수한 성적을 거둔 자에 대해서 시상을 했다. 각 시험에서 최고 점수를 얻은 상상등의 경우 겸사복에 승진했으며, 이미 겸사복에 승진해 있는 자들은 봉록을 붙여 주었으며, 상중등은 무명 2필, 상하등은 무명 1필을 상으로 지급하였다. 장교들도 시험에서 우수한 성적을 거둔 경우 시상했는데, 장교 중에 최고위직인 종2품직인 중군은 6발의 화살을 쏘아 5발을 명중하면 무명 10필, 삼베 8필, 쌀 3석, 활 1장, 4발 이하를 명중한 자는 차츰 감해지며, 비록 점수를 얻지 못할지라도 무명 3필과 쌀 1석을 시상하였다. 정3품의 당상관 장교인 별장, 천총, 국별장은 5발을 명중하면 무명 6필, 삼베 4필, 쌀 2석, 활 1장, 4발 이하를 명중한 자는 차츰 감해지며, 점수를 얻지 못하면 무명 3필을 시상하였다. 종4품의 파총 이하의 각 장교는 화살 한 발을 명중할 때마다 무명 1필, 편추는 6발을 명중하면 2필, 5발을 명중하면 1필씩을 시상하였다. 또한 특별군종인 수문군, 금송군, 아기수, 포군(砲軍)은 상상등에 면포 1필, 상중등에 쌀 3두(斗)를 시상하였다. 마병 7초에서 전체 수석을 차지한 마군은 특별히 별무사로 등용하는 혜택도 있었다. 시상은 우수한 성적을 거둔 개인에게만이 아니라 부대에게도 주어졌다. 예컨대 마병과 보군의 각 초에서 가장 뛰어난 성

적을 거둔 초의 색초관(色哨官)과 차지(次知)에게는 무명과 삼베 각 1필을 수여했다.[100]

금위영에서는 조총을 쏘아 변폭에 3번 명중시킨 군병은 겸사복으로 승진시켰으며, 이미 겸사복이 된 자에게는 무명 3필을 상으로 지급했다. 유엽전 4개를 명중하고, 편전 2개를 명중한 자는 활 1장을 지급했으며, 과녁의 정가운데를 맞힌 자는 소청포(小靑布) 1필을 더 지급했다. 또한 사습(私習)에서 최고 성적을 거둔 자에게는 무명 1필을 지급했고, 꼴등한 자에게는 곤장으로 처벌하였다.[101] 화살 쏘는 훈련에서 과녁에 25개 이상과 소포(小布)에 40개 이상을 명중한 자는 쌀 1석을 상으로 주었으며, 과녁에 30개 이상과 소포에 45개 이상을 명중한 자에게는 쌀 1석과 활 1장을 지급했고, 편전 3순 가운데 초순에서 과녁을 3화살 명중하면 무명 2필, 활 1장, 초순에서 모두 명중하면 활 1장, 기추에 5개 화살이 명중하면 쌀 10두를 상으로 지급했다.[102]

어영청 군병도 궁술, 포술, 강서, 진법 등을 시험했으며, 장교인 천총, 파총, 초관 및 차지교련관, 기패관들은 궁술을 시험했다. 군병 중에서 시험에 합격한 자에게는 성적에 따라 상을 차등 지급하였다.[103]

한편 호랑이를 잡은 군병들에게도 시상했는데, 호랑이의 크기와 계급에 따라 상금을 차등 지급했다. 호랑이를 잡는 데 공을 세운 자에 대한 삼군영 군병의 시상 내역을 보면 다음의 [표 5-3]과 같다.

**[표 5-3] 호랑이 잡는 데 공을 세운 삼군영 군병에 대한 시상 내용**

| | 훈련도감 | | 금위영 | | 어영청 | |
|---|---|---|---|---|---|---|
| | 대호 | 중호 | 대호 및 중호 | 소호 | 대호 및 중호 | 소호 |
| 지휘관 장교 | 삼승포(三升布) 4필<br>무명 4필<br>삼베 4필<br>모시 4필 | 삼승포 4필<br>무명 2필<br>삼베 2필 | 무명 3필<br>소청포 2필 | 무명 3필<br>소청포 2필 | 무명 3필<br>소청포 2필 | 무명 3필<br>소청포 2필 |
| 첫째 발포자 | 삼승포 2필<br>모시 2필 | 삼승포 1필<br>무명 1필<br>삼베 1필<br>모시 1필 | 무명 3필<br>삼베 2필 | 무명 2필 | 무명 3필<br>삼베 2필 | 무명 2필 |
| 둘째 발포자 | 모시 1필<br>삼베 2필 | 삼승포 1필<br>무명 1필<br>모시 1필 | 무명 2필<br>삼베 2필 | 무명 2필 | 무명 2필<br>삼베 2필 | 무명 2필 |
| 셋째 발포자 | 모시 1필<br>삼베 2필 | 삼베 1필<br>모시 1필 | 무명 2필<br>삼베 2필 | | 무명 2필<br>삼베 2필 | |

전거: 『만기요람』 군정편 2, 훈련도감, 군정편 3 금위영, 어영청, 착호분수(捉虎分授)

삼군영 군사들 중에는 이와 같이 군사훈련이나 호랑이 잡는 데 공을 세워 상을 받는 경우 외에도 선행을 통해 포상을 받는 경우도 있었다. 1789년(정조 13) 중부의 주민 이경득(李京得)이 상언을 올려 훈련도감 원류군 이상구(李尙九)의 선행을 다음과 같이 보고하고 시상해줄 것으로 요청하고 있다.

> 훈련원 원류군 이상구는 성품이 본래 어질고 선하며 구제하여 살리려는 마음을 품고서 족당(族黨)을 모아서 의지할 곳 없는 아이 10여 명 및 거지와 거의 죽을 지경인 아이 16명을 집안에 거두어 의식(衣食)을 제공하고, 성년이 되면 혼인을 시켜서 터전을 마련하여 살도록 하였습니다. 그리고 여든 나이의 과부인 종제(從娣)를 성심껏 보호하였고, 그의 동료인 박봉장(朴奉璋)이 군문에 부채가 있어서 장차 장사(杖死)에 이를 처지였는데, 이상구가 재산을 팔아 속전을 대신 납부하여 죽음을 면하게 했습니다. 또한 이지성(李之成) 등 세 사람은 일찍이 흉년에 전 가족을 거느리고 양육하여 견디기 어려운 고통을 면하고 편안히 살도록 하였습니다. 이상구는 고성부원군(固城府院君)의 후예로서 중간에 계보를 잃어버려 점점 미천하고 무식한 사람이 되었습니다만 인(仁)을 베풀고 의(義)를 붙잡은 것이 이와 같았으니 격려하고 권장하는 도리에서 마땅히 포상하는 은전이 있어야 합니다.[104]

이러한 상언에 대해 정조는 훈련도감에 명령하여 상언 내용이 정확한 것인지 조사하여 보고하라고 명령하였다. 훈련도감에서는 한성부의 문적(文蹟)을 조사하고, 훈련원의 교리(挍吏)에게 확인하였으며, 이상구가 구제해 준 26명 가운데 한양에 거주하고 있는 16명을 일일이 면담하였는데, 모두 다 이상구의 의로움에 감격하고 있다고 보고하였다. 이경득의 상언이 사실과 부합한다고 보고한 것이다. 이러한 보고를 듣고 우의정 채제공은 "흉년에 사재를 털어 진휼하고 물에 빠진 자를 건져주는 일시적인 선행에 대해서도 포상하고 있는데, 훈련도감 원류군 이상구의 선행은 수십 년 동안 지속된 것일 뿐만 아니라 목숨을 건져준 사람도 수십 명에 달하니 조정에서 격려하고 권장하는 뜻에서 특별히 포장(褒奬)하는 은전이 있어야 한다"고 건의하였다. 이에 정조는 이상구를 특별히 가자하는 상을 내리고 있다.[105]

### 2) 군병의 처벌

군대를 강하게 유지하기 위해 군령을 위반한 군인들에 대해서 강력한 처벌 규정을 마련하였다. 군인들에 대한 처벌은 크게 참수(斬首)하여 잘린 목을 며칠간 매달아두는 효시형(梟示刑)과 곤장을 쳐서 신체에 고통을 가한 후 다시 군대에 복귀시키는 것이었다.[106]

조선 전기 군인에 대한 처벌은 문종이 지은 『진법군령조(陣法軍令條)』에 자세히 규정되었다. 여기에는

> 좌우 진퇴(進退)의 명령을 따르지 않은 자, 장표(章標)를 잃은 자, 군사기밀을 누설한 자, 적과 몰래 연락한 자, 장교로서 사적인 이해관계에 의해 군대를 지휘한 자, 척후(斥候)로서 봉화(烽火)나 봉연(烽煙)의 군호를 바꾼 자들은 모두 참수하고, 적에게 항복한 자는 그 집과 재산을 몰수하고, 대오를 잃었다가 찾은 자, 장수를 잃었다가 찾은 자는 각기 공로와 죄과(罪過)에 따른 상당한 처리하며, 병기를 날카롭게 하지 아니한 자는 각각 벌을 준다.[107]

고 하였다. 조선 전기 군율은 매우 엄격하여 후술하는 도망병뿐만 아니라 명령을 따르지 않은 자들에게까지 참수형에 처할 정도였다. 조선 전기 군대의 형벌은 참수형이 중심이었다.

그러나 이러한 군인에 대한 형벌은 조선 후기 들어서면서 조금씩 완화되어 갔으며, 특히 도망병에 대한 처벌을 중심으로 군율이 정비되었다. 그 까닭은 병자호란 당시 도망병이 다수 발생하여 제대로 된 전투를 치르지 못했기 때문이다. 그러므로 조정에서는 병자호란이 끝난 이후에도 병자호란 와중에 도망간 군사를 수색, 체포하여 천총, 파총 이하는 옥에 가두고, 기대(旗隊) 이상은 기한을 정하여 발군(撥軍)으로 세우고, 도망간 속오군(束伍軍)은 축성역(築城役)에 강제 동원하는 벌을 부과하였다.[108] 이후 각 군영은 물론 법전에서도 도망병에 대한 처벌 규정을 두어 엄격히 처벌하였다.

조선 후기 도망병[탈영병]에 대한 처벌 내용은 시기에 따라 약간씩 달랐다. 1675년(숙종 1)이전 초범은 곤장 100대, 재범은 효시형에 처하였지만,[109] 1702년(숙종 28)에는 초범 곤장 50대, 재범 80대, 삼범일 경우 효시하였다.[110] 이 조항은 1744년(영조 20) 완성된 『속대전(續大典)』에도 그대로 반영되었다.[111]그리고 1779년(정조 3)에는 초범 곤장 50대는 그대로지만, 재범일 경우 바로 효시형으로 처벌이 강화되었다.[112] 그리고 무예별감으로 도망간 자에 대해서는 1680년(숙종 11)부터 도망병에 대한 군율을 적용하여 초범 곤장 50대, 재범 효시형에 처하였는데, 1780년(정조 4)에는 곤장 50대와 절도(絶島)의 노비로 삼는 처벌로 바뀌었으며,[113] 이보다 5년 후에 간행된 『대전통편(大典通編)』에서는 절

도의 군인으로 충원하고, 만약에 이를 기피할 경우 엄형을 가한 후에 바닷가 섬에 충군하였다.[114] 이와 같은 처벌 규정은 모두 1785년에 완성된 『대전통편』에 반영되었다. 도망병이 아니라 군마나 군물을 훔쳐서 도망간 경우 초범이나 재범 모두 효시형에 처하였으며, 전쟁이 발생했을 경우 탈영했을 때 초범이라도 모두 사형에 처했다.[115]

『훈국사례촬요(訓局事例撮要)』에는 실제 삼군영 군병 중에서 도망간 군병에 대한 처벌 사례를 「도군(逃軍)」이라는 항목을 따로 설정하여 기록하고 있다. 대표적인 사례를 보면, 1629년(인조 7) 군마를 가지고 도망갔다가 체포된 훈련도감 마병 이응선(李應善)은 효시형에 처해졌으며,[116] 1668년(현종 9) 장교의 신분으로 두 번씩이나 도망을 갔다가 체포된 훈련도감의 초관 선귀영(宣貴榮)을 효시하였으며,[117] 1675년에도 두 번 탈영했다가 다시 군문으로 복귀한 김식(金植)을 효시하고 있다.[118] 한편 도망병 중에는 완전 범죄를 도모하다가 발각되어 효시형에 처해진 경우도 있었다. 훈련도감 초군 김한중(金漢重)은 황해도 봉산 사람인데, 1722년(경종 2) 승호로 뽑혀 훈련도감 군병으로 있다가 1729년(영조 5) 자기 집에 해골을 가져다 놓고 불을 지르고 도망갔다. 자신의 도망을 완벽하게 위장하기 위해 그는 아내의 초상(初喪)에도 나타나지 않고 숨어있다가 결국 고향에서 체포되어 한양으로 압송되었다. 조정에서는 초범임에도 불구하고 저지른 범죄가 흉악하다고 하여 효시형에 처하였다.[119]

삼군영에서는 도망병 이외에도 군대의 각종 규율을 어기거나 훈련시에 성적이 나쁜 군병에 대해서도 처벌하였는데, 훈련도감에서는

> 기찰한다고 사칭하면서 마을에 폐를 끼치는 것, 쓸데없이 서로 모여 거리에서 잡담하는 것, 술주정하면서 사대부를 모욕하는 것, 그 군복을 입지 않거나 의복과 신발을 바꾸어 착용하는 자, 불량배와 노름하는 것, 사사로이 통행금지를 위반하는 것, 궐내와 궐외의 경비근무 때 대리 근무시키는 것, 약속을 지키지 않고 두목을 무시하는 것[120]

등 8개 조항을 두어 처벌하였다. 이외에도 군사훈련시 신참군인으로 근무수칙 등을 외우지 못한 자, 전마와 복마(卜馬)를 남의 집에서 기르거나, 부대에서 40리 밖에 이동한 자들은 곤장으로 처벌하였다.[121]

금위영의 경우는 죄가 있어 조사할 때 거짓말로 꾸며대는 경우, 상번군에게 뇌물을 받는 자, 술주정하고 노름을 하는 자, 뇌물을 주거나 사사로이 청탁하는 자, 길거리에서 행패를 부리고 양반을 능멸하는 자, 임무를 기피하고 두목을 무시하는 자, 군복을 입지

않고 의복과 신발을 바꾸어 착용하는 자, 억울한 일을 제대로 처리하지 않는 자, 순찰을 성실히 하지 않고 가가(假家)에서 잠을 자는 자는 모두 곤장으로 처벌하였다. 또한 지방에서 올라와 입역하는 상번군이 여관에서 행패를 부리거나, 남의 군장을 빌려 검사를 받는 자, 경군에게 뇌물을 쓰는 자, 훈련할 때 핑계를 대어 빠지는 자, 신참 군인에게 술과 음식을 토색하는 자도 모두 곤장으로 처벌하였다. 그리고 금위영 군인 중에 물건을 훔치거나 한양의 여자를 불러들인 자는 모두 곤장으로 처벌한 후에 포도청이나 법사(法司)에 넘겨 처벌하였다.[122]

삼군영 군인들은 군사훈련시 성적이 나쁠 때도 처벌받았다. 훈련도감의 마병과 보군으로 실세(失勢)한 자는 2일간 노역, 포 6발을 발사하여도 점수를 얻지 못한 자는 1일간 노역에 처하는 벌을 받았다.[123] 금위영 군인 중에 훈련 성적이 나쁜 꼴찌는 곤장으로 처벌했으며,[124] 습진에 참여하지 않은 자들도 곤장으로 처벌하였다.[125] 금위영의 사강(射講)에서 점수 1점도 얻지 못한 자는 파면하였고, 화살 4대 미만으로 명중한 자는 근무일을 3일 더했으며, 두 번 거듭 성적이 나쁜 자는 6일을 더 근무하게 했으며, 3번 거듭 성

[그림 5-11] 곤장형 집행 장면
(김준근, 《기산풍속도(箕山風俗圖)》 중 〈타곤장(打棍杖)〉, 서울역사박물관 소장)

적이 나쁜 경우는 곤장으로 처벌하였다.[126]

군인들의 처벌 형구(刑具)인 곤장은 배를 젓는 노와 같이 넓적하게 생긴 형장이었다. 『대명률(大明律)』의 태형(笞刑)·장형(杖刑)을 집행할 때 사용하던 회초리 모양의 태(笞)·장(杖)과는 매우 다른 것이었다. 곤장은 군대가 아닌 곳에서 사용은 금지되었다.[127] 곤장은 훈련도감 등 군대에서 군법을 집행하기 위해 새로 만든 형구였다. 그러므로 훈련도감에서는 곤장의 규격을 정비하고, 곤장의 남용을 방지하기 위한 조치들이 이후 마련되었다. 1663년(현종 4) 5월 집의 김만기(金萬基)가 곤장 남용을 막기 위해 곤장의 길이와 두께의 규격을 정할 것을 건의하였고, 이에 지방의 병사와 영장(營將)이 사용하는 곤장의 크기는 3치[寸]에서 2치로 줄이고, 모양도 삼각형으로 된 것을 양면 형태로 바꾸었으며, 재료 또한 참나무에서 버드나무로 대체하였다. 곤장은 태형과 장형에 비해 훨씬 고통스러운 형벌이었기 때문에 곤장 집행 대수를 제한하였다. 1685년(숙종 11)에는 군대의 일과 관련해서 곤장을 칠 경우 상한선을 30대로 정하고, 30대 이상일 경우 국왕의 허락을 받도록 했다. 또한 군율(軍律)을 어긴 자에게 군법으로 다스릴 때만 곤장을 사용할 수 있도록 하여, 지방 고을 수령들이 곤장을 함부로 사용하지 못하도록 지시하였다. 이후 곤장의 규격, 곤장의 사용처를 명확히 규정하는 조치는 18세기 후반 정조 즉위 직후에 다시 이루어진다. 정조는 1778년(정조 2) 각종 형구의 규격을 통일시켜 관리들의 형장 남용을 막기 위해 『흠휼전칙(欽恤典則)』을 편찬, 반포하였는데, 곤장의 규격과 사용 범위도 상세하게 규정하였다. 『흠휼전칙』에는 병조 관리, 군영 지휘관 등의 등급에 따라 모두 중곤(重棍), 대곤(大棍), 중곤(中棍), 소곤(小棍), 치도곤(治盜棍) 등 다섯 종류의 곤장을 쓰도록 하였는데, 이들 곤장은 크기와 두께가 각각 달랐으며 곤장을 집행할 때 죄인의 볼기와 넓적다리를 번갈아 치도록 하였다.[128]

## 4. 군병의 청원 활동: 상언과 격쟁

군병들은 급료를 받는 직업군인이었기 때문에 군대생활 과정에서 나타난 여러 가지 불합리하거나 억울한 처분에 대해 상언(上言)이나 격쟁(擊錚) 등을 통해 이 문제를 바로잡고자 하였다. 상언은 글로써 억울한 사정을 왕에게 호소하는 수단이었다. 상언이 공식 문건으로 접수, 처리되기 위해서는 당사자가 직접 작성해야 하고, 직접 바쳐야 했다[親製 親呈]. 그리고 상언을 제출한 당사자는 기한 내에 관청에 준호구(準戶口)를 가지고 본인임을 증명해야 했으며, 상언을 접수한 관청은 3일 이내에 국왕에게 상언의 처리 방향에 대한 의견을 회계(回啓)해야 했다.[129]

조선 후기 훈련도감에서 일어난 일들을 일지 형식으로 기록한 『훈국등록(訓局謄錄)』에는 훈련도감 군병의 상언이 자세히 기록되어 있다. 이를 분석한 연구에 의하면 상언 내용은 군역과 군보(軍保) 차정에 대한 불만, 급료 인상 및 처우 개선에 대한 요구, 각종 시상(施賞)이나 은전(恩典) 요청, 군병과 시전상인과 갈등 해결 요청, 포수역 수행과 관련한 민원 등 매우 다양했다.[130]

그중에서도 가장 많은 비중을 차지한 상언은 군역과 군보 차정에 대한 불만이었다. 예컨대 경상도 함양 출신 마병 조계생(曺繼生)은 훈련도감 군병으로 종군한 지 여러 해가 지났는데, 뜻하지 않게 함양군수가 자신을 정병(正兵)의 보인으로 충정하여 하루아침에 한 몸에 두 역을 지게 되어 2년간의 번포(番布)를 족징(族徵)당했고, 자신의 소유 전답(田畓) 21두락에서 나온 소출 정조(正租) 40석까지도 속공(屬公)되기에 이르렀으므로 이를 바로잡아줄 것을 상언하고 있다.[131] 여기서 1628년(인조 6) 3월 훈련도감 포수 전의원(田義元)이 올린 상언을 살펴보자.

> 저는 광산(光山) 사람인데 훈련도감 포수로 뽑히는 바람에 친척과 헤어져 집을 버리고 한양으로 올라와 고생한 지 20여 년이 되었습니다. 보인으로부터 받는 포목, 그리고 도감에서 약속한 양식을 해마다 지급받아 포수의 역에 종사하였습니다. 그런데 최근에 본관 사또께서 저에게 속한 보인을 군대에 차출하는 바람에 제가 지원받을 포목이 사라져버렸습니다. 여러 차례 훈련대장께 제 이야기를 하소연하여 본관 사또가 제 보인을 빼앗지 않도록 해달라고 호소했으나 아직도 해결되지 않고 있습니다.

훈련도감 포수 전의원은 자신의 보인을 수령이 다시 군역에 차출했기 때문에 보포(保布)를 받을 수 없어 생계가 어려워졌다고 상언을 올리고 있는 것이다.[132]

또한 1675년(숙종 1) 한성부 오부(五部) 방민(坊民) 김승제(金承悌)는 군병의 도망, 질병 등으로 인해 훈련도감 군병이 부족할 경우 매 3년[式年]마다 한양 주민 30명씩을 군병으로 충원했는데, 이를 없애고 훈련도감 군병의 자녀로 충원할 것을 요청하고 있다. 지방 출신의 훈련도감 군병이 한양에서 양녀(良女)와 결혼하여 낳은 아들을 훈련도감에서 장부에 기록했다가 일정한 연령에 달하면 이들을 훈련도감 군병으로 충원하는 제도를 대년군이라고 했다. 김승제는 한양 방민 대신 대년군으로 충원할 것을 요구하고 있는 것이다. 1676년(숙종 2) 전라도 흥덕(興德) 출신의 이시발(李時發)은 전주 이씨로 대왕(大王)의 7대 직계 후손인데도 훈련별대에 뽑혔다고 하여, 이 군역 부과가 잘못된 것이므로 이를 면해달라고 상언하고 있다.

한편, 훈련도감 군병에 직접 선발되어 군역을 지는 것은 아니지만, 군보로 차정되는 것도 문제였다. 군보가 되면 훈련도감 군병의 의복비 명목으로 각종 포를 납부해야 했기 때문인데, 이 문제도 주요 민원의 하나였다. 대개 도감군에게는 3~4명의 보인이 정해지고, 보인은 1인당 각각 3필(匹)의 보포를 정해진 훈련도감군에게 납부해야 했기 때문에 훈련도감 군보의 역가가 훨씬 높은 고역이었다. 그러므로 훈련도감 군병의 군보로 차정된 사람들은 자신이 공신(功臣)의 후예라는 점을 내세워 군보에서 탈면(頉免)해 줄 것을 상언하는 경우가 많았다. 예컨대 1676년(숙종 2) 구치급(丘致岌), 1680년(숙종 6) 경기도 고양의 유학 김원(金源)의 상언이 대표적이었다.

상언 중 두 번째로 많은 비중을 차지하는 것은 급료 인상과 처우 개선 요구였다. 1679년(숙종 5) 10월 훈련도감 노제포수(老除砲手) 김자근남(金者斤男)은 1671년(현종 12)에 감액된 월 급료 1두를 다시 증액해 달라고 상언을 올리고 있다. 김자근남은 또한 나이가 60이 넘어 군대를 제대하게 되더라도 그 후임 충원을 제대하는 군병에게 부담지우는 것은 매우 부당하니 이를 없애달라고도 요구하였다. 1654년(효종 5) 마병 오효청(吳孝淸) 등은 말 한 마리당 매달 지급되는 콩 9두로는 말을 제대로 키울 수 없으므로 별도의 말먹이인 죽미(粥米)를 지원해 줄 것과 관에서 지급한 말이 10년 안에 죽을 경우 마병 스스로 새로운 말을 갖추게 하는 부담을 해소해 줄 것 등을 요구하였다. 이처럼 급료 인상 및 처우 개선을 요구하는 상언은 정기적으로 제출되고 있었다. 주기적으로 비슷한 상언이 계속되었다는 점은 이러한 상언에도 불구하고 훈련도감 군병들의 요구가 즉각 수용되지 않았음을 보여주는 것이기도 하다.

군병들의 상언들은 훈련과정에서 우수한 성적을 거두었거나 또는 군공을 세웠을 경우 이에 대한 정당한 시상(施賞)과 은전을 요구하는 것도 많았다. 예컨대 1691년(숙종 17) 한양 동부에 거주하는 중금(中禁) 박세만(朴世萬)의 상언이 그 한 예이다. 그의 부친은 충청도 진천 사람으로서 어릴 때부터 훈련도감 포보로 충정되었다가 그 후 1658년경 승호포수(陞戶砲手)가 되어 상경 종군하게 되었다. 그런데 훈련도감에서 염초(焰硝)를 제조하는 변수(邊首)의 역까지 수행하여 자납(煮納)한 염초가 12만 5,700여 근에 달하였다. 그 이후 1690년(숙종 16) 60세가 되어 32년 동안의 군역을 마치고 제대했으나, 여전히 염초 변수 일은 수행하고 있었다. 군역을 수행한 기간은 포수 보인으로 충정될 때부터 계산하면 47년의 긴 세월이었다. 이처럼 그의 부친이 47년 동안을 훈련도감에서 일했으나 아직 면천(免賤), 가자와 같은 은전을 받지 못한 것이 억울하다는 것이다. 그에 따르면 사노(私奴) 지금(池金)이란 자는 변수로 입역한지 15년 만에 면천되고 통정대부(通政大夫)의 품계를 받았고, 다른 사노 향립(香立)의 경우도 염초를 40여 근 만든 공으로 이미 통정대부에 가자되었다고 한다. 이것으로 미루어 보면 자신의 부친은 가자와 같은 은전을 마땅히 받아야 한다고 청원하고 있는 것이다.

이와 유사한 것으로는 할아버지의 뒤를 이어 30년 동안 개인적으로 경비를 마련하여 광산을 출입하면서 석(石)을 채취하여 소황(疏黃), 염초, 연철(鉛鐵) 등 주요 군기를 제조, 납부한 자신의 부친에 대한 포상을 요구하는 1705년(숙종 31) 이세담(李世聃)의 상언, 공장 역을 수행하며 궁자(弓子) 4,400여 개를 납부한 부친의 포상을 요구하는 1694년(숙종 20) 한양 남부의 매송죽(梅松竹) 등의 상언, 훈련도감 화약감관(火藥監官)과 혁기감관(革器監官)에 차정되어 별화전(別火箭), 혁기(革器) 등을 제조한 부친의 가자를 요구한 1730년(영조 6) 경상도 곤양 문취재(文就載)의 상언을 들 수 있다. 이밖에도 훈련도감 포감군관(捕監軍官) 일을 수행하며 은자(銀子) 1,570여 냥을 훔친 도둑을 체포한 자신의 숙부에게 가자의 혜택을 요구한 1723년(경종 3) 이석량(李碩亮)의 상언도 앞서의 것들과 마찬가지로 훈련도감에서 종사한 부친에 대한 은전을 요구하는 내용이다.

은전을 요구하는 상언 중에는 군사훈련 때 우수한 성적을 얻은 포수들이 무과 전시에 응시할 자격을 부여해 달라는 상언도 있었다. 1723년 포수 고만흥(高萬興)과 김세중(金世重) 등은 봄철 훈련도감 훈련사격시험에서 조총 여섯 발을 모두 맞추었으나, 다른 군병들과 달리 상을 받는데 그쳤으니 무과 전시에 응시할 자격을 부여해 달라고 상언을 올리고 있다. 또한 1728년(영조 4) 이인좌의 난을 진압할 때 무공을 세웠으나 상을 받지 못한 훈련도감 별무사 최우경(崔宇擎) 등은 관직을 제수해 달라고 상언을 올렸다. 이들은 경기도 안성, 죽산 등지에서 반군과 맞서 싸워 큰 성과를 거두었다. 그런데 이후 논공행상 과정에서 금위영 별무사와 기타 장교들이 가자되거나 수령(守令), 변장(邊將)에 제수되었으나 자신들만은 상을 받지 못했으므로 자신들도 다른 장교와 마찬가지로 가자하거나 수령, 변장의 관직을 제수해 달라고 요구하고 있는 것이다.

한편 포수들은 포수 업무 수행 과정에서 당한 부당한 침해, 포수역 면제 등의 문제로 상언을 올리기도 했으며, 훈련도감 군병들의 상업 활동에 대한 시전(市廛)상인들의 불만이 상언으로 제출되기도 했다.

18세기 후반에는 왕실을 호위하는 금군들은 상업적 이해관계에 적극 개입하여 자신의 뜻을 임금에게 적극 개진하기도 했다. 1786년(정조 10) 정조가 관료와 장교들에게 국정개혁에 대한 의견을 구했고, 이에 대해 응답한 324명의 의견을 모은 것이 『병오소회등록(丙午所懷謄錄)』이다. 이 책에는 군인들의 다양한 의견들이 제시되고 있는데 이 중에서 대표적인 것이 빙계의 장빙업(藏氷業) 독점과 관련하여 제출된 금군 최덕우(崔德禹)의 소회(所懷)이다. 18세기 이후 민수용 얼음 수요의 급증을 배경으로 민간 장빙업은 크게 성장하였다. 그러나 1782년 창설된 빙계(氷契)가 사빙을 금하고 장빙업을 독점하게 되자, 그동안 장빙업을 영위했던 민간 장빙업자와 빙계는 얼음 판매의 독점권을 둘러싸고 치열하게 대립하였다. 빙계에서 독자적인 빙고를 갖춤으로써 얼음 저장과 판매를 독점할 수 있도록 했다. 이와 같이 빙계에 의해 장빙업이 독점되자 최덕우는

> 빙계는 도매(都賈)이다. 빙고(氷庫)가 많으면 얼음이 싸고, 빙고가 적으면 얼음이 비싸진다. 종전에는 수상(水上)과 수하(水下)에 빙고가 30여 곳이 있었음에도 오히려 부족하였다. 그런데 지금 빙계가 다른 모든 빙고 영업을 일체 금지시키고, 빙계가 설치한 8개의 빙고만 있으니 얼음의 양이 전에 비해 1/5로 줄어들어 얼음 가격은 올랐다. 얼음 가격이 오르므로 뱃사람은 얼음을 싣지 못하여 어물이 썩고, 시전상인들도 얼린 고기를 조달하지 못하여 장차 낭패할 지경에 이르렀다. 그런 즉 한양 주민들이 장차 어육(魚肉)의 맛을 모르게 되고, 강변 주민들이 생계를 이어갈 방도가 없어졌다.[133]

라 하여 빙계 설치 이후 얼음가격이 올라서 어민과 시전상인, 경강 주민들이 모두 곤란을 겪고 있다고 호소하고 있다. 이러한 최덕우의 주장이 제기되자, 빙고제조(氷庫提調) 정창성(鄭昌聖)은 빙계 설치 이후 얼음이 부족하여 어선과 생선전에서 고기가 썩는 일도 없다고 반박하고, 최덕우의 상언은 민간 장빙업자들의 사주를 받은 것이라고 왕에게 보고하고 있다.[134] 이 사례에서 보듯이 금군 최덕우는 장빙업 독점을 둘러싸고 민간 장빙업자와 빙계인 사이에 전개되었던 대립에 깊숙이 개입하여 민간 장빙업자의 이익을 대변하는 활동을 하고 있는 것이다. 요컨대 군병들의 상언은 자신들의 처우 개선, 은전요구 등에 그치지 않고 상업이윤을 둘러싼 대립에까지 미치고 있었던 것이다.

# 3절. 군병의 사회적 처지와 일상생활

## 1. 군병의 신분과 사회적 처지

훈련도감과 어영청, 금위영의 직제는 군병을 지휘, 감독하는 고위 관료와 고급장교, 하급장교와 원역, 군병, 보조 군인인 표하군으로 구성되어 있었다. 각 군영의 직제는 거의 비슷했다. 여기서는 훈련도감의 직제 편성을 통해 신분의 차이를 살펴보도록 하자.[135] 훈련도감의 고위 관료로는 겸직이기는 하지만, 정1품의 도제조와 호조판서와 병조판서가 겸직하는 정2품 제조 2명이 있었고, 무관직의 고위 장교는 훈련도감의 사령관격인 종2품의 대장, 종2품의 중군 1명, 정3품의 별장 2명, 정3품의 천총 2명, 정3품의 국별장 3명, 종4품의 파총 6명, 종6품의 종사관 4명, 종9품의 초관 34명이 있었다. 이들 장교들은 무과를 거쳐서 충원되기 때문에 양반신분이었다. 하급장교직으로는 지관(知官) 10명, 기패관 20명, 별무사 68명, 속중군(屬中軍) 20명, 별군관 10명, 권무군관(勸武軍官) 50명, 국출신 150명[136]이 있었는데, 이들은 중인이거나 또는 평민들이었다. 일반 군병은 포수와 살수, 사수, 마병 그리고 보조 군인 각색표하군으로 구성되었는데, 이들은 양인들이 대부분이었지만, 초기에는 천민들도 적지 않았다.[137]

신분제 사회였던 조선왕조에서는 양반과 천민은 군역을 면제받았고, 양인(良人)만이 군역을 부담하였다. 그러나 훈련도감의 군병에는 양인 외에도 노비와 같은 천민들도 많았다. 설립 초기 훈련도감에서는 성적이 우수한 관노(官奴)와 사노 신분의 포수는 양인으로, 양인 신분의 포수는 금군으로 승격시켜 주었다. 이 사례에서도 확인되듯이 초기 훈련도감 군병은 양인만이 아니라 노비와 같은 천민들도 다수 참여하였다. 그 까닭은 훈련도감이 임진왜란이라는 급박한 정세 속에서 도성에 있던 굶주린 백성들과 유이민들을 급료병으로 모집하여 창설된 군대였기 때문이다. 신분 고하를 가리면서 모병할 여유가 없었던 것이다. 이와 같이 천민들을 군인으로 모집했다는 점은 신분제에 기초한 군역제 운영 원칙이 한편에서 무너졌음을 의미하는 것이기도 했다.

한편 자신이 소유한 노비들이 훈련도감 군병으로 입대하게 되자 노비의 주인들은 불만이 많았다. 자신 소유의 노비가 군공이나 무재 등으로 양인이 되면 주인은 가만히 앉아서 재산을 빼앗기는 것이기 때문이다. 이에 노비들의 주인이었던 양반들은 사노들의 훈련도감 입대에 강하게 반발하였다. 양반층의 강력한 반발에 직면하자 선조는 1603년(선조 36) 사노 신분의 훈련도감 군병들을 모두 주인에게 돌려주고 사노의 훈련도감 입대를 금지하라고 명령을 내렸다.[138] 이때의 조치로 사노의 훈련도감 입대는 차단되었다.

사천(私賤)의 훈련도감 입대가 금지되자 그동안 모병 방식으로 군사를 충원했던 훈련도감에서는 군병 충원 방식을 군역의 강제 부과 방식으로 변경하였다. 이때 도입된 것이 앞서 언급했던 1606년(선조 39) 실시된 승호제였다. 승호제는 3년[式年]마다 한양과 각 지방의 양인 농민들을 대상으로 승호군을 할당하여 훈련도감 군병을 충원하는 것이다. 승호제로 군병을 충원하면서 사천의 입대는 제도적으로 금지되었다.

승호제 실시 이후 도감군병의 주류는 양인 농민이었으나, 부분적으로는 사천과 서얼(庶孼), 역리(驛吏), 각사 전복과 수공업자인 공장층도 있었다. 특히 공장들은 훈련도감에서 운영한 무기 제조, 서적의 출판, 동전 주조 등 수공업분야에 종사하였다. 사천이 아닌 각 관청 소속 노비들인 공천(公賤)들은 도감군으로 편입될 수 있었으며, 사천들도 훈련도감에서 부정기적으로 실시하는 모집에 응하여 끊임없이 도감군에 입속하는 경우도 있었다. 이처럼 1606년에 사천의 훈련도감 입대를 금지하는 규정이 제정되었지만, 현실에서 사천의 입대는 묵인되고 있었다. 17세기 초 훈련도감 군병 중에는 사노 출신으로서 군공을 세워 금군으로 제수되고 6품직의 관료로 승진한 경우도 있었다.[139] 이와 같이 사노들의 입대가 끊이지 않았던 까닭은 군대 입대가 천민 신분에서 해방되어 양반으로까지 신분을 상승시킬 기회였기 때문이다.[140]

이상에서 보았듯이 훈련도감 소속 군인은 여러 신분의 사람들로 구성되어 있었고,

그들의 생활과 거주 지역도 다양했다. 현존하는 한성부 호적에 나오는 훈련도감군 63명을 조사한 결과 사비(私婢)를 처로 둔 비부(婢夫) 도감군(都監軍)이 44%였다.[141] 비부의 사회적 처지는 양인 최하층으로 실제로는 노비와 비슷한 위상을 점했던 층이었다. 이처럼 하층 신분인 사람들이 대다수였으므로 훈련도감 병사들은 신분 상승에의 욕구가 강했던 것이다.

승호제에 의해 군인이 된 지방의 양인 농민들은 대부분 가난한 농민이었다. 승호제는 우수한 군병을 확보할 수 있다는 점에서 매우 바람직한 방식이었지만, 농민의 입장에서는 일시적으로 한양으로 올라가 두 달 기한을 채우고 다시 농촌으로 돌아오던 번상병과는 달리 농촌을 떠나 한양으로 이주해야 할 뿐만 아니라 가족을 부양하기 어려울 정도의 낮은 급료를 받으며 생활해야 했으므로 승호 징발을 기피하였다. 때문에 향촌에서 승호 차출이 있을 때마다 소요가 일어났고, 부민(富民)들은 백방으로 수단을 써 빠지고 결국 가난하고 의지할 곳 없는 자들만 강제로 끌려왔다.[142] 어쩌다 부민이 승호로 차출될 경우에는 그 지방에서 또는 한양 하층민들로 하여금 대신 고립하게 하였으며, 억지로 끌려온 승호군들 중에서도 오래 근무하지 않고 도망하는 자가 속출하였다.

훈련도감 군병들은 승호제에 의해 주로 충원되긴 했지만, 한양 안에서 방민을 모집 충원하는 방식도 여전히 유지하였다. 『만기요람』에는

> 군안---마군(軍案---馬軍)과 보군으로 연령이 만 61세에 달한 자, 실역에 종사하여 45년이 된 자, 빈잔하고 의탁할 곳이 없는 자 및 완한(頑漢)하여 명령에 복종하지 않는 자를 추려서 병적에서 제거하고, 승호 및 한양에서 모군한 자로서 보충한다.[143]

라고 하여 19세기 초 훈련도감의 마군과 보군은 승호 및 모군으로 충원하고 있음을 알 수 있다. 한양 주민을 모집하여 충원할 경우, 한양에 거주하는 건실한 자를 택하여 모집하게 되어 있으나, 늙거나 건장하지 못한 자들도 훈련도감 군병이 되는 경우가 많았다.[144]

이 당시 훈련도감 군병 모집에 응하는 자들은 농촌으로부터 흘러들어와 정착하여 상업, 수공업자이거나 품팔이 노동 등 일자리 없이 떠돌아다니던 도시 빈민들이 대부분이었다. 훈련도감 군병이 받는 급료는 매우 적었다. 18세기 이후 고립 노동이 보편화되었고, 상공업의 발달로 필요한 노동력을 각 분야에서 상품화하여 고용하고 있었으므로, 생활하기에도 모자란 낮은 급료에도 군병에 응모한 자들은 사회적 처지가 매우 열악한 도시 하층민이었다.

물론 예외적으로 훈련도감 군병 중에는 상당한 경제력을 지닌 사람도 있었다. 1609년(광해군 1) 10월 군기시(軍器寺)의 공물납부를 담당한 훈련도감 포수 주경다(朱景多)는 공물방납업자로서 공물 납부를 지연하다가 이를 독촉하는 군기시 관원을 난타(亂打)하고 색리(色吏)의 귀를 자르는 등 횡포를 부려 치죄(治罪)될 정도였다.[145] 훈련도감 군병 중에는 지방에서 중소지주적 기반을 가진 자도 없지 않았다. 1654년(효종 5) 경상도 함양 출신 마병 조계생의 사례가 그것이다. 그는 훈련도감 군병으로 종군한 지 여러 해가 지났는데, 뜻하지 않게 함양군수가 자신을 정병의 보인으로 충정하여 하루아침에 한 몸에 두 역을 지게 되어 2년간의 번포를 족징당했고, 자신의 소유 전답 21두락에서 나온 소출 정조 40석까지도 속공되기에 이르렀으므로 이를 바로잡아줄 것을 상언하고 있다.[146] 그의 소유는 전답은 21두락, 1년 수확은 벼 40석에 달할 정도로 중소지주의 위치에 있는 자였다.

훈련도감 군병들은 여러 신분의 사람들로 구성되어 있었고, 그들의 생활 모습도 다양하였다. 이들은 비부로서 사대부의 행랑에서 생활하거나, 각종 무과 시험에 대사(代射)를 해주면서 이익을 취하는 자들도 있었다. 그러나 훈련도감 군병 대부분은 가난한 하층민이었다. 그러므로 훈련도감에서 지급하는 급료로는 생활하기 힘들었다.[147] 따라서 이들은 근무 외의 시간을 이용하여 상업이나 다양한 물품을 제조 판매하는 등 생계를 위해 다양한 활동을 전개하지 않으면 안 되었다.

## 2. 군병의 급여와 생활 조건

훈련도감 군병은 삼수미세(三手米稅)를 기반으로 급료를 받았지만, 어영청, 금위영의 상번군은 보인을 제외하고는 국가에서 지급하는 급료는 없었다. 그러나 금위영, 어영청의 상번군이 아닌 기사 등 각종 특수 병종에 대해서는 급료가 지급되었다. 그러므로 여기에서는 훈련도감 군병과 금위영, 어영청의 특수 병종의 급여를 중심으로 군병의 생활 조건을 살펴보고자 한다.

훈련도감 군병들은 한 달에 한 번 지급하는 급료와 보인들에게서 지원받는 포목으로 생계를 꾸려가야 했다. 훈련도감 포수 1명당 대략 3~4명의 보인이 배정되었는데, 보인 1명당 1년에 3필의 면포를 지급받았다. 보인이 내는 면포를 보포로 불렀다. 군병이 받는 급료는 근무일수에 따라 지급하였는데, 그 액수는 시기에 따라 그리고 병종에 따라 달랐다. 19세기 초의 사정을 전하는 『만기요람』의 자료에 의거하여 병종별 훈련도감 군병의 급료를 살펴보도록 하자.

말을 소유한 마병에게는 한 달에 쌀 10두와 콩 9두를 지급했고, 말을 소유하지 못한 마병에게는 쌀 9두만을 지급했다. 보군은 처음에는 쌀 4두를 주고 시험을 치러서 성적이 좋으면 7두, 다시 시험을 치러 성적이 좋은 경우 최대 9두까지 지급했다. 시험은 각 달의 중순에 치르는데, 각 과목의 점수를 1점 얻을 때마다 1두씩 더 주었다. 순뢰(巡牢), 승호, 칠색복마군(七色卜馬軍), 각초색패두(各哨色牌頭) 등은 시험을 치르지 않고 쌀 9두를 지급했으며, 배(陪), 포수, 무예청문기수와 협련군(挾輦軍)으로 30개월을 근무한 자에게는 쌀 9두를 올려 지급했다. 그리고 휴가를 받아 지방에 내려간 자와 상사(喪事)를 당하여 근무하지 않는 자에게는 급료를 유보했다가 군영에 복귀한 이후 그동안 지급하지 못한 급료를 일수를 계산하여 지급하였다. 포수로서 겸사복이 된 자, 마병으로 말을 소유한 자 및 각초의 색서자지[色書字的]는 승급이나 겸임을 하지 않더라도 3두를 더 지급했다.

또한 각초복마군, 원류군, 금송군, 수문군도 모두 쌀 9두을 지급했는데, 다만, 금송군과 수문군은 복무하는 달에만 급료를 지급했다. 세악수는 6두, 아기수는 3두를 지급했는데, 복마군과 세악수를 겸하는 군병은 3두를 더 지급했다. 1760년(영조 36)부터는 금위영과 어영청의 군이 정번된 분야를 훈련도감 군병이 대신했는데, 이 경우에는 훈련도감 신입 군병일 경우에도 쌀 4두가 아니라 7두를 지급하였다. 그리고 1759년(영조 35)부터는 훈련도감 마병과 보군이 겸사복으로 승급한 자에게는 쌀 1두와 좁쌀 2두를 더 지급했다.[148]

한편 각초색의 서자지[書字的]와 패두(牌頭) 등이 맡은 임무는 일반 군병보다 훨씬 고되었기 때문에 이들에게 급료를 더 지급했는데, 이를 군중수미(軍中收米)라고 했다. 군중수미로 지급된 서자지와 패두에 대한 급료는 다음과 같다. 중군소(中軍所)의 서자지 한 달에 쌀 1석 1두, 좌우별장소(左右別將所) 서자지가 4명인데 쌀 각 1석, 패두가 2명인데 쌀 각 10두, 좌우별장소의 서자지 쌀 1석, 패두 쌀 10두, 좌우부천총소(左右部千摠所)의 서자지 각 쌀 1석 7두, 패두 쌀 10두, 좌우사파총소(左右司把摠所)의 서자지 쌀 13두, 중사파총소(中司把摠所)의 서자지 쌀 12두, 육사(六司)의 패두 쌀 7두, 마병의 초서자지 쌀 1석 1두, 패두 쌀 10두, 보군급란후초(步軍及攔後哨)의 서자지 쌀 13두, 패두 쌀 10두, 대기수 패두 쌀 1석 1두, 취고수 패두 쌀 1석, 순뢰당아병(巡牢塘牙兵) 패두 쌀 13두, 장막군 패두 쌀 10두, 세악수 패두 쌀 3두를 지급했다.[149]

금위영 군사에 대한 급료도 군병에 따라 달랐지만, 훈련도감 군병과 마찬가지로 한 달에 쌀 9두를 지급하는 것이 일반적이었다. 즉 기사, 각색경표하군, 순령수(巡令手), 취고수, 대기수, 당보수, 등롱군, 장막군, 좌아병, 창검군, 우아병, 별장표하군, 천총표하군, 파총표하군, 기사장 표하군, 세악수 등에게는 모두 한 달에 쌀 9두가 지급되었고, 이 중에 겸사복은 3두를 더 지급했다. 또한 패두와 서자지는 한 달에 쌀 1석을, 아기수는 쌀 6두를 지급했다. 수문군, 금송군도 근무한 달에 한해 한 달에 쌀 9두를 지급했다.[150] 어영청 군병에 대한 급료도 금위영과 동일하게 한 달에 쌀 9두를 지급했는데, 다만 세악수와 아기수에게는 6두를 지급했고, 겸사복인 자에게는 3두를 더 지급했다.[151]

한편 훈련도감 국출신 150명에 대한 급료는 훈련도감의 재정인 삼수미(三手米)로 지급한 것이 아니라 호조에서 지출하였다. 국출신은 남한산성을 호위하는 데 공을 세운 군병을 대상으로 무과 시험을 치러 합격한 자들이었기 때문에 이들은 군병으로 대우하는 것이 아니라 관료로 대우했기 때문에 호조에서 녹봉을 지급한 것이다.

훈련도감 군병들은 급료로 받을 쌀을 식비로 사용하고, 의복은 보인에게서 받은 보포로 충당했다. 쌀과 보포는 상평통보가 통용되기 이전에는 현물 화폐였기 때문에 이를 매개로 각종 생활 자료들을 구입하여 생계를 꾸려갔다. 이와 같은 군병들의 급료 수준은 가족까지 부양하며 한양에서 생활하기에는 적은 액수였다. 그뿐만 아니라 조선 후기 흉년으로 국가재정이 악화되었을 경우는 쌀 대신 콩으로 급료를 지급할 때도 많았다. 보포도 보인의 사정에 따라 지급되지 않은 경우도 많았다. 또한 흉년이 들어 도성 안 쌀값이 급등하면 면포 1필로 단지 6~7승의 쌀을 살 수 있을 뿐이어서 상경한 군병은 급료만으로 생활을 유지하기가 어려웠다.

삼군영 군병의 임금은 당시 관청의 품팔이 노동자들의 임금이 2두부터 9두까지였음을 감안하면 결코 높은 편은 아니었다.[152] 군병들의 급료는 일반 토목 공사에 고용되는 숙련노동자들에 비해 낮은 수준이었고, 기본적인 생활에도 부족한 것이었다. 더구나 처와 자식뿐만 아니라 부모들까지도 함께 살 경우 군병 한 사람의 급료로는 살아갈 수 없었다.[153] 그러므로 훈련도감 군병들은 늘 급료와 지원이 부족하다고 하소연했다. 거기에는 그들 나름의 이유가 있었다. 한양에서는 먹고살기가 빠듯한 데다 무엇보다도 훈련과 업무가 고되다 보니 처우가 부족하다고 여겼다.

이처럼 급료와 보포 수급이 불규칙했기 때문에 한양에 상주하는 훈련도감 군병들은 가족들의 생계를 이어가기 위해 또 다른 생업을 가질 수밖에 없었다. 군병들의 실제 근무 일수가 10~15일에 불과했으므로 적어도 나머지 15~20일은 다른 활동을 할 수 있었다.[154] 1680년(숙종 6) 윤8월에 훈련도감의 포수 세 명이 국왕에게 호소했다. 이들은 훈련도감에서 근무하며 부업으로 노점상도 했다. 그런데 한 달에 습진이 세 차례, 사습이 여섯 차례이고, 6일마다 번(番)을 서며, 군영에서 지시하는 크고 작은 업무나 잔심부름에 동원되어 힘들다는 것이었다. 한 달 30일 동안 9일은 군사훈련을 받아야 하고 5일은 번을 서야 하므로 최소 14일이 소요되어 가게 문을 여는 날이 너무 적다는 하소연인 것이다.[155]

군병들의 이러한 생활 조건은 19세기 후반 들어 더욱 악화되었다. 국가 재정이 바닥났기 때문에, 군병들의 급료 지급이 정상적으로 이루어지지 않아, 급료가 몇 달씩 밀렸다가 지급되었으며, 급료의 반만 내주는가 하면, 쌀값이 치솟는 상황 속에서 돈으로 대신 주기도 하였다.[156] 이와 같은 군병의 사정은 개항 이후 신식 군대인 별기군의 창설을 계기로 더욱 악화되었고, 군병들의 불만은 결국 임오군란으로 폭발하였다.

1881년(고종 18) 민씨 정권은 일본의 후원으로 신식 군대인 별기군을 창설하였고, 1882년(고종 19)에는 종래의 훈련도감, 금위영, 어영청, 용호영, 총융청의 5군영을 무위영, 장어영의 2군영으로 축소하였다. 그 결과 삼군영에 소속된 군병들은 대거 실직하지 않을 수 없었다. 군영에 남아 있었던 군병들에 대한 대우 또한 형편없이 나빠졌다. 1882년 7월 19일 무위영 소속 훈련도감 군병들에게 밀린 봉급 1개월분의 급료가 지급되었지만, 지급된 급료는 겨와 모래가 절반이 섞인 것이었다. 이에 격분한 김춘영(金春永, 1844-1885), 류복만(柳卜萬, 1855-1882), 정의길(鄭義吉, ?-1882), 강명준(姜命俊, 1849-1882) 등을 중심으로 한 훈련도감 포수들은 선혜청 창고를 습격하였다. 이때 선혜청 당상(堂上) 민겸호(閔謙鎬, 1838-1882)는 포도청에 이들 4명의 주모자를 체포할 것을 지시하여 모두 체포되어 혹독한 고문을 당하였다. 이러한 소문을 들은 훈련도감 군병들은 김장손(金長孫, 1820-1882), 류춘만(柳春萬, 1850-1882)을 중심으로 투옥자 석방을 요구하는 통문을 작성하여 자신들의 상관인 무위대장 이경하(李景夏, 1811-1891)에게 올렸다. 이경하가 선혜당상 민겸호에게 직접 호소하라고 발뺌을 하자, 군병들은 민겸호 자택을 습격하였고, 그 이후 대원군 이하응(李昰應, 1820-1898)이 거주하는 운현궁으로 몰려갔고, 대원군이 군병의 호소를 수용하자 군병들은 내친 김에 돈녕부 영사 흥인군 이최응(李最應, 1815-1882)과 호군 민창식(閔昌植, 1841-1882)을 살해하고 궁궐에 난입하여 선혜청 당상 민겸호와 경기도 관찰사 김보현(金輔鉉, 1826-1882)을 다시 살해하였다. 권력의 중심이었던 중전 민비는 무예별감 홍계훈(洪啓薰, ?-1895)의 호위로 간신히 장호원의 충주목사 민응식(閔應植, 1844-?)의 집으로 피신하여 목숨을 구할 수 있었다. 임오군란은 청군의 개입으로 진압되었고, 흥선대원군이 중국으로 납치되고, 청·일 간에는 천진조약이 체결됨으로써 막을 내렸다. 삼군영 군병의 열악한 처우는 개항 이후 조선, 청, 일본 간의 국제관계를 동요시킨 임오군란의 원인이 될 정도로 매우 심각한 것이었다.

## 3. 군병의 주거지 분포와 거주형태

훈련도감 군병들 중에 승호군으로 상경한 자들은 한성부에서 집을 마련하는 데 큰 어려움을 겪었다. 한 달 쌀 9두의 급료만으로는 가족들의 식료를 충당하기에도 부족했기 때문이다. 그러므로 훈련도감에서는 상경한 승호군에게 집터를 마련하는 정책을 펼쳤다. 1684년(숙종 2) 훈련도감에서는 승호군으로 상경한 자들에게 동평관, 태평관, 모화관 주변의 공터와 기타 아문의 공터에 집을 지어 거주하게 하고, 이들에게는 지세(地稅)를 거두지 않도록 정식화하였다.[157] 1722년(경종 2)의 조사 결과에 의하면, 장원서 공터 4명, 종부시 공터 4명, 한성부 공터 2명, 예빈시 왜관 공터 26명, 훈련도감 소속 대평관 공터 6명, 훈련도감 소속 모화관 산 아래 공터 28명 등 총 70명이 관청 공터에 거주하고 있었다. 공터에 건설된 주택규모는 큰 곳은 16칸, 작은 곳은 서너 칸에 불과했다.[158]

그러나 이처럼 훈련도감에서 집터를 주선하여 거주하는 승호군은 매우 대우를 잘 받은 경우였다. 대부분의 승호군은 개천 변에 불량 가옥을 지어 거주하거나 또는 만리현, 남산 등의 개간이 금지된 곳을 불법 개간하여 거주하는 경우가 대부분이었다. 원래 한성부에서는 도성 십 리 내에 사산금표(四山禁標)를 정하고, 금표지역(禁標地域)의 개간을 금하였지만, 외부에서 몰려든 인구가 거주하기 위해서는 이들 산의 개간이 불가피해진 것이다. 17세기 후반 이후 개간이 지속되었지만, 적어도 18세기 초까지는 산지에 대한 개간은 심각한 양상은 아니었다. 그러나 1746년(영조 22)에는 만리현(萬里峴), 서빙고 등지의 여러 산이 개간되었고, 1758년(영조 34)에는 국도(國都)의 안산(案山)이었던 남산(南山)도 개간되었다. 그 뒤 정조 대에는 산허리 이상 개간하는 것이 보편화되고 있었다. 그 결과 18세기 후반에는 한성부 내사산 지역이 대부분 개간되기에 이르렀고, 개간의 결과 여름철에 큰 비가 오면 개천이 범람하여 개천 변에 거주하는 군병이나 빈민들이 큰 피해를 입을 수밖에 없었다. 그러므로 1760년(영조 36) 대대적인 준설사업을 펼치고 나아가 준천소를 정식 기구로 출범시켰던 것이다.[159]

군병들은 이처럼 불법적으로 산지를 개간하여 불량 주택을 지어 거주하는 것이 일반적이었지만, 다른 사람이 소유한 집을 차입하여 거주하는 경우도 많았다. 그러나 차입하는 경우는 어느 정도의 경제력이 뒷받침되어야 했다. 18세기 말 경상도 선산군 출신인 노상추(盧尙樞, 1746-1829)의 주택 차입 사례는 일반 군병의 주택 차입이 얼마나 어려운 일이었는가를 잘 말해준다.

노상추는 무과 시험 급제 뒤 훈련원에 근무하다가, 지금의 충무로역 인근에서 기와집 사랑채를 전세방으로 얻었다. 1796년(정조 20) 4월 6일의 일이다. 노상추 일기에서는 음력 2월 29일의 일로 나온다. 출퇴근이 용이한 거리의 기와집을 얻은 대가로 노상추는 전세 보증금 27냥을 내야 했다. 이 집에는 노상추 외에 적어도 1명 이상의 관료가 세 들어 살고 있었다. 그런데 이들은 무관(無冠)으로 보이는 집주인의 횡포를 겪어야 했다. 집주인은 같은 방을 놓고 이중계약을 한 뒤 먼저 들어온 세입자에게 방 뺄 것을 요구하는가 하면, 쫓겨나는 세입자에게 전세보증금도 제대로 돌려주지 않았다. 일례로, 노상추한테 방을 내준 지 1개월여 만에 다른 사람한테 40냥을 받고 노상추를 내쫓으면서 보증금도 10냥밖에 돌려주지 않았다.[160] 노상추는 일반 군병이 아닌 무관 관료였음에도 집주인의 횡포에 전세자금 27냥 중에 17냥을 빼앗기고 집을 나와야 했던 것이다. 이것으로 미루어 보면, 일반 군병의 주택 차입은 집주인의 횡포를 감수해야만 가능한 일이었다고 평가할 수 있을 것이다.

이처럼 지방에서 상경한 승호군이 주택 마련에 어려움을 겪었던 까닭은 재력의 부족이 근본 원인이었지만, 다른 한편에서는 한성부의 인구 증가로 인한 주택 가격의 상승과 절대적인 주택 부족 현상도 이를 악화시킨 요인이기도 했다. 18, 19세기 서울 중부의 주택매매실태를 조사한 연구에 의하면 동일한 주택이 1720년(숙종 46) 은(銀) 160냥에서 1764년(영조 40) 은 300냥으로 올랐으며, 1800년(순조 1) 동전 900냥에 팔렸던 주택이 1870년(고종 7) 동전 2,600냥에 팔리고 있다.[161] 당시 한양에 거주하거나 혹은 관직 근무를 위해 한양으로 올라오는 사대부들도 경제적인 형편이 충분하지 않을 경우 주거지를 찾기 힘들었고 때로는 주거 문제로 쟁송을 벌이기도 했다. 주택이 재산으로서 매력적이다 보니 권력을 가진 자들은 백성들이 차입한 집을 빼앗는 여가탈입(閭家奪入)과 같은 현상도 나타나고 있었다.[162]

집이 없는 군병이 거주지를 마련하는 방식은 첫째, 군병 스스로가 한성부의 빈터를 찾아 자신의 거처를 마련하는 것이다. 고향을 떠나 상경한 군병은 사대부의 행랑이나 다른 사람의 협호를 차입하는 무주택자로 생활하여 주인과 가대를 둘러싼 쟁송을 하기도 하였다. 둘째, 군문이 주도하여 집이 없는 군병의 거주지를 확보하는 것이다. 군문에

[그림 5-12] 노상추(盧尙樞)의 일기 (국사편찬위원회 소장, 구미시 제공)

의한 군병의 가대는 주로 궁성 밑이나 성저 지역을 중심으로 마련되었다. 각 군문은 업무의 편의성을 고려한 지역의 공대(公垈)를 차입하여 군병의 거주지를 마련하였고, 소속 군병들을 집단으로 거주하게 하였다. 그 결과 17세기 지방의 군병들은 궁성이나 성저 주변, 인왕산, 백련산 기슭인 한성부 북서부 산 밑에 거주지를 마련하여 생활하였다.[163]

지방에서 올라온 군병들은 비교적 가격이 저렴하거나 혹은 아직 개간이 되지 않아 무주지로 남아 있는 곳을 선점하여 군병들이 거주하면서 군병들의 집단 거주지가 형성되기 시작했다. 1734년(영조 10) 부호군(副護軍) 이우진(李遇晉)의 상소에 의하면, 과거에 군병들은 종로의 길가에 판잣집을 짓고 거주하였지만, 요즘은 성 밖의 약현(藥峴), 우수현(禹水峴), 병현(餠峴), 아현, 왕십리, 안가동(安家洞), 삼강(三江)에 주로 거주한다고 얘기하고 있다.[164]

이와 같은 모습은 18세기 전반부터 일반화되어 19세기 말까지 지속된 현상이었다. 1929년 『별건곤』 9월호에 실린 「옛날 경성 각급인(各級人)의 분포상황」이라는 글에는 서울 지역의 주거지 분포를 다음과 같이 설명하고 있다.

> 북산 밑을 북촌, 남산 밑을 남촌, 낙산 근처를 동촌, 서소문 내외를 서촌, 장교(長橋), 수표교(水標橋) 어름을 중촌, 광통교(廣通橋) 이상을 우대, 효교동(孝橋洞) 이하를 아래대, 강변을 오강(五江), 성 밖 사면 10리 이하를 자내(字內)라 하여, 동서남북의 네 촌[통칭 사산(四山) 밑]에는 양반이 살았고, (중략) 중촌에는 중인, 우대는 육조 이하 각사(各司)에 소속한 서리, 고직(庫直) 족속이 살되 특히 다동(茶洞)과 사상동(相思洞) 등지에 상고(商賈, [통칭 시정배(市井輩)])가 살았고, 아래대는 각종의 군속(軍屬-장교(將校)·집사등류(執事等類))이 살았으며, 특히 궁가(宮家)를 중심으로 하여 경복궁 서편 누하동 근처는 소위 대전별감(大殿別監, 궁가의 예속(隸屬))들이 살고, 창덕궁 동편의 원남동, 연지동 근처는 무람(武藍) 족속이 살았으며, 동소문 안 성균관 근처는 관인(館人, 속칭 관사람)이 살고, 왕십리에는 군총(軍摠, 兵村)들이 살았다.[165]

이 인용문에서 보듯이 서울지역 중에 효경교 이하의 아래대에는 군영 장교들의 집단 거주하였고, 그보다 도성에서 더 떨어진 왕십리에는 군병들이 집단 거주하였다. 왕십리 지역 외에도 경강의 마포 옹리에도 군병들이 많이 거주했다. 1786년(정조 10) 옹리에서 발생한 화재 때 피해 입은 주민을 조사한 결과에 따르면, 병조의 금군 7명과 표하군 1명, 금위영의 기사 4명과 경표하군 2명, 어영청의 기사 1명, 경표하군 8명, 양화진의 아병 12명, 훈련도감 대년군 3명, 훈련도감의 군병 56명, 수어청의 표하군 1명 등 총 95명의 군교가 화재로 인해 가옥을 잃는 피해를 입었다고 보고하고 있기 때문이다.[166]

## 4. 휴가와 여가 활동

### 1) 군병의 휴가

급료병이었던 훈련도감 군병은 물론 상번병인 어영청, 금위영 군병들에게도 휴가가 주어졌는데, 휴가 기간은 계급에 따라 달랐다. 훈련도감의 경우 장관(將官)은 원거리[경상, 전라, 평안, 함경도]는 30일, 중거리[충청, 황해, 강원도]는 20일, 근거리[경기도]는 15일 이내로 제한되었고, 별무사는 원거리 20일, 중거리 15일, 근거리는 10일이었다. 장관과 별무사는 각각 동시에 3명 이상 휴가를 내는 것은 허락하지 않았다. 군병의 경우 병이 들었을 때 처음에는 15일, 두 번째 이후부터는 10일간 병가를 허락했는데, 4개월 이상 병이 들어 나타나지 않았을 때는 군대에서 제대를 시켰다.[167] 한편 훈련도감 승호군의 경우 원거리는 18일, 중거리는 15일, 근거리는 10일의 휴가가 가능했다. 승호군은 주어진 휴가 기간을 3일 넘겨 돌아오면 처벌했으며, 4일 이상 경과한 자는 날짜를 배로 계산하여 벌번(罰番)을 세우고, 빠진 날짜를 계산하여 급료를 회수하였다. 10일 이상 경과한 자는 해당 승호군의 장령(將領)을 곤장으로 처벌하였는데, 하루마다 1대씩 때리며, 20일을 경과한 자는 공문을 보내어 강제로 제대시켰다. 승호군의 경우 휴가를 받은 군병이 한꺼번에 5명을 넘지 못하였다.[168]

금위영과 어영청의 휴가 기간은 장관은 원거리 20일, 중거리 15일, 근거리 10일이며, 군병은 원거리 15일, 중거리 12일, 근거리 10일이었다. 휴가 기간을 넘겨 귀대하면 장관은 파직하였고, 군병은 곤장으로 처벌하였다. 동시에 휴가 가는 인원에 대한 제한도 있었는데, 금위영의 경우 장관은 매달 5명 이내, 별군관, 교련관은 3명, 별무사는 4명, 기사는 5명을 초과하여 휴가갈 수 없었으며, 어영청에서는 한 달에 초관 5명, 기사 3명, 군병은 각색(各色)마다 5명을 초과하여 휴가갈 수 없었다.[169]

### 2) 군병의 여가 활동

훈련도감 군병들은 한양의 상비군이었기 때문에 군인인 동시에 도시민으로서 생활하였다. 그러므로 입역이 없는 동안에는 여느 도시인과 마찬가지로 다양한 여가 활동을 영위했다. 군병들의 여가에 대해서 자세히 알려주는 기록은 거의 없다. 다만 각 군영의 계령(戒令)을 통해 군병들의 여가 활동을 어느 정도 추정할 수는 있다.

훈련도감의 계령에는 "조사한다 사칭하고 동리에 폐를 끼치는 것, 쓸데없이 서로 모여 거리에서 잡담하는 것, 술주정하고 돌아다니며 사대부를 모욕하는 것, 군복 입기를 싫어하여 의복과 신발을 바꾸어 사용하는 것, 부랑배와 사귀어서 노름하기를 좋아하는 것, 공무에는 상관없는 일로 마음대로 통행금지를 위반하는 것"을 처벌하는 조항으로 꼽고 있다.[170] 또한 어영청과 금위영의 계령에는 "번을 든 지방군을 빙자하고 뇌물을 받는 자, 모여서 술을 마시고 함부로 날뛰거나 떼거리가 몰리어 노름을 하는 자, 거리에서 야료를 부리며 양반을 욕하는 자, 군복 입기를 꺼려하여 의복과 신발을 바꾸어 착용하는 자" 등을 곤장으로 처벌하거나 강제로 제대시켰다.[171] 이와 같은 계령을 통해서 보면, 군병들은 한꺼번에 몰려다니면서 행패를 부리거나 술주정하고, 사대부를 모욕하는 행위를 일삼았고, 노름도 많이 했던 것으로 보인다.

훈련도감 군병들은 도성 내에서 자신의 무력을 과시하기도 하였다. 미천한 신분으로서 권력의 말단에 서자 자신을 현시(顯示)하려는 것이었다. 이들은 서울 거리에서 떼를 지어 말을 타고 달리면서 사람을 다치게 하거나 한밤중에 공연히 총포를 쏘면서 도성민을 놀라게 하였다. 심지어 자신들보다 훨씬 지위가 높은 금군을 집단적으로 구타하거나, 형조 금리(禁吏)를 잡아서 폭행하기도 하였다. 또 도성 내에서 사대부를 만나도 조금도 피하려는 기색이 없이 노려보고 지나가거나, 사소한 일로 화를 내어 갑옷을 입고 말을 타고 사대부가에 돌입(突入)하여 사대부를 능욕하기도 하였다. 한편 1666년(현종 7)에는 국왕의 온천 행행을 수행하던 훈련도감 군병 여러 명이 남편이 있는 시골 여자들을 겁간(刼奸)하여 문제를 일으키기도 했다. 이러한 도감군의 무력 과시와 난폭한 행동은 문반 관료들의 우려를 자아냈다. 문반 관료들은 도감군들을 '교졸(驕卒)'로 인식하였고, 훈련도감의 축소 변통을 요구하였다. 1669년(현종 10)과 1681년(숙종 7) 송시열은 "훈련도감 군병들의 교만함은 다스려지기 어렵기 때문에 반드시 군제를 개편해야 한다"고 하면서 훈련도감을 어영청과 같은 군제로 개편할 것을 요구하기도 했다. 그러나 국왕이나 훈련도감 당국자들은 어영군은 향곡(鄕谷) 농부(農夫)에 불과하다고 하고, 도감군은 "서울에서 생활하여 영리하고 민첩하기 때문에 지방에서 올라온 군병보다 훨씬 뛰어나다"라고 하면서 이에 반대하였다.[172] 훈련도감 군병들은 뛰어난 군인이라는 점 때문에 한양 도성 안에서 일으키는 소란은 어느 정도 묵인되고 있었던 것이다.

조선 후기 도시민의 일상에서 투전과 같은 도박은 매우 성행한 놀이였다. 이러한 현상에 대해 윤기(尹愭, 1741-1826)는 「투전자(投牋者)」라는 시를 통해 다음과 같이 고발하고 있다.

촌사내가 일하기는 싫어하고 / 村夫厭事事
오직 투전만을 좋아하여 / 嗜好惟投牋
온종일 밤중까지 / 終日仍達夜
벗을 불러 돈내기 하네 / 招朋以賭錢
봉두난발에 벌건 눈으로 / 囚首復赤眼
모양은 미치광이와 흡사하여 / 其狀似狂顚
주머니 돈도 다 떨어지고 / 囊中錢已竭
몸에 온전한 옷조차 없으니/ 身上衣無全
빚을 내거나 전당을 잡히고 / 債貸又典賣

속임수에 도둑질까지 하네 / 欺騙更竊穿 (중략)
투전이 어떤 물건이기에 / 投牋是何物
내 마음 이토록 상하게 하나 / 使我心腸煎
치마는 훔치듯 빼앗고 / 有裳攫似偸
솥단지는 버리듯 팔아서 / 有鼎鬻如捐
이후로 삼일을 굶주려도 / 邇來三日飢
한번 가면 돌아오지 않네 / 一去不復旋
독수공방 탄식뿐이고 / 獨夜空歎息
여러 아이들 울며 잠들지 못하니 / 衆稚啼不眠
바라건대 단번에 죽어버렸으면 / 惟願溘然昧
괴로운 눈물이 실처럼 흐르네 / 痛苦淚如泉
남편이 아낙의 말을 듣더니 / 夫也聞婦言
눈을 부라리며 갑자기 앞에 나타나 / 瞋目遽當前
만사를 내 좋은 대로 하는데 / 萬事從吾好(중략)
부모도 금지할 수 없고 / 父母不能禁
관청도 권세를 잃었는데 / 官司猶失權
아낙네가 군말을 좋아하니 / 女人好細言
내 주먹맛은 실컷 봐야 하리 / 應欲飽吾拳
죽든 살든 네 맘대로 하라 / 死生任汝爲
노름이나 하며 내 평생 마치리라 / 遊戲終吾年
발로 단지를 깨뜨리고 나가니 / 蹴破盆罌出
기세가 양양하네 / 意氣揚揚然[173]

윤기는 도박이 도시민뿐만 아니라 촌 사내에게까지 널리 유행하고 있음을 이야기하며, "도박에 미치면, 밤이고 낮이고 본성을 잃어버리고 넋이 나간 채로 봉두난발에다 눈이 시뻘개져서 귀신 꼴이 되는 것"이라고 한탄하고 있다.[174] 나아가 윤기는 "세속의 이른바 투전(投牋)이란 것은 으뜸가는 패가망신(敗家亡身)의 물건이다. 그 해(害)는 주색(酒色)보다 심하므로 내가 이미 누차 언급한 바 있다. 위로는 부귀한 집안에서부터 아래로는 하천(下賤)에 이르기까지 탐혹(貪惑)하지 않음이 없고 또 묘당(廟堂)에서 국가의 정책을 결정하는 자와 경연에 출입하는 자들도 모두 풍속을 이루어 심지어 투전을 하지

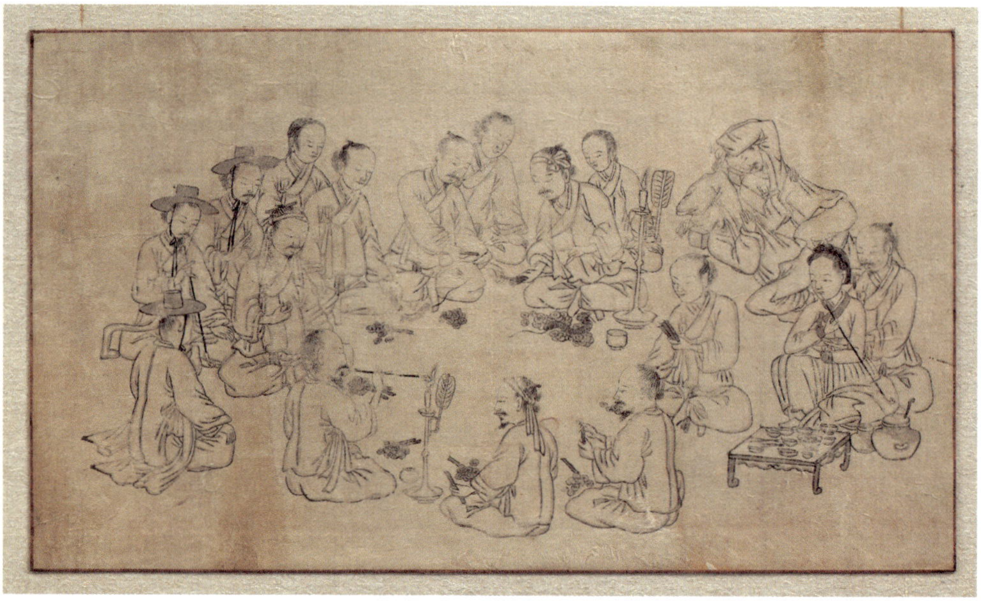

[그림 5-13] 김준근, 〈투전도(鬪牋圖)〉 (국립민속박물관 소장)

않으면 행세할 수 없다는 말까지 할 정도이니, 심하도다! 속습(俗習)의 쉽게 물들고 이해하기 어려움이여, 그 폐단은 반드시 도적이 되고난 뒤에야 그칠 것이다"라고 한탄하고 있다.[175]

한편 다산 정약용(丁若鏞, 1762-1836)도 도박과 같은 잡기의 유행에 대해 "바둑, 장기, 쌍륙(雙六), 투패(鬪牌, 鬪牋), 강패(江牌, 骨牌), 척사(擲柶, 윷놀이)가 유행하고 있는데, 특히 이러한 놀이에 재물을 걸고 도박하는 자는 대명률에 장 80대의 형벌을 가하게 되어 있다"고 얘기하고 있다.[176] 이처럼 도박이 공경대가(公卿大家)의 자제는 물론 지방의 수령, 여항인, 천민들에게 널리 퍼졌으므로, 비록 가난하고 신분이 낮은 삼군영 군병들이라고 도박에 물들지 않을 수 없었을 것이다. 그러므로 앞서 보았듯이 삼군영에서는 노름을 즐기는 자를 특별히 지목하여 처벌하고 있는 것이다.

한편 군병들의 여가에서 빠질 수 없는 것이 유흥이었다. 삼군영에서 술에 취해 행패를 부리는 군병들을 처벌하는 조항을 두었다는 것은 그만큼 군병들의 유흥을 즐겼음을 반영하는 것이다. 군인들의 유흥문화에 대해서 국문소설 「게우사」의 다음과 같은 서술은 당시 군병, 그중에서도 장교층의 유흥문화가 얼마나 성행했는지를 잘 보여준다.

청루(靑樓) 고당(高堂) 높은 집에 어식비식 올라가니, ① 좌반의 앉은 왈자 상좌의 당하(堂下), 천총, 내금위장, 소년 출신 선전관(宣傳官), 비별랑(備別郞), 도총(都摠), 경력(經歷)이 앉아 있고, ② 그 아래 바라보니, 각 영문(營門) 교련관의 세도(勢道)하는 중방(中房)이며, 각사 서리(書吏), 북경(北京) 역관(譯官), 좌우포청(左右捕廳) 이행군관(移行軍官), 대전별감 울긋불긋 당당홍의(堂堂紅衣) 색색이라. ③ 또 한편 바라보니 나장(羅將)이 정원사령(政院使令) 무예별감(武藝別監) 섞여 있고, 각전시정(各廛市井) 남촌한량(南村閑良) ④ 노래 명창 황사진이, 가사 명창 백운학이, 선소리 송흥록이 모흥갑이가 다 있구나[177]

이 자료는 기방에 출입하는 사람들을 설명하는 자료인데, 이중에 천총, 내금위장, 도총, 각 영문의 교련관인 중방 등은 모두 고급 장교들이었다. 이들은 왈짜라고도 불리면서 조선 후기 유흥문화를 주도해 갔던 사람들이기도 했다.[178]

또한 하급 군병들은 산대(山臺)놀음의 경연자로서 활약하기도 했다. 『어영청등록(御營廳謄錄)』 자료에는 1784년 산대희를 할 때, 산대놀음의 좌우 변인(變人)들은 삼군영의 장교과 군졸로 채워졌으며, 세악수는 군영의 세악수 중 뛰어난 사람을 뽑아 좌우 산대에 오르게 했다고 기록하고 있다.[179] 산대놀음에 동원된 악공들은 대부분 군영의 악공들이었다. 각 군영의 세악수들은 대개 무부(巫夫) 계통이므로 산대놀음에 참가할 수는 있지만, 이에 더하여 무부가 아닌 평민인 하급 군사들도 산대놀음과 같은 놀이에 실제로 참가하고 있는 것이다. 「게우사」라는 소설에서도 훈련도감의 포수와 살수가 좌우편으로 편제되어 본산대 탈놀이를 준비하였고, 악공은 총융청 악공들이 동원되고 있다. 본산대 탈놀이에는 천민인 광대들 외에 하급 군사들도 참가했던 것이다.[180]

[그림 5-14] 군병들의 마상재, 주마립마(走馬立馬) 모습 (『무예도보통지(武藝圖譜通志)』, 규장각한국학연구원 소장)

# 4절. 군병의 상업 활동과 각종 생업

## 1. 군병의 상업 활동과 시전상인과의 갈등

### 1) 군병의 시전 상업과 시역(市役) 부담

가족까지 거느리고 한양에서 군역을 수행하는 훈련도감 군병들은 그들이 받는 급료와 보포만으로는 생계가 어려웠다. 그러므로 훈련도감 창설 때부터 이들에게 생계를 보조할 수 있는 대책을 정부에서 마련하였다. 앞서 보았듯이 지방에서 올라온 승호군에게 관청의 빈터에 집을 지어 거주하게 하는 것은 이러한 대책의 하나였다. 그러나 이들에게 주거안정만이 필요한 것은 아니었다. 가족들의 생계를 이어가기 위한 또 다른 생계수단이 필요했다. 이를 위해서 정부에서는 군병들에게 상업 활동과 수공업품의 제조와 판매를 허용했다.[181] 한양에서의 상업 활동은 평시서 시안(市案)에 등록된 시전 상인조합이 독점하는 것이었다. 시전의 독점권은 시역의 부담을 대가로 하는 것이었지만, 훈련도감 군병에게는 그러한 의무가 없었다. 그러므로 군병의 상업 활동은 시전상인과 끊임없는 갈등을 야기하였다.

군병의 상업 활동은 크게 두 가지 방식으로 이루어졌다. 하나는 시전상인이 영업하는 구역에 출전(出廛)하여 시전상인과 동일하게 장사를 하는 것이며, 다른 하나는 시전상인의 영업구역을 벗어난 곳에서 장사하는 난전적 상업 활동으로서, 이는 다시 좌시난전(坐市亂廛), 요로소시(要路小市), 가전소시(家前小市), 수조수지물판매(手造手持物販賣)의 형태로 구분되었다.[182] 좌시난전은 시전 주변에서 점포를 벌여 장사하는 행위였고, 요로소시는 상품이 지방에서 한양으로 올라오는 주요 길목에서 점포를 열어 장사하는 행위이며, 가전소시는 말 그대로 집 앞에서 소소한 물건을 판매하는 것이고, 수지물 판매는 군병이 직접 제조한 물건이나 자신이 가지고 있는 물건을 일정한 장소 없이 돌아다니면서 판매하는 형태였다.

군병들의 상업 활동을 공식적으로 허가한 것은 훈련도감 창설 초기인 1600년(선조 33)이었다. 선조는 군병들이 받는 요포(料布)만으로 생계가 어렵다는 사정을 감안하여 군병들에게 용모파기(容貌疤記)가 기록된 시패(市牌)를 지급하고 상업에 종사하게 하였다. 시패에 용모파기를 기록한 것은 군병이 아닌 자가 장사하지 못하도록 규제하기 위한 것이었다. 시패를 지닌 군병들에게는 시전상인이 부담하는 시역이 면제되었다.[183] 동업조합인 시전 도중에 가입비를 내어 가입하고, 평시서 시안에 이름을 등록한 뒤에 각종 시역을 부담하는 시전상인에 비해 군병의 상업 행위는 어떠한 통제도 없이 자유롭게 이루어졌다.[184] 군병들은 자신들이 훈련이 있는 날에도 시패를 친척들에게 빌려주어 장사하는 경우도 많았고, 심지어 자신의 상업 활동을 방해하는 시전상인들을 구타하는 경우도 있었다.[185]

초기 군병들이 판매하는 물종은 보인에게서 받은 면포나 군인들이 쓰는 모자나 짚신 등을 직접 제조하여 판매하는 것이었다. 1634년(인조 12)에는 짚신을 판매하는 혜전(鞋廛) 상인들이 군병들이 짚신을 마음대로 판매하여 생계가 어렵다고 하소연하고, 군병들에게도 자신들처럼 시역을 부과해야 한다고 주장하였지만, 이러한 요구는 수용되지 않았다.[186] 특히 1637년(인조 15) 병자호란을 겪은 인조가 훈련도감 군병의 공로를 보상하는 차원에서 1600년(선조 33) 선조 때 확립한 군병들에 대한 시역 면제 조치를 다시 천명함으로써 군병의 상업 활동은 더욱 활성화되었다. 군병들은 매우 사소한 물품을 판매한다고 변명하지만, 이러한 물품을 판매하는 시전상인들은 크게 반발하였다. 1650년(효종 1)에는 군병들이 봉족(奉足)에게서 받은 가포(價布)를 백목전에서 판매하다가 사헌부 금리에게 난전으로 체포되어 보포를 빼앗기고 투옥되어 벌금[贖木]을 징수당하고 있다.[187] 그러나 시전상인들이 군병의 상업 활동을 탄압할 때마다 조정에서 막강한 힘을 지닌 훈련대장이 군병을 옹호함으로써 시전상인들의 반발은 무력화되었다.

훈련도감 군병의 자유로운 상업 활동에 제약이 가해진 것은 북벌정책이 강화되고,

훈련도감 이외의 군영이 확장되던 효종 때였다.[188] 시전상인들은 아무런 부담 없이 장사하는 군병의 상업 활동은 시전상인에 견줘 너무나 많은 특권을 주는 것이므로, 군병들에게도 시전상인과 동등하게 시역을 부과해야 한다고 주장하였다. 특히 백목전 상인들은 출전하는 군병에게는 시전상인과 똑같이 시역을 부과해야 한다고 주장하였다. 이에 효종은 "군병은 한편으로는 훈련도 받고 다른 한편으로는 장사하니 똑같이 시역을 분담하는 것은 부당하다. 백목전에 출시하는 인원을 참작하여 시역을 부과하는 것이 옳다"고 하여, 장사하는 군병과 백목전 상인들의 숫자에 비례하여 시역을 부과할 것을 명령하였다. 당시 백목전 상인은 250명이었고, 면포를 판매하는 군병은 50명이었기 때문에, 이 비율에 따라 훈련도감 군병은 백목전이 부담하는 시역의 1/5을 부담하게 되었다.[189] 1680년(숙종 6)에 올린 훈련도감 군병의 상언에 의하면, 훈련도감 포수들은 한 달에 습진이 세 차례, 사습이 여섯 차례이고, 6일마다 번을 서며, 군영에서 지시하는 크고 작은 업무나 잔심부름에 동원되고 있었다. 한 달 30일 중 9일은 군사훈련을 받고 5일은 번을 서야 하므로 최소 13일이 소요되어 장사하는 날이 한 달의 절반에 불과하다고 하소연하고 있다.[190] 이러한 사정을 감안하면 군병들의 1/5 시역 부담 조치는 매우 합리적인 것이었다.

한편 1668년(현종 9)에는 백목전과 상전 상인들은 1/5의 시역을 부담하는 군병들에게 시전상인과 똑같이 시역을 부담할 것을 요구하였다. 군병들의 시역 부담 증액을 요구한 것이다. 이에 평시제조(平市提調) 이은상(李殷相, 1617-1678)은 "시역은 군병과 시전상인이 똑같이 부담하되, 다만 각처도배역(各處塗褙役)과 헌가담예역(軒架擔曳役), 그리고 시전상인에게 부과하는 신역(身役) 등은 군병에게는 면제할 것"을 주장하였고, 훈련대장 출신인 지중추부사(知中樞府事) 이완(李浣, 1602-1674)은 "시전상인과 똑같은 시역을 부담시키면, 군병들이 감당하기 어렵다. 그러므로 효종 때 정해진 1/5 출역을 그대로 준수할 것"을 주장하였다. 시전상인의 입장을 옹호하는 평시제조와 군병의 입장을 옹호하는 이완의 의견이 대립하자 효종은 이완의 주장을 수용하여 과거처럼 군병들은 시역의 1/5로 부담하게 하였다.[191]

시전상인들이 이처럼 군병들의 시역 부담을 강하게 요구하는 것은 이 시기가 시전상업 체제의 큰 변화가 발생한 시기였기 때문이다. 이때의 변화는 시전상인들의 부담이 시역에서 국역(國役)으로의 변화, 금난전권의 강화와 평시서 시안의 물종별 등록 체제의 확립, 육의전 체제의 성립 등으로 요약된다.[192] 특히 국역 체제에서는 시역 체제에서 부담하지 않았던 궁궐 및 관청의 수리도배역(修理塗褙役)을 시전상인이 부담하였다.

이러한 국역 부담은 평시서에 내는 시역에 비해 훨씬 무거운 것이었다. 이러한 사정을 배경으로 평시제조는 시역은 똑같이 부담하지만, 군병들에게 궁궐과 관청의 수리도배역은 면제해줄 것을 제안했던 것이다.

17세기 초 군병들은 시역을 면제받고 자유롭게 상업 활동을 전개했으나, 효종조인 17세기 중엽에 이르러 1/5의 시역을 부담하였다. 이는 병자호란 이후 사회가 안정을 되찾으면서 차츰 훈련도감 군병의 상업 활동에 대한 통제가 가해진 것을 의미함과 동시에, 상업 활동의 주도권을 장악한 시전상인들의 힘이 훈련도감이라는 군영과 맞서 자신의 이익을 지킬 수 있을 만큼 성장했음을 의미하는 것이기도 했다.

상업적 부를 축적한 시전상인들은 자신들의 이익을 지키기 위해 군병들의 시역 부담을 증액시키려고 지속적으로 노력하였다. 훈련도감 군병과 시전상인 사이의 시역 부담여부와 상업 활동 허가여부를 둘러싼 논란은 1675년(숙종 1) 을묘사목(乙卯事目)이 제정될 때까지 지속되었다.

## 2) 을묘사목(乙卯事目)의 제정과 군병의 시전(市廛) 편입

1675년(숙종 1) 새로 창설한 정초군 100명에 대한 출시(出市)를 허가하였다. 이는 훈련도감 군병 50명의 백목전 출시 허용을 근거로 한 것이었다. 정초군의 출시 허용은 시전상인의 상권을 크게 위협하는 것이었다. 그러므로 당시 대사헌 윤휴가 시전상인의 입장을 옹호하면서 군병의 좌시난전 철폐를 주장하였다. 이러한 윤휴의 주장에 대해 조정에서 본격적인 논의가 전개되었고, 그 결과 효종조에 확립된 1/5 시역 부담 원칙이 폐지되고 훈련도감 군병의 상업 활동에 대한 새로운 규정이 마련되었다. 이것이 1675년에 제정된 을묘사목이다.[193]

을묘사목의 내용은 인조 대부터 훈련도감 군병들에게 지급한 시패를 환수하고, 군병들이 요로(要路)에 상전을 설치하여 판매하는 것과 무리를 지어 저자를 여는 것을 난전으로 처벌하며, 가전소시와 군병들 스스로 제조한 물건이나 기다 각종 손에 지닐 수 있는 수지물(手持物)에 한해서만 자유로운 판매를 허용한다는 것이었다. 수지물 판매는 자신이 직접 제조하거나 또는 자신이 소유한 물건으로 제한한다고 규정하였다. 수지물이 아니라 다른 곳에서 사들인 많은 물건들을 사람들을 불러 모아 판매하는 것은 난전으로 규정하였고, 이 경우에는 시전상인들이 군병들을 법사에 고발하도록 하였다. 반면 합법적으로 인정된 수지물을 판매하는 군병을 시전상인들이 법사에 고발할 경우,

시전상인들은 처벌을 받았다. 다만 시전상인에 대한 처벌은 훈련도감이 아닌 삼법사(三法司)에서 행사하였다.[194] 을묘사목이 제정되자 군병들은 인조 이래 50년 동안 지켜진 규례가 혁파되어 더 이상 살아갈 길이 없다고 큰 불만을 나타냈다.

을묘사목이 제정된 이후 시전상인과 군병들 사이의 갈등은 좌시난전보다 군병들에게 허용한 수지물 판매를 둘러싸고 격화되었다. 수지물이라는 표현이 종목을 특정하지 않은 막연한 규정이었기 때문이다. 훈련도감 군병들은 시전상인의 독점적 판매물종이라고 하더라도 손에 지닐 수 있는 물품을 판매하기 때문에 자신들의 상업 행위가 합법적이라고 주장했고, 시전상인들과 한성부 금리들은 이를 불법행위로 규정하여 단속하였다. 군병들은 이러한 단속 행위에 저항하여 시위를 벌이기도 하였다. 조정에서는 군병들의 불만을 달래기 위해 1676년(숙종 2) 한성부 금리와 시전상인의 불법적 난전 단속에 대해서는 훈련도감이 처벌권을 갖도록 을묘사목의 조항을 개정하였다.[195] 당시는 군부의 위세가 매우 높은 시기였다. 군문의 위세를 배경으로 군병들은 시전 행랑까지 차지하여 상업 활동을 전개하기도 했으며,[196] 사인(私人)들을 거느려서 장사함으로써 포목전(布木廛)이 문을 닫을 지경에 이르기도 하였다.[197] 심지어 군병들은 1676년 창설된 망건전(網巾廛)을 자신들이 예전부터 판매하던 물종이라는 이유로 혁파시키기까지 하였다.[198]

이와 같은 군병들의 횡포에 대해 저항하기 위해 시전상인들은 1677년(숙종 3) 2월부터 일제히 철시(撤市) 투쟁에 돌입하였다. 철시 투쟁은 반년 이상 지속되었기 때문에 조정에서 을묘사목 개정을 위한 논의가 시작되었다. 을묘사목 개정 논의는 군병들의 이익을 대변하는 훈련도감 제조 류혁연(柳赫然, 1616-1680)과 시전상인의 이익을 옹호하는 호조판서 오시수(吳始壽, 1632-1681) 사이의 대립을 중심으로 많은 논의가 전개되었다. 류혁연은 "군병들의 좌시판매는 모두 폐지할 수 없기 때문에 시전상인들이 내는 시역의 2/3를 부담하게 하여 시전상인과 더불어 일체 응역토록 하며, 요로에서 소시(小市)를 개설하여 판매하는 자들은 시역의 1/3을 내게 하며, 가전소시와 직접 제조하거나 수지물을 판매하는 것은 그 전처럼 금하지 말도록 하자"라고 제안하였다.[199] 류혁연의 제안은 가전소시나 수지물 판매를 자유롭게 허용하자는 것이었다. 이는 을묘사목의 핵심을 그대로 유지하는 것으로서 철시투쟁 중인 시전상인이 수용할 수 없는 것이었다. 호조판서 오시수는 도감군의 상업 활동을 금지시키는 것은 현실적으로 불가능하다고 보고 이들의 취급 상품을 명확히 규정할 것과 이들은 시안에 등록해 시역을 부과할 것을 제안하였지만,[200] 이러한 오시수의 제안에도 시전상인들의 철시 투쟁은 해결되지 않았다. 시전상인들은 도감군에 대한 특별 대우를 폐지하고 자신들과 동일하게 통용응역(通

融應役)하도록 주장하였고, 이에 오시수는 시전상인의 주장을 받아들여 "장사하는 훈련도감 군병들은 다소를 막론하고 모두 평시서 시안에 등록하게 하여 시전상인과 똑같이 응역하게 하자"는 것을 주된 내용으로 하는 을묘사목에 대한 개정안을 제출하였다.[201] 이러한 논란을 거쳐 비변사에서는 "군병들을 모두 시전 도중에 가입시키되, 가입비[禮銀]는 절반만 내게 하여 시전상인과 함께 영업하게 한다. 다만 가입비를 내지 못하여 장사를 포기한 가난한 군병들에게는 가입비 징수를 강제하지 않는다"고 최종 결론을 내렸다. 시전상인들의 입장이 대부분 수용된 것이다.[202]

이로써 1675년에 제정된 을묘사목이 2년 만에 개정되었고, 도감군병들은 모두 시안에 등록하여 시전상인과 똑같이 응역(應役)하게 되었다. 이와 같은 개정은 훈련도감 군병들의 좌시난전을 전면 금했던 을묘사목에 비해, 군병에게 시역 부담을 전제로 하여 군병들의 좌시난전을 전면적으로 허용한 조처였다. 이에 따라 군병들이 시안에 편입하여 시전상인들의 수가 대폭 증가하였다. 그리고 1677년에는 을묘사목의 개정으로 훈련도감 군병들도 시전상인들과 똑같이 예전(禮錢)을 내고 시역을 부담하게 되었다. 훈련도감 군병들이 공식적으로 시전상인으로 편입된 것이다.[203]

### 3) 군병의 수지물(手持物) 판매와 난전 활동

을묘사목의 개정으로 시전에 편입된 군병은 더 이상 문제되지 않았다. 1677년 을묘사목 개정 이후 시전상인들이 군병의 상업 활동을 문제 삼았던 것은 군병들의 난전 활동이었다. 군병들의 가전소시나 수지물의 판매는 여전히 을묘사목의 적용을 받아 자유롭게 허용되었다. 군병들은 수지물의 규정 자체가 애매하다는 점을 빌미로 적극적으로 상업 활동을 전개하였다.

이에 1680년(숙종 6) 시전상인들은 수지물의 명목을 명확하게 규정해야 군병의 난전 활동이 금지될 수 있다는 이유로 다시 철시 투쟁에 돌입하였다. 이 시기 군병들이 난전 활동을 활발하게 전개할 수 있었던 까닭은 수지물 규정의 애매성에 있기보다는 훈련도감이 난전 행위를 단속하는 시전상인과 한성부 금리에 대한 처벌권을 가지고 있었기 때문이었다. 군병들은 시전상인이나 한성부 근리에게 단속되더라도 대부분은 훈련도감의 위세를 빌려 곧바로 풀려났다. 이러한 문제를 인식한 조정에서는 훈련도감이 가진 시전상인과 한성부 금리의 불법적 난전 단속 행위에 대한 처벌권을 폐지하고, 규정을 어긴 군병들은 훈련도감에서 법사로 이송하여 처벌토록 규정을 개정하였다. 이

조처로 시전상인들의 불만이 해결되어 철시 투쟁은 종식되었다. 이를 계기로 훈련도감 군병과 제상사(諸上司) 하인들의 난전 행위나 시전상인들의 불법적 난전 단속 행위에 대한 처벌 권한이 모두 법사로 일원화되었다.[204]

1680년 훈련도감의 권한을 대폭 제한한 조처에도 불구하고 군병의 난전은 계속되었다. 이 가운데서도 가장 큰 문제는 좌시난전과 요로설전(要路設廛)의 형태였다. 시전에 편입되지 않은 군병들은 1680년대 이후 사상 난전 세력과 결탁하여 난전 활동을 전개하였다. 1684년(숙종 10)의 다음과 같은 자료는 이를 잘 알려준다.

> 훈련도감 군병들이 망건(網巾), 대자(帶子) 등의 잡물을 스스로 만들어 손에 지닌 것들은 처음부터 거론하지 않았습니다. 포목(布木)을 사사로이 매매하는 것은 비록 여러 필이 아닌 경우에는 범금(犯禁)한 뒤에 분간방송(分揀放送)하도록 했습니다. 그러나 잠상지배(潛商之輩)들이 군병들과 서로 결탁하여 매매하는 자가 있습니다.[205]

훈련도감 군병의 난전 활동은 그전과 달리 잠상(潛商)인 난전상인과 결탁하여 전개되고 있었던 것이다. 다시 말해 1684년을 전후하여 군병들의 난전 활동은 그전과 달리 사상 난전의 성격을 띠게 된 것이다. 그러므로 『비변사등록(備邊司謄錄)』 등의 연대기 기록에서도 그전과 달리 난전 활동의 주체로서 훈련도감 군병이 지목되는 경우는 드물게 나타나게 된다. 그 이유는 난전 활동의 주역이 군병이 아니라 사상층으로 그 성격이 변모되었기 때문이다.

오히려 18세기 이후에는 합법적으로 자유판매가 허용된 군병들의 수지물 판매조차도 시전상인들의 불법적 난전 단속행위로 인해 위축되고 있었다. 1720년(숙종 46)의 다음과 같은 자료는 이러한 사정을 잘 알려주고 있다.

> 도감군병들이 손으로 만든 물건을 난전으로 금지하지 말라는 것이 언제부터 시작됐는지 모르지만, 군병들이 이를 빙자하여 시전상인들의 생계를 빼앗으니 망극하기가 이를 데 없다. 순치(馴致)된 수공업자들이 견디지 못하고 모두 도산하여, 막중한 진배물종이 조달되지 않는다. 그러므로 공조에서 작년에 초기 정탈을 받았다. 군병으로 하여금 (수공업자들의-인용자) 업을 빼앗지 못하도록 하는 것은 수공업자들이 보존을 위한 것에 그치지 않고, 각처의 진배가 전처럼 궁핍할 지경에 이르지 못하게 하는 것이다.[206]

여기서 보듯이 18세기에 이르면 군병들의 상업 행위는 시전상인과 대립하는 것이 아니라 군병들이 자신들의 수조지물(手造之物)을 자유롭게 판매한다는 점에서 수공업자들과의 대립이 보다 중요한 것으로 변모되고 있었다. 하지만 정부에서는 오히려 군병들의 수지물 판매에 대한 가혹한 단속을 금지하는 것이 군민(軍民)이 생계를 이어갈 수 있다고 하여 군병들의 수지물 판매를 옹호하였다.[207] 이와 같이 군병 난전에 대한 입장이 바뀐 것은 난전의 주체가 훈련도감 군병에서 사상들로 바뀌었을 뿐만 아니라, 17세기 말을 계기로 금난전권이 확립되고, 이를 토대로 시전상인들의 힘이 강력해졌기 때문이었다. 그러므로 시전상인들은 "군병들의 난전 중에 호위청 군병의 난전이 가장 감당하기 어려우며, 다른 군영 군병들의 난전들은 대부분 막을 수 있다"라 하여,[208] 호위청 군졸을 제외한 삼군영 군병들의 난전은 시전상인의 독자적인 힘으로 충분히 억제할 수 있다고 얘기하고 있는 것이다.

### 4) 군병과 시전상인과의 갈등

군병들의 상업 활동은 생계를 유지하기 위해 불가피하게 영세한 규모로 운영하는 것만은 아니었다. 군병들은 막강한 힘을 가진 군대를 배경으로 시전 행랑까지 차지하여 상업 활동을 전개하기도 했으며,[209] 사인(私人)들을 거느려서 장사함으로써 포목전이 문을 닫을 지경에 이르기도 하였다.[210] 심지어 군병들은 1676년 창설된 망건전을 자신들이 예전부터 판매하던 물종이라는 이유로 혁파시키기까지 하였다.[211]

이처럼 군병들의 상업 활동이 시전상인의 이익을 침해하기에 이르자, 시전상인들은 자신들의 폐막을 변통해주도록 지속적으로 관아에 호소하고, 국왕에 직접 상언하기도 하였다. 『훈국등록』에는 군병들의 상업 활동으로 피해를 입은 시전상인들의 상언 6건이 기록되어 있다. 시전상인들이 올린 6건의 상언은 모두 상인들이 연명하여 집단적으로 자신들의 민원을 제기한 것들이며, 상언의 주체는 바리전[鉢里廛, 1680년], 백목전(1705년), 장목전(1728년), 청포전(靑布廛, 1728년), 면자전(綿子廛, 1728년), 은전(銀廛, 1731년) 등이다.

바리전, 백목전, 면자전의 상언은 훈련도감 군병들의 상업 활동을 직접 거론하며 이들의 난전을 막아줄 것을 호소하는 내용이다. 예컨대, 바리전 상인들은 훈련도감 포수들이 자신들이 취급하는 품목인 유기(鍮器)를 판매하는 일이 그들의 가장 절박한 폐단이라 지목하며 그 근절을 요구하였다. 즉, 훈련도감 포수들이 유기장(鍮器匠)과 결탁하여 유기장이 주조한 그릇을 포수들이 마음대로 상행위를 벌이고 있으니 이를 난전 행위로 금해달라는 것이다. 백목전과 면자전의 상언에서는 군병이나 세력가의 노예(奴隷)를 지목하여 이들의 난전 행위를 막아달라고 호소하였다. 6건 대부분은 훈련도감을 비롯한 각 군문(軍門), 각사(各司)에서 물건들을 사무역(私貿易)하는 폐단, 자신들이 납부한 물품 대금을 제대로 지급하지 않는 문제 등을 해결해 달라는 호소인 것이다.[212]

한편 1753년(영조 29) 작성된 『시폐(市弊)』에는 시전 상인의 호소와 그에 대한 비변사의 처분 결과가 수록되어 있는데, 여러 시전에서 군병들의 난전에 대한 조치를 요구하고 있다. 아래에 인용한 면화전(綿花廛)의 호소가 그 대표적인 사례이며, 진사전(眞絲廛), 우전(牛廛), 생치전(生雉廛), 유기목물초혜전(鍮器木物草鞋廛), 염상전(鹽床廛), 문내좌반전녀인전(門內佐飯廛女人廛) 등에서 진정한 무수한 유사 사례가 확인된다.[213]

> 시전상인들의 호소는 군병 및 여러 궁가와 세가(勢家)의 사나운 하인들이 벌이는 난전이 점점 심해져서 시전의 생업을 모조리 빼앗으므로, 혹 군병 및 세가의 하인을 붙잡아서 법사에 신고하더라도, 그들이 군문 및 세가에 호소하여 시민을 잡아가면서 결박, 구타, 공갈함이 헤아릴 수 없이 그치지 않고, 혹은 채찍으로 때리고 속전(贖錢)을 거두니 피잔(疲殘)한 시민은 그 어찌 지탱하여 보존하겠습니까?[214]

18세기 중엽에 작성된 『시폐』를 일별해볼 때, 시전상인과 군병과의 갈등은 18세기에도 지속되고 있음을 확인할 수 있다.

## 2. 수공업 제조·판매와 기타 생업

### 1) 수공업품 제조 판매

훈련도감 군병들은 자신들이 급료로 받거나 봉족이 지출하는 가포를 시전에서 판매하는 상업 활동 이외에도 다양한 물품을 직접 제조하여 판매하면서 생계를 이어갔다.[215] 자신들이 직접 제조하여 판매한 대표적인 물품들은 짚신이나 망건 등 간단한 기술로도 제조할 수 있는 물품들이었다.[216]

[그림 5-15] 1890년대 짚신 노점상 (출처 : 크리스찬리뷰)

짚신 이외에도 군병들은 닭을 기르거나 담배[南草], 담뱃대[煙竹], 전립(氈笠), 망건, 갓끈 등을 제조하여 판매하였다.[217] 이중에서도 군병이 제조하여 판매하는 망건은 동업조합인 망건전이 없는 상태에서 자유롭게 제조하여 판매하던 물품이었다. 그러나 상인들이 1676년(숙종 2) 망건전을 새로 설립하여 군병들의 망건제조 판매를 금지하고자 하였다. 이에 조정에서는 군병들의 생계를 고려하여 망건전을 혁파하는 조치를 취하고 있다.[218]

한편 을묘사목 제정 이후 군병들의 수지물 판매가 합법화된 이후 군병들이 제조하여 판매하는 수공업품은 짚신이나 전립 등 군병들에게 필요한 간단한 물자를 넘어서서 유기장이 제조한 놋그릇을 자신이 제조한 물품이라고 우기면서 판매하는 경우도 있었다. 놋그릇은 부피가 작아 손에 들고 다니면서 판매할 수 있는 수지물이라는 이유에서였다. 이처럼 군병들이 유기를 판매하자 유기를 판매하는 바리전에서는 "훈련도감 포수들이 자신들이 취급하는 품목인 유기를 판매하는 일이 그들의 가장 절박한 폐단"이라 지목하며 그 근절을 요구하였다. 즉, 그들의 주장에 따르면 "도감 포수들이 유기장과 결탁하여 유기장이 주조한 그릇을 포수들이 마음대로 상행위를 벌이고 있으니 이를 난전 행위로 금해 달라"고 요구하고 있는 것이다.[219]

훈련도감 군병의 생업은 단순히 소매와 같은 유통업 종사만 포함되었던 것은 아니다. 수공업 장인처럼 군병들 역시 스스로 물건을 직접 만들어 판매하였다. 시전의 독점권을 침해하는 자신들의 행위를 정당화하기 위해 이들은 손으로 만든 물건이라는 뜻의 '수조지물'임을 강조하였고, 정부는 어쩔 수 없이 묵인하고 있었다. 군병들은 동상전(東床廛)에서 취급하는 휘양[揮項]을 각 군문의 모의장(毛衣匠)이 손으로 만든 것이라며 난전상인들과 결탁하여 판매하였으며, 징전(徵廛)에서 판매하는 금속제 마구들도 군병들은 훈련도감 소속 야장(冶匠)이 손으로 만들었다[手造物]고 하면서 판매하고 있었다. 정부의 묵인이나 허용은 시기에 따라서 차이를 보이기도 했다. 때로는 군병들이 몸에 지니고 있는 소소한 물건격인 '수지소소지물(手持小小之物)'은 허가하고 '수조지물'은 금지하기도 하는 등으로 대처하면서 시전 상인들과 훈련도감 군인이라는 양대 세력 사이에서 균형을 유지하고자 했다.[220]

## 2) 기타 생업

군병들 가운데에는 수공업, 상업뿐만 아니라 다른 일을 하는 자들도 많았는데, 도시 근교의 야채 재배 농업에 참여하거나, 일반 고용 노동자들과 함께 한강 연안 지역의 상품 또는 세곡의 선적, 하역 작업이나 각종 토목 공사에 임시로 고용되어 임노동자로도 활동하였다. 군병들은 도시화가 진전된 한양에서 상업적 농업의 일환으로 각종 채소를 재배하여 판매하기도 하였다. 『시폐』의 채소전(菜蔬廛) 상인은 이러한 사정에 대해 다음과 같이 호소하고 있다.

> 여자인 저희 전의 물종은 채소에 불과하여 그 이익이 푼돈에 지나지 않거늘, 요사이 호방하고 사나운 군졸과 세력가의 하인들이 채소들을 모두 도거리하여 자유롭게 판매하니 채소전의 이익을 빼앗아 갑니다.[221]

군병들은 채소를 재배하여 판매할 뿐만 아니라 채소 판매를 독점하여 난전 상업을 영위하고 있다는 것이다. 막노동의 경우, 한강 변에서 각종 화물의 하역이나 운반을 담당하는 부두 노동자 또는 도성에서 이루어진 각종 토목 공사에 동원된 날품팔이 노동에 종사하기도 했다.

이외에도 훈련도감 마병의 경우 자신들이 기르던 말이 죽으면 말고기를 판매하기도 했다. 1683년(숙종 9) 훈련도감 군병들은 "병들어 죽은 말을 판매할 수 있도록 훈련도감에서는 허용했으나, 사헌부에서 군병들에게 삼사에 공문을 보내, 허락을 받은 후에 도살하여 판매하도록 하니, 공문이 오가는데 많은 시일이 지체되므로 고기가 부패하여 판매하지 못하기 때문에 병들어 죽은 말은 삼사(三司)의 허가 없이 바로 판매할 수 있도록 해 달라"고 요청하여 수락 받고 있다.[222] 군병들은 한강 변에서 각종 화물의 하역이나 운반을 담당하는 부두 노동자 또는 도성에서 이루어진 각종 토목 공사에 동원된 날품팔이 인부로 생계를 이어가기도 했다.

군병들은 상업과 수공업에서 주로 생계유지의 길을 찾았고, 정부는 이를 허가하고 있었다. 상업에 종사하는 경우 백목전, 어물전과 같은 시전에 참여하는 경우도 있었지만, 대부분은 난전 활동을 하고 있었다. 난전 가운데 훈련도감 군병이 요로에 상전을 세워 규모 큰 난전으로 성장한 경우도 있었지만, 거의 대부분의 군병들은 적은 자본으로 영세한 규모의 활동을 하는 행상 또는 좌상으로 존재하였다. 충분한 급료를 지급할 능력이 없는 정부는 군병들의 난전을 그들의 생계유지의 방편이라는 이유로 허가하였지만, 실제 허가한 상업 활동의 범위는 스스로 제조한 물건이나 손에 들고 다닐 정도의 소량의 물건 판매에 제한되어 있었다. 때문에 그 이상 규모를 확대하거나 성장하는 것은 억압하고 있었다. 군병들이 취급하는 물종은 각종 어물과 어리, 신발, 남초(南草), 담뱃대 등 받아다 판매하는 물종들과 솥, 옹기, 전립, 망건, 낭대, 모휘항, 양휘항 등의 군병 수공업자들이 제조한 물종, 그리고 급료로 지급받는 요포 등이었다. 군병 수공업자들은 위의 물종들을 제조하여 가전소시로 판매하는 경우가 많았는데 그때 제조한 물종은 크고 제조하기 복잡한 물건이 아닌 영세한 규모와 낮은 생산 기술로도 제조할 수 있는 간단한 물건이었다.[223]

# 주 석

## 1장 총론

1) 차문섭, 1995 「진관(鎭管)」『한국민족문화대백과사전』
2) 김웅호, 2019 「수도를 지키다」『쉽게 읽는 서울사 - 조선편 1』, 서울역사편찬원 44~47쪽
3) 『영조실록』 영조 27년 9월 11일(甲戌)
4) 고동환, 1998 『조선후기 서울상업발달사연구』, 지식산업사, 55~57쪽 참조.
5) 고동환, 2007 『조선시대 서울도시사』, 태학사, 143~146쪽 참조.
6) 고동환, 2007 위의 책, 136~142쪽 참조.
7) 조성윤, 1990 「19세기 서울의 상비군 제도와 하급군병」『연세사회학』 11집 참조.
8) 조성윤, 1990 위의 논문 참조.

## 2장 삼군영과 도성수비체제

1) 『서애선생연보』 권1, 만력 21년 계사 6월 辛丑
2) 『선조수정실록』 권28, 선조 27년 2월 1일(庚戌)
3) 『선조실록』 권46, 선조 26년 12월 3일(壬子)
4) 『선조실록』 권44, 선조 26년 11월 22일(壬申)
5) 오종록, 2008 「서애 류성룡의 군사정책과 사상」『류성룡의 학술과 경륜』 태학사, 214~215쪽
6) 『선조실록』 권52, 선조 27년 6월 27일(甲戌)
7) 『선조실록』 권34, 선조 26년 1월 27일(壬午)
8) 『선조실록』 권50, 선조 27년 4월 15일(癸亥)
9) 『선조실록』 권57, 선조 27년 11월 19일(癸巳)
10) 『선조실록』 권64, 선조 28년 6월 19일(庚申)
11) 『선조실록』 권71, 선조 29년 1월 24일(辛卯)
12) 김종수, 2003 『조선후기 중앙군제연구 - 훈련도감의 설립과 사회변동』, 혜안, 88~89쪽
13) 허내구, 2012 「仁祖代 對後金(對淸) 방어책의 추진과 한계 - 守城 전술을 중심으로」『조선시대사학보』 61
14) 『선조실록』 권182, 선조 37년 12월 17일(壬戌)
15) 『인조실록』 권3, 인조 원년 윤10월 6일(壬辰)
16) 『인조실록』 권5, 인조 2년 3월 19일(癸酉)
17) 『현종개수실록』 권10, 현종 4년 11월 14일(戊寅)
18) 인조 초 남한산성의 수축 논의와 수축에 대해서는 민덕식, 2007 「인조초의 남한산성 수축」『역사와 실학』 32(상), 535~553쪽 참조.

19)『비변사등록』제3책, 인조 2년 5월 26일(己卯)
20)『비변사등록』제3책, 인조 2년 6월 10일(壬辰)
21)『비변사등록』제3책, 인조 2년 6월 13일(乙未)
22)『인조실록』권6, 인조 2년 7월 28일(庚辰)
23)『인조실록』권6, 인조 2년 8월 5일(丁亥)
24)『인조실록』권7, 인조 2년 11월 27일(丁丑)
25)『인조실록』권8, 인조 3년 1월 9일(戊午)
26)『인조실록』권15, 인조 5년 2월 6일(癸卯)
27)『인조실록』권15, 인조 5년 2월 27일(甲子)
28)『비변사등록』제2책, 인조 2년 4월 30일(癸丑)
29)『인조실록』권27, 인조 10년 11월 1일(乙未)
30)『인조실록』권28, 인조 11년 1월 29일(辛酉)
31)『비변사등록』제4책, 인조 12년 2월 23일(庚辰)
32)『인조실록』권31, 인조 13년 1월 8일(己未)
33)『인조실록』권33, 인조 14년 7월 15일(丁巳)
34) 최효식, 1995『조선후기 군제사 연구』, 신서원, 30쪽
35)『인조실록』권31, 인조 13년 10월 18일(乙未)
36)『승정원일기』제19책, 인조 5년 10월 1일(甲午)
37)『현종개수실록』권10, 현종 4년 11월 무인(戊寅)
38)『인조실록』권26, 인조 10년 1월 27일(乙丑)
39)『승정원일기』제43책, 인조 12년 5월 14일(己亥)
40)『현종개수실록』권10, 현종 4년 11월 14일(戊寅)
41) 노영구, 2017「엄격하고 철저하게 지키다, 궁궐의 호위체제」『왕권을 상징하는 공간, 궁궐』, 국립고궁박물관, 62~63쪽
42) 김두현, 1989「청조정권의 성립과 발전」『강좌 중국사』4, 지식산업사, 160쪽
43)『효종실록』권7, 효종 2년 7월 26일(辛丑)
44)『인조실록』권39, 인조 17년 7월 21일(丙子)
45)『비변사등록』제15책, 효종 3년 1월 13일(丙戌)
46)『효종실록』권20, 효종 9년 8월 기축(己丑)
47)『현종개수실록』권10, 현종 4년 11월 14일(戊寅)
48)『현종개수실록』권10, 현종 4년 11월 14일(戊寅)
49)『현종개수실록』권7, 현종 3년 6월 3일(甲辰)
50)『만기요람』군정편2, 용호영「창설연혁」
51)『현종개수실록』권12, 현종 5년 12월 12일(己巳)
52)『현종개수실록』권1, 현종 즉위년 9월 4일(壬戌)
53)『승정원일기』212책, 현종 10년 1월 10일(甲辰);『현종실록』권16, 현종 10년 1월 17일(辛亥)
54)『승정원일기』212책, 현종 10년 1월 23일(丁巳)
55)『현종개수실록』권20, 현종 10년 2월 5일(戊辰)

56) 『현종실록』 권16, 현종 10년 2월 5일(戊辰)
57) 『현종개수실록』 권22, 현종 11년 5월 13일(戊辰)
58) 이태진, 1985 『조선후기의 정치와 군영제 변천』, 한국연구원, 147~148쪽
59) 『숙종실록』 권13, 숙종 8년 3월 16일(甲子)
60) 금위영의 구체적인 체제에 대해서는 이태진, 1985 앞의 책, 201쪽에 자세하다.
61) 이태진, 1985 앞의 책, 225~228쪽
62) 김웅호, 2005 「조선후기 도성중심 방위전략의 정책과 한강변 관리」 『서울학연구』24, 86~88쪽
63) 숙종 대 북한산성 축조와 영조 대 수성절목 제정과 도성수비체제 확립에 대해서는 본서 2장 2절 참조.
64) 정조 초 괴한의 경희궁 침입과 숙위소의 설치에 대해서는 이태진, 1985 앞의 책, 263~264쪽 참조.
65) 이왕무, 2016 『조선후기 국왕의 능행 연구』, 민속원, 267~268쪽
66) 이왕무, 2012 「중앙 5군영의 확립」 『한국군사사』 7, 경인문화사, 513~514쪽
67) 『정조실록』 정조 8년 5월 22일(丙子)
68) 이왕무, 2016 앞의 책, 271~274쪽
69) 배우성, 2001 「正祖의 軍事政策과 『武藝圖譜通志』 편찬의 배경」 『震檀學報』 91, 336~338쪽
70) 『弘齋全書』 권30, 「守摠兩營革罷當否問議教」 戊戌
71) 『정조실록』 권5, 정조 2년 윤6월 24일(壬午) 이에 대해서는 장필기, 1998 「정조대 화성 건설과 수도방위체제의 재편」 『조선후기의 수도방위체제』, 149~151쪽 참조.
72) 『정조실록』 권6, 정조 2년 7월 20일(丁未)
73) 『정조실록』 권6, 정조 2년 9월 10일(丙申)
74) 박범, 2017 「정조대 壯勇營 內營 營舍의 증설 과정과 의미」 『서울학연구』 68 참조.
75) 『정조실록』 권30, 정조 14년 7월 26일(甲辰)
76) 『兵學指南』 권5, 城操程式 「派守」; 『兵學通』 城操 「派守」
77) 『정조실록』 권47, 정조 21년 12월 30일(乙丑)
78) 방범석, 2015 「장용영의 편제와 재정운영」 서울대학교 국사학과 석사학위논문, 27~29쪽
79) 『만기요람』 군정편3, 금위영, 어영청 「設置沿革」
80) 『순조실록』 권4, 순조 2년 2월 7일(戊申)
81) 이태진, 1985 앞의 책, 313~315쪽
82) 이하 총위영에 대한 내용은 이왕무, 2012 「세도정치기 국방체제의 변화」 『한국군사사』 8, 경인문화사, 358~366쪽 참조.
83) 연갑수, 1997 「병인양요 이후 수도권 방비의 강화」 『서울학연구』 8, 70쪽
84) 이하 고종 친정기 무위소 설치와 제도에 대해서는 배항섭, 1999 「고종친정초기 군사정책과 武衛所」 『국사관논총』 83; 이헌주, 2012 「고종의 친정체제 구축과 군영제 개편」 『한국군사사』 9, 경인문화사 참조.
85) 노영구, 2014 「한국의 군사사상」 『군사사상론』, 플래닛미디어
86) 김종수, 1992 「6세기 甲士의 消滅과 正兵立役의 變化」 『국사관논총』 32
87) 차문섭, 1996 「조선후기 병마방어사 설치고」 『조선시대 군사관계 연구』, 단국대학교 출판부, 257~259쪽

88) 『인조실록』 권2, 인조 원년 7월 15일(癸卯); 『인조실록』 권3, 인조 원년 윤10월 16일(壬寅)
89) 노영구, 2004 「조선후기 평안도 지역 내지 거점 방어체계」 『한국문화』34; 구범진, 2019 『병자호란, 홍타이지의 전쟁』, 까치
90) 이왕무, 2014 「조선후기 수도권 방위체제의 정비와 군사도시화 경향」 『군사』 90
91) 서인범, 2015 「청 강희제의 開海政策과 조선 서해해역의 荒唐船」 『이화사학연구』 50, 360~374쪽
92) 이민웅, 1995 「8세기 강화도 수비체제의 강화」 『한국사론』 34, 10쪽
93) 청 해적 집단에 대해서는, 김우진, 2019 『숙종대의 수도권 방어정책과 국왕의 대응』, 단국대학교 사학과 박사학위논문, 43~46쪽; 丁晨楠, 2017 「8세기 초 진상의 해적집단 관련 정보 수집 활동」 『동방학지』 178, 31~35쪽 등
94) 『영조실록』 권62, 영조 21년 7월 6일(丙子)
95) 『영조실록』 권62, 영조 21년 7월 14일(甲申)
96) 『영조실록』 권64, 영조 22년 12월 6일(丁卯)
97) 『영조실록』 권65, 영조 23년 2월 5일(乙丑)
98) 『비변사등록』 제117책, 영조 23년 4월 19일(戊寅)
99) 김경태, 2019 「성저십리의 군사문제」 『조선시대 다스림으로 본 성저십리』, 서울역사편찬원
100) 차인배, 2010 「조선후기 포도청 치안활동의 특성 연구」 『사학연구』 100, 629쪽
101) 『만기요람』 군정편2, 훈련도감 「城內外巡邏字內」
102) 『만기요람』 군정편3, 금위영 「城內外巡邏字內」
103) 『만기요람』 군정편3, 어영청 「城內外巡邏字內」
104) 이왕무, 2016 『조선후기 국왕의 능행 연구』 민속원, 262~263쪽
105) 노영구, 2014 『영조 대의 한양 도성 수비 정비』, 한국학중앙연구원 출판부, 79~80쪽
106) 『만기요람』 군정편 훈련도감, 금위영, 어영청 「宮墻外巡邏」
107) 『만기요람』 군정편2, 훈련도감 「各處入直」·「公廨」
108) 차문섭, 1973 『조선시대 군제연구』, 단대출판부, 408~409쪽
109) 어영청의 본영 및 분영에 대해서는 『만기요람』 이외에 『동국여지비고』 「京都」조를 참조하였다.
110) 『만기요람』 군정편3, 어영청 「公廨」
111) 『만기요람』 군정편, 훈련도감, 금위영, 어영청 「各處入直」
112) 조준호, 1998 「영조대 수성절목의 반초와 수도방위체제의 확립」 『조선후기의 수도방위체제』 서울학연구소, 112쪽
113) 『만기요람』 군정편, 훈련도감, 금위영, 어영청 「扈衛信地」
114) 『만기요람』 군정편 「衛將所」
115) 『대전통편』, 병전 「宿衛」 이에 대해서는 이왕무, 2007 「조선 후기 국왕의 행행시 궁궐의 숙위와 유도군 연구」 『군사』62, 202~203쪽에 자세하다.
116) 이왕무, 2007 위의 논문, 218~219쪽
117) 임계순, 2000 『청사 - 만주족이 통치한 중국』, 신서원, 284쪽
118) 노영구, 2004 앞의 논문 참조.
119) 『승정원일기』 1091책, 영조 29년 2월 14일(庚子)
120) 『비변사등록』, 영조 30년 9월 1일(丁丑)

121) 배우성, 2004 「정조의 유수부 경영과 화성 인식」 『한국사연구』 127, 245~246쪽
122) 『숙종실록』 권38, 숙종 29년 1월 20일(丙寅)
123) 『정조실록』 권43, 정조 19년 8월 19일(丁酉)
124) 양보경, 1994 「서울의 공간확대와 시민의 삶」 『서울학연구』 1, 63~64쪽
125) 『승정원일기』 제962책, 영조 19년 8월 28일(戊寅)
126) 『영조실록』 권104, 영조 40년 10월 13일(辛卯)
127) 『重訂 南漢志』 권1, 「城池」
128) 장필기, 1998 앞의 논문, 157~158쪽
129) 한영우, 1997 『정조의 화성행차, 그 8일』, 효형출판, 96~97쪽
130) 장필기, 1998 앞의 논문, 194쪽
131) 이존희, 1984 「조선왕조의 유수부 경영」 『한국사연구』 47, 44~45쪽

## 3장 군사훈련과 군사의례

1) 『만기요람』 군정편2, 훈련도감 「鍊習」 「試藝」
2) 정정남, 2018 「조선후기 도성 내 삼군영의 주둔지와 훈련 시설의 위치」 『조선후기 중앙 군영과 한양의 문화』, 한국학중앙연구원, 102~105쪽
3) 노영구, 2002 『조선후기 병서와 전법의 연구』, 서울대학교 국사학과 박사학위논문
4) 『선조실록』 권50, 선조 27년 4월 12일(庚申)
5) 『인조실록』 권21, 인조 7년 7월 23일(丙午)
6) 『효종실록』 권9, 효종 3년 9월 3일(壬申)
7) 차문섭, 1973 『조선시대 군제연구』, 단대출판부, 269~270쪽
8) 『효종실록』 권12, 효종 5년 3월 4일(甲午)
9) 『東國輿地備攷』 권2, 한성부 「鷺梁」
10) 『漢京識略』 권2, 山川 「露梁」 서울시사편찬위 영인본, 267쪽. 1步는 대체로 1.2m로 훈련장의 한 면이 1,440m 정도로서 그 크기는 2,073,600평방미터가 된다. 이를 평수로 환산하면 627,264평이 된다(2,073,600평방미터×0.3025).
11) 이 절차는 『승정원일기』에 나타난 효종 5년 3월의 열무 절차를 기준으로 하여 이후의 사례를 참조하여 정리한 것이다. 아울러 규장각에 보관 중인 자료인『試藝謄錄』(규장각도서 번호 : 奎 12911) 제1책의 閱武 관련 자료를 통해 보완하였다.
12) 『승정원일기』 제130책, 효종 5년 2월 21일(壬子)
13) 『승정원일기』 제130책, 효종 5년 2월 22일(癸未)
14) 『효종실록』 권12, 효종 5년 3월 4일(甲午)
15) 『숙종실록』 권8, 숙종 5년 9월 11일(癸卯)
16) 『승정원일기』 130책, 효종 5년 3월 5일(乙未), 8일(戊戌); 『승정원일기』 제877책, 영조 14년 8월 19일(己亥)
17) 노영구, 2002 앞의 논문, 202~203쪽
18) 『승정원일기』 제795책, 영조 11년 2월 20일(辛酉)

19) 『영조실록』 권56, 영조 18년 8월 11일(丁酉)
20) 『日省錄』 정조 2년 8월 17일(甲戌)
21) 『陣法』「大閱儀註」「形名圖」
22) 『兵學指南』 권5, 場操程式
23) 조선 후기 군영에서의 취타 악대에 대해서는 이숙희, 2007 『조선 후기 군영악대』, 태학사 참조.
24) 이하의 깃발 관련 내용은 노영구, 2003 「조선후기 반차도에 보이는 군사용 깃발」 『문헌과해석』 22를 바탕으로 최근 일본 오사카부립 나카노시마도서관에서 발견된 자료인 깃발 관련 자료인 『旗制』를 이용하여 수정 보완하였다.
25) 『兵學指南 』 권1, 「旗制」
26) 『紀效新書』
27) 김지영, 2005 『조선후기 국왕 행차에 관한 연구』, 서울대학교 국사학과 박사학위논문, 236~237쪽
28) 김지영, 2005 위의 논문, 240~242쪽
29) 피터 퍼듀, 2005 『중국의 서진』, 205쪽
30) 이하 조선시대 국왕의 행렬 구성에 대해서는 노영구·권병웅, 2015 「조선후기 의궤 반차도에 나타난 군병 배치 및 군사용 깃발의 표현양식」 『역사와실학』 56의 내용을 요약 정리함.
31) 김지영, 2005 앞의 논문, 231~232쪽
32) 이성미, 2008 『가례도감의궤의 미술사』, 소와당, 27~30쪽
33) 이왕무, 2005 「1802년 순조의 가례에 나타난 국왕의 행행 연구」 『藏書閣』14, 179쪽
34) 이 반차도는 『국역 가례도감의궤』(민족문화추진회 역) 영인본을 참조하였다.
35) 『국역 가례도감의궤』 도청의궤 「來關秩」 기묘 6월 14일
36) 『大典會通』 병전 「侍衛」; 차문섭, 1973 앞의 책, 396쪽
37) 한동안 학계에서는 '군복'보다 '구군복'이라는 용어를 사용하였다. 그러나 이는 '군복을 갖추다(具)'는 '구군복(具軍服)'이라는 문상을 잘못 해석한 것으로 오류이나.
38) 『續大典』 권3, 禮典 「儀章」
39) 김순규 외, 1997 『한국의 군복식발달사1』, 국방군사연구소
40) 염정하, 2014 『조선후기 오군영의 군사복식에 관한 연구』 성균관대학교 의상학과 박사학위 논문, 180~183쪽
41) 전건에 대해서는 박가영, 2018 「조선후기 전건(戰巾)의 착용과 제작」 『한복문화』 21-4, 70~73쪽 참조.
42) 이하의 기술은 염정하, 2014 앞의 논문, 125~131쪽 참조.
43) 박가영, 「『만기요람』에 기록된 조선후기 군사복식」 학회 발표문
44) 『영조실록』 권11, 영조 3년 1월 15일(壬寅)
45) 제송희, 2012 「18세기 행렬반차도 연구」 『미술사학연구』 제273호, 108쪽
46) 김지영, 2005 앞의 논문, 57쪽
47) 노영구, 2003 「조선후기 班次圖에 보이는 군사용 깃발」 『문헌과해석』 22
48) 『세종실록』권54, 세종 13년, 10월 15일(丙午); 권65, 세종 16년 9월 11일(乙酉)
49) 소순규, 2012 「조선초 대열의의 의례 구조와 정치적 의미」 『사총』 75, 63쪽
50) 소순규, 2012 위의 논문, 66~67쪽

51) 『성종실록』 권22, 성종 3년, 9월 14일(丁未); 권27, 성종 4년, 2월 2일(癸亥); 권28, 성종 4년, 3월 2일(壬辰); 권41, 성종 5년, 4월 2일(丙辰); 권46, 성종 5년, 8월 2일(甲申); 권58, 성종 6년, 8월 25일(辛丑); 권65, 성종 7년, 3월 16일(己未); 권79, 성종 8년, 4월 2일(己亥); 권114, 성종 11년, 2월 2일(壬子); 권115, 성종 11년, 3월 16일(丙申); 권219, 성종 19년, 8월 2일(癸巳); 권271, 성종 23년, 11월 19일(丙戌)

52) 『성종실록』 권78, 성종 8년, 3월 2일(己巳); 권108, 성종 10년, 9월 29일(壬午)

53) 『성종실록』 권59, 성종 6년, 9월 26일(壬申)

54) 『성종실록』 권205, 성종 18년, 7월 1일(戊戌)

55) 『성종실록』 권269, 성종 23년, 9월 7일(乙亥)

56) 『연산군일기』 권21, 성종 3년, 2월 18일(庚寅); 권28, 성종 3년, 12월 2일(己巳); 권31, 성종 4년, 11월 2일(甲午); 권31, 성종 4년, 윤11월 2일(癸亥); 권31, 성종 4년, 윤11월 16일(丁丑); 권31, 성종 4년, 12월 17일(戊申)

57) 『연산군일기』 권27, 성종 3년, 9월 16일(甲寅); 권28, 성종 3년, 10월 16일(甲申)

58) 『중종실록』 권66, 중종 24년, 8월 19일(壬午)

59) 『중종실록』 권66, 중종 24년, 9월 27일(己未)

60) 『중종실록』 권74, 중종 28년, 4월 8일(庚辰)

61) 『중종실록』 권82, 중종 31년, 7월 15일(戊辰)

62) 『정조실록』 권30, 정조 14년 7월 1일(己卯)

63) 노영구, 2008 「조선후기 漢城에서의 閱武 시행과 그 의미: 大閱 사례를 중심으로」 『서울학연구』 32, 13~14쪽

64) 『현종개수실록』 권7, 현종 3년 8월 21일(辛酉)

65) 『숙종실록』 권23, 숙종 17년 9월 2일(癸丑)

66) 이왕무, 2014 「조선후기 수도권 방위체제의 정비와 군사도시화 경향」 『군사』 90

67) 노영구, 2008 앞의 논문, 24~26쪽

68) 『숙종실록』 권8, 숙종 5년 9월 11일(癸卯)

69) 『영조실록』 권40, 영조 11년 2월 21일(壬戌)

70) 이현수, 2002 「조선초기 강무 시행사례와 군사적 기능」 『군사』 45, 236쪽

71) 『태종실록』 권18, 태종 9년, 7월 19일(己丑)

72) 심승구, 2007 「조선시대 사냥의 추이와 특성 - 講武와 捉虎를 중심으로」 『역사민속학』 24, 181~184쪽

73) 정재훈, 2009 「조선시대 국왕의례에 대한 연구 - 강무(講武)를 중심으로」 『한국사상과 문화』 50, 236쪽

74) 『세조실록』 권9, 세조 3년, 10월 17일(丁未)

75) 『세조실록』 권22, 세조 6년, 11월 6일(戊寅)

76) 『성종실록』 권76, 성종 8년, 2월 19일(戊子)

77) 『성종실록』 권230, 성종 20년, 7월 5일(辛酉)

78) 『연산군일기』 권59, 연산군 11년, 9월 5일(丙戌)

79) 『성종실록』 권230, 성종 20년, 7월 7일(癸亥)

80)『성종실록』권230, 성종 20년, 7월 9일(乙丑)
81)『연산군일기』권27, 연산군 3년, 9월 22일(庚申)
82)『연산군일기』권35, 연산군 5년, 10월 13일(己亥)
83)『연산군일기』권50, 연산군 9년, 9월 18일(辛巳); 권53, 10년, 5월 16일(乙巳)
84)『중종실록』권12, 중종 5년, 10월 7일(庚寅)
85)『중종실록』권18, 중종 8년, 9월 26일(辛卯)
86)『명종실록』권18, 중종 10년, 4월 18일(壬午)
87)『선조실록』권63, 선조 28년, 5월 1일(癸酉)
88)『중종실록』권, 중종 34년, 9월 1일(乙未)
89) 班固,『白虎通義』제16편 災變
90)『태조실록』권4, 태조 2년, 7월 1일(甲辰)
91)『세종실록』권45, 세종 11년, 8월 1일(乙亥)
92)『세종실록』권61, 세종 15년, 8월 1일(辛巳)
93)『문종실록』권8, 문종 1년, 6월 1일(戊辰)
94)『문종실록』권8, 문종 1년, 6월 1일(戊辰)
95)『중종실록』권28, 중종 12년, 6월 1일(乙巳)
96)『고종실록』권6, 고종 6년, 6월 15일(乙卯)
97) 송지원, 2010「영조대 儀禮 정비와『國朝續五禮儀』편찬」『한국문화』50, 208~214쪽
98)『태종실록』권28, 태종 14년 12월 30일(己亥)
99) 백정희, 2008「조선 나례무에 끼친『주례』의 영향 연구」『한국 사상과 문화』41, 289~298쪽
100)『광해군일기』권125, 광해군 10년, 3월 2일
101) 윤아영, 2005「조선전기 儺禮와 그에 수반된 樂歌舞의 형태에 관한 연구」『온지사론』13, 225~227쪽
102) 황경숙, 2000「한국의 나례양상과 나희 형성 연구」『한국민속학보』11, 40~41쪽
103) 백정희, 2008 앞의 논문, 300~321쪽
104)『태조실록』권3, 태조 2년, 2월 5일(庚辰)
105)『태조실록』권3, 태조 2년, 2월 27일(壬寅)
106)『태종실록』권1, 태종 1년, 4월 4일(壬戌)
107)『태종실록』권33, 태종 17년, 6월 26일(庚戌)
108)『중종실록』권19, 중종 8년 11월 1일(乙丑)
109)『중종실록』권23, 중종 10년 12월 22일(甲戌)
110)『명종실록』권27, 명종 16년 12월 26일(辛巳)
111) 사진실, 2014「인조 이후 나례(儺禮)의 사습(私習)과 산대도감패의 흥행 활동」『공연문화연구』28, 91~105쪽
112)『승정원일기』인조 15년, 6월 22일(己未)
113)『인조실록』권35, 인조 15년, 10월 2일(丙申)
114) 사진실, 1996「조선 전기 儺禮의 변별 양상과 공연의 특성」『구비문학연구』3, 157~158쪽
115) 지두환, 1991「朝鮮前期 文廟儀禮의 整備過程」『한국사연구』75, 89~112쪽; 김해영,

2000「조선 초기 문묘 향사제에 대하여」『조선시대사학보』 15, 25~60쪽; 이기동, 2004「문묘제례의 철학적 기반」『유교문화연구』 8, 1~20쪽
116)『영조실록』 권103, 영조 40년, 2월 8일(庚寅)
117) 송지원, 2010「영조대 의례 정비와 『국조속오례의』 편찬」『한국문화』 50, 214~218쪽
118) 신진혜, 2015「英祖代 凱旋 儀禮의 整備와 그 意義 -『國朝續五禮儀』「宣露布·獻馘」儀禮를 중심으로」『태동고전연구』 34, 11~18쪽
119)『영조실록』 권17, 영조 4년, 4월 19일(己亥)
120)『영조실록』 권18, 영조 4년, 7월 18일(丁卯)
121)『國朝續五禮儀』「軍禮」宣露布儀

## 4장 군정과 재정의 운용

1)『영조실록』 권1, 영조 즉위년 10월 2일(壬申)
2)『국역 비변사등록』 59책, 숙종 34년 5월 15일(庚寅)
3)『국역 비변사등록』 127책, 영조 30년 10월 30일(乙亥)
4)『만기요람』 군정편2, 병조 일군색(一軍色)
5)『국역 비변사등록』 127책, 영조 30년 11월 12일(丁亥)
6)『만기요람』 군정편2, 병조 일군색(一軍色)
7) 김옥근,『조선왕조 재정사 연구』 II, 일조각, 1994, 65~67쪽
8)『만기요람』 군정편2, 병조 일군색(一軍色)
9)『만기요람』 군정편2, 병조 이군색(二軍色)
10)『국역 비변사등록』 31책, 숙종 1년 7월 13일(己亥)
11) 김옥근, 앞의 책, 68~71쪽
12)『국역 비변사등록』 178책, 정조 15년 1월 11일(丙戌)
13)『만기요람』 군정편2, 병조
14)『經世遺表』 제2권, 夏官兵曹 제4 政官之屬
15)『만기요람』 군정편2, 병조, 마색
16)『국역 비변사등록』 163책, 정조 5년 9월 23일(壬戌)
17) 최주희, 2018「18세기 중후반 훈련도감의 立役 범위 확대와 도감군의 상업활동」『한국사학보』 71, 74쪽
18)『선조실록』 권57, 선조 27년 11월 19일(癸巳)
19)『국역 비변사등록』 83책, 영조 4년 3월 30일(庚辰)
20) 최주희, 2016「균역법 시행 전후 훈련도감(訓鍊都監)의 재원확보 양상」『역사와 현실』 102, 40~42쪽
21) 방범석, 2015「壯勇營의 편제와 재정운영」, 서울대학교 국사학과 석사학위논문, 10쪽
22)『訓局總要』, (K2-3405, 한국학중앙연구원 장서각 소장)
23)『승정원일기』 1930책, 순조 7년 7월 25일(乙丑)

24) 이광우, 2013「19세기 전반기 삼군문(三軍門)의 재정 운영 실태」『군사』 89, 86~90쪽
25) 이태진, 1985『조선후기의 정치와 군영제 변천』, 한국연구원, 171~173쪽
26) 차문섭, 1973「금위영의 설치와 조직편제」『대구사학』 7·8, 223~227쪽
27) 이태진, 1985 앞의 책, 230~232쪽
28) 유현재, 2016「조선후기 금위영의 재정운영과 그 성격」『역사와 현실』 102, 119~121쪽
29) 유현재, 2016 위의 논문, 122쪽
30) 이태진, 1985 앞의 책, 92~98쪽; 최효식, 1995『조선후기 군제사 연구』, 신서원, 23~25쪽
31)『효종실록』 권8, 효종 3년 6월 29일(己巳)
32)『효종실록』 권8, 효종 3년 6월 29일(己巳)
33) 이태진, 1985 앞의 책, 165~168쪽
34) 송기중, 2016「17세기~18세기 전반 어영청 재정의 운영과 변화 -『御營廳舊式例』를 중심으로」, 『군사』 101, 340~342쪽
35)『御營廳都謄錄』 1책, 인조 2년 8월 28일
36)『어영청등록』 1책, 己巳年 5월 10일
37)『어영청도등록』 1책, 辛巳年 10월 30일
38)『승정원일기』 16책, 인조 4년 10월 30일(己巳)
39)『승정원일기』 20책, 인조 6년 1월 7일(己巳)
40) 이정일, 2007「임명 전령의 발급 범위와 형식에 대한 연구」『고문서연구』 30, 152~155쪽
41)『經國大典』 禮典,「用文字式」"凡中外文字 同等以下用關 以上用牒呈 七品以下用帖"
42) 박준호, 2006「『經國大典』 체제의 문서 행정 연구」『고문서연구』 28, 112~126쪽
43) 노인환, 2018「조선후기의 문서 행정 연구」『장서각』 38, 258~261쪽
44) 이정일, 2007 앞의 논문, 148~149쪽
45)『정조실록』 권37, 정조 17년 1월 12일(丙午)
46)『국역 비변사등록』 60책, 숙종 36년 5월 30일(甲午)
47)『국역 비변사등록』 60책, 숙종 36년 6월 20일(甲寅)
48)『숙종실록』 권64, 숙종 45년 8월 13일(癸丑)
49)『역주 훈국등록』 2, 계미[1643] 11월 24일, 189~190쪽, 한국학중앙연구원 장서각, 2017
50) 이정일, 2007 앞의 논문, 134~136쪽
51)『국역 비변사등록』 144책, 영조 39년 8월 28일(壬子)
52)『역주 훈국등록』 2, 병진[1676] 5월 25일, 151쪽, 한국학중앙연구원 장서각, 2017
53)『국역 비변사등록』 122책, 영조 27년 1월 24일(壬戌)
54) 김재호, 2013「조선후기 군사재정의 수량적 기초: 규모, 구성, 원천」『조선시대사학보』 66, 184~185쪽
55) 송양섭, 2012「균역법의 시행과 균역청의 재정운영」『영조의 국가정책과 정책이념』, 143~148쪽
56) 김재호, 2013 앞의 논문, 202~203쪽
57) 김재호, 2013 위의 논문, 214~216쪽
58)『만기요람』 군정편 2, 훈련도감 급료

59)『승정원일기』1121책, 영조 31년 7월 4일(丙子)
60)『광해군일기』(중초본) 권 106, 광해군 8년 8월 25일(癸亥)
61)『승정원일기』654책, 영조 4년 1월 30일(辛巳)
62)『승정원일기』636책, 영조 3년 윤3월 21일(丁丑)
63) 최주희, 2016 앞의 논문, 41~46쪽
64)『訓局謄錄』(K2-3400, 한국학중앙연구원 장서각 소장) 2책, 인조 21년 11월 21일
65) 최주희, 2016 앞의 논문, 48~49쪽
66) 송기중, 2016 앞의 논문, 344~345쪽
67) 송기중, 2016 위의 논문, 346쪽
68) 송기중, 2016 위의 논문, 347쪽
69) 송기중, 2016 위의 논문, 351~352쪽
70)『국역 비변사등록』39책, 숙종 11년 3월 22일(壬午)
71)『국역 비변사등록』
72) 유현재, 2016 앞의 논문, 130~132쪽
73)『승정원일기』권14, 숙종 9년 1월 19일(辛酉)
74)『순조실록』권19, 순조 16년 11월 20일(乙丑)
75)『국역 비변사등록』222책, 헌종 원년 6월 21일(己酉)
76)『국역 비변사등록』208책, 순조 19년 12월 20일(戊申)
77) 차문섭, 1996『조선시대 군사관계 연구』, 단국대학교출판부, 391쪽
78)『만기요람』재용편4, 양향청「屯土」
79) 송양섭, 2006『조선후기 둔전 연구』, 경인문화사, 29쪽
80)『선조실록』권46, 선조 26년 12월 3일(壬子)
81)『선조실록』권135, 선조 34년 3월 20일(己亥)
82) 송양섭, 2006 앞의 책, 55~67쪽
83)『만기요람』군정편3, 금위영「諸鎭」,「財用」
84)『續兵將圖說』
85) 송양섭, 2006 앞의 책, 52~56쪽
86)『역주 훈국등록』2, 병진[1676] 10월 7일, 173쪽, 한국학중앙연구원 장서각, 2017
87)『승정원일기』324책, 숙종 13년 9월 11일(丙戌)
88) 박범,「조선후기 糧餉廳의 屯田 수취방식 변화와 雜費 운영」『대동문화연구』92, 131~134쪽
89)『국역 비변사등록』90책, 영조 7년 9월 23일(癸未)
90)『林下筆記』권22, 文獻指掌編
91) 송양섭, 2013「『부역실총』에 나타난 재원 파악 방식과 재정정책」『통계로 보는 조선후기 국가경제』성균관대학교 출판부, 74~76쪽
92)『국역 비변사등록』47책, 숙종 19년 7월 4일(丙午)
93)『승정원일기』1063책, 영조 26년 12월 5일(甲戌)
94)『만기요람』재용편4, 錢貨「鑄錢始末」

95)『숙종실록』권7, 숙종 4년 1월 23일(乙未)
96)『국역 비변사등록』34책, 숙종 4년 윤3월 24일(甲子)
97)『국역 비변사등록』122책, 영조 27년 2월 26일(甲午)
98)『국역 비변사등록』124책, 영조 28년 5월 29일(己丑)
99)『국역 비변사등록』124책, 영조 28년 7월 1일(己未)
100)『국역 비변사등록』205책, 순조 16년 11월 20일(乙丑)
101)『국역 비변사등록』110책, 영조 18년 3월 4일(癸亥)
102)『국역 비변사등록』142책, 영조 38년 10월 15일(甲辰)
103) 유현재, 2018「조선후기 군문과 상평통보」『조선후기 중앙 군영과 한양의 문화』, 한국학중앙연구원, 125~126쪽
104)『정조실록』권20, 정조 9년 10월 14일(庚寅)
105) 유현재, 2018 앞의 논문, 127~129쪽
106)『林下筆記』권22, 文獻指掌編
107) 유현재, 2018 앞의 논문, 124~131쪽
108)『국역 비변사등록』134책, 영조 34년 1월 5일(壬辰)
109)『국역 비변사등록』169책, 정조 10년 12월 20일(己未)
110)『만기요람』재용편4, 錢貨「鑄錢式」
111) 송정숙, 2009「17세기 훈련도감의 인쇄출판 활동」『서지학연구』42, 270쪽
112)『白沙集』권2, 跋
113) 옥영정, 2018「군영의 활자와 인쇄문화 - 훈련도감과 수어청의 활자 제작과 서적 판매」『조선후기 중앙 군영과 한양의 문화』, 한국학중앙연구원, 255~257쪽
114)『현종개수실록』권19, 현종 9년 8월 5일(辛未)
115) 옥영정, 2018 앞의 논문, 275~279쪽
116)『선조실록』권164, 선조 36년 7월 23일(丁丑)
117) 송정숙, 2009 앞의 논문, 280쪽
118)『선조실록』권182, 선조 37년 12월 16일(辛酉)
119)『선조실록』권193, 선조 38년 11월 7일(丁丑)
120) 옥영정, 2018 앞의 논문, 270~271쪽
121)『만기요람』재용편2, 料祿「頒祿」
122)『역주 훈국등록』2, 임술[1682] 8월 7일, 433~434쪽, 한국학중앙연구원 장서각, 2017
123) 임혜영, 2018「일제 강점기 가마니의 보급과 통제」『전북사학』53, 221~222쪽
124)『국역 비변사등록』13책, 효종 즉위년 10월 23일(戊申)
125) 이욱, 1996「18세기 말 싸전[米廛] 구조와 미곡유통」『한국사학보』1, 137쪽
126) 이욱, 2006「19세기 서울의 미곡 유통구조와 쌀폭동」『동방학지』136, 111쪽
127)『비변사등록』34책, 숙종 4년 윤3월 24일(甲子)
128) 권내현, 2017「17-18세기 조선의 화폐 유통과 은」『민족문화연구』74, 고려대 민족문화연구원, 281~282쪽
129)『숙종실록』권9, 숙종 6년 2월 3일(癸亥)

130) 권내현, 2017 앞의 논문, 274~278쪽
131) 정연식, 2018「조선시대 이후 벼와 쌀의 상대적 가치와 용량」『역사와 현실』69, 313~319쪽
132)『大全通編』戶典「祿科」
133)『역주 훈국등록』2, 을묘[1675] 윤5월 9일, 74~75쪽, 2017, 한국학중앙연구원 장서각
134)『만기요람』재용편4, 戶曹各掌事例「別營」
135)『만기요람』군정편2, 훈련도감「軍料」
136)『국역비변사등록』39책, 숙종 11년 2월 29일
137)『만기요람』군정편3, 금위영「追現給料」
138)『만기요람』군정편3, 어영청「軍料」
139) 박희진, 2014「군제 개편이 17세기 서울의 인구와 상업 발전에 미친 영향」『역사와 현실』94, 180~181쪽
140)『국역 비변사등록』40책, 숙종 12년 윤4월 15일(戊辰)
141)『국역 비변사등록』83책, 영조 4년 3월16일
142)『국역 비변사등록』88책, 영조 6년 9월22일
143)『만기요람』군정편2, 훈련도감「軍料」
144)『영조실록』권87, 영조 32년 4월 19일(丙辰)
145)『만기요람』군정편2, 훈련도감「軍料」
146)『승정원일기』109책, 효종 즉위년 10월 23일(戊申)
147)『만기요람』, 군정편2, 훈련도감「軍料」
148)『영조실록』권74, 영조 27년 6월 2일(丁酉)
149)『국역 비변사등록』98책, 영조 11년 12월 13일(戊寅)
150)『국역 비변사등록』126책, 영조 29년 7월; 월령변통 별단(月令變通別單)
151)『국역 비변사등록』144책, 영조 39년 12월 2일(甲申)
152)『숙종실록』권9, 숙종 6년 2월 3일(癸亥)
153)『국역비변사등록』53책, 숙종 29년 6월 6일(庚辰)
154)『국역비변사등록』84책, 영조 4년 10월 24일(辛丑)
155)『숙종실록』권7, 숙종 4년 1월 16일(戊子)
156)『국역 비변사등록』107책, 영조 16년 8월 13일(辛亥)
157)『국역 훈국등록』1, 무진[1628] 1월 7일, 134쪽, 한국학중앙연구원 장서각, 2017
158)『선조수정실록』권26, 선조 25년 4월 14일(癸卯)
159)『광해군일기[정초본]』권107, 광해 8년 9월 20일(戊子)
160)『세조실록』권15, 세조 5년 2월 21일(甲戌)
161)『성종실록』권3, 성종 1년 2월 17일(丙寅)
162)『태종실록』권19, 태종 10년 2월 14일(辛亥)
163)『태종실록』권22, 태종 11년 7월 25일(甲申)
164)『태종실록』권25, 태종 13년 4월 17일(乙丑)
165)『세조실록』권34, 세조 10년 8월 3일(甲申)

166)『세종실록』 권107, 세종 27년 3월 18일(辛卯)
167)『단종실록』 권4, 단종 즉위년 10월 23일(辛亥)
168)『성종실록』 권129, 성종 12년 5월 27일(辛丑)
169)『중종실록』 권98, 중종 37년 4월 11일(辛酉)
170)『명종실록』 권11, 명종 6년 7월 27일(癸丑)
171)『세조실록』 권34, 세조 10년 8월 3일(甲申)
172)『국역 비변사등록』 65책, 숙종 39년 4월 23일(庚午)
173)『세조실록』 권43, 세조 13년 7월 30일(癸巳)
174)『성종실록』 권177, 성종 16년 4월 13일(甲子)
175)『세조실록』 권30, 세조 9년 5월 21일(己酉)
176)『세조실록』 권34, 세조 10년 8월 3일(甲申)
177)『명종실록』 권33, 명종 21년 7월 28일(丁巳)
178)『선조실록』 권128, 선조 33년 8월 5일(乙亥)
179)『승정원일기』 1587책, 정조 9년 7월 26일(癸酉)
180)『승정원일기』 538책, 경종 2년 3월 3일(戊子)
181)『승정원일기』 570책, 경종 4년 6월 24일(乙未)
182)『승정원일기』 1063책, 영조 26년 12월 5일(甲戌)
183)『국역 비변사등록』 66책, 숙종 39년 9월 15일(己未)
184)『국역 비변사등록』 182책, 정조 18년 10월 12일(丙寅)
185)『승정원일기』 283책, 숙종 7년 5월 23일(乙亥)
186)『승정원일기』 1170책, 영조 35년 윤6월 30일(戊申)
187)『효종실록』 권8, 효종 3년 6월 29일(己巳)
188)『숙종실록』 권6, 숙종 3년 5월 19일(甲午)
189)『역주 훈국등록』 2, 계해[1683] 2월 12일, 487쪽, 한국학중앙연구원 장서각, 2017
190)『만기요람』 재용편2, 삼수미
191)『經世遺表』 권1, 地官戶曹, 教官之屬
192)『역주 훈국등록』 2, 임술[1682] 5월 18일, 422~423쪽, 한국학중앙연구원 장서각, 2017
193)『만기요람』 재용편2, 收稅「八道四都時起田結收稅」
194)『영조실록』 권113, 영조 45년 11월 23일(辛丑)
195)『경종실록』 권5, 경종 1년 12월 12일(戊辰)
196)『역주 훈국등록』 2, 경신[1680] 윤8월 12일, 345쪽, 한국학중앙연구원 장서각, 2017
197)『역주 훈국등록』 2, 경신[1680] 윤8월 18일, 347~350쪽, 한국학중앙연구원 장서각, 2017
198)『숙종실록』 권58, 숙종 42년 8월 27일(甲寅)
199)『만기요람』 재용편2, 삼수미
200)『역주 훈국등록』 2, 무진[1628] 8월 3일, 161~163쪽, 한국학중앙연구원 장서각, 2017
201)『역주 훈국등록』 2, 계미[1643] 11월 30일, 193쪽, 한국학중앙연구원 장서각, 2017
202)『효종실록』 권8, 효종 3년 6월 29일(己巳)
203)『효종실록』 권20, 효종 9년 10월 21일(甲申)

204) 『승정원일기』 1768책, 정조 20년 10월 22일(甲午)
205) 『국역 비변사등록』 8책, 인조 22년 8월 15일(庚午)
206) 『광해군일기[정초본]』 권107, 광해 8년 9월 20일(戊子)
207) 『국역비변사등록』 67책, 숙종 40년 3월 23일(甲子)
208) 문광균, 2019 『조선후기 경상도 재정 연구』, 민속원, 188~189쪽
209) 『현종실록』 권8, 현종 5년 6월 23일(甲寅)
210) 『현종실록』 권19, 현종 12년 2월 10일(壬辰)
211) 『영조실록』 권52, 영조 16년 9월 1일(己巳)
212) 『영조실록』 권88, 영조 32년 윤9월 4일(己亥)
213) 『정조실록』 권5, 정조 2년 4월 8일(丁酉)
214) 『고종실록』 권1, 고종 1년 8월 1일(己巳)
215) 『역주 훈국등록』 2, 경신[1680] 윤8월 23일, 354쪽, 한국학중앙연구원 장서각, 2017
216) 『역주 훈국등록』 2, 계미[1643] 9월 28일, 183~185쪽; 갑신[1644] 7월 2일, 218쪽, 한국학중앙연구원 장서각, 2017
217) 『순조실록』 권14, 순조 11년 3월 30일(戊寅)
218) 『정조실록』 권38, 정조 17년 10월 21일(辛巳), 실록에는 565석 2두로 되어 있으나 실제 계산은 565석 3두이다. 본고에서는 실록의 기사를 인용하되 오류를 수정하여 사용하였다.
219) 『정조실록』 권38, 정조 17년 10월 21일(辛巳)
220) 『순조실록』 권14, 순조 11년 3월 30일(戊寅)
221) 『역주 훈국등록』 계미[1643] 11월 24일, 190~191쪽, 한국학중앙연구원 장서각, 2017
222) 『홍재전서』 권170, 일득록 10, 정사(政事)
223) 『만기요람』 재용편3, 균역
224) 『역주 훈국등록』 계미[1643] 11월 25일, 196~197쪽; 갑신[1644] 2월 18일, 213~216쪽; 갑신[1644] 10월 22일, 231~232쪽; 갑오[1654] 1월 8일, 316쪽, 한국학중앙연구원 장서각, 2017
225) 『순조실록』 권14, 순조 11년 3월 30일(무인)
226) 『고종실록』 권8, 고종 8년 3월 25일(을묘)
227) 『태종실록』 권27, 태종 14년 1월 8일(癸未)
228) 『經國大典』 工典 「工匠」
229) 『經國大典』 工典 「京役吏」
230) 『국역 비변사등록』 정조 20년 7월 8일(辛亥)
231) 『승정원일기』 6책, 인조 3년 5월 6일(癸丑)
232) 『비변사등록』 16책, 효종 4년 5월 25일(庚寅)
233) 『訓局事例撮要』 숙종 43년, 8월 10일
234) 『정조실록』 권45, 정조 20년 7월 8일(辛亥)
235) 이왕무, 1996 「17~18세기초 조총제조에 관한 연구」, 경기대학교 사학과 석사학위논문, 35쪽
236) 『인조실록』 권25, 인조 9년 8월 6일(丁未)
237) 『세종실록』 권119, 세종 30년 2월 10일(丙寅)

238) 허선도, 1994『조선시대 화약 병기사 연구』, 일조각, 153~157쪽
239)『火器都監儀軌』갑인(1614) 7월 14일, 兵曹牒呈
240)『火器都監儀軌』갑인(1614) 7월 21일, 都監單子
241)『국역 비변사등록』효종 4년 5월 25일(庚寅)
242)『선조실록』권64, 선조 28년 6월 26일(丁卯)
243)『승정원일기』219책, 현종 11년 5월 13일(戊辰)
244)『승정원일기』47책, 인조 13년 3월 13일(癸亥)
245)『승정원일기』77책, 인조 19년 2월 14일(己未)
246)『국역 비변사등록』6책, 인조 19년 5월 2일(丙子)
247)『승정원일기』10책, 인조 3년 11월 14일(己未)
248)『승정원일기』53책, 인조 14년 9월 24일(乙丑)
249)『승정원일기』53책, 인조 14년 8월 7일(戊寅)
250)『승정원일기』64책, 인조 16년 5월 2일(甲子)
251)『승정원일기』219책, 현종 11년 5월 13일(戊辰)
252)『인조실록』권16, 인조 5년 5월 1일(丙寅)
253)『승정원일기』76책, 인조 18년 11월 13일(庚寅)
254)『승정원일기』51책, 인조 14년 4월 23일(丁酉)
255) 최완기, 1994『조선시대 서울의 경제생활』, 서울학연구소, 79~81쪽
256)『火器都監儀軌』갑인(1614) 8월 13; 15일
257)『火器都監儀軌』갑인(1614) 8월 21일
258)『火器都監儀軌』갑인(1614) 11월 25일
259)『火器都監儀軌』을묘(1615) 5월 30일, 都監單子
260)『火器都監儀軌』갑인(1614) 8월 8일
261)『大明律』造作不如法
262)『국역 비변사등록』84책, 영조 4년 8월 22일(庚子)
263)『국역 비변사등록』139책, 영조 36년 8월 9일(庚辰)
264)『훈국등록』(K2-3400, 한국학중앙연구원 장서각 소장) 계유년(1693, 숙종 19) 2월 26일
265)『승정원일기』숙종 39년 9월 18일(壬戌)
266)『국역 비변사등록』46책, 숙종 18년 10월 24일(己亥)
267) 이왕무, 1996 앞의 논문, 37~38쪽
268)『인조실록』권16, 인조 5년 5월 1일(丙寅)
269) 이왕무, 1996 앞의 논문, 41쪽
270)『국역 비변사등록』40책, 숙종 12년 3월 15일(己巳)
271)『국역 비변사등록』40책, 숙종 12년 3월 11일(乙丑)
272)『승정원일기』219책, 현종 11년 5월 13일(戊辰)
273)『국역 비변사등록』80책, 영조 2년 11월 29일(丁巳)
274)『훈국등록』(K2-3400, 한국학중앙연구원 장서각 소장) 신미년(1691, 숙종 17) 윤7월 12일
275) 김일환, 2001「조선초기 월과군기제의 군기제조」『조선시대사학보』16, 117~120쪽

276)『단종실록』 권5, 단종 1년 1월 23일(辛巳)
277)『선조실록』 권164, 선조 36년 7월 23일(丁丑)
278) 류승주, 1994『조선시대 광업사 연구』 고려대학교 출판부, 184~191쪽
279)『嶺南廳事例』(규장각 한국학중앙연구원 소장) 각읍월과
280) 류승주, 1994 앞의 책, 192~203쪽
281)『국역 비변사등록』 7책, 인조 20년 11월 11일(丁丑)
282)『훈국등록』(K2-3400, 한국학중앙연구원 장서각 소장) 신미년(1691, 숙종 17) 6월 23일
283) 류승주, 1981「朝鮮後期의 月課銃藥丸契 硏究」,『韓國史論』 9, 국사편찬위원회
284)『국역 비변사등록』 31책 숙종 1년 10월 12일(丙寅)
285)『湖南廳事例』(奎1594, 규장각 한국학중앙연구원 소장)
286)『숙종실록』 권56, 숙종 41년 12월 4일(丙寅);『국역 비변사등록』 101책, 영조 13년 3월 10일(戊戌); 류승주, 1994 앞의 책, 201~203쪽
287)『국역 비변사등록』 127책, 영조 30년 10월 12일(丁巳);『국역 비변사등록』 127책, 영조 30년 11월 24일(己亥)
288)『승정원일기』 682책, 영조 5년 4월 8일(壬午)
289)『국역 비변사등록』 85책, 영조 5년 5월 25일(己巳)
290)『승정원일기』 253책, 숙종 2년 4월 16일(戊辰)
291) 이왕무, 1998「광해군대 화기도감 연구」『민족문화』 21; 이왕무, 1998「조선후기 조총 제조에 관한 연구」『경기사론』 2
292) 이왕무, 2009「本營圖形을 통한 조선후기 장용영의 모습」『장서각』 21, 30~32쪽

## 5장 군병의 생활상과 생업

1) 권태환·신용하, 1977「조선왕조시대 인구추정에 관한 일시론」『동아문화』14
2) 고동환, 1998『조선후기 서울상업발달사』, 지식산업사, 28쪽 [표 1-1]에서 재인용
3) 이태진, 1989「15·6세기 韓國社會經濟의 새로운 動向:低地開墾과 人口增加」『동방학지』 64
4)『현종개수실록』 현종 7년 7월 25일(甲辰)
5) 고동환, 2013『조선시대 시전상업연구』, 지식산업사 136~137쪽 참조.
6) 고동환, 1998 앞의 책, 27~33쪽 참조.
7) 김덕진, 2008『대기근, 조선을 뒤덮다』, 푸른 역사 참조.
8)『비변사등록』 숙종 29년 3월 2일(丁未)
9)『승정원일기』 정조 4년 2월 21일(庚午) "刑曹判書具善復疏曰(중략) 近來鄕外懶農之類 流入都下 或賈或商者 其類甚多 無家無賴 飢寒切膚 則豈不爲竊且盜乎 此亦非細憂也"
10)『비변사등록』 숙종 29년 3월 2일(丁未) "副提學金鎭圭曰 外方流民 以本土之飢荒 意謂若往京師 則庶有生道 相與扶携而來"
11) 윤용출, 1998『조선후기 요역제와 고용노동 - 요역제 부역노동의 해체, 모립제 고용노동의 발전』, 서울대학교 출판부, 146쪽

12) 강만길, 1981 「官業에서의 임금노동제의 발달(1)」 『朝鮮時代 商工業史硏究』, 한길사, 350~351쪽; 윤용출, 1998 앞의 책, 195~212쪽 참조.
13) 고동환, 2007 「조선후기 서울의 인구추세」 『조선시대 서울도시사』, 태학사
14) 김종수, 1994 「17세기 訓鍊都監 軍制와 都監軍의 활동」 『서울학연구』 2
15) 『만기요람』 군정편 2, 훈련도감 「軍摠」 陞戶
16) 『현종개수실록』 현종 즉위년 12월 28일(甲寅) "工曹判書閔應亨曰 今年飢饉 前古所無(중략) 訓局恒食之軍過多 國中民力 盡歸於此 此軍初不過三千 加額之數 今至六千 戶曹一年經費 十二萬石 歸於軍餉者 八萬石"
17) 『續大典』 兵典, 「軍營衙門」 訓鍊都監
18) 『만기요람』 군정편, 훈련도감 「軍摠」
19) 『燃藜室記述』 별집 제8권 官職典故 훈련도감
20) 19세기 초 표하군은 순령수 111명, 뇌자 118명, 대기수 166명, 취고수 183명, 당보수 73명, 장막군 61명, 牙兵 60명, 攔後哨 100명 吹手 358명으로 구성되었다(『만기요람』 군정편, 훈련도감 「軍摠」 各色軍).
21) 『만기요람』 군정편, 훈련도감 「軍摠」
22) 『비변사등록』 영조 10년 9월 5일(丁丑)
23) 『승정원일기』 정조 21년 9월 24일(庚寅) "至於鄕軍上番之弊, 古制猝難釐革, 而其中陞戶之軍, 其額最小, 其弊最多, 不可無一番變通之道矣. 御營鄕軍, 雖不過數年一上, 三朔還下之規, 而尙有許多之弊, 況被陞戶之軍, 每一搜括, 闔境騷擾, 丁年赴番, 皓首還鄕, 其所種種逃躱, 至於營邑生事之境者, 亦是必至之勢也. 今若自京營, 抄出有根着好身手者, 代充其額, 而其所資裝之費, 徵給於在鄕原軍及保人等處, 有若除番錢之例, 則都下閑民, 必多聞風而願赴, 外邑痼弊, 亦當從此而少紓 伏願聖明, 俯詢各營將臣, 以爲裁處之地焉, 臣無任云云"
24) 『승정원일기』 순조 29년 12월 10일(庚午)
25) 『연려실기술』 별집 제8권 官職典故 어영청
26) 『비변사등록』 영조 10년 9월 5일(丁丑)
27) 『만기요람』 군정편 3, 금위영 「軍摠」
28) 『만기요람』 군정편 3, 금위영 「설치연혁」
29) 『비변사등록』 영조 10년 9월 5일(丁丑)
30) 『승정원일기』 인조 25년 5월 5일(乙巳)
31) 『만기요람』 군정편 2, 병조 二軍色
32) 최효식, 1983 「어영청연구」 『한국사연구』 40
33) 육군사관학교 한국군사연구실, 1968 「제3장 3절 세도정치와 都城常住兵制」 『한국군제사 - 근세 조선 후기편』 육군본부, 228~234쪽
34) 차문섭, 1973 『조선시대 군제연구』, 단국대출판부, 360~370쪽
35) 차문섭, 1973 위의 책, 386~395쪽
36) 조성윤, 1990 「19세기 서울의 상비군 제도와 하급군병」 『연세사회학』 10, 11집 합집.
37) 유승희, 2018 「조선후기 한성부 군병의 실태와 거주양상」 『조선후기 중앙 군영과 한양의

문화』, 한국학중앙연구원, 216쪽
38) 『승정원일기』 1970책, 순조 9년 8월 29일(丁巳)
39) 『비변사등록』 213책, 순조 25년 11월 21일(甲辰)
40) 「六矣廛都家規則與任員」 『商業に關する調査書』(국사편찬위원회 소장자료)
41) 『정조실록』 정조 5년 11월 1일(己亥)
42) 『磻溪隨錄』 권 19, 祿俸制度
43) 『戴廳時日錄』 순조 27년 12월 25일(丙申)
44) 이상 직업별 한양인구수 추정에 대해서는 고동환, 2007 앞의 책, 136~143쪽 참조.
45) 『정조실록』 정조 16년 11월 8일(丙午) "敎曰 當於還宮時駐輦 召見貢市人 令該堂率領待令 貢市人以都民之根本 有此召見之擧"
46) 『숙종실록』 숙종 1년 윤5월 10일(丁酉) "尹鑴言 市民 國之根本 市各有廛 兵民各異 而今聞訓局精抄軍出廛 有害於市民 罷之便 上從之 鑴言是矣而實受市人金而入言也"
47) 『만기요람』 군정편, 훈련도감, 어영청, 금위영
48) 요시다 미츠오, 김동철 옮김, 2019 『근세 서울도시사회연구』, 심산, 109쪽 [표 14] 참조.
49) 『현종개수실록』 현종 4년 11월 14일(戊寅)
50) 정해은, 2019 「서울에서 군사훈련을 하다」 『쉽게 읽는 서울사 – 조선편 1』, 서울역사편찬원, 62~68쪽 참조.
51) 『漢京識略』 권2 山川 露梁
52) 병자호란시 훈련도감 군병의 활약에 대해서는 김일환, 2009 「병자호란 남한산성 경험의 '再話' 과정과 그 의미 - 武人 형상화를 중심으로」 『한국문학연구』 37집, 그리고 이인좌난 진압에 참여한 마병의 일기인 「난리가」에 대해서는 정우봉, 2013 「18세기 馬兵의 한글일기 '「난리가」' 연구」 『고전문학연구』 43집을 주로 참고하였다. 이하에서 특별한 주기가 없을 경우 이 두 논문에 의거한 서술임을 밝힌다.
53) 石之珩, 『南漢解圍錄』
54) 김일환, 2009 앞의 논문 참조. 『扈從十老傳』은 전해지지 않아 자세한 내용은 알 수 없지만, 정래교(鄭來僑, 1681~1759)를 통해 이 작품을 접한 홍세태(洪世泰, 1653~1725)가 비교적 긴 감상문을 남겨놓아 그 내용을 짐작할 수 있다.
55) 이근호, 1998 『조선후기의 수도방위체제』, 서울학연구소
56) 정우봉, 2013 앞의 논문 302쪽
57) 유탁일 「미발표작품 날리가에 대하여 - 이인좌난 때 참전한 한 마병의 수기」, 『국어국문학』 61
58) 「난리가」
59) 兵法家 吳起는 中山國을 공격할 때에 병졸 가운데 악성종기로 괴로워하는 군졸이 있었는데, 이때 吳起가 무릎을 꿇고 그 종기를 입으로 빨아 고름을 제거해 주었다고 한다. 작가는 하급 병졸의 종기를 빨아 주었던 吳起 장군의 고사를 원용하여 지휘관으로서의 박문수의 덕망을 칭송한 것이다.
60) 『영조실록』 영조 4년 3월 23일(癸酉), "纘新鳴皷角 旗上纍纍懸賊首而來 軍中奏勝戰曲 士馬欣躍 修捷書 亟宗元等首級 授軍官申漫 馳報京師"
61) 자유롭게 옮겨 따로 걸 수 있게 만든 구리로 만든 작은 솥

62) 이상 이인좌난 출전에 대해서는 정우봉, 2013 앞의 논문 참조.
63) 『西征日記』 순조 11년 12월 24일
64) 『西征日記』 순조 11년 12월 29일 "申時到開城府 (중략) 留守柳公相祚 以酒肴犒饋軍兵 凡物豊備 頗知迎勞之意 繩鞋一千部·馬鐵百部·肉燭四百柄·黃燭 資送軍需 馬軍器械 只鞭·棍·弓矢而已 故往見府中軍 前縣監李宅觀 本府狹刀四柄借來"
65) 『西征日記』 순조 12년 정월 2일 "晴極寒 日暮到瑞興 五里程 大川氷澌漲溢 徒杠僅設 士馬間關渡涉以橋梁炬火不善申飭 罪座首·公兄捉待事分付 則使令 以座首逃亡入告 極爲駭然 幷着枷移囚前站事分付"
66) 『西征日記』 순조 12년 정월 4일
67) 『西征日記』 순조 12년 정월 5일
68) 『西征日記』 순조 12년 정월 6일
69) 『西征日記』 순조 12년 정월 6일
70) 『순조실록』 순조 12년 4월 27일(己巳)
71) 『순조실록』 순조 12년 4월 21일(癸亥)
72) 『燃藜室記述』 별집 제8권 官職典故, 龍虎營
73) 정정남, 2017 「동서남북 밤낮없이 궁궐을 지켜라」 『인정사정, 조선군대생활사』, 한국학중앙연구원
74) 『금위영등록』 숙종 8년 10월 23일
75) 『만기요람』 군정편 2, 훈련도감; 『만기요람』 군정편 3, 어영청, 금위영 「扈衛信地」
76) 정정남, 2017 앞의 논문 참조.
77) 『大全通編』 兵典, 「疊鐘」 吹螺
78) 『만기요람』 군정편 2, 훈련도감 「軍摠」 各色軍
79) 『만기요람』 군정편 2, 훈련도감; 『만기요람』 군정편 3, 어영청, 금위영 「扈衛信地」
80) 정정남, 2017 앞의 논문 참조.
81) 정정남, 2017 위의 논문 참조.
82) 『만기요람』 군정편 2, 훈련도감 「給暇」
83) 『續大典』 兵典 「行巡」
84) 『영조실록』 영조 21년 7월 6일(丙子)
85) 『비변사등록』 숙종 37년 10월 18일(癸酉)
86) 『영조실록』 영조 22년 12월 6일(丁卯) 守城節目
87) 『만기요람』 군정편 2, 훈련도감; 『만기요람』 군정편 3, 어영청, 금위영 「各處入直」
88) 김종수, 2003 『조선후기 중앙군제연구 - 훈련도감의 설립과 사회변동』, 혜안
89) 『續大典』 兵典 「行巡」
90) 『만기요람』 군정편 2, 훈련도감 「軍摠」 各色軍
91) 『만기요람』 군정편 2, 훈련도감, 군정편 3 금위영, 어영청 「禁松字內」
92) 『만기요람』 재용편 5, 濬川
93) 『비변사등록』 영조 5년 6월 18일(辛卯)
94) 『만기요람』 군정편 2, 훈련도감, 군정편 3 금위영, 어영청 「捉虎分授」

95)『訓局事例撮要』上卷,「軍兵勿侵」"顯廟朝十一年[주:康熙九年]庚戌十二月初十日 啓曰 都監軍兵 則以其蠲除雜役之故 雖居在沿江上底者 內藏氷之役 未嘗侵及矣 今年則漢城府 以爲 前日啓辭中 有應役不應役之類 通融出役之語 都監軍兵 混同出定自役 都監以後 所無之事也 渠輩之呼冤 姑舍勿論 殊有乖於朝家撫恤衛卒之意 都監軍兵 則依前勿侵事 分付 漢城府何如 傳曰允"

96)『訓局事例撮要』上卷,「軍兵勿侵」"當宁十九年[주:乾隆八年]癸亥十一月十八日 "啓曰 都監軍兵居在沿江山底者 內藏氷之役 依去去庚戌年 啓下辭意勿侵事 日昨自都監草記允下 而漢城府 以民役紊亂 訓局軍兵 亦依新頒節目 出役事 又爲草記允下矣 都監軍兵 乃是宿衛之卒 江居無率丁者 不應氷役 意有所在故前後草記 防塞實出於悶 其設局後 無前應役之獘而該府草記中 以爲今若減除訓局軍兵 則江上將無納氷之民 必欲出役者 雖是民役均一之意 本局軍兵一體出役 旣無前例 親兵撫恤 比他自別 不爲區別混同責役 殊非當初朝家蠲役之本意 今此氷役時 本局軍兵之居在沿江無率丁者 依前例勿侵事 更爲分付漢城府何如 傳曰允"

97)『訓局事例撮要』上卷,「軍兵勿侵」"啓曰四山松蟲拾取時 勿論士夫各軍門軍兵與 常時除役之類 一從戶數 各出壯實人一名 各其部官點考 領赴事 自漢城府入啓允下矣 軍兵中有率丁者 則可以出役 而其中無率丁之類 或入番相値 至於書字的 則逐日待令於軍門營門 凡事有所去來矣 今若勿論率丁有無 入番與否 從其戶數而調用 則多有掣肘之擧 入番軍兵 則待其出番 輪回拾蟲 無率丁書字的 則勿爲出用事 知委五部之意分付 漢城府何如 傳曰允"

98) 이상 군병들의 마계습격사건에 대해서는 고동환, 1998 앞의 책, 275~279쪽 참조.

99)『만기요람』군정편 2, 兵曹各掌事例「結束色」

100)『만기요람』군정편 2, 훈련도감「試藝」

101)『만기요람』군정편 3, 금위영「鍊習」

102)『만기요람』군정편 3, 금위영「射講」

103)『만기요람』군정편 3, 어영청「試藝」

104)『비변사등록』정조 13년 5월 29일(乙酉)

105)『승정원일기』정조 13년 5월 26일(壬午)

106) 심재우, 2016「조선후기 訓鍊都監 軍法의 특징과 梟示刑의 집행 양상」『軍史』101, 307쪽

107)『燃藜室記述』별집 제12권 政敎典故, 軍賞罰

108)『燃藜室記述』별집 제12권 政敎典故, 軍賞罰. 원래 도망간 속오군에게는 면포 30필을 바치게 했었는데, 벌이 너무 무겁다는 崔鳴吉의 의견에 따라 면포 징수대신에 축성역이 부과되었다.

109)『訓局事例撮要』上卷,「逃軍」"肅廟朝元年[주:康熙十四年]乙卯正月十九日 啓曰都監軍兵初逃則決棍一百度 再逃則習陣之日梟示警衆 乃是流來軍律矣"

110)『숙종실록』권37, 숙종 28년 11월 20일(丁卯)

111)『續大典』권5, 兵典「用刑」"軍兵逃亡 初犯決棍五十 再犯八十 三犯梟示"

112)『만기요람』군정편2, 훈련도감「逃律」"軍兵逃者 決棍五十度 再逃者 梟示 正宗己亥定式"

113)『訓局總要』逃律 附武藝廳逃律 "武藝別監逃亡者 譏捕施以逃軍律事 肅廟乙丑(1680)受敎 武藝別監逃亡者 譏捕嚴棍五十度 絶島爲奴事 正廟庚子(1780)草記定式"

114) 『大典通編』 兵典「用刑」 軍律犯罪 "武藝別監逃亡者, 習陣日, 沙場回示後, 決棍五十度, 絶島充軍,厭避者, 嚴刑海島充軍"
115) 『만기요람』 군정편2, 훈련도감 「逃律」 "持官馬 軍物逃者 雖初次亦梟示 軍興之時 勿拘初再 並斷一律"
116) 『訓局事例撮要』 上卷, 「逃軍」 仁廟朝七年[崇德四年]己卯二月初六日 "仁廟朝七年[崇德四年]己卯二月初六日 (중략) 今此馬兵李應善 無綠持官馬逃亡 至於削髮變形 此不過偸馬之計 其爲情狀 極爲痛惡 議于都提調 則今若尋常處之 許多馬兵 效此者必多偸馬之習 後必難防云 其在軍法 不可以常規處之 旣犯逃律 且盜戰馬 則不可不梟示於陣前 警飭諸軍 上項李應善 操鍊之日 梟示之意 敢啓 傳曰依允"
117) 『訓局事例撮要』 上卷, 「逃軍」 顯廟朝九年[康熙七年]戊申二月十三日 "顯廟朝九年[주:康熙七年]戊申二月十三日 知中樞府事 李浣所啓 都監哨官宣貴榮 往在己亥年間 接訟于刑曹 懼其被罪逃避于楊州地云 臣發遣隨率跟捕以來 到中路 又爲脫身逃走矣 今聞以非理好訟 被囚於長湍府 移關捉致 囚禁京獄貴榮身爲將官 至於再逃 如此之人 不可不明正軍法 以爲懲戢之地 請宣貴榮梟示軍前何如 上曰當初在逃 雖與逃軍有異 身爲將官 至於再逃 不可不嚴施軍律 以杜後弊梟示可也"
118) 『訓局事例撮要』 上卷, 「逃軍」 肅廟朝元年[康熙十四年] 乙卯正月十九日 "肅廟朝元年[康熙十四年]乙卯正月十九日 今此逃軍金植 甲寅二月十九日逃亡 八月十四日現捉 九月初八日再逃 捕捉明日 習陣時 依軍律梟示之意敢啓 傳曰知道"
119) 『訓局事例撮要』 上卷, 「逃軍」 當宁五年[雍正七年]己酉十月日 "當宁五年[주:雍正七年]己酉十月日 啓曰頃接右部右司左哨官禹徵龜手本 則哨軍 金漢重 以鳳山陞戶 丙午上來居生於蘆餘里 而八月二十日夜火出其家 故翌日視之 則漢重自無去處 灰燼中只有數箇骸骨 半片頭骨云 臣看來不勝驚駭 而必是漢重逃亡之際 作此凶巧之擧 以爲掩跡之計 故秘關於黃海兵使 另加譏捕 則漢重不在其妻發喪之由 報來臣姑令盡放其所囚火知 以觀其動靜矣其後漢重 果歸本土執捉上來 而自燒其家 暗投他骨之狀 已爲直招凡軍兵之初逃 則決棍一百度 再逃則梟示 雖常律而今此漢重情狀絶痛 負犯至重 不可以循例 初逃處之明日 習陣時陣前梟示 以嚴軍律 以警他卒何如敢啓 傳曰事極絶痛 當梟示警衆 軍逃者初再區別 制非偶矣 從重決棍一百度"
120) 『만기요람』 군정편2, 훈련도감 「戒令」
121) 『만기요람』 군정편2, 훈련도감 「戒令」
122) 『만기요람』 군정편3, 금위영 「戒令」
123) 『만기요람』 군정편 2, 훈련도감 「試藝」
124) 『만기요람』 군정편3, 금위영 「私習」
125) 『만기요람』 군정편3, 금위영 「習陣」
126) 『만기요람』 군정편 3, 금위영 「射講」
127) 『新補受敎輯錄』 刑典 用刑
128) 심재우, 2016 앞의 논문 310쪽
129) 한상권, 1996 『朝鮮後期 社會와 訴冤制度 - 상언·격쟁 연구』, 일조각, 22~23쪽
130) 이하 훈련도감 군병의 상언에 대해서는 심재우, 2015 「『訓局謄錄』 인조~영조대 上言에

대한 연구」『장서각』 33에 근거하여 서술하였음을 밝혀둔다.
131)『訓局謄錄』 4책, 갑오(1654) 4월 5일
132) 심재우, 2017「그들의 살림살이 속사정」『조선 최정예 군대의 탄생』 한국학중앙연구원, 90~91쪽
133)『正祖丙午所懷謄錄』 152쪽「禁軍 崔德禹所懷」
134) 이상 장빙업을 둘러싼 대립에 대해서는 고동환, 2007「6장 조선후기 서울 주민의 役制 변화 - 장빙역의 폐지와 장빙업으로의 전환」『조선시대 서울도시사』, 태학사 참조.
135) 훈련도감의 원역에 대해서는 대전회통 병전 훈련도감 참조.
136) 局出身 150명은 훈련도감 군병 중에서 무예시험을 통해 선발된 자이기 때문에 신분은 평민이었다. 국출신은 1637년(인조 15) 남한산성 방어전에 참여한 병사 중에서 무예가 뛰어난 1,384인을 7개국으로 나누어 永肅門(창덕궁의 후원으로 나가는 문)을 지키게 한 데서 비롯되었다. 국출신의 정원은 초기 1,300여 명이었지만, 그 이후 점차 줄어 19세기에는 150명으로 고정되었다.
137) 차문섭, 1991「조선시대 중앙군제의 재편」『한국사론』(국사편찬위원회) 9
138)『선조실록』 선조 36년 10월 6일(戊子)
139)『승정원일기』 인조 6년 5월 22일(壬午)
140) 김종수, 1994 앞의 논문
141) 김종수, 2003 앞의 책 374쪽
142)『선조실록』 선조 30년 12월 丁酉
143)『만기요람』 군정편2, 훈련도감「軍摠」
144)『비변사등록』 순조 2년 정월 23일(乙未)
145) 김종수, 1994 앞의 논문
146)『訓局謄錄』 4책, 갑오(1654) 4월 5일
147)『訓局事例』 乾卷 軍兵市業 숙종 2년 10월 24일 "訓鍊都監軍兵等 既有料布 自可資生 而其中父母妻子之類 所給料布 勢難支過 或有工役資生者 或有轉販資生者矣 貧寒軍兵等 以所受料布 不能資生"
148)『만기요람』 군정편2, 훈련도감「軍料」
149)『만기요람』 군정편2, 훈련도감「軍料」
150)『만기요람』 군정편 3, 금위영「軍摠」
151)『만기요람』 군정편 3, 어영청「軍摠」
152) 강만길, 1976「조선후기 고립제 발달」『사학연구』 13
153)『訓局事例』 乾卷 軍兵市業 "都監軍兵 非如獨身防戍之 皆是率妻子 在家立役支類 雖有奉足給料 一年之資 不能以此專仰"
154)『訓局事例』 乾卷 丁巳(1677) 6월 23일 "砲手等 一朔之內 有入直習陣私習之規 開市之日 不過二十日"
155) 정해은, 2019 앞의 논문 참조.
156) 심재우, 2017 앞의 논문
157)『訓局事例撮要』 上卷,「軍兵勿侵」"知中樞府事申汝哲所啓 都監軍兵之當初陞戶上京者 止接爲難東平館大平館 慕華館空垈及 其他各衙門公垈 使之許給造家居生 勿令各其衙

門收稅事 奉承傳 至今定式施行矣"

158)『訓局事例撮要』上卷,「軍兵勿侵」

159) 고동환, 1998 앞의 책 참조.

160)『盧尙樞日記』1789년

161) 양진석, 2008「조선후기 漢城府 中部 長通坊 丁萬石契 소재 가옥의 매매와 그 특징」『규장각』 32, 규장각한국학연구원, 56~57쪽 참조.

162) 이근호, 2004「17·18세기 '閭家奪入'을 통해 본 漢城府의 住宅問題」『도시역사문화』2, 서울역사박물관; 유승희, 2009「17~18세기 한성부내 군병의 가대지급과 차입의 실태」『서울학연구』36

163) 유승희, 2018「17세기 한성부 내 軍兵의 실태와 거주 공간」『진단학보』130

164)『승정원일기』영조 10년 8월 10일(癸丑)

165)『별건곤』1929년 9월호「옛날 경성 各級人의 분포상황」

166) 유승희, 2013「17~18세기 한성부 화재실태와 도시재해 시스템의 운영」『인문연구』67집, 영남대 인문과학연구소

167)『訓局總要』給暇

168)『만기요람』군정편 2 훈련도감「給暇」

169)『만기요람』군정편 3 금위영, 어영청「給暇」

170)『만기요람』군정편 2 훈련도감「戒令」

171)『만기요람』군정편 3 금위영「戒令」

172) 김종수, 1994 앞의 논문 참조.

173) 尹愭,『無名子集』詩稿 제6책 詩 投牋者(한국고전문학번역원 번역에서 인용)

174) 尹愭,『無名子集』6책, 上言, 家禁

175) 尹愭,『無名子集』13책, 峽裏閒話 65조목

176)『牧民心書』刑典 6조 禁暴

177) 김종철, 1991,「자료해제:「게우사」의 자료적 가치」『한국학보』17권 4호

178) 고석규, 1999「18,19세기 서울의 왈짜와 상업문화 - 시민사회의 뿌리와 관련하여」『서울학연구』13

179)『御營廳謄錄』, 甲辰 11월 14일

180) 손태도,「본산대패」『한국민속대백과사전』(http://folkency.nfm.go.kr/kr/main)

181)『訓局事例撮要』上卷,「軍兵市業」仁廟朝 十二年 甲戌 五月初八日 "都監軍兵 非如獨身 防戍之比 皆是率妻子 在家立役之類 雖有奉足給料 一年之資 不能以此專仰 故自宣廟朝 設立時 量度其生活之計京居之人 則凡爲市役專減 自鄕來屬之軍 則一結復戶 事目已久 至今流行是白沙餘良"

182)『비변사등록』숙종 3년 6월 24일(己巳)

183)『訓局事例撮要』上卷,「軍兵市業」仁廟朝十二年 甲戌五月初八日 "庚子年間(1600년 선조 33) 都監軍兵之爲市者 容貌疤記 市牌成給者 別無他意 欲爲辨別眞假 俾無假托之事 而市役專不對答之說 尤爲無據是白在果 自初至今 免爲市役之人"

184) 고동환, 2013 앞의 책 참조.

185)『승정원일기』인조 3년 5월 20일 "且訓鍊都監砲手 許市(缺五六字)臣以爲不可者 砲手

四千餘名 各以其親屬 假名行之 則市民何以支當 以此之故 頃有砲手 率其族屬 亂打市人 無所不至"

186)『訓局事例撮要』上卷,「軍兵市業」仁廟朝十二年 甲戌五月初八日

187)『訓局事例撮要』上卷,「軍兵市業」孝廟朝 元年 庚寅 正月初九日

188)『增補文獻備考』권163, 市糴考 1, 孝宗朝 "命軍兵市業之人 成給市牌 使應市役五分之一"

189)『訓局事例撮要』上卷,「軍兵市業」顯廟朝 九年 戊申二月初八日 "先王以爲 軍兵則一邊入番 一邊操鍊與市民 一體差役 似爲過重 軍兵業市之數及本廛人名數 叅酌減等差役 可也 卑職更陳 本廛人之數二百五十餘人 軍兵之數 只五十餘人 以名數 較之五分之一差役亦當 以五分之一 使之擧行之意定奪遵行爲白如乎 今因臺諫所啓 平市署與都監相議定式可也"

190) 심재우, 2015 앞의 논문 참조.

191)『訓局事例撮要』上卷,「軍兵市業」顯廟朝 九年 戊申四月二十六日 "凡米布出納之役 則軍兵市民一體應役 至於各處塗褙之役及軒架擔曳身自立役等事 則勿爲分定之意 已爲議定"

192) 이에 대해서는 고동환, 2013 앞의 책 참조.

193)『승정원일기』숙종 원년 윤5월 10일(丁酉) "大司憲尹鑴所啓(중략)自今以後 都監軍士及精抄軍等 並勿許坐市亂廛 俾無市民失業呼寃之弊 上曰依啓"

194)『비변사등록』숙종 3년 6월 24일(己巳)

195)『승정원일기』숙종 2년 10월 24일(癸酉) "軍兵之市業者 自朝家定式禁斷 而渠等手持之物 則使之勿禁發賣者 意非偶然 近日三司 亂前禁吏等 都監砲手則使不得買賣於市上 捉去現告 治罪徵贖 而漢城府爲尤甚 事甚可駭 都監砲手則使之勿禁 違令禁斷者 自軍門戒飭何如 上曰 依爲之"

196)『승정원일기』숙종 3년 5월 2일(丁丑) "市人等與都監砲手 有爭廛之事 至於上言 而其中有借占市房興利作弊之說 臣不勝驚駭"

197)『승정원일기』숙종 3년 5월 19일(甲午) "都城市肆 各主其業 久矣 近緣砲手之輩 多率私人各自買賣 致令市民失利益甚 所謂布木之廛 則鎖戶空市 全廢買賣 怨咨之聲 喧藉閭巷 前頭之役 何以責應 此亦非細慮也"

198)『승정원일기』숙종 2년 10월 24일(癸酉) "氈笠網巾 皆自砲手等所出而發賣資生者也 近來網巾前(廛)人等至於上言 戶曹覆啓 砲手則禁斷 市人則 使之專利 殊甚未便 且所謂網巾前(廛) 曾所未有之前(廛)也 今年始出 而欲奪砲手之所業 其爲情狀 極爲過甚 此前(廛)革罷 使砲手等 依前發賣資生何如 上曰 依爲之"

199)『비변사등록』숙종 3년 6월 24일(己巳)

200)『승정원일기』숙종 3년 5월 19일(甲午)

201)『승정원일기』숙종 3년 8월 23일(丁卯) "戶曹判書吳始壽所啓 都監砲手之市業資生者變通事 曾於登對時稟定者 非一非再 而因手持之物 名目之不定 數百市民 聚會於闕下 撤市訴冤 幾至半年 誠非細故 (중략) 自願市業之砲手 勿拘多少 一體許入於市案 使之通融應役 以杜日後紛紜之弊 似爲得宜 (중략) 左議政權大運曰 砲手手持之物 自朝家酌定名目 有傷事體 使之一體市業 一體應役 宜矣"

202)『訓局事例撮要』上卷,「軍兵市業」肅廟朝 三年 丁巳十二月二十四日, "備邊司甘結內

砲手與市民 互相爭利 故今始定奪 定爲法例 砲手之於市民 一體應役者 則市民自中應行之禮 有不當專廢 砲手段置身係軍門亦不得專利 則市民之禮 有難一體備納 依市民之情願禮銀 減半收捧 許令開市爲乎矣 砲手之苦於出銀 不願業市者 則不必强迫 依此爲之爲乎矣 如是分付之後 更爲起鬧呈訴者 則不計砲手市民 當繩以違令之罪 知悉擧行事”

203) 이상 을묘사목에 대해서는 고동환, 2013 앞의 책 참조.

204)『승정원일기』 숙종 3년 8월 23일(丁卯)

205)『승정원일기』 숙종 10년 6월 23일(丁巳)

206)『승정원일기』 숙종 46년 4월 5일(辛丑)

207)『승정원일기』 영조 34년 3월 10일(丙申) “大抵亂廛雖有弊 軍兵之手造勿禁 已有受敎 且軍兵與廛外民 手持賣買者 謂亂廛而治之 則民何以措手足乎 此則一體禁之 俾無軍民之弊”

208)『승정원일기』 영조 34년 3월 10일(丙申) “軍門亂廛中 扈衛廳最難堪 他軍門則可以相抗”

209)『승정원일기』 5월 19일(甲午) 숙종 3년 5월 2일(丁丑) “市人等與都監砲手 有爭廛之事 至於上言 而其中有借占市房興利作弊之說 臣不勝驚駭”

210)『승정원일기』 숙종 3년 5월 19일(甲午) “都城市肆 各主其業 久矣 近緣砲手之輩 多率私人 各自買賣 致令市民失利益甚 所謂布木之廛 則鎖戶空市 全廢買賣 怨咨之聲 喧藉閭巷 前頭之役 何以責應 此亦非細慮也”

211)『승정원일기』 숙종 2년 10월 24일(癸酉) “氈笠網巾 皆自砲手等所出而發賣資生者也 近來網巾前(廛)人等至於上言 戶曹覆啓 砲手則禁斷 市人則 使之專利 殊甚未便 且所謂網巾前(廛) 曾所未有之前(廛)也 今年始出 而欲奪砲手之所業 其爲情狀 極爲過甚 此前(廛)革罷 使砲手等 依前發賣資生何如 上曰 依爲之”

212) 심재우, 2015 앞의 논문 참조.

213) 조영준, 2017「서울 군인들의 먹고사는 문제」『인정사정, 조선군대생활사』 한국학중앙연구원 참조.

214) 비변사 편, 조영준 옮김, 2019「綿花廛」『시폐-조선후기 서울 상인의 소통과 변통』 아카넷, 38쪽

215)『訓局事例撮要』 上卷, 「軍兵市業」 肅廟朝 二年 丙辰十月二十四日 “工曹判書柳赫然所啓 訓鍊都監軍兵等 旣有料布 自可資生 而其中有父母妻子之類 所給料布 勢難支過 或有工役資生者 或有轉販資生者矣”

216)『승정원일기』 현종 9년 4월 26일(甲午) “貧寒軍兵等 以所受料布 不能資生 或貿魚物 或買煙竹繩鞋 織造帶子網巾 發賣取贏連命之輩 一體半分差役 其勢不能支堪 決難半分 依前定奪 五分之一應役事 相議停當之意 榻前定奪”

217)『訓局事例撮要』 上卷, 「軍兵市業」 顯廟朝九年 戊申二月初八日 “砲手以遐方之人 率妻子上來立役 仰哺官廩 一年所得 只保人木九疋 以此些少 官給之物 不能資生 或結網巾 或造絲帶纓子 取利 或買雉鷄繩鞋 南草 煙竹 各其所居家前 布列取殖”

218)『승정원일기』 숙종 2년 10월 24일(癸酉) “氈笠網巾 皆自砲手等所出而發賣資生者也 近來網巾前(廛)人等至於上言 戶曹覆啓 砲手則禁斷 市人則 使之專利 殊甚未便 且所謂網巾前(廛) 曾所未有之前(廛)也 今年始出 而欲奪砲手之所業 其爲情狀 極爲過甚 此前(廛)革罷 使砲手等 依前發賣資生何如 上曰 依爲之”

219)『訓局謄錄』 7책, 庚申(1680) 11월 30일

220) 조영준, 2017 앞의 논문 참조.

221) 비변사 편, 조영준 옮김, 2019「菜蔬廛女人」앞의 책, 201쪽

222)『訓局事例撮要』上卷,「軍兵勿侵」肅廟朝九年 癸亥閏六月初三日 "申汝哲所啓 軍兵戰卜馬 因病致斃 則三司勿禁事 題給立旨憑考 勿侵定奪遵行矣 近間司憲府 不計立旨 執捉囚禁 以爲馬或致斃 先必移文三司受其公文後 宰販云云 而終不枚釋 如此則往復之間自費多日腐傷之後 誰肯願買乎 非但軍卒之呼冤 殊無自古定式之本意 更令三司 憑考立旨 勿爲橫侵事 奉承傳施行何如上曰更爲申飭 勿禁可也"

223) 조영준, 2017 앞의 논문 참조.

# 표, 그림 목차

## [ 표 목차 ]

## [그림 목차]

**총괄**

박현욱 학예연구부장

**기획**

박상빈 조사연구과장

정지인 학예연구사

**발행인**

송인호 서울역사박물관장

**발행일**

2019년 12월

**발행처**

서울역사박물관 조사연구과

03177 서울시 종로구 새문안로 55

T. 02-724-0274~6

museum.seoul.go.kr

**제작**

캣치

발간등록번호 : 51-6110569-000273-01

ISBN 979-11-90480-03-01

ISBN 979-11-86324-61-5(세트)